KB069092

중국 지식지형의 형성과 변용

이 저서는 2019년 대한민국 교육부와 한국연구재단의 지원을 받아 수행된 연구임
(NRF−2019S1A6A3A02102737).

국민대학교
중국인문사회연구소
총서 · 10

중국 지식지형의
형성과 변용

김승욱 · 김주아 · 모준영 · 박영순 · 박철현
서상민 · 윤종석 · 이광수 · 조성찬 · 최은진 공저

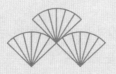

學古房

서 문

　중국의 지식지형의 변화는 중국 지역연구의 새로운 동인으로 작용한다. 지식지형의 변화에 따른 중국 지식계의 정확한 실체를 파악하기 위해서는 보다 다차원적이고 체계적인 연구의 필요성이 제기된다. 시간의 흐름 속에서 볼 때, 지식은 오랜 기간 누적되어온 지식지형과 패턴을 보이지만, 그 방향성이 정향적(定向的) 진화를 가져오지만은 않는다. 자국 내의 사회적 변동과 대외적인 세계 변화에 따라 자발적 혹은 수동적 수용·변용을 거치면서 다양한 지식생산과 지형을 보인다.

　본 연구 사업단은 1단계의 주제를 "중국의 지식지형: 흐름·구조·패턴"이라고 정하고, 1년차에서는 "중국의 지식형성의 동인(動因)과 변화"를 살펴보고자 했다. 각 학문영역에서 지식·지식인의 범주와 개념, 지식형성의 동인과 변화, 지식 창출자로서의 지식인의 역할 변화, 지식형성의 요인과 면모 등을 파악하고자 했다.

　본 총서『중국 지식지형의 형성과 변용』은 이러한 배경에서 연구한 총 10편의 글을 모아 둔 것이다.

　김승욱의 논문은 중국 근대 역사학에서 역사 서술의 기본 단위로 부각된 국가 개념이 정치체로서 기존의 '국가' 개념을 어떤 방향으로 재구성한 것이었는지를 분석한 글이다. 근대 역사 지식인 량치차오(梁啓超)·구제강(顧頡剛)·푸쓰녠(傅斯年) 등의 역사 서술 방식을 통해 국가 개념의 재구성과 그 방향성을 파악하고자 했다. 이를 통해 국가의 정책 지식과 제도를 생산하는 정치체로서의 '국가' 개념이 근대에 들어오면서 국가 체제와 구조가 변화하였고, 그에 따른 역사 서술 방식과 국가

개념을 재구성하고자 했지만, 여전히 기존 국가 개념의 관성을 보여주
고 있음을 파악하였다.

김주아의 논문은 문명의 흐름 속에서 발생한 '번역어'의 탄생과정을
통해 지식이라는 이름으로 전파된 물질문명과 정신문화가 어떻게 해당
국가에서 정착했는지 그 과정을 탐색한 글이다. 문명의 충돌로 인해 권
력의 지각변동이 시작된 근대 시기에 번역가의 역할은 단순히 언어의
치환 능력뿐만 아니라, 지식수용의 주체이자 개념어 창출의 행위자로서
시대의 지식과 사상을 열어주는 기능을 하였다. 이러한 의미에서 번역
가를 지식 창출의 주체자인 지식인으로 간주하였고, 이들이 구축한 지
식체계의 형성과정을 알아보기 위해 중국과 일본의 번역문화와 번역사
의 흐름을 살펴보았다.

박영순의 논문은 지식인의 지식생산을 '행위자 - 행위 - 지식생산'이
라는 틀로 상정하여 청초 '유배문인 - 유배시사(詩社) - 유배작품'에 대
해 분석한 글이다. 청초 순치(順治) 연간에 문자옥·과장안(科場案)·
도인법(逃人法) 등으로 인해 동북지역으로 유배 간 문인, 지식인들은
유배시사를 설립하여 유배문학과 문헌저술을 엮음으로써 후대 동북문
화의 지식기반 형성에 토대를 쌓았다. 이 글은 청초 문자옥으로 인해
동북지역 심양(瀋陽)으로 유배 간 유배 지식인 함가(函可)와 그 작품을
대상으로, 역사적 시간[청초], 지리적 공간[동북], 문학 작품[유배시]을
융합하여 분석하였다.

박철현의 논문은 1980년대 개혁기 초기 노동자 교양의 문제를 파악
하기 위해 직공사상정치교육의 문제를 중심으로 분석한 글이다. 국가의

권력 지식인이 기술과 노동 지식을 생산하는 사회 하부 구조의 노동자 상(像)을 구축하기 위해, 노동자 교양 교육 지식을 만들어가는 과정과 특징에 대해 분석했다. 포스트 사회주의로의 전환과정에서 중국의 국가는 '노동자 내면'을 바꾸기 위해서 어떻게 노동자의 '교양'을 장악하려고 했고, 이를 통해 구축하고자 했던 노동자상(像)은 무엇인지를 살펴보았다. 아울러 '교양'을 둘러싸고 국가와 노동자의 '갈등과 타협'은 어떠한 계기로 어떤 형태와 내용으로 표출되었는지를 분석했다.

모준영의 논문은 '지정학'이라는 키워드로 중국의 지정학 지식의 생산과 확산에 대해 분석한 글이다. 시진핑 집권 전후 중국 내 지정학 지식의 생산에 초점을 맞추어 2000년부터 2019년까지 CNKI에서 '지정학'이라는 키워드로 검색된 논문들을 대상으로 분석했다. 아울러 지정학에서 사용되는 정치 경제적, 문화 지리적, 자연 지리적 요인을 중심으로 재분류하여 중국의 지정학 연구자의 범주, 대상 및 주요 개념을 파악했다.

서상민의 논문은 시진핑 시기 중국의 '일대일로론'과 '인류운명공동체론' 속의 중국의 국제 질서에 대한 인식과 중국 외교의 목표를 시진핑 시기 정책 결정 과정에서 정책 지식을 어떠한 의도와 목표로 어떤 과정을 통해 산출해내고 있는지를 분석한 글이다. 이를 통해 지배자적 관점에서의 정책 지식을 비판적으로 분석하며, 이를 시진핑 주석의 관련 연설문에 대한 텍스트 분석 방법을 통해 양적인 측면에서 밝히고자 했다.

윤종석의 논문은 중국 농민공이 국가와 사회 모두로부터 타자화되고 배제되어온 사회적 구조를 특히 담론 측면에서 분석한 글이다. 2000년대 초중반 이후 농민공은 비가시화된 개체로부터 집단적으로 가시화되기 시작했지만, 농민공 문제로서 대상화되고 국가와 사회적으로 타자화되고 다차원적으로 활용되면서 주체이자 객체인 모호한 지위로 거듭남을 고찰하였다. 이를 통해 농민공 문제의 해결이 국가, 사회적으로 추진됨에도 불구하고, 농민공은 담론 차원에서 주체적인 지위의 결핍으로 자신의 문제해결에 근본적인 한계를 낳고 있음을 밝혔다.

이광수의 논문은 양안의 문화교육 교류와 지식 교류 확산에 대해 분석한 글이다. 양안 문교 교류 모델은 경제무역과 민간문화교류의 협력 촉진과 양안 통합의 조건을 형성하기 위한 목적으로 진행되고 있으며, 지식 교류의 확산이라는 역할을 하고 있다. 양안의 문교 교류는 교류방식, 교류 범위, 교류 통로 면에서 새로운 변화를 보이고 있으며, 이를 통한 상호 공유하는 정체성 형성과 통합에 대한 긍정적인 사고를 확산시키는 역할을 하고 있지만, 분단 상태에 따른 역사적, 정치적 차이로 인한 제한적 특징을 보여주고 있음을 분석했다.

조성찬의 논문은 공간, 도시화, 토지 소유 구조를 키워드로 하여, 농촌 토지제도 변화를 중심으로 중국과 북한의 이원적 토지 소유 구조의 변화경로를 비교 분석한 글이다. 그 결과 두 국가가 사회주의 정부 수립 이후 농지 개인 소유제에서 시작하여 협동화로 전환하기까지는 유사했으나, 개혁과정 이후로는 분명한 차이점을 보임을 알 수 있었다. 그 원인은 혁명정권 수립에 대한 농민의 기여도, 도시화 발전전략과 부작용 정도 및 이원적 토지 소유 구조에 대한 '공간' 대 '소유 주체' 접근법의 차이에 있음을 파악하였다.

최은진의 논문은 1920년대 이래 향촌건설운동의 배경과 전개 과정을 청말민초 이후 교육체제의 변화와 연관 지어 고찰한 글이다. 역사적 변동과정에서 중앙과 지방 및 향촌의 사회구조를 통해 시간과 공간의 권력망 안에서 향촌 세력과 새로운 교육체제에서 출현한 지식인들 간의 관계를 파악했다. 이를 통해 청말 이래 중국사회의 변화과정에서 교육을 통한 향촌 사회의 재건 과정과 그 과정에서 드러난 다양한 역학관계의 재편이 새로운 농민화된 지식인들의 향촌사회 건설과 재건의 실험을 통해 이루어진 것임을 밝혔다. 또한 '교육'이 사회통합 작용으로 제시되고 향촌사회의 변화를 추동하는 지식으로도 작용한다는 점을 파악했다.

일반적으로 중국의 지식·지식인 연구는 주로 학술적 실체, 지식과 권력의 관계에 보다 많이 집중해 왔다. 담론 창출자로서의 지식인, 정책결정으로서의 싱크탱크, 산업의 흐름을 주도하는 경제전문가, 작품 생산자로서 문인, 번역가 등 사회의 상부 지식인의 범주에 집중하였다. 하지만 이는 한 사회에서 지식·지식인이 수행하는 다양한 역할과 양상을 포착하는 데에 한계가 있다. 지식은 시대에 따라 가변적이며 이를 추동하는 주체 역시 다면적이고 다양하기 때문이다.

이 책은 이런 점을 감안하여 청말 부터 당대에 이르기까지 역사·어학·문학·사회·정치·교육·문화 등 다양한 학문영역의 글들로 구성되었다. 지식인의 범주를 역사 지식인, 문학 지식인, 번역가, 정책 지식인에서부터 사회 현장에서 만나는 농민화 된 향촌 지식인 등으로 확대해 보았다. 지식의 범주를 국가 개념, 문학 작품, 번역작품, 노동교양 지식,

지정학 지식, 정책 지식, 농민공 담론, 양안 문화 지식, 공간 지식 등을 포괄하여 주로 개념·작품·정책·담론·공간 등의 키워드 안에서 살펴 보았다. 이를 분석하기 위해 키워드분석·연설문 분석·문헌 분석·비교 분석·학술지 분석 등 다양한 방법과 시각이 시도되었다.

이상의 연구를 통해서 지식은 사회적 변화에 따라 끊임없이 자기 변 화를 이루어왔으며, 그에 따른 지식·지식인의 범주와 개념 및 역할도 변화해왔음을 알 수 있었다. 이러한 연구는 향후 지식·지식인을 탄생시 킨 지식구조와 메커니즘을 파악하는 토대 작업으로서의 의미를 지니며, 중국의 지식지형의 변화를 포착하고 중국 지식지형도를 그려나가는 밑 거름이 될 것이다. 하지만 지식으로서의 중국 연구의 이론화를 모색· 정립하고, '지식으로서의 중국학'이라는 새로운 시각과 방법을 제시하 기 위해서는 영역 간의 유기적인 연계와 치밀한 분석 및 다양한 방법과 시각 등이 더욱 보완되어야 할 것이다.

'임중도원(任重道遠)'이다. 하지만 한 걸음 내딛었다. 향후 좋은 결 실로 이어지길 바란다. 끝으로 이 책의 기획과 집필 과정에서 많은 도움 을 주신 10분의 집필진들에게 깊은 감사를 드리며, 항상 좋은 책을 만들 어 주시는 학고방 사장님과 편집진에게 고마움을 전한다.

2020년 5월
집필진을 대표하여 박영순 씀

목 차

중국 근대 역사학에서 국가 개념의 재구성

  l 김승욱 ·· 13

중일 번역문화와 번역어의 탄생과정

  : 근대 동아시아 '지식권력'의 형성과 변화의 관점에서

  l 김주아 ·· 45

청초 동북 지역 유배 지식인의 삶과 시 창작

  : 시승(詩僧) 함가(函可)를 중심으로

  l 박영순 ·· 79

중국 향촌건설운동(鄕村建設運動)과 지식인

  : 근대교육의 확산과 향촌사회 변동의 함의

  l 최은진 ·· 121

중국과 다른 북한의 이원적 토지소유 구조 극복전략

  l 조성찬 ·· 163

개혁개방 이후 농민공 개념의 형성과 변용

  l 윤종석 ·· 217

「사상정치공작 연구회」와 개혁기 노동자 교육

ㅣ 박철현 ··· 253

시진핑 집권 1기 "인류운명공동체" 관련 연설문의 텍스트분석을 통한
정치적 함의 고찰

ㅣ 서상민 ··· 281

시진핑 집권 전후 중국 지정학 지식의 생산과 확산

ㅣ 모준영 ··· 301

양안 문화교육교류의 특징과 영향

ㅣ 이광수 ··· 339

중국 근대 역사학에서 국가 개념의 재구성

● 김승욱 ●

Ⅰ. 머리말

국가(國家, state)는 쉽게 사용하는 단어이기는 하지만, 학문적으로 그 개념 정의는 여전히 진행 중이다. 국가의 존재 양태는 지역적, 시기적으로 다양하게 나타나며 그에 대해 합의된 정의에 이르는 것이 쉽지 않기 때문일 것이다. 또한 그 정의 행위 자체가 해당 국가의 지향성과 관련한 이데올로기나 전략적 사고에 의해 크게 좌우될 수밖에 없다는 점도 그 이유로 지적될 수 있을 것이다. 그런데 바로 이러한 면에서 각국의 국가 개념이 어떤 특성이 있는지 상호 비교, 이해해보려는 시도는 의미가 있다.

또한 근래 중국의 '부상'은, 지구적 차원에서는 유럽, 미국을 중심으로 형성된 근대 국민국가들의 국제 질서를 변화시키는 요소로 주목받고 있고, 지역세계 차원에서는 우리나라를 비롯한 주변국과의 관계에서 긴장을 야기하고 있다. 이런 상황에서 중국의 국가 개념이 서구 사회의 그것과는 어떻게 다른지, 또 동아시아 주변국의 그것과는 어떻게 다른지 살펴보는 것은 시의 적절하다.

* 이 글은 「중국 근대 역사학에서 國家 개념의 재구성」, 『역사와 담론』, 제89집, 2019를 수정·보완한 것이다.
** 충북대학교 사범대학 역사교육과 부교수

기존 연구에서 중국의 국가 개념, 특히 근대 이후의 국가 개념 자체에 관해서는 그리 깊이 논의되지 못했던 측면이 있다. 왜냐하면 학계에는 중국 국가의 근대 전환을 단절면을 중심으로 이해해온 경향이 장기간 지속되어왔기 때문이다. 중국의 근현대사는 기본적으로 帝政 국가와의 혁명적 단절에 이은 국민국가 건설이라는 흐름으로 정리되어왔다. 그렇지만 중국이 전통 중국과의 연속면이 상당히 두텁다는 사실을 주목해야 한다는 지적이 근래 꾸준히 제기되고 있다. 따라서 중국의 국가 개념이 오늘날에 이르기까지 어떻게 변화해왔는지에 관해서는 전통 시기와의 단절면과 연속면을 함께 고려하면서 보다 세밀히 검토해 볼 필요가 있다.

이에 본고에서는 중국의 근대 역사학에서 국가 개념이 기존의 국가 개념을 어떻게 해체하고 또 재구성해왔는가를 추적해 보려고 한다. 우선 2장에서는 서구 사회의 그것과 비교되는 근대 이전 중국의 국가 개념의 지역적 특성을 정리해 볼 것이다. 3장에서는 청 국가에서 근대 국가로의 이행하는 과정에서 국가 개념과 관련해서 직면했던 문제는 무엇인지 살펴볼 것이다. 이어 4장에서는 근대 역사학이 구축되는 과정에서 국가 개념과 관련한 문제들에 대해 어떤 논리적 해결이 모색되었으며 또한 어떤 한계에 직면했는지 살펴본다. 마지막으로 5장에서는 앞서 살펴본 역사학에서의 국가 개념의 문제들이 당대 역사학에는 어떤 영향을 남기고 있는지 생각해 볼 것이다. 이를 통해 중국의 국가 개념이 갖는 지역적 특성을 이해하고, 나아가 이웃 국가와의 공존 질서를 모색하는 데 자그마한 시사라도 제공할 수 있게 되기를 기대한다.

Ⅱ. 근대 이전 중국의 국가 개념

오늘날 보편적으로 사용하는 국가 개념은 근대 서구의 국민국가

(nation-state)를 주로 참조하고 있다.[1] 그것은 서구에서 폴리스, 봉건제 국가, 영토 국가에 이어 출현한 근대 국가의 주요 유형으로, 주권, 영토, 시민권, 민족주의 등의 특징을 갖는다고 설명된다.[2] 그런데 이 서구의 국가(state) 개념에 대해, 동아시아 지역에서 번역어로 사용하고 있는 "國家"라는 어휘는 그 자체로 어울리지 않는 면이 있다. 왜냐하면 서구적 관점에서 "國"과 "家"는 각기 "公"과 "私"로 완전히 분리된 영역에 있는 것이어서 양자를 한 단어로 묶는 것이 어색하게 받아들여질 여지가 많기 때문이다.

서구의 국가 개념은 중세에서 근대를 거치면서 그 "공적" 성격을 강화하며 형성해온 것이다. 중세의 유기체적 국가관을 "res publica" 개념과 결합시킨 John of Salisbury(Policraticus)에서부터 권력 분점의 제도화를 통해 공공성에 접근하는 N.Machiavelli의 국가("stato") 개념에 이르기까지, 이들은 국가의 공공성을 확보하는 문제를 깊이 고민해 왔다.[3] 그에 따라 서구에서 국가는 개인, 가족 등의 "사적" 영역과 명확히 구분된 "공적" 영역 속에 자리매김 되었다. 하버마스의 사회이론을 빌자면 국가와 개인은 각기 체계(system)와 생활세계(life-world)로서 분리되어 있는 것이다.[4]

---

1) 앤서니 기든스, 『현대사회학』, 을유문화사, 2003, 377쪽.

2) 막스 베버는 "모든 국가는 폭력을 기초로 하고 있다"는 트로츠키의 주장을 수용해 국가가 "주어진 영토 내에서 물리적 힘의 정당한 사용을 독점하는 것을 요구하는 인간 공동체"라고 정의했다. 이는 폭력, 영토, 공동체 등 구체적 지표를 통해 국가 개념을 정의했다는 데 의미가 있었다. Max Weber, "The Profession and Vocation of Politics"(1919), *Max Weber : Political Writing*. P. Lassman and R. Speirs (ed. and trans.), Cambridge : Cambridge University Press, 1994, p.310 한편 1933년 "Montevideo Convention on Rights and Duties or States"는 국제법의 권리 주체로서 국가의 요건을 인구, 영토, 정부, 외교력 등을 제시한 바 있다. 이는 서구적 국가 개념에 기반 한 국제법의 질서를 제시한 것으로 이해할 수 있다.

3) 김경희, 『근대 국가 개념의 탄생 : 레스 푸블리카에서 스타토로』, 까치글방, 2018.

반면 중국에서 "국"과 "가"는 처음부터 매우 긴밀한 관계로 연결되어 있었다. 양자는 고대 分封制의 구조 속에서 동일한 통치 권력을 共享하는 것으로 설정되었다. 『左傳』에서 "천자가 國를 세우고 제후는 家를 세우며 卿은 側室을 두고 大夫는 貳宗을 가지며 士는 자제를 隸로 삼고 庶人, 공, 상은 각기 親疏를 가린다"고 묘사하고 있듯이, 국과 가는 천자, 제후, 경, 대부, 사, 서인 등의 순서로 배치된 위계 구조 속에서 권력을 분점하는 관계로 연결되어 있었다.5) 당시 국가는 아직 完整한 주권을 형성하는 통치 체제를 의미하는 개념으로 확립된 것은 아니었다. 그것은 중심이 권력을 크게 갖고 아래로 갈수록 그 권력이 작아지는("本大而末小") 통치 구조나 그 원리를 의미했던 것으로 판단된다. 따라서 국가는 周 천자의 정권을 지칭하기도 했지만 동시에 제후, 경의 그것에 대해서도 적용되는 개념이었다. 주지하듯이 『詩經』은 당시 천자의 권력을 "넓은 하늘 밑에 왕의 땅이 아닌 곳이 없으며 땅 끝까지 왕의 신하가 아닌 자가 없다"이라고 묘사하고 있다.6) 역사적으로 그 권력의 물리적 한계가 분명했을 것임에도 불구하고 천자를 중심으로 정치공동체가 형성되고 그 통치의 외연이 天下로 확대된다는 이러한 인식이 자리 잡았던 데는, 이렇게 권력을 분점, 공향하는 "국"과 "가"의 관계가 근저에 있었다고 할 수 있다.

이러한 국가 개념과 체제는 춘추전국 시기로 접어들어 변화에 직면하게 되었다. 권력을 독점하는 霸者들의 출현으로 천하가 "私天下"로 화하는 상황이 나타나면서 周 천자를 중심으로 권력을 분점해온 기존의 천하 질서는 유지되기 어렵게 되었다.

---

4) 위르겐 하버마스 저, 장춘익 옮김, 『의사소통행위이론 2 : 기능주의적 이성 비판을 위하여』, 나남, 2006, 244-307쪽.

5) "國家之立也, 本大而末小, 是以能固. 故天子建國, 諸侯立家, 卿置側室, 大夫有貳宗, 士有隸子弟, 庶人工商各有分親, 皆有等衰." 『左傳』, 卷2, 桓公二年(岳麓書社, 1988), 16쪽.

6) 『詩經·小雅』第五 谷風之什 "溥天之下, 莫非王土. 率土之濱, 莫非王臣"

그런데 이를 수습하며 새로운 질서가 모색되는 가운데 "국"과 "가" 개념이 오히려 더 긴밀히 결합하는 특이한 변이가 나타났다. 천자는 德治를 펼치는 王者로 이상화되었고, 천자를 중심으로 한 "大一統"의 국가, 천하 체제가 출현했다. 이를 통해 "국", "가"는 천자의 중심성에 보다 강하게 緊縛되었다. "天下一家"는 "천하 통합(天下合一)"에서 "천하 독점(天下歸于一家)"에 가까운 의미로 轉變했다. 이는 "公天下"의 이상이 현실적으로 실현되기 어려운 상황에서 선택된 次善의 '이상'이었다. 『禮記 · 禮運篇』에서 "天下爲公"의 大同에는 미치지 못하지만 賢者에 의한 안정적 통치가 행해진 차선의 이상 시기를 말하는 小康을 가리켜 "天下爲家"로 묘사하고 있는 바, 이는 "家"가 궁극적으로 공천하를 멀리 지향하면서 국가 개념 속에 결부되는 과정을 설명해준다. 이러한 국가 개념은 이후 출현한 중국 국가들을 통해 오랫동안 계승되었다.

그런데 이 국가 개념에서 구체적인 통치 체제로서의 '국가'는 독자적으로 성립하는 것이 아니라 그것을 지지하는 다른 범주의 개념들과 함께 중층적인 의미체를 구성하게 되었다. '국가'는 "天下一家", "天下爲家"의 이념 하에서 "가", "천하"와의 연결을 벗어나서 독자적으로 성립하기 어려운 개념이 되었다. 이때 "가", "국가(국)", "천하" 간에 累層的으로 확장, 연결되는 논리적 관계가 형성되었다. 許紀霖의 표현을 빌자면, 국가는 "家 - 國 - 天下 連續體"의 일부로서 존재하는 것이었다.[7]

家	國	天下
국가다움 국가의 근거, 근원	국가(State)	세계 전망
중국다움(Chineseness)	중국(China)	중국적 보편 (Chinese Standard)

7) 許紀霖, 『家國天下 - 現代中國的個人, 國家與世界認同』, 上海人民出版社, 2017.

"가 - 국 - 천하"의 구조에서 '국가'(국)는 그 지배의 정당성과 관련해서 이 논리적 구조를 유지, 복원하는 과제를 부여받았다. 말하자면 "가"와 관련해서는 국가 결합의 근거, 根源, "천하"와 관련해서는 해당 국가의 천하 질서 유지에 대한 전망 등과 같은 문제에 답해야 했다. 중국 역사에 등장했던 국가들은 이러한 문제들에 대한 해답을 찾아냄으로써 이러한 국가의 중층적, 누층적 구조를 복원하려고 노력했다. 이를 中國 국가에 적용해 도시화해 보자면, 아래와 같이 "중국다움(Chineseness) - 중국 (China) - 중국적 보편(Chinese Standard)"의 논리적 구조가 상정될 수도 있을 것이다.[8]

역대 중국 국가는 위 "중국다움"(또는 "국가다움")을 설명하는 데 있어서 다음과 같은 여러 차원의 중핵(core) 개념을 형성, 발전시켜왔다고 할 수 있다.

地理 中國: 우선 지리적 차원의 중핵(geographic core)은 "中原", "중국 본토", "중국본부", China Proper 등으로 지칭되는 지역 범주이다. 何尊의 銘文 "宅玆中國"은 中國이라는 단어가 최초로 출현한 구절로 알려져 있는데, 당시 그 의미는 오늘날의 국가와 같은 통치 체제나 조직이 아니라 중심 지역을 나타내는 것이었다. 이러한 지역 개념은 하·상·주 三代와 秦,漢 등 왕조 수도의 소재지인 關中 등을 중심으로 발전해 왔다. 또한 그 범위는 정치, 경제, 문화적 상황에 따라 끊임 없이 유지, 변화되어왔다. 위진남북조 이래 胡族의 남하, 漢族의 南遷과 강남 개발 등을 거쳐서 지리 중국의 범위는 크게 확대되었다. 이 과정에서 화북의 지리적 중심성

---

8) 전인갑은 보편 이념의 창안과 발신이 중국 제국의 주요 성립 요건이었다고 지적한다.
田寅甲, 「帝國에서 帝國性 國民國家로(Ⅰ) - 제국의 구조와 이념 -」, 『中國學報』, 65, 2012.

은 일정 유지되었지만, 화북과 강남이 각기 중심성을 각축하는 천하의 병립 상황도 나타났다.[9] 이러한 병립 상황은 遼, 金 등 비한족 정권이 화북을 지배하고 남송 등 한족 정권이 강남을 지배하는 상황에서 더욱 심화되었다. 그렇지만 元에 의한 지리적 통합을 거치면서 지리 중국은 보다 더 큰 범위로 설정되었다. 明은 종족적으로는 원을 극복한 국가였지만 지리적으로는 원에 의한 통합 국면을 계승한 국가였다. 이러한 지리 중국을 지배하거나 그에 유래한 국가는 "중국다움"을 표명할 근거를 확보한 것으로 인식되었다. 이 점에서 淸은 명대까지의 지리 중국을 지배한 국가였으며 동시에 그와 일치하지 않는 국가이기도 했다. 청은 동북 지역에서 발원한 後金이 만,몽,한의 다민족 성분의 八旗 구성을 형성하며 入關한 국가로, 청 제국의 지배 영역에서 기존 明朝의 직할 16성 지역은 만주, 몽골, 위구르(서역), 티벳 등과 구별되며 각기 '비중국', '중국'을 구성했다고 설명된다.[10] 후술하듯이 청조의 지배 판도와 한인 인식 속의 지리 중국과의 불일치는, 근대 국민국가로의 이행과 그 역사학 서술에서 해결해야 할 과제가 되었다.

人口 中國 : 인구 차원의 중핵(demographic core)은, 일관되지는 않았지만 漢族 정체성을 중심으로 발전해 왔다고 볼 수 있다. "한족"은 漢의 지배를 거치는 동안 중국을 구성하는 인구적 기반으로 자리 잡았다. 이후 그 지배 인구의 범위가 확장되면서 그 구성 원리는 혈연, 종족적인 것에서 문화적 차원으로 옮겨졌다. 華夷觀의 변화는 한족 정체성의 확장을 가져왔다. 위진남북조 이래 胡族이 화북을 차지하고 "華夷" 간의 융합이 나타나면서 "한"의 인구적 중심성은 상대적으로 약화되었다. 또한 거란 요,

---

9) 檀上寬, 『天下と天朝の中國史』, 岩波書店, 2016, 41-66쪽.

10) Mark Mancall, "The Ch'ing Tribute System : An Interpretive Essay", John King Faribank ed., *The Chinese World Order : Traditional China's Foreign Relation*, Harvard Univ. Press, 1960, pp.63-89; 구범진, 『청나라, 키메라의 제국』, 민음사, 2012, 181-184쪽.

여진 금을 거치면서 화북, 강남 인구의 정체성이 분리되는 경향이 나타났
고, "한인"은 인구적 중핵으로서의 의미를 유지하지 못했다. 元代에 한인
은 南人과 함께 오히려 피지배 집단을 의미하는 개념이었다. 그런데 明
건립 이후 남, 북의 통합이 이루어지면서 한족 정체성은 중국의 인구 중핵
으로서의 위치를 회복했다.[11] 그런데 만주족을 중심으로 건립된 청조는
이러한 인구 중국을 지배한 국가로서 위상을 확보했지만 그것은 '중국'
부분에 국한된 것이었다. 요컨대 인구 중국의 중핵을 점해온 한족 정체성
의 입장에서는 청 제국의 전체 영역을 포괄하는 인식은 확보되어 있지
않았다.

　文化 中國 : 문화 차원의 중핵(cultural core)은 "華", "中華", "華夏"
등으로 지칭되어온 것이다. 초기 문명에서 夏를 중심으로 한 문명적 중심
이 부상했다고 지적되고 있는데, 예컨대 周人은 夏를 천하, 왕토로 이해
하는 경향이 있었다. 천자는 그 핵심이 되는 존재로, 천하는 천자의 德이
미치며 그에 따라 伸縮하는 세계였다. 주목되는 것은 이 문화 중국은 특
히 지리 중국, 인구 중국과 일치하지 않거나 그에 대한 극복 논리가 필요
할 때 부각되는 경향이 있었다. 이민족 요소가 域內로 대거 진입하거나
민족 간의 融合이 활발히 진행되었던 후한, 위진남북조 이래, 중화에 대
한 문화적 해석은 보다 확대되었다. 또한 六朝, 南宋 등 지리적으로 화북
을 상실한 강남 정권에서는 그 문화적 중핵으로서의 위상을 더 강조하는
경향이 있었던 것으로 보인다.

　중국의 역대 국가들은 그들이 기반을 둔 지리, 인구, 문화적 위치에
따라 각기 그 "국가다움"("중국다움")을 설명해내기 위해 유리한 방향으

---

11) Mark Elliott, "Hushuo : The Northern Other and the Naming of the Han Chinese",
　　Thomas S. Mullaney ed., *Critical Han Studies : The History, Representation, and Identity*
　　of China's Majority, University of California Press, 2012, pp.173-190.

로 위의 요소들 가운데 일부를 부각하거나 새롭게 조합하는 논리를 구성해왔다. 이 점에서 이와 같이 重層的인 중국 개념들은 중국을 지칭하는 국가에게 그 국가 성격의 변동에도 불구하고 그 지배의 정당성을 설명하는 데 공히 활용되는 논리적 자원(또는 자본)으로 계승되어왔다고 할 수 있다.

한편 중국의 역사학은, 위와 같은 국가 개념과 구조의 특성을 역사 서술에 충실히 반영해 왔다. 司馬遷은 "28개 별자리가 북극성을 중심으로 돌고 있고 30개 바퀴살이 모두 하나의 축에 모여 있다"고 비유하면서 역사가 "北辰"이나 "轂"과 같은 중심적 존재를 축으로 운행된다고 인식했으며,[12] 이는 本紀, 世家, 表, 書, 列傳으로 구성된 『史記』의 紀傳體 편제에 그대로 반영되었다. 이는 『漢書』 이후 역대 왕조의 역사를 서술하는 이른바 正史의 서사 구조로 계승되었다. 그 정사 서술에는 각 국가의 정통성을 어떠한 중심성과 연결시켜 서술해야 할지를 고민한 결과가 반영되었다. 예를 들어 陳壽의 『三國志』는 위,촉,오 3국을 나누어 기술하면서 당시 지리 중국의 중핵인 화북을 지배한 魏를 정통으로 서술했다. 이러한 역사 서술은 국가 체제 자체를 분석하는 것보다는 그 국가를 건립한 중심 존재인 군주와 국가로서의 근거, 근원에 집중될 수밖에 없는 것이었다. 또한 역사는 "經·史·子·集"의 제 학문 영역에서 經 즉 지배 이데올로기에 종속된 학문이었다.[13] 이런 이유로 梁啓超는 역사를 군주의 역사인 "君史"가 아니라 '국가'의 역사인 "國史"로 재구성해야 한다고 주장했던 것이다.[14]

이러한 국가 개념, 구조와 그에 대한 역사적 서술은 근대로 접어들어

12) 『史記』 太史公自序 "二十八宿環北辰, 三十輻共一轂".
13) 岡本隆司, 『中國の倫理』, 中央公論新社, 2016, 4-49쪽.
14) 梁啓超, 「中國史敍論」, 『飮氷室合集 3』, 文集第3冊, 中華書局, 2015, 461-472쪽; 梁啓超, 「新史學」, 『飮氷室合集 4』, 文集第4冊, 中華書局, 2015, 751-782쪽.

근본적인 변화를 맞게 되었다. 근대 이후 청 국가 체제가 동요하면서 그 국가 개념도 새로운 변화에 직면하게 되었다. 그런데 그것은 단순히 기존의 국가 논리를 재구성하는 차원이 아니라 그 국가 논리 자체를 다시 구축해야 하는 상황으로 인식되었다. 일찍이 顧炎武는 明에서 淸으로 국가 권력이 교체되는 상황에서 "保國"과 "保天下"를 구별하면서 "保國"은 肉食者(지배자)의 것이고 "保天下"는 匹夫에게 책임이 있다고 했다.[15] 그에게 있어서 청조의 등장은 '亡國은 있어도 亡種은 없다'는, 천하 질서 자체를 붕괴시킨다는 인식까지 나아가지는 않았다. 그렇지만 근대의 서구 열강에 의한 충격은 천하 질서의 붕괴에 대한 위기감을 가져다주었다. 그것은 문명적 차원의 위기로 인식되었다. 張之洞의 경우 "國"이 망하면 "華種"도 망한다는 위기감을 보이고 있는데, 이 단계에 이르면 망국을 민의 존망의 그것인 망천하와 동일시하는 인식이 확산되고 있는 것을 엿볼 수 있다.[16] 이러한 천하 질서의 변화는 국가 개념과 그를 둘러싼 논리적 구조의 와해와 그 재구성을 요구하는 것이었다. 아울러 그러한 국가 개념을 반영한 새로운 역사 서술의 필요성도 요구받고 있었다.

Ⅲ. 淸 국가에서 근대 국가로의 이행

만주족 정권 淸의 入關은 漢人들에게 "亡國"의 위기감을 갖게 했지만 그 위기감은 "亡天下"의 인식에까지 이르지는 않았다. 일찍이 『元史』를 편찬한 明代의 지식인들이 결국 元이 "天下爲一"의 치세를 달성했던 현실을 수용하면서 그것이 漢, 隋, 唐, 宋을 초월하는 것이라고 평가

---

15) 顧炎武, 『日知錄』 卷13.
16) 미조구치 유조 지음, 서광덕·최정섭 옮김, 『방법으로서의 중국』, 산지니, 2016, 65-68쪽.

한 바 있었다.[17) 마찬가지로 청대 지식인들도 점차 청의 천하 지배라는 현실을 받아들이게 되었다.

그렇지만 청 국가는 여러 차원에서 기존의 명 국가와 구별되었기 때문에, 그 국가 개념은 재조정되지 않을 수 없었다. 밝혀진 바와 같이 "大淸 (Daicing Gurun)"은 농경지역을 기반으로 한 동남초생달 지역의 '중국(China)'과 유목지역을 기반으로 한 서북초생달 지역의 '비중국(non-China)' 요소를 동시에 포함하는 다체제 국가(제국)였다.[18) 그 지배 영역 내에서 한인은 명의 직할16성 지역에 처해 있었으며 기본적으로 그 외의 만주, 몽골, 위구르(서역), 티벳 지역과는 분리되어 있었다. 청은 지리, 인구, 문화 등 측면에서 기존의 중국을 지배한 권력이었지만, 한인들의 국가 인식 속에 지리, 인구, 문화 등 제 차원에서 청의 지배 영역을 포함했다고 하기는 어려웠다. 청의 천하 지배 현실을 수용했다고 해도, 한인 지식인들에게 그 체제 내의 나머지 요소인 '비중국' 지역들은 여전히 그야말로 "絶域" 이었다.

청조 지배체제에 대한 한인의 참여, 개입이 확대되면서 그 국가 인식의 변화가 본격적으로 나타나기 시작했다. 특히 지리 중국의 면에서 그 범위가 점점 확장되어갔다. 예를 들어 가경 이후 祁韵士, 張穆, 何秋濤, 沈垚, 魏源, 龔自珍, 姚瑩, 俞正燮, 洪亮吉 등 한인 지식인 내에서는 西北史地에 대한 관심이 증가했다.[19) 이들의 서북사지에 대한 관심은 대체로 遣戌 등을 계기로 한 것에서 볼 수 있듯이 종래의 한인 지식인들에게는 발견할 수 없는 것들이었다.[20) 청조 지배가 약화되는 가운데 한인의

---

17) 『元史』卷58, 志第10, 「地理一」.

18) Mark Mancall, 앞의 논문, pp.63-89.

19) 최희재, 「淸 嘉慶道光期 西北史地學 연구의 역사적 의의」, 『역사문화연구』, 제53집, 2015; 최희재, 「청대 중엽 西北史地學 발흥의 배경」, 『동양학』, 제58집, 2015.

20) 양계초는 이들이 서로 師友로서 영향을 주면서 결국 도광 시기 "顯學"을 이루었다고

권력 참여의 폭이 확대되면서,[21] 이들의 지리 중국에 대한 인식 범위는 몽골, 신강, 티벳 등 종래의 '비중국' 지역을 포괄하는 방향으로 확장되었다. 西域으로 지칭해왔던 서북 지역에 行省을 설치하여 대규모 이민 사업을 추진하자는 공자진의 제안에서 볼 수 있듯이,[22] 한인 지식인의 지리 중국에 대한 인식은 '大明'의 범위를 초월해 '大淸'의 지배 영역을 포괄하기 시작했다.

그렇지만 지리 중국의 확장은 인구 중국, 문화 중국의 확장으로 곧바로 이어지기는 어려운 것이었다. 西北史地 등 변강 지역에 대한 지식, 정보가 축적될수록, 이 지역 종족들과 그들의 언어, 문화가 '중국' 지역과 명백히 구별된다는 점도 인식되지 않을 수 없었다. 이러한 지리 중국과 인구 중국, 문화 중국의 불일치는, 이들이 근대 국가의 주요 모델인 국민국가로의 이행을 지향하면서 그 민족주의를 구성해가는 데 있어서 큰 장애로 남아 있었다.

이런 까닭에 청 국가가 무너지고 근대의 새로운 국가를 구성하는 과정에서 "小民族主義"와 "大民族主義" 간의 선택을 둘러싼 딜레마가 있었던 것은 자연스러운 일이었다. 청말 혁명파들을 중심으로 부각된 反滿 정서와 정치 운동은 청 체제 내에서 '중국' 지역을 분리해 "한족을 중심으로 한 민족국가"로 구성하는 것을 지향하고 있었다. 반면 강유위, 양계초 등은 국가 간의 경쟁과 다민족이라는 역사 현실을 근거로 "合群救國論", "大民族主義" 등을 주장했으며, 손문 등은 "청 제국 국가의 경계선을 민족의 범위로 결정하는 國族主義" 또는 "다원적 단일민족론" 등을 주장하기도 했다.[23]

평가했다. 梁啓超, 『中國近三百年學術史』, 商務印書館, 2016, 380쪽.

21) 청조의 지배는 후기로 접어들어 만주족 지배에서 "만·한 연합 정권"의 형태로 전환되었다고 설명된다. 구범진, 앞의 책, 238쪽.

22) 龔自珍, 「西域治行省議」, 『龔自珍全集』, 上海人民出版社, 1975, 105-112쪽.

두 흐름은 결코 일관된 방향으로 진행되었던 것은 아니었다. 모택동은 1939년 「中國革命和中國共産黨」에서 손문의 "中華民族" 개념을 수용해 그것을 한족을 중심으로 한 몽골, 회족, 티벳, 위구르 등 소수민족을 포함한 총칭으로 상정했지만, 그 이전 「中國共産黨第二次全國代表大會宣言」(1922.7), 「中華蘇維埃共和國憲法大綱」(1931.11) 등에서는 이들 민족의 자결권과 자치권이 폭넓게 인정한 바 있었다. 요컨대 "소민족주의"와 "대민족주의"를 둘러싼 입장의 번복이 반복되는 가운데, 결과적으로 "대민족주의"는 중화민족론으로 정리되어 오늘날까지 이어져 왔다.[24]

"대민족주의"로의 수렴이라는 이러한 역사 진행의 무리함을 일방적으로 비판하는 것은 그리 신중하지 못하며, 본고의 논의 범위를 벗어난다. 근현대 중국이 가졌던 대외적 위기감과 救亡의 요구가 얼마나 절박했던 것이었는지 돌아본다면, 청 체제 내의 다민족 요소들이 비록 이완되는 조짐이 있다고 해도 그것을 분리하는 선택이 현실적으로 어려웠다는 점은 이해할 만하다. 다만 중국의 근대 역사학이 서구의 국민국가 개념을 참조하며 새로운 역사 서술을 모색하면서 다민족 요소들이 하나의 국가 체제로 묶여지게 된 '현실' 또는 '이상'을 설명하기 위해 어떠한 논리적 시도를 했으며 또한 그것이 어떤 한계를 갖는 것인지를 살펴보는 것은 의미 있을 것이다. 이에 다음 장에서 근대 역사학이 구축되는 과정에서 국가 개념이 어떻게 다루어지고 있는지 살펴보려고 한다.

23) 汪暉, 「대상의 해방과 근대에 대한 물음-『근대 중국 사상의 흥기』에 대한 몇 가지 성찰-」, 『아시아는 세계다』, 글항아리, 2010.

24) 김승욱, 「중국의 역사강역 담론과 제국 전통」, 『역사문화연구』, 제63집, 2017, 122-126쪽.

Ⅳ. 근대 역사학의 구축과 국가 개념

중국의 근대 역사학에는 여러 유파들이 있지만, 그에 공통적으로 민족 국가(국민국가)의 흐름이 伏流한다는 점은 거의 동의하는 것이다. 그 속 에서 중국 역사학은 앞 장에서 살펴본 지리 중국과 인구 중국, 문화 중국 간의 편차를 어떻게 논리적으로 해결할 것인지 하는 문제에 직면할 수밖 에 없었다.

민족국가의 역사 서술의 시작점에는 梁啓超의 "新史學"이 있다.[25] 이 후 남긴 영향이 큰 주장이니만큼 다소 자세히 살펴보려고 한다. 양계초는 「中國史敍論」(1901), 「新史學」(1902) 두 편의 글을 통해서 자신의 구상 하는 새로운 治史 방식에 대해 설명했다. 그는 중국의 기존 역사 서술이 "朝庭"과 "個人"에 집중한 "君史"일 뿐이며 그에 대해 "國家"와 "群 體"를 중심으로 한 "國史"로 전환이 필요하며, 아울러 그 동안 역사는 "陳迹"과 "事實"에만 관심을 갖고 "今務"과 "理想"을 무시해왔다고 하 면서 이제 '국가', '민족'의 단결과 진화에 기여해야 한다고 지적했다.[26]

梁의 주장은 기본적으로 진화론적 역사관에 기반을 둔 것이었다. 그는 일찍이 嚴復과의 교류를 통해 진화론을 적극 수용하고 그것을 중국 역사 를 설명하는 데 적용하려고 노력해왔다. 그는 「論軍政民政相嬗之理」 (1897)에서 중국의 천하 통치는 "多君爲政의 시기", "一君爲政의 시 기", "民爲政의 시기"를 거치며 발전해 왔다고 설명했다.[27] 또한 그는

---

25) Prasenjit Duara, *Rescuing History from the Nation, Questioning Narratives of Modern China*, University of Chicago Press, 1997.

26) 주14)와 같음.

27) 梁啓超, 「論軍政民政相嬗之理」, 『飮氷室合集 2』, 文集第2冊, 中華書局, 2015, 139-143쪽. 양계초는 "多君爲政의 시기"는 酋長, 封建 및 世卿 시기로, "一君爲政 의 시기"는 君主, 君民共和의 시기로, "民爲政의 시기"는 總統, 無總統의 시기로

「중국사서론」에서 중국 역사를 "中國之中國"(上世史), "亞洲之中國" (中世史), "世界之中國"(近世史)로 시기 구분하면서 이를 거치면서 하나의 민족국가로 발전해왔다고 설명했다.[28]

그의 신사학은 국민국가로 線形으로 진화하는 역사관에 근거해서 그 역사적 진화를 위한 역사학의 계몽적 역할을 강조한다는 점에서, 계몽적 역사(Enlightenment history)의 범주로 해석된다.[29] 때문에 그의 역사학은 정치적 전환으로서의 의의가 주목되는 데 비하면 그 학문적 논리에 대해서는 충분히 논의되지 않았던 면이 있다.[30] 그렇지만 그의 논의는 다민족 요소를 내포한 청 제국 체제를 민족국가라는 새로운 체제로 묶어내는 문제를 역사학 차원에서 본격적으로 논의하기 시작했던 것으로 이후 중국 역사학에 남긴 영향이 적지 않다. 『新民叢報』 창간호의 붉은 색 하나로 칠해진 중국 지도는, 오늘날의 중국으로 수렴된 "대민족주의" 중국을 뚜렷이 그려낸 이른 시기의 선례였다.

양계초는 중국 역사를 민족국가로 귀결되는 진화 과정으로 그려내는 데 있어서 청 제국의 판도 전체가 하나의 국가 단위로 통합된 원인을 설득력 있게 설명하기 위해 노력했다. 그는 진화론이 자연과학을 비롯한 학문 전체에 미친 영향을 주목하면서 역사학에서도 그와 같은 "因果律"을 설

각기 다시 세분한다.

28) 梁啓超, 「中國史敍論」, 『飮氷室合集 3』, 文集第3冊, 中華書局, 2015, 471-472쪽.

29) 정지호는 중국 근대사학의 기본 목표가 전통적 천하관에서 국가관으로의 전환으로 그것을 위해 민족의식과 국민의식을 부여하기 위한 계몽적 서사였다고 설명하면서, 그 가운데 신사학, 국수사학, 의고사학, 마르크스사학을 주요 흐름으로 주목했다. 정지호, 「근대 중국 사학의 형성과 변용」, 『중국지식네트워크』, 창간호, 2011.

30) 예컨대 錢穆은 『國史大綱』(1939)에서 近世史學을 傳統派, 革新派, 科學派의 3파로 분류하고 그 가운데 혁신파의 治史 의의에 주목하면서 그것이 정치혁명, 문화혁명, 경제혁명 3期를 거치며 변천해왔다고 정리한다. 錢穆, 『國史大綱』(上,下), 商務印書館, 2010, 3-6쪽.

명하는 것이 중요하다고 지적한 바 있었다.[31] 비록 얼마 뒤 "자연계는
인과율의 영토이고 문화계는 자유의지의 영토"라고 하면서 역사학에서는
"互緣" 즉 상호연관성을 말할 수 있을 뿐이라고 그 논조가 다소 후퇴되기
도 하지만,[32] 그에게는 역사학에서 과학 정신의 중요성에 대한 인식이 꾸
준히 있었다. 그런 가운데 그는 중국사의 공간도 자연과학의 '실험실'과
같이 역사적 인과율이 적용되는 공간으로 설명하려고 했다. 「中國地理
大勢論」(1902)에서 그는 중국이 "天然의 大一統의 국가"라고 하면서
"그 근원은 地勢에 연유하지 않는 것이 없다"고 설명하고 있다.[33] 물론
그의 '과학'적 설명들은 다소 지리결정론적인 측면이 엿보인다고 지적할
수 있는 것이었다.[34]

양계초가 "地勢"상 "천연의 대일통의 국가"라고 묶은 지역 범위는 기
존의 역사 서술에서 천하의 "絶域"으로 다루었던 지역들을 하나의 공간
단위 속에 포함시킨 것이다. 그는 龔自珍의 「西域治行省議」, 『蒙古圖
志』, 魏源의 『海國圖志』 등의 금문학에의 영향에 주목하면서[35], 祁韵
士, 張穆, 徐松 등 가경 이후 한인 지식인들의 西北史志學이 "顯學"을
이루었다고 높이 평가하고 있었다.[36] 전술했듯이 이러한 변강사지 저작들

31) 梁啓超, 「中國歷史研究法」, 『飮氷室合集 32』, 專集第16冊, 中華書局, 2015,
8491쪽, 8600-8601쪽.
32) 梁啓超, 「研究文化史的幾個重要問題 - 對於舊著中國歷史研究法之修補及修
正」, 『飮氷室合集 14』, 文集第14冊, 3856-3859쪽.
33) 梁啓超, 「中國地理大勢論」, 『飮氷室合集 4』, 文集第4冊, 935-936쪽.
34) 양계초의 신사학은 서구 지리결정론의 영향을 받았다고 지적된다. 曲洪波, 「近代"地
理環境論"對梁啓超學術著述的影響」, 『甘肅社會科學』, 第3期, 2008; 武軍, 「地
理環境論與梁啓超的"新史學"理論」, 『北京科技大學學報』, 第23卷 第1期,
2007.3. 이러한 방식으로 지리적 형세의 영향을 강조하는 것은 과학적 역사학을 추구했
던 傅斯年의 「夷夏東西說」의 서술 등에서도 엿보이는 현상이었다. 傅斯年, 『民族
與古代中國史』, 上海古籍出版社, 2012, 1쪽.
35) 梁啓超, 「淸代今文學與龔魏」, 『淸代學術槪論』, 中華書局, 2016, 113-116쪽.

은 청 제국의 다원적 체제에서 순례권 등이 제한되어온 한인들의 지리 지식, 정보가 확장, 축적되어가는 과정을 보여주는 것이었다. 말하자면 이는 청대 지리 중국의 영역이 '중국' 즉 명대 직할16성 지역에서부터 신강, 몽골, 티벳, 만주 등 '비중국'으로 확대해가는 과정이었다. 물론 이는 민족, 문화 등의 면에서 해당 지역들 간의 차이를 확인하는 과정이기도 했다. 양계초는 이러한 지리 지식, 정보를 바탕으로 지리 중국의 범위를 확대하려고 했던 것이다. 그리고 그것이 "지세"를 통해 근본적으로 하나의 역사 공간으로 묶일 수밖에 없다는 사실을 강조하고 있는 것이다. 이러한 확장된 지리 중국에 대한 '이해'는 그의 대민족주의 주장의 논리적 근거였다.

그렇지만 그는 동시에 이 지리 공간이 하나의 역사 단위로 묶여지는 것이 실제로는 쉽지 않다는 사실을 의식하지 않을 수 없었다. 그는 「中國史敍論」(1901)의 제4절 "地勢"에서 중국사가 관할하는 지역은 5大部로 나뉠 수 있다고 하면서 그를 ① 中國本部, ② 新疆, ③ 靑海, 西藏, ④ 蒙古, ⑤ 滿洲로 구분했다. 또한 「地理及年代」(1922)에서는 중국의 영토가 지세로 볼 때 ① 18行省, ② 동북성 및 특별 구역, ③ 신강, ④ 외몽고, ⑤ 靑海 및 川邊, ⑥ 西藏 등 6部로 나눌 수 있다고 설명했다. 그는 이 가운데 신강, 외몽고, 청해, 서장 등 지역에 대해서는 중국의 주권 하에 있지만 인종적 동화가 이루어지지 않았거나 중국 주권이 실제적으로 관철되지 않는 지역이라는 사실을 분명히 지적하고 있다.[37] 전술한 논의를 이어 말하자면, 그는 지리 중국을 확대 설정하면서 그것이 인구 중국, 문화 중국과 일치하지 않는다는 점을 고민하지 않을 수 없었던 것이다.

이런 가운데 이 국가를 결집하는 지역적 중심의 개념이 부각되었다. 그의 "中國本部"라는 개념은 중국 국가를 결합하는 지리 중국의 중핵이

---

36) 梁啓超, 「水地與天算」, 앞의 책, 81-84쪽.
37) 梁啓超, 「地理及年代」, 『飮氷室合集 28』, 專集第12冊, 7599-7603쪽.

라는 의미로 해석된다.[38] 이는 그의 "대민족주의" 주장과도 밀접한 연관이 있는 것이다. 그는 "소민족주의"는 "한족이 다른 족을 대하는 것", "대민족주의"를 "국내의 本部, 屬部의 제 族이 합쳐서 국외의 제 족을 대하는 것"으로 양자를 구별하면서, 한족과 본부를 중심으로 한 대민족주의로의 통합을 제창한다.[39] 그는 또 다른 글에서 "18행성"은 "협의의 中華民族"의 오랜 근거지이고 "동북성 및 특별 지역"은 "광의의 중화민족"의 지배 지역이라고 하면서 나머지 지역에 대해서 중국의 주권 실현과 인종적 동화의 진행에 관해 관심을 기울이고 있다.[40] 이런 측면에서 그의 민족국가 개념에는 天下 질서의 비대칭적(asymmetric) 구조가 다시 내장되었다.

또한 그는 중국의 邊疆은 중심과 주변의 교류·융합이 전개되어온 動態的 공간으로 그 공간이 외연을 넓히면서 중국 민족에 이르렀다고 설명한다. 「歷史上中國民族之觀察」(1905)에서 그는 하·상·주 삼대에 中原에서 형성된 華夏族이 그 주변의 다른 족들과 지리, 문화적으로 변강을 형성하고 그 변강 공간에서 부단히 상호 교류,융합을 진행해왔다고 지적했다.[41] 그 뒤 「中國歷史上民族之硏究」(1922)에서는 그 논리를 다듬어, 三代에 "群后" 가운데 받들어진 하나의 "元后"를 중심으로 중화민족의 골간이 형성되었고 이후 "諸夏"와 "夷狄"이 수시로 상호 관계를 맺으면서 점차 민족적 통합이 이루어져 왔다고 설명했다. 그에 따르면 중국 민족은 고대 "18행성 지역"에 諸夏, 荊吳, 東夷, 苗蠻, 百越, 氐羌,

---

38) "중국본부"라는 단어는 일본의 변경 분리 의도가 반영된 개념이라는 점이 지적된다. 顧頡剛, 譚其驤, 「發刊詞」, 「禹貢」, 第1期, 1934年; 錢穆, 「中國歷代政治得失」, 三聯書店, 2001.
39) 梁啓超, 「政治學大家伯倫知理之學說」, 「飮氷室合集 5」, 文集第 5冊, 1185-1207쪽.
40) 梁啓超, 「地理及年代」, 「飮氷室合集 28」, 專集第12冊, 7599-7603쪽.
41) 梁啓超, 「歷史上中國民族之觀察」, 「飮氷室合集 27」, 專集第11冊, 7297-7309쪽.

群狄, 群貊 등 8개 족이 있었으며, 이후 3천여 년을 경과하는 동안 中華 (漢), 蒙古, 突厥, 東胡, 氐羌, 蠻越 등 6개의 族系로 정리되었다.[42]

이렇게 양계초는 신사학을 통해, 다민족 요소를 내포한 청 제국 체제를 "대민족주의"를 기조로 새로운 민족국가 체제로 묶어내기 노력했다. 이는 우선 지리 중국의 확대라는 점에서 주목되지만, 그것만으로는 인구, 문화 면에서 다양한 요소들 간의 차이를 극복하기 어려웠다고 할 수 있다. 그 구성 요소들 간의 상호 접근과 교류, 융합이 충분히 진행되지 않은 상황에서 인구, 문화면에서 그것이 하나의 국가 체제로 통합되는 데 있어서 공유되는 기반은 아직 공고하지 않았다. 이에 대해서 중국의 지리, 인구, 문화적 중핵이 중국 국가를 구성한다는 중심-주변의 비대칭적인 국가 구조가 재현되는 양상이 나타났다. 이는 민족국가로의 이행이라는 정치적 지향을 분명히 표명했다는 점에서 주목되지만, 학문적(역사학적) 차원에서 논리적 한계를 노정하는 것이었다고 할 수 있을 것이다.[43]

양계초와 대조적으로, 한족을 중심으로 한 민족국가의 건설을 지향한 역사학 논의도 물론 있었다. 章炳麟은 排滿革命과 國粹主義의 입장에서 漢種을 중심으로 "國粹"를 중심으로 새로운 민족국가로 결집될 수 있을 것으로 전망했다. 그는 양이 신사학을 제창했던 것과 거의 같은 시점에 "中國通史"의 집필을 구상했다. 그의 경우 북방 민족과 한족의 경계를 분명히 나누고 있기 때문에, 양계초가 "대민족주의"를 지향함으로써 직면해야 했던 논리적 문제들은 겪지 않았다. 그렇지만 결과적으로 신해혁명 이후 청조의 판도가 크게 위축되지 않은 가운데 중화민국으로의 이

42) 梁啓超, 「中國歷史上民族之研究」(『飮氷室合集 27』 專集第11冊), 7331-7364쪽.
43) 내지, 번부 또는 문화, 인종적 차이에 대한 인식에도 불구하고 양계초는 그것을 천하 사상에 입각한 대일통 질서를 강력하게 실천해서 그것을 국민국가의 균질한 질서로 이끌어가려는 지향이 강했다고 지적된다. 정지호, 「淸末民初 梁啓超의 聯邦制論과 '新中國' 建設」, 『중국근현대사연구』 72, 2016.

행이 이루어지면서, 일단 지리 중국의 확대를 둘러싼 쟁점 등은 더 첨예해지지는 않았다. 확장된 지리 중국은 역사학계에 기정사실이 되어갔다.

중화민국 건립 이후 전통 체제의 여러 '반동'의 흐름이 이어지면서 그에 대한 반대의 움직임도 나타났다. 전통 체제에 대한 해체 요구는 이 시기 민주와 과학이라는 구호로 압축되었다. 역사학에서도 기존의 역사 서술 체제에 대한 강한 부정이 이루어졌다. 顧頡剛을 중심으로 한 "疑古學派"("古史辨派")는 그 대표적인 예였다.

고힐강은 1920년 북경대학을 졸업한 뒤 학교에 남아 조교로 『國學季刊』, 『辨僞叢刊』 등에 참여하면서 胡適, 錢玄同 등과 古史, 僞書, 僞事 등의 문제를 논의하면서 "古史辨" 저술에 착수했다. 1922년에는 商務印書館이 편찬하는 『中學用歷史敎科書』를 위해 『詩』, 『書』 등의 고전설을 정리해, "古史는 층층히 쌓여 조성된 것"("古史是層累地造成的")이라는 학설을 발표했다. 이는 『讀書雜誌』에 「與錢玄同先生論古史書」(1923.2)라는 글을 통해 발표되었는데, 그 요점은 ㉠ 古史는 시대가 뒤로 갈수록 그 시기가 더 앞으로 올라가고, ㉡ 시대가 뒤로 갈수록 더 방대해지며, ㉢ 지금으로서는 사건의 진상을 알 수 없고 전설 속에 반영된 가장 이른 시기의 상황만 알 수 있다는 등이었다.[44] 그는 이어 「答劉胡兩先生書」(1923.6)에서 "믿을 수 없는 역사(非信史)"를 무너뜨리는 데 있어서 네 가지 전통 관념을 타파하는 것이 필요하다고 주장했다. 그것은 ① 민족이 一元에서 나왔다는 관념, ② 지역이 계속 통일되어 있었다는 관념, ③ 古史를 인격화(人化)하는 관념, ④ 고대가 황금시기라는 관념 등이었다.[45]

---

44) 顧頡剛, 「與錢玄同先生論古史書」, 『古史辨自序』(上), 商務印書館, 2015, 1-9쪽.
45) 顧頡剛, 「答劉胡兩先生書」, 『古史辨自序』(上), 商務印書館, 2015, 10-15쪽. 앞의 글은 劉掞藜, 胡堇人 두 사람에 대한 답장 형식으로 쓰여졌다.

그의 주장은 당시 국민정부의 국가주의적 역사 인식과 전면적으로 충돌하는 것이었다. 1923년 이후 출간된 『現代初中敎科書・本國史』의 "傳統中的三皇五帝" 부분에서 그는 盤古를 언급하지 않고 삼황오제는 간략히 서술하면서 그 앞에 "所謂"라는 두 글자를 덧붙여 의혹을 표시했다. 이에 국민정부의 戴季陶는 "인민이 하나의 조상에서 나왔다"는 것을 부정하는 것은 인민의 단결을 위해한다고 공격하고, 그를 처벌함과 함께 해당 교과서를 금지시켰다.[46] 당시 한족을 중심으로 한 일원론적 민족사 서술이 국가 체제의 중요한 토대로 인식되고 있었던 셈인데, 그는 다원론적 입장에서 그와 대립했던 것이다. 그는 古史 속에 분식된 체계와 형태를 걷어내고 다원적인 본래 모습을 드러냄으로써 민족국가의 내포를 새롭게 만들어가야 한다고 주장했다.[47] 이는 한족을 중심으로 한 "대민족주의"로의 결합을 주장했던 양계초의 입장과 한족 중심의 입장을 고수하지 않는다는 점에서 대비되는 것이었다.

그렇지만 그의 경우도 청 제국 영역으로 확장된 지리 중국의 범위를 기본 전제로 논의를 전개했다는 점에서는 마찬가지였다. 그는 1934년 譚其驤과 함께 禹貢學會를 발기하고 『禹貢』 半月刊을 발간했다. 이들이 중점을 두었던 것은 邊疆史志 연구로, 「禹貢學會硏究邊疆計劃書」에서는 그것이 단순한 "학문을 위한 학문"이 아니라 민족 위기에 대응한 "致用"에 있다고 하면서 그 역사지리 연구가 확대된 지리 중국의 민족주의적 결집을 지향하고 있음을 분명히 했다. 이들은 그것이 가경・도광・함풍 시기 변강사지학의 성과를 뛰어 넘는 제2의 "高潮"라고 스스로 자

---

46) 朱冰林, 「民國敎科書中的學術與政治 - 以《現代初中敎科書・本國史》爲中心」, 華中師範大學碩士論文, 2015.

47) Laurence A. Schneider, *Ku Chieh-Kang and China's New History : Nationalism and the Quest for Alternative Traditions*, Berkeley : University of California Press, 1971, p.169.

리매김하고 있다.[48] 이들의 활동은 연구 인력, 자료, 시각 등의 면에서 오늘날로 이어지는 중국 역사지리학의 기본 골격을 구축했다고 평가할 수 있다.

한편 傅斯年은 고힐강과 다른 맥락에서 중국사의 다원성을 강조한 역사학자였다. 부사년은 1918년 羅家倫 등과 함께 新潮社를 조직, 『新潮』를 창간하는 등 오사운동 시기의 학생 지도자 가운데 하나였다. 그는 북경대 졸업 후 영국, 독일에서 비교언어학을 공부한 뒤, 1927년 中山大學 교수가 되었다. 1928년에는 中央研究院歷史語言研究所를 창설하고 소장이 되었다. 그는 중국 역사학 연구의 과학화, 현대화를 주창하여 "科學史學"派로 지칭된다. 아울러 학술 행정면에서도 큰 족적을 남긴 것으로 평가된다.

부의 과학사학은 고힐강과 마찬가지로 중국사의 다원성을 설명하는 데 기여한 바가 있었다. 그는 1933년 "夷夏東西說"을 제시해 중국 고대사에 대한 해석에 큰 반향을 불러일으켰다. 이 글은 『民族與古代中國史』이라는 책의 제3장 부분이다. 그는 이 글에서 후한 이전의 중국 역사는 黃河, 濟下, 淮下 등의 지역을 무대로 동-서 구도로 전개되었으며 이는 화북과 강남의 남-북 구조의 기존 역사 서술에서 간과했던 것이라고 지적했다. 그는 夷,商의 東系와 夏,周의 西系 두 계통의 집단이 혼합하며 고대사가 전개되었다고 지적했다. 이는 고대 중국사의 다원적 기원을 드러내는 데 큰 도움을 주었다.

부사년의 과학사학도 민족주의와 양립하는 것은 아니었다. 오히려 救亡의 요구 아래 민족주의적 요소가 부각되는 것을 볼 수 있다. 만주사변이 발생한 직후인 1932년 10월 그는 『東北史綱』을 출간해, "만몽은 역사적으로 중국 영토가 아니다"라는 일본 측 矢野仁一의 주장을 반박하면서

---

48) 「『禹貢』學會研究邊疆計劃書」, 『史學史研究』, 第1期, 1981.

동북 지역이 예로부터 중국 영토라는 사실을 논증했다.49) 이 책은 후에
영문 번역으로 국제연맹에 제출되어 리트조사단의 보고서에 영향을 끼쳤
다고 평가된다. 과학사학과 민족주의의 이러한 결합 때문에, 그의 역사학
은 역사학 과학화의 기초 위에 있는 민족주의라고 평해진다.50)

  고힐강, 부사년과 같은 중화민국 시기 역사가들의 역사 서술에서 국가
개념에서는, 한족 중심성을 상대화하는 입장을 취하면서 다원성을 부각했
다는 점에서 양계초의 경우와 구별되는 논리적 진전이 있었다고 할 수
있다. 그렇지만 이들의 경우도 기본적으로 청 제국 시기의 확장된 판도를
지리 중국의 범위로 수용했다는 점에서 양계초와 맥락을 공유하고 있으
며, 하나의 민족국가로서 국가의 실체를 설명하는 문제에 대해서는 더 구
체적인 논의가 이루어지고 있었다고 보기는 어려웠다.51) 특히 1930년대
접어들어 침략 위기에 직면하면서 그 지리 중국의 경계에 대한 인식이
보다 분명해졌다. 이들은 오히려 지리 중국의 범위를 중국사의 범위로 확
정하는 데 관심이 집중되어 있었다.52) 이 시기 역사학계의 해결 과제는
그대로 1949년 이후 역사학계의 과제가 되었다.

---

49) 傅斯年, 『東北史綱初稿』, 岳麓書社, 2011, 1-6쪽(부사년 지음, 정지호 옮김, 『동북
   사강』, 주류성, 2017).
50) Alan G. Moller, *Bellicose Nationalist of Republican China : An Intellectual Biography of
   Fu Ssu-nien,* Phd thesis Melborne, 1979.
51) 부사년의 경우, "외국"은 하나의 "체(entity)"를 이룰 수 없기 때문에 "외국사"라는
   역사 범주는 성립하지 않는다고 하면서 "중국사" 범주에 동아시아, 중아시아를 포함하
   고 이들 지역이 "본래 중국의 四裔로 역사에서도 중국의 위성일 뿐"이라고 설명한
   바 있다. 傅斯年 著, 呂文浩 選編, 『出入史門』, 浙江人民出版社, 1998, 117쪽.
52) 顧頡剛, 史念海, 『中國疆域沿革史』, 商務印書館, 1938; 夏威, 『中國疆域拓展
   史』, 文化供應社, 1941; 童書業, 『中國疆域沿革略』, 上海開明書店, 1946.

V. 당대 역사학에서의 국가 개념

중화인민공화국의 수립 이후 중국의 역사학계는 중국사의 서술 범위와 관련해서 어떠한 방식을 취할 것인지를 둘러싸고 논의가 전개되었다. 신생 중국은 지리 중국을 통일하고 등장한 국가였지만 그 '통일'이 인구 중국, 문화 중국 면에까지 확립된 것은 아니었다. 이에 대해 역사학계에서는 국가 영역 내에 포함된 다양한 요소들을 통합적인 국가 역사의 서술로 수렴해내기 위한 방안을 모색해야 했다.

이때 우선적으로 결정되어야 할 것은 중국사의 서술 범위 문제였다. 이를 둘러싸고 활발한 논의가 전개되었다. 白壽彝는 이에 대해 먼저 의견을 제시했는데, 그는 역대 '皇朝'의 강역을 범위로 하여 그 변경, 신축을 파악하는 방식과 중화인민공화국의 국토 범위를 단위로 하여 그 범위 내에 활동한 민족을 모두 포함하는 방식 등 두 가지 선택이 가능하다고 하면서, 이 가운데 후자 택일을 제안했다.[53] 그는 비한족 출신의 학자로 건국 초 한족중심주의에 대해 거리를 두면서 신생 중국의 강역 내에 포함된 모든 민족의 역사를 중국사로 통합해야 한다고 주장했던 것이다.

白이 말한 두 방식은, 국가를 단위로 한 역사 서술에서 일반적으로 취해지는 것들이다. 이후 관련 논의가 매우 활발히 전개되었다.[54] 孫祚民, 楊建新 등은 양수이의 주장을 기본적으로 수용하면서 그 변경 지역이 포함되는 과정을 반영해 신축적으로 조정할 것을 주장했으며,[55] 周偉洲,

---

53) 白壽彝, 「論歷史上祖國國土問題的處理」, 『光明日報』, 1951.1; 「關于中國封建社會的幾個問題」(1977) 가운데 "中國歷史上的疆域問題" 주제 강연. 이는 이후 그가 주편한 『中國通史』(12卷, 上海人民出版社, 1980)의 서술에 반영되었다.

54) 劉清濤, 「60年來中國歷史疆域問題研究」, 厲聲·李國强 主編, 『中國邊疆史地研究綜述』, 黑龍江敎育出版社, 2014, 110-127쪽.

55) 孫祚民, 「中國古代中有關祖國疆域與少數民族問題」, 『文滙報』, 1961.11.4; 楊

張博泉, 張碧波 등은 특정 시점을 역사 서술 범위의 표준으로 삼는 것에
대체로 반대하는 입장이었다.[56]

그런데 譚其驤은 이와는 다른 특이한 방식의 주장을 제시했다. 그가
공개적으로 그의 주장을 표명한 것은 1991년 『中國邊疆史地硏究』에 발
표한 「歷史上的中國和中國歷代疆域」을 통해서였다.[57] 당시 그는
1954년부터 30년 가량 수행했던 『中國歷史地圖集』 제작 작업의 공식
마무리를 앞두고 있던 시점이었다. 위의 글은 그 과정에서 진행했던 관련
논의를 정리한 것이다. 담의 논리는 "역사상의 중국(歷史上的中國)"이
라는 개념으로 압축된다. 그는 이를 두 가지 논리로 설명했다. 첫째 그는
중국의 강역이 수천년 동안의 발전 과정을 거쳐서 청조 하의 18세기 50년
대에 이르러 "역사상의 중국"이 완성되며, 그것을 역사강역의 표준으로
삼아야 한다고 주장했다. 둘째 이 역사상의 중국이 19세기 40년대 아편전
쟁 이후 판도를 상실한 부분이 있다는 점을 지적하면서 "18세기 50년대에
서 19세기 40년대 이전" 특정 기간의 판도를 그 구체적인 표준 시기로
명시했다. 담의 논지는 이후 그의 제자인 葛劍雄의 지지를 받았다.[58] 담

建新,「再論中國歷史上的疆域問題」,『蘭州學刊』, 第1期, 1986; 楊建新,「"中
國"一詞和中國疆域形成再探討」,『中國邊疆史地硏究』, 第2期, 2006.

56) 周偉洲,「歷史上的中國及其疆域,民族問題」,『雲南社會科學』, 1989.02;「關于
構建中國邊疆學的幾点思考」,『中國邊疆史地硏究』, 第3期, 2014;「關于中國古
代疆域理論若干問題的再探索」,『中國邊疆史地硏究』, 第3期, 2011; 張博泉,
「論古代邊疆民族與疆域硏究問題」,『吉林大學社會科學學報』, 第3期, 1999; 張
碧波,「關于歷史上民族歸屬與疆域問題的再思考」,『中國邊疆史地硏究』, 第2
期, 2000.

57) 이 글은 10년 전인 1981년 5월 25~31일 "中國民族關係史硏究學術座談會"에서의
발언 내용을 정리한 것이다.

58) 葛劍雄,『統一與分裂 - 中國歷史的啟示』, 商務印書館, 2013(초판은 三聯書店,
1994), 272-273쪽; 葛劍雄,『歷史上的中國 : 中國疆域的變遷』, 上海世紀出版股
份有限公司, 2007; 葛劍雄,『疆域與人口』, 復旦大學出版社, 2010.

기양-갈검웅으로 이어진 위의 주장은 오늘날 중국 학계에서 널리 채용하는 '주류'의 담론을 형성하고 있는 것으로 보인다.

"역사상의 중국"이라는 개념에서 가장 눈에 띄는 특징은 중화인민공화국과 청이라는 두 국가를 연결하고 있는 점이다. 더구나 두 국가는 시기적으로 직접 連接하고 있는 것도 아니었다. 두 국가는 그 판도를 구성하는 원리와 성격 면에서 상당히 이질적인 측면이 많은 국가였다. 우선 청은 그 내부에 '비중국', '중국' 또는 유목, 농경을 토대로 한 상이한 체제가 공식적으로 공존하는 제국이었다. 반면 중화인민공화국은 기본적으로 동일 체제를 지향하고 있는 국가였다. 또한 국가 통치의 중심성의 구성과 그 작용 방향의 면에서도 두 국가는 상반되는 진행 과정에 있었다. 청이 '중국'에 대한 '비중국'의 지배라는 색채가 분명한 정권이었지만, 현 중국에서 "다민족통일국가"의 통합 국면을 유지해가는 중심은 '중국'과 한족에 부여되어 있다는 점은 의심의 여지가 없다. 여러 측면에서 중화인민공화국이 그 '歷史疆域'의 표준을 청대의 특정 기간에 두고 있는 것은 '어색한' 감이 있다.

그럼에도 불구하고 이러한 연결이 추진되었던 데는 그 국가 체제가 통합성을 설명하는 데 아직 어려움이 있기 때문일 듯하다. 중화인민공화국은 그 외연을 구성하는 국가 판도와 인구 구성에 있어서 기본적으로 청의 그것을 계승했지만, 그 국가의 내포 면에서는 청 제국 내에 존재하던 서로 상이한 요소들 특히 '중국', '비중국' 요소를 통합해야 하는 과제를 여전히 안고 있었다. 건국초 모택동, 주은래 등은 "大漢族主義"를 경계하고 少數民族과의 협력의 중요성을 강조하면서 중화인민공화국이 청을 계승했다는 점을 자주 언급했다. 예컨대 1956년 4월 모택동은 한족은 "人口衆多"하고 소수민족은 "地大物博"하다고 하면서 양자의 강점을 결합해야 한다고 주장했다. 이러한 통합의 과제 하에서 두 국가를 연결해주는 공통 분모를 적극적으로 찾아내는 작업이 필요했을 것이다. 이는 단순한 국가 판도나 인구 구성의 차원이 아니라 그 국가를 하나의 국가로서 존재할 수 있게 해주는, 말하자면 "국가다움", "중국다움"을 설명하는 근원적인 차원의 근거를 찾게 했다. 이 과정에서 "국가로서의 중국"은 그 내포가 끊임없이 변화해온 지리 중국, 인구 중국, 문화 중국 등 "지역으로서의 중국"에 논리적으로 의지할 수밖에 없게 되었던 것으로 이해된다. 18세기 50년대에 완성되어 19세기 40년대 이전까지 유지된 이른바 "역사상의 중국"은 그런 가운데 모색된 논리적 출구로서 기능하고 있는 면이 있다.

전술했듯이 양계초 이래 중국 역사학에서는 청 제국 시기의 확장된 판도를 지리 중국의 범위로 수용해왔지만, 인구, 문화 등 면에서 여전히 이질적인 요소들이 하나의 국가 체제로서 통합체를 조성할 조건이 형성되어 있는지에 대해 충분히 고민할 기회를 갖지 못했다. 국가의 공공성, 이질적 사회 요소들 간의 합의는 하나의 체제로서 국가가 성립하는 데 매우 중요한 전제라고 할 수 있을 것이다. 이 과제는 중화인민공화국 성립 이후 역사학계에 그대로 남았다. 그렇지만 1949년 이후 이들의 국가 개념은 여전히 하나의 체제로서 독자적으로 성립하지 못하고 '역사상의 중국'과 같은 다른 개념에 의조해서 그 의미를 부여해가는 관성이 엿보인다. 이 점에서 향후 중국의 국가 개념이, "가 – 국 – 천하" 구조 속에서와 같이 국가(state)가 의지할 "근원"을 강화하는 방향으로 재구성될 것인지, 아니면 그 국가 자체의 독자적인 체제를 확립하는 방향으로 재구성될 것인지 주목하지 않을 수 없다.

VI. 맺음말

국가에 대한 학문적인 개념 정의는 합치되어 있지 않다. 이는 국가의 존재 양태가 지역, 시기적으로 다양하게 나타나며, 그 개념 정의에는 자연

해당 국가의 지향과 관련된 이데올로기나 전략적 사고가 개입되기 때문이다. 이에 이 글에서 중국의 근대 역사학의 전개와 관련해서 그 국가 개념상의 특징을 검토해 보았다.

서구와 구별되는 중국 국가 개념이 특징은 서구에서라면 公·私 영역으로 분명히 구별될 "國"과 "家"가 처음부터 긴밀히 연결되어 있다는 점이다. 양자는 중국 고대 분봉제 시기부터 권력 분점과 共享의 구조 속에서 가깝게 결합해 있었다. 춘추전국 이후 霸者의 출현으로 私天下의 위기가 나타나면서 이 국가 개념은 동요되지만, 진한 이래 이상화된 천자를 중심으로 한 大一統 질서가 확립되는 가운데 "국"과 "가"가 더욱 밀접히 연관되는 현상이 나타났다. 이런 과정을 거쳐 중국의 국가 개념에는 "가-국-천하"가 누층적으로 확장, 연결되는 논리적 구조가 형성되었다. 이런 국가 개념이 장기간 지속되어오는 가운데, 중국에서 국가(state)는 독자적으로 성립하지 못하고 그것을 지지하는 다른 범주의 개념들과 함께 重層的으로 의미를 구성하는 모습이 자리 잡았다. 또한 역사 서술은 이 국가 개념과 구조에 조응하며 발전해 왔다. 그렇지만 근대로 접어들어 국가 체제와 그것이 자리한 구조가 근본적으로 변화하면서, 중국의 역사학은 새로운 역사 서술의 방식을 모색하게 되었고 그런 가운데 국가 개념도 재구성되어갔다.

이런 문제의식 하에 이 글의 본문에서는, 梁啓超, 顧頡剛, 傅斯年 등을 중심으로 근대 역사학의 흐름을 따라가면서 그들의 논의 속에서 중국의 국가 개념이 어떤 변화를 겪었으며, 그것이 현 중국의 역사학계에 어떤 영향을 끼치고 있는지 구체적으로 검토하려고 했다. 양계초로부터 시작된 근대 역사학에는 민족국가의 건설이라는 과제로 수렴되는 흐름이 있는데, 그와 관련해서 구체적으로는 다민족 요소를 내포한 청 제국 체제를 어떻게 새로운 국가 체제로 통합하며 설명해낼지가 중요한 해결 과제가 되었다. 그런데 이 과정에서 중국사의 지리적 범위는 기존의 지리 중국의 범위를 확장해갔지만 인구, 문화적으로 이질적인 요소들 간의 현실적 거리를 극복하는 것은 쉽지 않았다. 그 결과 중국의 국가 개념은 오늘날까지 여전히 하나의 체제로서 독자적으로 성립하지 못하고 다른 개념에 의지해 함께 의미를 구성해 가는 관성이 엿보인다. 오늘날 중국 역사학계에서 논의되는 "역사상의 중국" 개념은 이러한 국가 개념을 둘러싼 문제를 반영하는 것이다. 이 점에서 향후 중국의 국가 개념이 어떤 방향으로 재구성될 것인지 여전히 주목하지 않을 수 없다.

| 참고문헌 |

구범진, 『청나라, 키메라의 제국』, 민음사, 2012.

김경희, 『근대 국가 개념의 탄생 : 레스 푸블리카에서 스타토로』, 까치글방, 2018.

미조구치 유조 지음, 서광덕·최정섭 옮김, 『방법으로서의 중국』, 산지니, 2016.

앤서니 기든스, 『현대사회학』, 을유문화사, 2003.

汪暉, 「대상의 해방과 근대에 대한 물음 - 『근대 중국 사상의 흥기』에 대한 몇 가지 성찰 -」, 『아시아는 세계다』, 글항아리, 2010.

위르겐 하버마스 저, 장춘익 옮김, 『의사소통행위이론 2 : 기능주의적 이성 비판을 위하여』, 나남, 2006.

김승욱, 「중국의 역사강역 담론과 제국 전통」, 『역사문화연구』, 제63집, 2017.

田寅甲, 「帝國에서 帝國性 國民國家로(Ⅰ) - 제국의 구조와 이념 -」, 『中國學報』, 65, 2012.

정지호, 「근대 중국 사학의 형성과 변용」, 『중국지식네트워크』, 창간호, 2011.

_____, 「淸末民初 梁啓超의 聯邦制論과 '新中國' 建設」, 『중국근현대사연구』, 72, 2016.

최희재, 「淸 嘉慶道光期 西北史地學 연구의 역사적 의의」, 『역사문화연구』,

제53집, 2015.

_____,「청대 중엽 西北史地學 발흥의 배경」,『동양학』, 제58집, 2015

『左傳』

『詩經』

『史記』

『元史』

傅斯年,『民族與古代中國史』, 上海古籍出版社, 2012.

_____,『東北史綱初稿』, 岳麓書社, 2011(부사년 지음, 정지호 옮김,『동북사
　　　강』, 주류성, 2017)

_____ 著, 呂文浩 選編,『出入史門』, 浙江人民出版社, 1998.

葛劍雄,『疆域與人口』, 復旦大學出版社, 2010.

_____,『統一與分裂 -中國歷史的啟示』, 商務印書館, 2013(초판은 三聯書店,
　　　1994)

_____,『歷史上的中國: 中國疆域的變遷』, 上海世紀出版股份有限公司, 2007.

龔自珍,「西域治行省議」,『龔自珍全集』, 上海人民出版社, 1975.

顧炎武,『日知錄』

顧頡剛 · 譚其驤,『禹貢』.

_____,『古史辨自序』(上, 下), 商務印書館, 2015.

_____, 史念海,『中國疆域沿革史』, 商務印書館, 1938.

梁啓超,『飲氷室合集』, 中華書局, 2015.

_____,『中國近三百年學術史』, 商務印書館, 2016.

_____,『淸代學術槪論』, 中華書局, 2016.

劉淸濤,「60年來中國歷史疆域問題研究」, 厲聲 · 李國强 主編,『中國邊疆史地
　　　研究綜述』, 黑龍江敎育出版社, 2014.

錢穆,『中國歷代政治得失』, 三聯書店, 2001.

_____,『國史大綱』(上, 下), 商務印書館, 2010.

童書業,『中國疆域沿革略』, 上海開明書店, 1946.

夏威,『中國疆域拓展史』, 文化供應社, 1941.

許紀霖,『家國天下－現代中國的個人, 國家與世界認同』, 上海人民出版社, 2017

朱冰林,「民國敎科書中的學術與政治－以《現代初中敎科書·本國史》爲中心」, 華中師範大學碩士論文, 2015.

白壽彝,「論歷史上祖國國土問題的處理」,『光明日報』, 1951.1 ;「關于中國封建社會的幾個問題」, 1977.

曲洪波,「近代"地理環境論"對梁啓超學術著述的影響」,『甘肅社會科學』, 第3期, 2008.

孫祚民,「中國古代中有關祖國疆域與少數民族問題」,『文滙報』, 1961.11.4.

武軍,「地理環境論與梁啓超的"新史學"理論」,『北京科技大學學報』, 第23卷第1期, 2007.3.

楊建新,「"中國"一詞和中國疆域形成再探討」,『中國邊疆史地研究』, 第2期, 2006.

_____,「再論中國歷史上的疆域問題」,『蘭州學刊』, 第1期, 1986.

張博泉,「論古代邊疆民族與疆域研究問題」,『吉林大學社會科學學報』, 第3期, 1999.

張碧波,「關于歷史上民族歸屬與疆域問題的再思考」,『中國邊疆史地研究』, 第2期, 2000.

周偉洲,「關于構建中國邊疆學的幾点思考」,『中國邊疆史地研究』, 第3期, 2014.

_____,「關于中國古代疆域理論若干問題的再探索」,『中國邊疆史地研究』, 第3期, 2011.

_____,「歷史上的中國及其疆域,民族問題」,『雲南社會科學』, 1989.02.

岡本隆司,『中國の倫理』, 中央公論新社, 2016.

檀上寬,『天下と天朝の中國史』, 岩波書店, 2016.

Alan G. Moller, *Bellicose Nationalist of Republican China : An Intellectual Biography of Fu Ssu-nien, Phd thesis Melborne*, 1979.

Laurence A. Schneider, *Ku Chieh-Kang and China's New History : Nationalism and the Quest for Alternative Traditions*, Berkeley : University of California Press, 1971.

Prasenjit Duara, *Rescuing History from the Nation, Questioning Narratives of Modern China*, University of Chicago Press, 1997.

Mark Elliott, "Hushuo : The Northern Other and the Naming of the Han Chinese", Thomas S. Mullaney ed., *Critical Han Studies : The History, Representation, and Identity of China's Majority*, University of California Press, 2012

Mark Mancall, "The Ch'ing Tribute System : An Interpretive Essay", John King Faribank ed., *The Chinese World Order : Traditional China's Foreign Relation*, Harvard Univ. Press, 1960.

Max Weber, "The Profession and Vocation of Politics"(1919), Max Weber : *Political Writing*. P. Lassman and R. Speirs (ed. and trans.), Cambridge : Cambridge University Press, 1994.

중·일 번역문화와 번역어의 탄생과정
: 근대 동아시아 '지식권력'의 형성과 변화의 관점에서

● 김주아 ●

Ⅰ. 서론

인간의 지적 활동은 사유(思惟)를 통해서 이루어지는 비가시적인 행위지만, 언어라는 가시적인 활동을 통해 표현된다.[1] 이처럼 언어는 사고의 매개체이자 문화의 담체이다. 지구상에는 다양한 문화와 함께 수많은 언어가 존재하며, 이(異)문화의 지식을 이해하기 위해서는 자국어로의 해석 과정이 필요하다. 이에 대해, 이어령 교수는 "번역은 인류 문명사에서 문명과 문명을 연결하는 인터페이스 문화를 창출해 가고 있다."라고 정의했다.[2]

동아시아에서는 '한자'라는 문자체계를 공유하고 발전시켜 왔다. 문자

---

* 이 글은 「중·일 번역문화와 번역어의 탄생과정 - 근대 동아시아 '지식권력'의 형성과 변화의 관점에서 - 」, 『중국인문과학』, 제74집, 2020을 수정·보완한 것이다.

** 국민대학교 중국인문사회연구소 HK연구교수

1) 훔볼트(Humboldt)는 인간의 사고활동이 언어와 함께 수행되기 때문에, 언어의 본질은 인간의 정신활동(思考)과 불가분적이라고 보고 있다. 즉, 본질적인 의미에서의 언어는 동적인 정신활동이며, 언어를 통해 비로소 정신이 형성된다고 주장한다. 배상식, 「J.로크와 W.v.훔볼트의 언어개념 비교연구」, 『哲學硏究』, 제119집, 2011, 141쪽.

2) 제9차 〈아태통번역포럼〉, 이어령 교수의 축사 중.

의 탄생은 문명의 발전을 가져온다. 한자는 중국에서 처음 만들어지고 사용되었기 때문에, 주변국들은 중국의 문자를 통해 그들의 사상과 문화도 함께 전달받았다.3) 하지만, 근대 이후, 한자문화권 국가들은 서양이라는 새로운 문명을 맞닥뜨리면서 지식의 지각변동을 경험하게 된다. 동아시아는 지난 한 세기 이상 유럽의 문화와 사상을 번역하였으며, 이를 바탕으로 동아시아의 근대적 지적 시스템을 구축하였고, 나아가 사회의 질서체계를 형성하고자 했다.4) 이러한 이유로, 혹자는 동아시아의 역사를 '번역된 근대', '전이된 근대', '이식된 근대'라고 표현한다. 학자들의 평가처럼, 18세기~19세기 동아시아는 서양의 신(新)문명과 마주하면서 그들의 근대화된 문화와 지식을 학습하기 위해 새로운 개념어를 대량생산하였다. Schneider는 중국 근대의 주요 전문용어의 약 90%가 외래어라고 했다. 그는 이러한 개념사(概念詞)를 이해하기 위해서는 언어와 문화의 경계를 넘어 도입된 어휘들의 어원뿐만 아니라 그 도입된 과정도 파악해야 한다고 했다.5) 주목할 점은 중국에 도입된 서방의 개념어는 상당 부분 '한자어'의 형태로 일본에서 만들거나 사용되던 것이 중국으로 유입되어 정착했다는 것이다. 이처럼, '한자(漢字)'라는 공통의 매개(媒介) 문자가 '번역어(飜譯語)'로 전환되는 과정을 살펴봄으로써 소위 '동아시아의 번역된 근대'가 갖는 의미를 더욱 분명하게 알 수 있다.

---

3) 사고가 '얼'이라면 언어는 '꼴'이라고 할 수 있다. 그럼, 우리가 살펴보고자 하는 문자는 '옷'에 비유할 수 있다. 동아시아에는 다양한 얼과 꼴이 존재하지만, '한자'라는 문자(글)를 통해 서로 다른 언어(말)를 표현해 왔다. 이처럼 한자라는 공통된 문자를 사용한 지역을 한자문화권이라고 하는데, 그 중 대표적인 나라는 중국과 일본, 한국, 베트남이 있다. 중국은 한자의 종주국으로서 한자의 생성과 발전을 주도해왔다. 하지만, 한자를 받아들인 주변국은 한자사용에 있어서 각기 다른 발전과정을 겪었다.

4) 양일모, 「한국 개념사 연구의 모색과 논점」, 『개념과 소통』, 제8호, 2011, 8-9쪽.

5) 李里峰·陳蘊茜, 「知識與制度脈絡中的東亞概念史研究」, 『史學月刊』, 第9期, 2012, 120쪽.

Ⅱ. 이론적 배경

1. 개념정리와 문제제기

(1) '지식권력'의 개념

케임브리지 영어사전에 의하면 지식(Knowledge)은 경험이나 연구를 통해 얻은 주제에 대한 이해 또는 정보를 가리킨다.[6] 표준국어대사전에서는 지식(知識)을 어떤 대상에 대해서 배우거나 실천을 통하여 알게 된 명확한 인식이나 이해라고 정의하고 있다.[7] 우리말로는 '깨달아 아는 것'이라고 할 수 있다. 즉 지식은 존재 자체로 얻어지는 것이 아니라, 인지와 습득을 통해 획득할 수 있는 추상적 가치(명사)이자 행위(동사)이다. 이를 번역한자어에 적용해 보면, 서양이 '깨달아(識) 아는 것(知) - 개념'을 동아시아가 번역과정을 통해 '터득(攄得)해서 알게 됐다'라고 할 수 있다. 따라서 깨닫거나 터득하는 과정 없이 얻어진 지식은 반쪽짜리 '앎(知)'에 불과하다. 한편, 지식은 본질에서 권력의 속성을 지니고 있다. 지식과 권력은 서로 영향을 줄 뿐 아니라 상호의존관계에 있다. 심지어 이 둘은 하나가 되어 '지식권력'을 형성한다. 이 같은 '지식권력'은 생성성과 모호성, 내재성이라는 특성이 있다. 중국 정치사에서 지식은 특수한 작용을 해왔으며, 권력의 근거 또는 권력의 일종으로 볼 수 있다.[8] 권력(權力, Power)에 대해 영어사전에는 '사람과 사건을 제어할 수 있는 능력', 국어사전에는 '남을 복종시키거나 지배할 수 있는 공인된 권리와 힘'으로 정의하고 있다. 국제관계학자들은 '권력'을 한 국가가 국제무대에서 타국을 제

---

6) https://dictionary.cambridge.org/dictionary/english/knowledge(검색일 : 2020.01.15)

7) https://ko.dict.naver.com/#/entry/koko/2064cfa12821444abaa6b30e6cf4b503(상동)

8) 王元,「知識權力的生成路徑、作用機理及位域結構」,『內蒙古大學學報』, 第47卷 第3期, 2015, 63쪽.

어하거나 국제적인 사건에 영향을 미칠 수 있는 종합적인 능력으로 보고 있다.9) 즉, 권력의 작용범위는 좁게는 한 개인에서 넓게는 국제사회까지 확장될 수 있다.

이처럼 '지식권력'10)은 지식의 '선제적 점유'와 권력의 '영향력 확대' 가능성의 특징이 있으므로, 또 다른 말로 '문명'의 하위범주에 속한다고 할 수 있다. 근대 동아시아에서 이루어진 번역의 대상을 협의(狹義)로는 '지식(문자와 언어)'이라고 볼 수 있지만, 광의(廣義)로는 '문명(물질과 정신)'이라고 부르는 것도 이 같은 이유이다.11)

(2) 문제의 제기

코야스 노부쿠니(子安宣邦)는 근대 번역한자어의 탄생을 '문명의 이전 (移轉)이자 이식(移植)'이라고 표현했다. 즉, 번역이라는 것이 두 언어의 어휘 사이에 동의어(Synonym)적인 대응 관계가 있음을 전제하거나 그 관계의 존재를 가정하고서야 비로소 가능하다면, 엄밀하게 말해 고위 문명의 수용에 있어서 번역은 존재하지 않는다.12) 그 정도로 동아시아 근대의 번

---

9) 蔡亮·宋黎磊,「孔子學院: 全球體系下中國知識權力的外化」,『國際展望』, 第 6期, 2010, 39쪽.

10) '지식권력'이라는 용어는 학술적인 개념의 용어는 아니지만, 특정한 사유방식이나 학 문이론이 한 사회나 역사에 미치는 영향이 적지 않고, 이러한 영향이 권력의 속성을 띠게 된다는 점을 고려할 때, '지식 권력'이라는 용어가 사용될 가능성이 있다. 허재영, 「지식 생산과 전파·수용에 따른 지식 권력 연구 방법론」,『한국민족문화』, 제66호, 2018, 198쪽.

11) 근대 초기 동아시아에서의 번역은 문명의 번역이라고도 불리지만, 기표(記標)와 기의 (記義)의 일대일 대응은 불가능하거니와, 새로 대응된 개념어는 오히려 생소하거나 기존의 의미망에 의해 기존 개념어의 이해가 방해받을 위험도 있다. 강문희,「근대 초기 동아시아 언어규범의 경합과 고유성의 발견」,『어문론총』, 제61호, 2014, 226쪽.

12) 子安宣邦,「근대 일본의 漢字와 自國語인식」,『大東文化研究』, 제58집, 2007, 56-57쪽.

역 작업은 창작에 가까운 지적 사투였다. 그런데, 이런 미지의 문명이 '한자'라는 문자를 매개체로 해석되었기 때문에 한자문화권에 속하는 국가들이 이 개념을 공유하는 계기가 되었다. 주지하다시피, 한자의 종주국은 중국이지만, 주변국들도 한자라는 글자체계를 공유하면서, 서로의 사상과 문화를 교류해온 전통이 있었다. 하지만, 그 지식전달의 흐름은 대부분 중국에서 주변국들로 전해졌다. 특히, 조선과 일본은 독자적인 문자체계가 있기 전까지 한자를 주된 문자로 사용해 왔다.[13] 동아시아에서 서양문명을 처음 접한 곳은 당시 동양문화의 대표 격인 중국이었으며, 이러한 동서교류를 통해 많은 번역어가 생겨났다. 하지만, 후에 근대화의 과정에서 일본이 먼저 적극적으로 서양의 지식문명을 흡수하면서 다량의 번역어가 생성된다. 이처럼, 일본에서 제작된 번역어는 '원재료(한자)'는 중국의 것이지만, 지적가공을 거쳐 '완성품(번역 한자어)'으로 중국에 '역수출'하게 된다.

본문은 이같이 문명의 흐름 속에서 발생한 '번역어'의 탄생과정을 통해 지식이라는 이름으로 전파된 물질문명과 정신문화가 어떻게 이들 국가에서 정착했는지 그 과정을 살펴보고자 한다. 특히, 앞서 말한 것처럼 당시 '고위 문명'에 해당하는 서양문명이 동양문명에 전파되면서 생겨난 어휘와 이동 경위를 통해 근대 동아시아의 '지식의 흐름과 권력이동'의 속성을 들여다보고자 한다.

2. 선행연구에 대한 검토

'동아시아'라는 공간적 기제와 '근대'라는 시간적 틀을 중심으로 '지식

---

13) 한글은 세종대왕 치세인 1446년에 반포되었다. 창제되고 사용된 지 600년이 채 안 된 문자다. 일본의 '가나(假名)'는 나라 시대 말기에 헤이안 시대 초기(8~9세기), 일본에 불교가 흥행했던 시대에, 승려들이 불전을 연구할 때 한자의 약호로 사용한 것이 시초이다. 박상익, 『번역청을 설립하라』, 2018, 36쪽.

과 번역'이라는 무형의 가치를 다룬 선행논문을 정리하면 다음과 같다. 한국에서는 주로 동아시아의 번역과 근대화 및 개념사를 주제로 근대 동아시아 지식의 흐름을 다루고 있다. 김인택(2004)은 20세기 초 한국에 수용된 지식을 동아시아 삼국의 지적 네트워크의 관점에서 비교 분석하여 당대 지식인의 근대적 지식의 수용양상을 밝히고자 했다. 윤영도(2005)는 서학 번역 시스템의 형성과정을 중심으로 19세기 후반 중국에서의 근대초기 서학 번역에 대한 고찰을 통해 '근대 번역'과 근대 담론의 원형 및 '근대 언어공간'이 형성되는 과정을 살펴보았다. 김수영(2011)은 중국의 전문지식과 전문가집단의 탄생을 중심으로 중국 근대 지식지형의 형성과 패러다임의 변화에 주목하였다. 양일모(2011)는 한국 개념사 연구에 대해 논하면서 주변 동아시아 국가들의 사례를 소개하였고, 허재영(2018)은 근대 동아시아의 지식교류와 관련된 선행연구를 검토하고 근대 지식 유통과정에서 번역이 갖는 의미, 한·중·일의 번역정책, 번역 학술어 생성·변화, 번역 학술어가 한국에 미치는 영향 등을 객관적으로 기술하였다. 서광덕(2019)은 근대 지식의 수용과 학문의 수립과정에서 근대 지식으로 대변되는 서구의 학문 곧 서학이 동아시아 지역 내에서 어떻게 전래하고 유통되었는지 고찰하였다. 박상익(2018)은 저서를 통해 번역의 주체와 객체 및 관련 시스템의 중요성을 강조했다.

이 밖에도 본 논문은 중국과 일본에서 이루어진 번역작업과 그 유통과정을 번역어 생성의 주역인 중국과 일본의 논지를 살펴보고자, 중국논문과 일본의 서적과 논문을 참고하였다. '번역 한자어'생성에서 주체적인 역할을 한 일본의 경우, 히다 요시후미(飛田良文, 1973)가 밝혔듯이 1960년 일본 국립국어연구소에 근대언어연구실을 설립하여 정부 주도하에 메이지시기의 언어를 학술적으로 재조명했다. 그 밖에도 마루야마 마사오와 가토 슈이치(丸山眞男·加藤周一, 2000)는 번역과 일본의 근대를 주제로 토론한 내용을 문답의 형태로 출판하였다. 일본은 주로 번역어의 생성과정과 종류에 대해 상세하게 규명하고 있다면, 중국에서는 이러한 일본식 번역어가 중국에 유입하게 된 경위와 그 영향에 관해 연구하고 있다. 특히, 일본식 번역어의 양적조사(崔崟, 2007; 張子如·張豔萍, 2009)는 물론 그 역수입과정(李豔靜, 2018)도 자세하게 설명하고 있다. 陳澤佳(2015)는 일본식 번역어 유입에서 선봉자 역할을 했던 양계초(梁啓超)의 업적을 자세히 소개했다. 중국 내의 일본어학계에서는 번역 한자어가 중국에 미치는 영향(韓金玉·李鑫淼, 2018)과 그 의미를 분석하여(朱京偉, 1999) 어원에 대한 이해를 넓히고자 했다. 이외에도 지식과 권력을 주제로 한 논문 및 번역의 역사와 번역가의 지위에 대한 논문도 선행연구로 검토하였다.

위에서 살펴본 것처럼, 언어학적 또는 사회과학적 차원에서 '지식'과 '번역어'를 주제로 동아시아의 근대를 고찰한 논문은 많지만, '번역 한자어'의 생성과정과 지식전파의 흐름을 중·일 양국의 '번역문화'와 '번역사의 흐름'의 관점에서 종적으로 비교하여 정리한 논문은 상대적으로 많지 않다. 따라서, 본 논문은 선행연구를 토대로 중국과 일본의 번역문화와 번역어의 생성궤도를 좇아 근대 동아시아의 지식권력의 형성과 변화를 반추해 보고자 한다.

Ⅲ. 중국과 일본의 번역사와 번역문화

동아시아의 한자권 문화는 서양의 선진적 문화를 수입함으로써 그 자체의 근대성을 확립했으며, 이 과정에서 번역이 결정적인 역할을 하게 된다. 특히, 일본은 메이지유신 이후 서양문물을 선제적이고 체계적으로 '번역'했고, 그에 힘입어 동아시아에서 가장 먼저 근대사회에 도달했다.[14]

번역행위를 도식적으로 표현하면, 해석과 적용과정을 거쳐 출발어

(Source Language)를 도착어(Target Language)로 전환하는 것이다. 이 해석과 적용과정은 번역의 주체인 번역가에 의해서 행해지는데, 완성도 높은 번역을 위해서는 원문에 대한 정확한 이해력을 기반으로 이를 적확한 어휘로 변환할 수 있는 능력이 요구된다. 다시 말해, 언어와 언어의 중개자 역할을 하는 번역가의 능력은 도착어로의 성공적인 전환을 좌우한다. 하지만, 이는 앞서 말한 대로 두 언어 사이에 등가(Equivalence) 원칙이 성립했을 경우이다. 문명의 충돌로 인해 권력의 지각변동이 시작된 근대 시기에 번역가의 역할은 단순한 언어의 치환능력뿐만 아니라, 지식수용의 주체이자 개념어 창출의 적극적인 행위자로서 시대를 앞서가는 사상가이자 선구자의 능력이 요구되었다.15) 이러한 의미에서 본문은 번역가를 지식인의 대표적인 주체로 보고, 이들이 구축한 지식체계의 형성과정을 알아보기 위해 중국과 일본의 번역문화와 번역사의 흐름을 살펴보고자 한다.

1. 중국의 지식수용과정과 흐름

(1) 고대 중국의 지식수용과 번역문화

중국의 지식수용과정을 번역사의 관점으로 보면 크게 4가지로 구분할 수 있다. 첫째, 불교(佛敎)의 유입, 둘째, 서학(西學)의 수용, 셋째, 서학(西學)의 도입, 넷째, 동학(東學)의 도입이다.16) 첫 번째와 두 번째는 근

---

14) 박찬길, 「동아시아의 번역과 근대성」, 서평, 2018, 247-249쪽.
15) 중국에 서구지식이 들어온 첫 통로는 교육기관이 아니라 번역 출판물이었다. 김수영, 「중국 근대 지식지형의 형성과 패러다임」, 『중국사연구』, 제71집, 2011, 217쪽.
16) 본 논문에 사용된 '유입', '수용', '도입'은 받아들이는 태도의 적극성에 따라 구분하였다. 즉, 피동적인 수용은 '유입'이라 칭했으며, 소극적인 받아들임에 대해서는 '수용'이라고 하였다. '도입'은 전달자보다 수용자 측에서 더욱 적극적으로 받아들인 경우이다. 중국은 서양의 종교에 대해서는 소극적이었지만, 그들이 전한 과학기술은 받아들였다.

대이전 즉, '자국 문명론'이 강한 시기로 수동적인 지식수용의 형태를 띠고 있다. 세 번째와 네 번째는 근대 이후, 비교적 적극적인 자세로 외부의 지식을 받아들인 단계이다.

① 불교(佛敎)의 유입(4~7세기)

중국의 역사는 광활한 영토를 차지하기 위한 일종의 투쟁 과정이며, 중국인들은 여러 민족을 흡수한 승리의 경험을 통해, 기저에 자국 중심의 문명론이 깔려있었다. 흔히, 세계사적으로 중국을 황하 문명이라 지칭하듯, 중국은 문자와 사상, 제도, 기술 등의 선진 문명을 이룩하면서 문명국으로서의 자부심을 품게 되었고 주변국들을 오랑캐로 취급하였다. 이처럼, 자국 문명론의 의식이 강했던 중국은 적극적으로 주변 문화를 배우고자 애쓰지 않았으며, 주변국들과의 교류도 대부분 주변국에서 중국을 배우기 위해 찾아오는 교류가 대부분이었다.17) 이러한 상황에 처음으로 중국에 유입된 외부지식이 바로 불교이다. 불교는 인도를 통해 들어왔으며, 승려들을 중심으로 불교경전이 중국어로 번역되었다. 중국 역사학계와 불교학계에서는 기원전 67년 天竺僧과 摄摩騰이 번역한『四十二章經』이 중국어 번역의 기원이라고 공인하고 있다.18)

② 서학(西學)의 수용(16~18세기)

서양의 선교사들이 중국에 천주교를 전파하면서, 또 한 번의 종교에

17) 그러나, 중국 내에 다양한 민족이 혼재해 있었기 때문에 예부터 종족 간의 교류를 위해 통역이 필요했다. 중국 통·번역 역사에 대해 문서로 기록된 시기는 주(周)나라로 주례(周禮)와 예기(禮記)에 통역 관직에 대한 기록이 남아있다. 당시 통역에 종사하는 사람을 일컫는 전문용어로는 象胥(周禮官名. 古代接待四方使者的官員. 亦用以指翻譯人員)'라는 표현이 있었다. 劉祥清,「中國翻譯地位的歷史演進」,『雲夢學刊』, 第28卷 第6期, 2007, 52쪽.

18) 앞의 논문, 52쪽.

의한 외부지식의 유입이 있었다. 하지만 중국 정부가 서양의 선교행위를 억제하자 선교사는 과학기술을 전달하는 것으로 중국 정부의 환심을 사고자 했다. 따라서 당시의 번역은 대부분 실학 번역(자연과학)이었으며, 이는 중국이 서양의 선진화된 기술 문명을 접할 기회가 되었을 뿐만 아니라, 기존의 중국 중심의 세계관에서 또 다른 문명의 존재에 대해 인식하는 계기가 되었다. 앞서 불교 유입과 마찬가지로 이 시대 번역의 특징은 외국인이 '종교'라는 사상을 중국에 전파하고자 했으며, 번역방법은 주로 외국인이 구술한 내용을 중국인이 필기하여 윤색하는 형식이었다.

한편, 명말청초(明末淸初)시기에 서광계[19]를 대표로 하는 지식인들이 서양의 과학기술 서적을 중국에 소개하면서 과학번역의 새로운 전성기를 맞이하게 된다. 하지만, '과학'을 명목으로 '선교'를 하고자 했던 선교사들의 속내가 드러나자, 1724년 중국은 천주교 전파금지령을 선포하고 선교사들을 추방하였다. 이후, 쇄국정책을 펼치면서 번역사업도 내리막길을 걸었다.

(2) 근대[20]중국의 지식수용과 번역문화

① 서학(西學)의 도입(19세기, 아편전쟁 이후)

1840년 아편전쟁 이후 민족의 위기감을 느낀 중국은 반강제적으로 눈

19) 서광계(徐光啟, 1562.4.24-1633.11.8)과 Matteo Ricci,(1552.10.6-1610.5.11)은 공동으로 『幾何原本』중에 6권을 번역했다. 두 사람은『同文算指』을 편역했고 1614년에 발행되었다. Matteo Ricci는 중국에서 중국과 서양을 결합한 번역을 통하여 서방의 과학기술 문헌을 소개했다. 그는 羅明堅과 함께 최초의 동서(東西)문자 사전인『포화자전(葡華字典)』을 편찬했다.
20) 중국의 근대사는 1840년 제1차 아편전쟁을 기점으로 1919년 5·4운동에 이르기까지의 기간이다. 고대사와 근대사의 구분은 중국이 독립적 봉건사회에서 반식민 봉건사회에 진입했다는 것을 나타낸다.

을 뜨고 현실을 직시해야 했다. 1차 아편전쟁에서 난징조약이라는 굴욕에 이어 2차 아편전쟁까지 겪었던 중국은 1860년대부터 당대 지식인을 중심으로 서학을 도입하였다. 이 당시 지식수용의 가장 큰 변화는 지식 비교모형의 전환이다. 즉, 과거에는 역사적인 종단비교를 중시했다면, 이때부터는 공시적 비교방법으로 전환했다. 또한, 비교기준도 전통적으로 이어져 왔던 '선대 역사의 3대(代)'에서 '서방'으로 바뀌게 되었다. 서방과 비교해 자국의 낙후성을 인지한 중국은 지식구조를 전환하고, 지식인이 중심이 되어 봉건주의에서 대외개방으로 선회하였다. 이때부터 서방을 더는 '이 (夷)'가 아닌 '양(洋)'으로 지칭하기 시작했다.[21]

아편전쟁 이후 반식민 봉건사회에 진입한 중국에는 많은 외국인이 내주하고 있었다. 따라서 1840년부터 1919년 5·4운동이 일어나기 전까지, 중국에서 번역에 종사하던 사람 중 상당수는 외국인이었다. 물론 과학자, 사상가, 문학가와 같은 지식계층의 중국인도 번역 작업에 참여했으며, 번역을 업으로 삼는 사람도 생겨났다.[22]

② 동학(東學)의 도입(1894, 청일전쟁 이후)

청일전쟁 이후, 중국인들은 기술지식이 부족하고 낙후되었음을 통감했으며, 그 비난의 화살을 낡은 지식과 사회정치 제도에 맞추었다. 번역출판업은 지식의 흐름을 가장 먼저 반영하는 곳으로, 시대적 요구에 따라 번역서의 내용도 구조적인 조정이 가해졌다. 서양의 철학과 사회과학 분야를 가장 중요하게 여겼으며, 자연과학과 기술지식은 그다음 순위로 밀려났

---

21) 崔波, 「晚清新型知識權力研究」, 『忻州師範學院學報』, 第24卷 第3期, 2008, 80쪽.
22) 당시의 번역관들은 중국어를 영어로 번역하는 일도 겸했다. 아편전쟁에 실패한 청(淸) 정부는 總理衙門을 설치하여 大臣과 章京이라는 두 가지 관직을 세워, 각각 통·번역 사무를 담당하도록 했다. 陳璐, 「簡述五四運動前中國翻譯史的歷史脈絡」, 『世紀橋』, 第3期, 2016, 80-81쪽.

다.23) 양무파와 유신파 인사들도 번역을 다시금 중시하기 시작했고, 역관
을 설치하여 서양을 배울 것을 주장하였다.24)

앞서 아편전쟁 이후 중국에서도 서방서적의 번역작업이 시작되었지만,
그 숫자는 일본에 훨씬 못 미치는 수준이었다. 청일전쟁 이후 중국은 드디
어 전면적인 현대화 작업에 착수하게 된다. 그리하여 일본에 유학생을 파
견하기 시작했는데, 청일전쟁 전후(前後)로 일본유학길에 오른 사람으로
는 주은래(周恩來)와 이대소(李大釗), 노신(魯迅)처럼 후에 사회 각 분
야에서 중국의 발전을 이끈 인물들로 구성됐다. 이들 지식인은 일본에서
배운 신(新)문물을 중국에 소개했다. 아울러, 근대화와 과학발전이 시급했
던 중국은 일본식으로 해석된 '개념어'를 빠르게 유입하였다. 당시 이러한
시대적 추세를 '동학'이라고 불렀는데, 이는 일본이 내재화시킨 서방 문명
을 중국이 배우고 실천했다고 하여 붙여진 명칭이다.

(3) 중국의 지식수용과 주요인물

시대별로 중국의 지식인들은 번역과 저작을 통해 외부에서 배운 지식
을 담아내고, 나라의 발전과 민중의 계몽을 위해 애써왔다. 지식과 정보가
시·공간의 제한을 받던 과거에는 이러한 지식인들의 역할이 그 어느 때
보다 중요했다. 중국은 문명의 발원지 가운데 하나로 명실상부한 '번역

---

23) 양계초는 이에 대해 "정치학을 우선으로 하고, 기술을 그다음으로 하는(以政學為先,
而次之藝學)"시기라고 했다. 崔波, 「晚清新型知識權力研究」, 『忻州師範學院
學報』, 第24卷 第3期, 2008, 82쪽.

24) 마건충(馬建忠, 1894~1933)은 "책을 번역하는 일이 어찌 작금의 급선무가 아닌가?
라고 설파하며 '지피지기(知彼知己)면 백전백승(百戰百勝)'"을 주장하였다. 康有
為는 번역 분야에 군사와 공업기술 외에도 정치법률 및 각종 학술서적도 포함시켜야
한다고 주장했다. 劉祥清, 「中國翻譯地位的歷史縯進」, 『雲夢學刊』, 第28卷 第6
期, 2007, 52쪽.

대국'25)이다. 그동안 수많은 지식인이 피와 땀을 쏟아 지식을 탐구하고 민족의 발전을 추구해 왔다.26) 하지만, 본문에서는 '번역 한자어'의 생성과 전파에 가장 중요한 역할을 했던 대표적인 인물을 중심으로 관찰하도록 하겠다.

① 엄복(嚴復)(1854.1.8~1921.10.27)27)

엄복은 철학과 사회과학 서적을 번역해 중국에 소개한 것으로 유명하다. 그는 체계적으로 서방의 사상과 문화, 제도를 소개한 첫 번째 지식인으로 근대 중국의 번역 대가이다. 그는 전통적인 봉건 서적은 물론 영문과 수학, 물리, 화학 등의 과목도 익혔으며, 무술변법에서 신해혁명에 이르기까지 13년 동안 번역국의 책임자로 재직하면서, 동시에 왕성한 번역 작업도 수행하였다.28) 그는 서방의 개념을 중국어로 번역하기 위해 끊임없이

---

25) 謝天振,「記錄從翻譯大國到翻譯強國的歷史進程」,『書評空間』, 2019.

26) 2017년 출판된『中國翻譯家研究』는 총 3권(歷代편, 民國편, 當代편)으로 팡멍쯔(方夢之)교수와 쫭쯔샹(莊智象)교수가 주 편집자로 참여해 65명의 통번역학자와 함께 5년에 걸쳐 완성하였다. 본 도서는 중국 역사상 지대한 공헌을 한 번역가 약 100명을 선정해 그들의 번역 철학과 작품 및 경험을 체계적으로 소개하고 있다. 중국 역사의 '터닝포인트'는 모두 번역 활동과 밀접한 관련이 있다. 따라서 번역을 수행한 인물(번역가)에 대한 연구는 근대 이후 중국의 '사상과 의식의 변혁'과 '문학 유파의 탄생', '과학기술의 혁명', '신생 학문의 태동'과 같은 시대의 흐름을 읽을 수 있는 배경지식을 제공한다. http://circ.kookmin.ac.kr/xe2010/studyact/13192728에 게재된 필자의 글 인용.

27) 엄복은 중국 복건성 船政學堂과 영국 皇家海軍學院을 졸업했다. 후에 京師大學堂의 譯局總辦을 역임했다. 청(淸)정부 學部名辭館의 총편집을 담당했다. 北洋水師學堂에서 교직에 있을 때 중국 근대 최초의 해군 인재를 육성하였고,『國聞報』를 창간하여 유신변법의 사상을 설파하였다. https://baike.baidu.com/item/%E4%B8%A5%E5%A4%8D/119000?fr=aladdin

28) 그가 제시한 번역의 표준 '신(信), 달(達), 아(雅)'는 후대의 번역실천에서 반드시 지켜야 하는 금과옥조가 되었다. 그의 대표적인 번역 저서로는『天演論』과 애덤 스미스의『原富』, Herbert Spencer의『群學肄言』, Charles de Secondat, Baron de Montesquieu의

노력하며, 중국의 근대화를 추진하고 민중을 계몽하고자 했던 대표적인
인물이다.

② 양계초(梁啓超, 1873.2.2.~1929.1.19)

쇄국정책을 고수하던 청(淸)정부는 갈수록 부패하여 '문화수출국'의 지
위를 점차 상실하고, 내우외환에 시달리게 된다. 무술변법도 끝내 실패로
막을 내리면서 양계초는 일본으로 망명을 하게 되었다. 망명 생활 14년
동안 메이지유신 시기 일본의 사회문화와 정치제도를 체험하게 된 그는
일본이 수용한 서양의 문명을 열독(熱讀)하게 되었고, 이후 일본의 신조
어와 개념어를 중국으로 도입하였다. 특히, 당시 상당한 영향력이 있었던
『新民總報』등 간행물을 통해 '번역한자어'가 중국으로 빠르게 흡수되었
는데, 당대 영향력 있는 지식인이었던 양계초는 일본식 한자어를 매개어
로 서방의 앞선 사상과 이론을 연구할 것을 주장하였다. 그리하여 그는
『和文漢讀法』을 편찬하고,[29] 번역국과 신문사를 창설하여 서방의 사상
을 하루빨리 중국에 정착시키고자 했다.

2. 일본의 지식수용과정과 흐름

일본의 지식수용을 번역사(飜譯史)적 측면에서 살펴보면, 4가지 단계

『法意』가 있다. 陳璐, 「簡述五四運動前中國翻譯史的歷史脈絡」, 『世紀橋』, 第3
期, 2016, 81쪽.

29) 『和文漢讀法』은 양계초가 일본어를 빠르게 배우기 위해 제자 羅普와 함께 엮은
책이다. 이 책은 중국 지식인들이 한문체로 번역된 일본 서적을 읽는 데 도움을 주었다.
또한, 일본에서 만든 명사를 따로 번역하지 않고 일본식 '번역한자어'를 대량으로
인용하는 단초가 되었다. 이로 인해 '和制漢語'가 중국에 유입되었다. 양계초 자신이
번역 한자어를 적극적으로 사용한 대표적인 인물이었다. 陳澤佳, 「梁啓超對日本
"和制漢語"的引介」, 『河北大學學報』, 第40卷 第4期, 2015, 72쪽.

로 구분할 수 있다. 첫째는, 한학(漢學)의 도입 시기, 둘째는 난학(蘭學)
의 수용 시기, 셋째는 서학(西學)의 도입 시기, 넷째는 '자국 문명론' 도입
시기이다.

(1) 고대 일본의 지식수용과 번역문화

① 한학(漢學)의 도입 시기

18세기 말까지 일본의 대외관계는 조선통신사나 나가사키(長崎)를 통
한 네덜란드가 있긴 했어도, 크게 봐서는 주로 중국과의 관계였다.[30] 고대
일본은 중국의 한자 문화를 일본에 전이시킨 경험을 바탕으로, 메이지 시
대 또다시 한자어를 매개체로 서양문명을 일본에 전이시켰다.[31] 소라이
(荻生徂徠)가 지적했듯이, 일본어 어순으로 고쳐 읽은 한문은 중국어 문
헌의 번역이므로, 일본어를 매개로 한 중국어 어휘나 표현법을 받아들여
소화한 도쿠가와 시대의 유학자 문화 자체가 그런 의미에서는 번역문화였
다.[32]

② 난학(蘭學)의 수용 시기

에도시대(江戶, 1603~1868), 네덜란드 상선 외에 서구세력의 유입을 금
지했던 일본은 난학을 통해 서양의 의학 및 과학기술과 같은 서구의 지식
을 받아들였다. 이후, 1854년 흑선사건[33] 당시 일본과 미국의 협상을 중개

---

30) 마루야마 마사오·카토슈이치, 임성모 옮김, 『번역과 일본의 근대』, 2018, 12쪽.
31) 子安宣邦, 「근대 일본의 漢字와 自國語인식」, 『大東文化研究』, 제58집, 2007,
56-57쪽.
32) 마루야마 마사오·카토슈이치, 임성모 옮김, 『번역과 일본의 근대』, 2018, 178쪽.
33) 1853년 7월과 1854년 2월에 매슈 페리(Matthew Calbraith Perry) 제독이 이끌던 미국
동인도함대의 함선들이 두 차례에 걸쳐 일본의 도쿄만(東京灣)으로 진입해 도쿠가와
막부(德川幕府)에 통상을 위한 수교를 압박한 사건이다. 미국 함선들의 선체가 검은

했던 사람도 네덜란드 사람이었다. 서양 지식의 대변인 역할을 했던 난학은 메이지 시대 이후 미국과 영국을 중심으로 한 서학이 도입되기까지 일본 번역문화의 토대를 만들어 주었다. 이처럼, 메이지 시대의 전초라고 할 수 있는 도쿠가와 시대의 지적·사상적 영역에서 큰 비중을 차지한 부분도 바로 '번역문화'였다. 즉, 이전의 한문 번역의 경험을 바탕으로 메이지 시대에 서양어 문헌을 대대적으로 번역함으로써 근대 일본을 만들어냈다고 해도 과언이 아니다.34)

(2) 근대 일본의 지식수용과 번역문화

① 서학(西學)의 도입 시기

흔히 일본을 '번역왕국'이라고 부르며, 일본의 근대를 '번역된 근대'라고 표현한다. 메이지유신(明治維新)으로 대변되는 일본의 근대는 일본이 '번역왕국'으로 발돋움하게 된 시대적 분기점이다.35) 한편, 번역사의 관점에서 보면, 지식수용의 구도가 기존에 난학을 통해 수용되던 서구사상에서 흑선사건 이후 영어를 바탕으로 한 서학을 중심으로 변화했다는 특징이 있다.

색이었기에 일본에서는 이 사건을 '흑선 내항(黑船来航)'이라고 부르며, 미국에서는 '페리 원정(Perry Expedition)'이라고 부른다. 막부가 미국의 압박에 굴복해 1854년 미일화친조약(美日和親條約)을 맺음으로써 제3대 쇼군 도쿠가와 이에미쓰(德川家光) 때부터 200년 이상 이어져 온 쇄국정책이 끝나는 계기가 되었다. [네이버 지식백과] 흑선 사건(Kurofune Affair).

34) 마루야마 마사오·카토슈이치, 임성모 옮김, 『번역과 일본의 근대』, 2018, 178쪽.
35) 메이지유신과 에도시대를 사회적으로 비교하면 4가지 본질적인 차이점이 있다. 첫째, 수도를 교토(京都)에서 도쿄(東京)로 옮겼다. 둘째, 사농공상(士農工商)의 신분제가 붕괴하고, 사민평등(四民平等)의 사회로 변모한다. 셋째, 중국문화 중심에서 서양문화 중심으로 지식과 사상의 축이 바뀌었다. 넷째, 교육이 보급되고, 문자사용이 일반화되었다.

　문명개화를 반영하는 새로운 일본어의 탄생은 번역을 담당했던 식자층에 의해 수행되었는데, 서양문명을 접한 일본 엘리트들은 메이지유신(1868년) 직후, 번역국을 설치하여 국가 주도하에 수만 종에 이르는 서양학술서를 번역했고,[36] 그것은 일본 근대화의 견인차 구실을 하게 되었다. 정부의 이러한 노력으로 일본 국민은 전 세계의 고급 지식을 모국어로 읽을 수 있게 되었다.[37] 이처럼, 메이지 시기는 일본의 국가 조직에서부터 일상의 생활양식에 이르기까지 적극적으로 서양화를 추진하던 시기이다. 하지만, 일본의 식자율(識字率)이 평등해지기까지는 메이지 말기에 이르러서야 가능해졌다.[38]

② 자국 문명론 도입 시기

　아편전쟁의 결과는 중국은 물론 중국의 영향권 아래 있던 동아시아 각국에도 큰 충격이었다. 특히, 아편전쟁에서 패배한 중국보다 막부(幕府) 말기의 일본이 더 놀라며 이제는 영국에 대해 알고자 했다.[39] 결국, 일본

---

36) 군사제도나 부국강병에 관한 책은 물론이고 역사서까지 태정관(太政官), 원로원(元老院), 좌원(左院) 등의 권력체가 주도적으로 번역했다. 태정관의 번역국, 원로원, 대장성, 문부성, 육군성, 사법성과 같은 각 부서별로 다양한 서적을 번역하였다. 앞의 책, 166쪽.

37) 박상익, 『번역청을 설립하라』, 2018, 121쪽.

38) 메이지 6년 창설된 소학교의 입학률은 28.13%였다. 메이지 10년에는 39.88%였고, 메이지 20년(1888)에는 45%에 이른다. 메이지 37년이 되어서야 남녀 모두 90%의 취학률에 달한다. 이때부터 문자사용의 평등이 일어나기 시작한다. 「明治時代に翻訳された日本語」, 国立国語研究所名誉所員, 明海大学外国語学部客員教授, 飛田良文. 같은 시기, 우리나라는 1888년부터 약 20년 동안 서울에서 활동했던 존스 선교사는 1916년에 「1910-1911년도 조선의 개혁과 발전 보고서(경성 : 총독부, 1912)」를 참고하여 당시 인구를 대략 1,400만으로 보더라도 문맹률을 90%로 생각하면 전체 인구 중에서 140만 명 정도만 문자를 알고 사용했으리라고 추측할 수 있다. 전무용, 「한글 성서의 보급과 한글 문명의 대전환」, 『기독교사상』, 2월호, 2019, 173쪽

39) 마루야마 마사오·카토슈이치, 임성모 옮김, 『번역과 일본의 근대』, 2018, 14-15쪽.

은 중화의식에 빠져서 오랫동안 헤어 나오지 못한 중국과 달리 열심히 서양문물을 배우고자 노력했으며, 이로부터 54년 뒤인 1894년에는 중국을 침략할 정도로 기술과 제도적인 면에서 크게 앞서갔다. 하지만, 그 저변에 는 아시아 유일의 문명국이 되겠다는 제국주의적 의식도 함께 싹트고 있 었다. 이러한 배경에는 당대 지식인들의 사상적 개입이 작용했다. 예를 들어, 적자생존(survival of the fittest)과 자연도태(natural selection)의 해 석은 제국주의적인 사회진화론(Social Darwinism)의 한 흐름을 형성하는 데, 이는 엄복(嚴復) 이후 중국의 진화론 수용방식과는 정반대인 셈이다. 중국에서는 같은 적자생존이라도 약자 편에 선 입장이 강조되지만, 일본 의 경우에는 강자・적자(適者)가 되어야만 한다는 제국주의의 입장이 되 고 만다.[40]

(3) 근대 일본의 지식수용과 주요인물

① 후쿠자와 유키치(福澤諭吉, 1835~1901)

후쿠자와 유키치는 일본의 현대화를 이끈 교육가로서 그의 사상은 일 본 역사의 방향을 바꾸었다. 일본 화폐 1만 엔에 새겨지기도 한 그는 일본 인이 가장 존경하는 사상가이자 계몽가로 알려졌지만, 우리에게는 '탈아 입구(脫亞入歐)론'[41]을 주장한 인물로 더 유명하다.

---

40) 앞의 책, 151쪽.

41) "오늘날의 (국제 관계를) 도모하면서 일본은 이웃 나라의 개명(開明)을 기다려 더불어 아시아를 흥하게 할 여유가 없다. 오히려 그 대오에서 탈피하여 서양의 문명국들과 진퇴를 같이하여 저 지나(支那, 청)와 조선을 대하는 법도 이웃 나라라고 해서 특별히 사이좋게 대우해 줄 것도 없고, 바로 서양인이 저들을 대하듯이 처분을 하면 될 뿐이다. 나쁜 친구를 사귀는 자는 더불어 오명을 피할 길이 없다. 우리는 마음속으로 아시아 동방의 나쁜 친구를 사절해야 한다."(1885년 3월 16일 『시사신보(時事新報)』 사설에 서) [네이버 지식백과] 후쿠자와 유키치와 탈아론(脫亞論) (일본사, 2009.4.20, 박석순,

당시 일본 지식층에서 유행하던 한학(漢學)과 난학(蘭學)은 물론 영어에도 능통했던 그는 근대 서양의 사회제도와 사상을 일본에 도입한 대표적인 인물이다. 1854년 에도시대에 가장 국제화된 도시였던 나가사키에서 난학을 배우기 시작한 그는 1858년에는 에도성(現, 도쿄)에 난학숙을 개원하여 서양의 지식과 사상을 체계적으로 도입한다.42) 외국어에 능통하고 서양문화에 정통했던 유키치는 1860년 일본의 제1호 증기선인 칸린마루(咸臨丸)를43) 타고 미국 땅을 밟는다. 이후에도 그는 유럽국가를 순방하면서 서방의 사회제도와 사상으로 견문을 넓혀갔으며, 에도정부의 쇄국을 반대하고 적극적인 개화를 주장한다. 그의 이러한 의견을 반영한 저술과 번역 활동은 1868년 메이지 시대를 여는 중요한 이론적 배경이 된다.44) 당시 일본의 식자율이 높았기 때문에 그의 책은 날개 돋친 듯이 팔렸다.45)

손승철, 신동규, 서민교, 위키미디어 커먼즈)

42) 蘭學塾 : 네덜란드 서적으로 서양 학문을 가르친 학원이다. 후에 영어로 교육하는 영학숙(英學塾)으로 전환하다. 메이지 유신(1868년) 당시 게이오기주쿠로 개명하여 지금에 이르고 있다.

43) 흑선사건 이후 일본인이 증기선을 본 지 7년, 항해기술을 배운지 5년 만에 자신의 군함을 통해 태평양을 건넌다는 것은 당시 일본으로서는 천지개벽에 견줄만한 큰 사업이었다.

44) 대표적인 저서로는 『서양사정(西洋事情)』(1866-1870·전10권)과 『학문의 권함』(1872-1876·전7편), 『문명론의 개략』(1875년 간행·전6권), 『福翁 자서전』(1899년 간행·전1권) 등이 있다. 미국과 유럽순방에 관한 내용을 정리한 『서양사정』은 서양의 경제와 학교 교육, 병원 및 사회운영(전기, 가스 등) 시설과 제도를 자세히 설명하고 있다. 이후 발간된 『학문의 권함』은 유교 사상을 비판하고 실증적인 학문의 중요성을 역설한 책이다. 당대 인기도서로 등극한 이 책은 17편까지 모두 340만 부가 판매되었다. 후쿠자와의 사상체계를 가장 잘 설명하고 있는 『문명론의 개략』은 인류발전에 있어서 '문명'의 중요성을 강조하면서 서양문명의 우수성을 설파하고 일본의 독립을 이룩하기 위해 '수단으로서의 문명'을 강조하고 있다. 에도시대에 태어나 메이지 유신(1868-1912)의 성공담을 직접 경험한 그는 회고록 『福翁 자서전』을 통해 당대 일본의 발전상과 향후 과제를 기록했다. 이 책에서 그는 낡고 부패한 청(淸) 정부를 무너뜨리지 않으면, 중국의 미래는 없다고 일침을 놓기도 했다.

이처럼 일반인도 손쉽게 번역된 도서를 접하면서, 일본의 서양화(西洋化)가 급속하게 진행되었다.[46]

② 가토 히로유키(加藤弘之, 1836.6.23~1916.2.9)

일본의 대표적인 사상가이자 교육자였던 가토 히로유키는 후쿠자와와 동시대 인물이다. 후쿠자와가 민간의 대표적인 교육자였다면, 가토 히로유키는 정부에서 일본의 교육과 혁신에 일조했던 인물이다. 정치에 입문한 그는 지금으로 치면 교육부와 문체부, 외교부의 관직을 역임하면서, 메이지 정부의 두뇌 역할을 맡았다. 제도적으로는 입헌정치를 주장하고, 이론적으로는 사회유기체설을 근간으로 국가주의를 옹호하고 대외침략을 주창했다. 미국에서 확산한 사회진화론의 흐름은 개인주의(individualism)로까지 이어지게 되는데, 일본에서는 가토 히로유키가 가장 먼저 사회진화론은 수용하여 일본사회에 적용했다.[47]

Ⅳ. '번역 한자어'의 생성과 전파

중국을 중심으로 한 동양사상은 중국의 문자였던 '한자'를 바탕으로 기록되었다. 근대 이후, '지식권력'의 축이 서양으로 이동하면서, 서양의 문화와 문물을 동양으로 수입하는 과정에서 다양한 신조어들이 만들어진다. 지식의 이동과 흐름에 따라 생성과 소멸을 반복하는 이러한 신조어들이 동아시아에서는 주로 '한자어'로 번역되었으므로, 본문에서는 이를 '번역

---

45) 일본에서는 후쿠자와 유키치로 인해 처음으로 저작권(著作權, Copyright의 일본식 번역)이라는 말이 생겨났다.

46) 마루야마 마사오·카토슈이치, 임성모 옮김, 『번역과 일본의 근대』, 2018, 170쪽.

47) 앞의 책, 151쪽.

한자어'로 통칭하고자 한다. 서양의 사상과 개념을 담고 있는 번역 한자어
는 중국에서 생성된 것도 있지만, 후에 이들 개념어의 보급과 정착이 일본
을 통해서 이루어졌다는 점에서 '화제한어(和制漢語), 일제한어(日制漢
語), 일제한자(日制漢字)' 라고 한다. 원자재인 한자는 중국에서 수입하
였고, 단어 생성방식도 중국식 조어(造語)법의 규칙을 따르고 있지만, 일
본의 지식인과 사상가들을 통해서 새롭게 창작되거나 재탄생된 Maid in
Japan의 '번역 한자어(日制漢語)'가 근대에 집중적으로 양산되었다. 이번
장에서는 그 생성과정과 영향력을 알아보고자 한다.

1. '번역 한자어'의 생성과정

16세기 말에서 19세기 후반까지 중국에 온 서양의 선교사들이 중국 지
식인들과 함께 한역(漢譯)한 서적들이 일본으로 전해지면서, 중국식 번역
어가 일본에 유입되었다. 이후, 일본은 에도시대 난학(蘭學)과 메이지유
신 서학(西學)을 통해 서양 지식을 스펀지처럼 흡수하면서 번역된 서적만
해도 수천에 이를 정도였는데, 이때 중국식 번역어도 활용되었다. 당시
일본 사회는 국민계몽과 국가의 부강을 위해, 서양사상을 번역하여 배우
는 것을 최우선과제로 여겼다.

(1) 조어법

메이지 시기의 번역은 원어와 일본어가 1 : 1로 대응되는 것도 있었지
만, 그렇지 않은 경우가 더 많았다. 이는 대부분 일본에 존재하지 않는
서양의 개념이었다. 이러한 개념어는 서양 지식과 사상의 정수라고 할 수
있으며, 당대 지식수용의 주체였던 지식인들은 등가 원칙이 성립하지 않
는 개념어를 일본어로 표현하기 위해 '번역 한자어'를 탄생시켰다. 이렇게

생겨난 번역어는 대부분 한자어였고, 그 조어법은 크게 3가지가 있다.[48]

① 신조어(新造語) : 서양의 개념을 표현하기 위해 새로운 단어를 만들었다. 예를 들어, individual‒개인(個人), honey-moon‒신혼여행(新婚旅行), philosophy‒철학(哲學), science‒과학(科學), she‒그녀(彼女), time : 시간(時間), 대근(大根), 출장(出張), 소망(燒亡), 양견(量見), 추상(抽象) 등이 있다.

② 차용어(借用語) : 중국에서 활약한 구미 선교사가 중국어로 번역한 한역양서(漢譯洋書)나 영화사전(英華辭典) 또는 중국 고서(古書)에서 차용하여 새로운 단어를 만들었다. 예를 들어, adventure‒모험(冒險), love‒연애(戀愛), telegram‒전보(電報), 격동(激動), 양행(洋行), 사회(社會), 경제(經濟)과 같은 단어가 이에 해당한다.

번역 한자어의 상당 부분을 차지하는 차용어는 기존에 번역된 단어를 그대로 빌려온 것도 있지만, 중국 고문을 인용해 창의적으로 새롭게 만들어진 단어도 많이 있다. 몇 가지 예시를 들면 다음과 같다. 문명(文明)은 고한어(古漢語)의 '문명'을 인용해 'civilization'이나 'enlightenment'에 새로운 의미를 부여했다.[49] 자유(自由)도 중국의 고한어에서 유래한 한자어로, '마음대로 하다, 방임하다'라는 의미가 있다. 이 한자가 최초로 일본에 유입되었을 때도 위와 같은 의미로 전달되었다.[50] 福澤諭吉이 만들고 보

---

48) 「明治時代に翻訳された日本語」, 国立国語研究所名誉所員, 明海大学外国語学部客員教授, 飛田良文, 15쪽.

49) 1875년 일본에서는 福澤諭吉(ふくざわゆきち)의 〈문명론의 개략〉이 베스트셀러로 유행하고 있었다. '문명'이라는 단어는 이때부터 일본에서 보편적으로 사용되었다. 이를 중국에 보급한 사람은 양계초이다. 陳澤佳, 「梁啓超對日本"和制漢語"的引介」, 『河北大學學報(哲學社會科學版)』, 第40卷 第4期, 2015, 73쪽.

50) 초기에는 서양의 '자유 사상'이 '제멋대로 하는 것'이라는 의미로 오해되기도 했다. 하지만 후에 福澤諭吉에 의해 '自由'가 'freedom'의 번역어로 보급되었다. 그는 특별히 해석을 달아 '자유'에는 제멋대로 방탕하게 행동한다는 의미가 없음을 표명했다.

급한 '혁명(革命)'이라는 단어는 중국 고한어에 있는 天命과 王朝更迭, 君主鼎新의 의미가 포함되어 있을 뿐만 아니라, 'revolve'라는 의미가 포함되어 있다. 이는 사회 근간에서부터 발생하는 큰 변혁을 일컫는다.[51] '福澤諭吉'은 'economy'를 경제(經濟)라고 번역하였는데 이는 중국 고한어의 '경세제민(經世濟民)'이라는 정치와 경제라는 두 가지 추상적인 개념이 포함된 단어의 어의를 축소한 것이다.[52] '진화(進化)'는 '전진(前進)하다'의 진(進)과 '천변만화(千變萬化)'의 화(化)를 조합하여 변화가 진행되고 있는 과정을 연상할 수 있는 신조어를 만들어냈다.[53]

③ 전용어(轉用語) : 서양의 개념어를 표현하기 위해, 일본어에 있는 유사어에 새로운 의미를 부가해서 사용했다. 예를 들어, century - 세기(世紀), common sense - 상식(常識), home - 가정(家庭), hygiene - 위생(衛生), impression - 인상(印象), right - 권리(權利) 등이 있다.[54] 이렇게 생성된 일본식 번역 한자어 가운데 중국으로 유입되어 중국어휘로 고착된 단어는 그 활용범위도 다양하고 사용빈도도 높은 편이다.[55]

앞의 논문, 74쪽.

51) 손중산(孫中山)은 일본에서 정치 활동을 하는 동안 '혁명'이라는 단어를 접하게 되는데, 민주적이고 독립적인 공화국을 설립하고자 했던 그는 이 번역어를 활용하였다. 李艷靜,「和制漢語逆向輸入研究」,『蘭州教育學院學報』, 第34卷 第6期, 2018, 37쪽.

52) 이 밖에도 福澤諭吉이 창조하여 보급한 단어로는 '권리(權利)'와 '사회(社會)', '연설(演說)' 등이 있다. 앞의 논문, 36쪽.

53) '진화(進化)'도 기존의 중국어에는 없는 단어로 일본이 서방의 자연과학을 배우면서 한자를 조합하여 만들어낸 번역어이다. 앞의 책, 36쪽.

54) 이 같은 신역어(新譯語) 하나하나의 생성과정은 飛田良文의『明治生まれの日本語(메이지에 태어난 일본어)』에 자세하게 소개되어 있다.

55) 예를 들어, "인민(人民), 사회(社會), 간부(幹部), 지식(知識), 주의(主義), 정당(政黨), 은행(銀行), 회계(會計), 단위(單位), 과정(課程), 전화(電話), 기능(機能), 귀납(歸納), 과학(科學), 화학(化學), 심리(審理), 진리(眞理), 심리(心理), 문명(文明), 종교(宗敎), 도서관(圖書館), 소설(小說), 작품(作品), 주식(主食), 예술(藝術), 공원

(2) '번역 한자어'의 수량과 분야

현행 연구에 따르면, 일본식 번역 한자어(和製漢語)의 범위와 수량은 파악하기 힘들다. 사토 키요지(佐藤喜代治) 등이 편찬한『漢字百科大事典』(1996년, 明治書院)의 번역한자어 일람표(一覽表)에는 일본 나라(奈良) 시대부터 다이쇼(大正)까지 만들어진 '번역한자어'가 모두 1,164개로 집계된다. 朱京偉의 연구에 따르면 이 사전에 수록되지 않았지만, 에도 이전에 만들어진 것으로 확인된 번역한자어가 800여 개에 이른다. 하지만, 앞서 말한 것처럼 번역한자어의 대량생산은 메이지 시대 이후에 만들어졌다.[56] 즉,『漢字百科大辭典一覽表』에서 누락 된 번역한자어도 상당수 될 것으로 예상한다. 일부에서는 번역 한자어의 총수가 적어도 만개가 넘을 것으로 예상하기도 한다.[57]

메이지 정부의 과감한 개혁정책으로 사회 전반에 걸쳐 서방문명을 배우기 시작하면서 일본은 '표의문자(表意文字)'라는 한자의 특징을 살려 일련의 의역어(意譯語)를 만들어낸다. 분야별로 살펴보면, 정치, 경제, 사회, 문화 등 모든 분야에 새로운 개념어가 창출된다.[58] 특히, 문화적 용어

(公園), 광장(廣場), 기능(機能), 귀납(歸納), 과학(科學), 화학(化學), 심리(審理), 진리(眞理), 심리(心理), 제지(製紙), 제지(制止)" 등이 있다. 崔崟,「進入中國的和制漢語」,『日語學習與研究』, 第6期, 2007, 22쪽.

56) 번역 한자어를 생성 시기별로 보면 에도(江戸)시기 이전과 메이지(明治) 이후로 구분할 수 있는데, 사실상 메이지 유신 이후에 만들어진 것이 상당수를 차지한다. 에도시기에 만들어진 단어는 일본인의 일상생활과 관련된 단어를 한자로 표현하여 한자어 본연의 의미와 상관이 없는 경우가 많았다. 반면, 메이지시기에 만들어진 한자어는 미국과 유럽을 중심으로 한 서양의 문헌을 번역하면서 만들어진 단어로 과학용어나 문어체로 동음이의어가 많다는 특징이 있다. 앞의 논문, 22쪽.

57) 하지만, 그 가운데 중국에 유입된 번역 한자어는 빙산의 일각이라고 해도 과언이 아니다. 이는 중국에서도 엄격한 기준에 따라 취사선택(取捨選擇; 선택과 배제)을 했다는 것을 의미한다. 앞의 논문, 25쪽.

58) 정치 – 정부(政府), 관청(官廳), 공무원(公務員), 의회(議會), 행정(行政), 투표(投

의 기반은 주로 메이지 초기에 형상되었다. 물론 의학, 약학, 물리, 화학, 천문학과 같은 기술적인 분야는 난학을 통해서 일찍이 다양한 번역어가 사용되고 있었지만, 법률, 정치, 경제, 철학, 교육, 미학과 기타 학술 분야(문물과 제도 등)로 더욱 광범위한 분야에서 새로운 용어가 대량 생성과 소멸을 반복하였다.[59] 사회개혁을 통해 만들어진 이러한 단어들은 일본 사회의 지적토론과 사회적 합의를 거쳐 적용되고 활용되면서 정착되었다.

언어사용의 주체는 사람이기 때문에 생성과 소멸의 특징이 있다. 즉, 아무리 훌륭한 개념어와 번역어가 생성된다 해도 사용하는 객체(사회적 동의와 공감, 활용 및 응용)가 없다면, 그 단어는 살아남을 수 없다. 일본에서 만들어진 '번역 한자어'는 중국어에서 차용된 것이 많지만, 보급과 정착 면에서 중국이 일본에 뒤처지는 이유도 바로 이 때문이다. 일본은 단순히 이들 개념어를 만들어냈을 뿐만 아니라 적극적으로 활용할 수 있는 사회적 플랫폼이 있었던 반면에, 제도적 변혁이 없었던 중국에서는 최초의 번역어들이 통용되지 못하고 대부분 '사어(死語)'가 되어버렸다.

2. '번역 한자어'의 전파와 영향

앞서 살펴본 바와 같이, 근대 일본은 '문명어(文明語)'로서의 근대한자어를 대량으로 창출하는 것을 통해, '외래(外來)'의 낙인이 찍힌 한자를 다시 영유해 나갔고, 한자어의 재영유(再領有)를 통해 문명화를 이룩해

票)... /경제-산업(産業), 사회(社會), 기업(企業), 은행(銀行), 보험(保險), 금융(金融), 전기(電氣).../교통-철도(鐵道), 기차(汽車), 전차(電車), 항공(航空), 전신(電信), 전화(電話).../체육-체조(體操), 수상(水上), 경주(競走), 야구(野球), 탁구(卓球), 심판(審判).../문학예술-비극(悲劇), 배경(背景), 문학(文學), 미술(美術), 연출(演出), 각본(脚本).../사회생활-승객(乘客), 장합(場合), 전차(電車), 집단(集團), 일정(日程), 사회(社會)...앞의 논문, 23쪽.
59) 飛田良文, 『明治生まれの日本語』, 角川ソフィア文庫, 2019, 89쪽.

갔다.[60] 이같이 서양 학문을 일본어로 번역하면서 양산된 신조어는 다른 한자문화권에서 서양문화를 전파하는 중요한 창구기능을 하였다.[61]

(1) 일본식 '번역 한자어'의 중국 유입배경

근대 중국의 많은 개념어는 19세기 말에서 20세기 초 일부 중국 지식인들에 의해 서방과 일본 사회과학 분야의 저작을 번역하여 차용했다는 것이 중국사 연구자들의 공통된 인식이다.[62] 특히, 일본에서 많이 유입되었는데, 그 계기는 청일전쟁에서 패한 청(淸) 정부가 선진문물을 배우기 위해 일본에 유학생을 파견하면서 촉발되었다. 1896년에 13명으로 시작한 유학생은 1906년에는 8,000명으로 늘어난다. 이후, 중일전쟁(1937년)에 이르기까지 42년 동안 중국의 일본행 유학은 계속되었고, 이들 유학생을 중심으로 일본식 번역어가 중국에 역수입된다. 이때, 중국에 도입된 일본식 번역어는 당대 중국 지식인의 사상을 반영한 것이기도 하다. 이렇게 유입된 신조어는 근대 중국 민중의 사상을 계몽시키는 역할을 했으며, 사회의 변혁과 발전을 가져왔다.[63] 특히, 신해혁명 전후로 중국에서도 사회변혁

---

60) 子安宣邦, 「근대 일본의 漢字와 自國語인식」, 『大東文化研究』, 제58집, 2007, 57쪽.

61) 陳澤佳, 「梁啓超對日本"和制漢語"的引介」, 『河北大學學報』, 第40卷 第4期, 2015, 71쪽.

62) 李里峰·陳蘊茜, 「知識與制度脈絡中的東亞概念史研究」, 『史學月刊』, 第9期, 2012, 201쪽.

63) 양계초는 〈時務報〉의 주필을 담당하면서 일본과 관계를 맺게 된다. 당시 그가 〈時務報〉에 쓴 문장은 모두 67편이며 이 가운데 28편이 일본과 관련된 문장이다. 그는 일본어와 중국어는 동문동종(同文同種)으로 영민한 사람들은 몇 개월이면 그 문자를 익힐 수 있으니, 가능한 그들의 책을 많이 번역해야 한다고 했다. 그는 일본어를 매개로 서양의 선진사상과 이론을 연구할 것을 주장하였다. 당시 양계초는 이미 사상 해방운동의 최전선에 있는 영향력 있는 인물이었다. 陳澤佳, 「梁啓超對日本"和制漢語"的引介」, 2015, 71-72쪽.

의 바람이 불어오면서, 정치·사회적인 개념어들이 대량으로 유입된다. 당시의 '서학(西學)'은 대부분 일본에서 소개된 것을 중국에 그대로 가져오는 식이었다.[64]

이처럼, 번역 한자어가 가장 왕성하게 중국에 유입된 시기는 20세기 초이다. 당시 경제와 군사, 정치제도 등 모든 면에서 일본이 중국보다 강성했기 때문에 각 분야의 전문용어가 생성되고 확립된 것도 일본이 훨씬 빨랐다. 주목할 만 한 점은 한자의 탄생이래, 한자어는 중국에서 일본으로 (단방향) 전해지는 것이 주된 추세였다면, 근대 이후 점진적인 과정을 거쳐 쌍방향으로 변화되기 시작해, 오히려 일본에서 중국으로 역수출되는 사례가 발생하기 시작했다는 것이다.

(2) 일본식 '번역 한자어'의 중국 유입과정

물론 중국도 처음부터 무조건 일본식 한자어를 도입한 것은 아니다. 중국은 일본식 '번역 한자어'로부터의 오염을 막고, 자국어의 순수성을 수호하기 위해 중국 고어(古語)를 이용하거나 신조어를 개발해 서방개념을 중국어로 번역하고자 시도했으나 결국 실패하고 만다.[65] 예를 들어, 엄복은 'evolution'을 '천연(天演)'으로 번역했지만, 그 의미가 너무 심오해 오히려 쉽게 보급되지 않았고, 결국에는 일본식 번역한자어인 '진화(進化)'로 대체되었다. 청대(淸代)에는 한때 'democracy', 'science'를 발음 그대로 '더모커라시(德莫克拉西)', '싸이인쓰(塞因斯)'로 음역했고, 이는 중국의 지식인들에 의해 간단하게 'Mr, 더'와 'Mr, 싸이'와 같은 축약어로

---

64) 예를 들어, 민주(民主), 과학(科學), 주동(主動), 연필(鉛筆), 물리(物理), 미학(美學), 모순(矛盾), 지식분자(知識分子)와 같은 단어는 일본이 서양문명을 받아들이는 과정에서 의역한 어휘지만, 중국에는 사회개혁 시기에 전파되었다.
65) 李里峰·陳蘊茜,「知識與制度脈絡中的東亞概念史研究」,『史學月刊』, 第9期, 2012, 201쪽.

사용되기도 했다. 하지만, 이러한 직역도 의미전달력이 떨어져 결국에는
의역으로 번역된 일본의 '민주(民主)'와 '과학(科學)'으로 대체되었다.[66]
이처럼, 번역어의 수용에 있어서 과도기 상태에 있던 중국은 일본식 번역
어 수용에 적극적이었던 양계초와 같은 지식인을 통해 선별의 과정을 거
쳐 중국으로 도입되었다.[67] 양계초는 '번역한자어'를 인용할 때 주석을
통해 해석을 덧붙여 중국식 번역어와 일본식 번역어를 대조함으로써 독자
들의 이해를 도왔다.[68] 이렇게 근대 일본을 통해 중국에 유입된 번역어는
1903년 『新爾雅』라는 사전으로 출간되었다.[69]

(3) 일본식 '번역 한자어'가 중국에 미친 영향

1978년 출판된 『現代漢語詞典』에 수록된 외래어 가운데 일본식 번역

---

66) 李艶靜, 「和制漢語逆向輸入硏究」, 『蘭州敎育學院學報』, 第34卷 第6期, 2018, 37쪽.

67) 양계초가 『시무보(時務報)』의 주필로 있을 때, 처음 공개적으로 일본서적을 번역할 것을 주장하였다. 1987년 그는 강유위(康有爲)와 함께 大同驛書局을 창립하여 일본 서적을 대대적으로 번역하기 시작한다. 1902년에서 1904년에 번역한 일본 문헌이 321 종에 달하며, 이는 전체 번역 서적의 60% 이상을 차지하는 수치이다. 같은 시기 서양문 헌의 번역은 120종으로 전체 번역서적의 30%를 못 미친다. 이후 일본서적의 번역은 해마다 증가하였는데, 이는 번역 한자어가 중국에 전파되는 중요한 통로가 되었다.

68) 예를 들어, "일본은 메이지유신 이후 30년 동안 세계의 지식을 배우고자 했으며, 그들 이 만든 실용서가 수천 가지에 달한다. 특히, 서양의 정치학과 資生學(즉, 이재학(理 財學), 일본에서는 경제학(經濟學)이라고 한다), 智學(일본에서는 철학(哲學)이라 고 한다), 群學(일본에서는 사회학(社會學)이라고 한다.)등이 있다. Logic은 명(明)나 라 때 李之藻이 名理라고 번역했고, 근대 엄복은 名學이라고 번역했다. 오늘날 동쪽 (일본)에서 통용되는 번역어는 倫理學이다." 陳澤佳, 「梁啓超對日本"和制漢語" 的引介」, 2015, 71쪽.

69) 본 사전은 淸末民初, 일본에서 체류하던 중국 유학생이 편찬했다. 주로 서양의 인문, 자연과학의 신개념, 전문학술용어 등을 수록하고 있고, 이는 대부분 일본식 번역한자 어다.

한자어는 768개, 구미 각국의 음역단어는 721개이다. 『漢語外來語詞典』
에 수록된 번역 한자어는 모두 889개로 다양한 분야를 포함하고 있다.[70)
분야별로는 과학기술(158), 사회생활(125), 사상철학(121), 정치(104)가 약
63%로 가장 많았다. 가장 낮은 비중을 차지한 분야는 종교용어(8)로 모두
기독교와 관련된 어휘이다.[71) 長子如(2009)에 따르면 메이지유신 이전의
번역어는 장합(場合), 무대(舞臺), 불경기(不景氣) 등 모두 102개다. 메
이지유신 전후의 번역어는 사회과학과 자연과학 분야의 전문용어가 대부
분이고, 미술(美術), 물질(物質), 구락부(俱樂部) 등 모두 299개다. 중국
고서에서 언급된 적이 있지만, 일본이 새로운 의미를 부여한 단어는 모두
68개로 문학(文學), 경제(經濟), 노동(勞動) 등이 있다.[72) 중국에 유입된
번역어는 초기에는 신조어로 유입되었지만, 일정 기간의 적응을 거쳐 대
부분 중국어의 기본어휘로 자리를 잡았다. 崔崟의 통계에 의하면 844개
의 단어 가운데 모두 95%가 중국어로 고정되었다. 일부(45개 단어, 총수
의 5%)만 사어(死語)가 되었다.[73)

번역어가 현대중국어에 미친 영향은 단순히 양적 변화만이 아니다. 번
역 한자어는 중국어에 두 음절 단어의 증가를 가져왔다. 고대 중국어는
주로 단음절 어휘였지만, 번역 한자어가 전파되면서 '이론(理論)', '자유
(自由)'와 같은 이음절 단어가 대량으로 유입되었다.[74) 이 밖에도 '지주단

---

70) 長子如의 연구에 의하면, 『한어외래어사전』(1984년)에 수록된 일본에서 유래한 중국
   어 어휘는 모두 892개로 집계된다. 중국 사회과학원 李京中 원사는 이에 대해 이렇게
   말했다. "현대 중국 사회과학의 고급어휘의 60~70%는 일본에서 만들어진 단어다.
   일본이 창의적으로 한자를 변화함으로 또 다른 한자왕국을 이룩하였다. 일본은 언어적
   인 측면에서 유일하게 중국에 새로운 한자어를 보내서 보답한 국가이다."
71) 崔崟, 「進入中國的和制漢語」, 『日語學習與研究』, 第6期, 2007, 23-24쪽.
72) 李艷靜, 「和制漢語逆向輸入研究」, 『蘭州教育學院學報』, 第34卷 第6期, 2018,
   37쪽.
73) 崔崟, 「進入中國的和制漢語」, 『日語學習與研究』, 第6期, 2007, 25쪽.

계(地主段階)', '심리작용(心理作用)'과 같은 사음절 어휘도 중국의 언어시스템에 변화를 주었다. 이러한 어휘들은 중국어가 더욱더 세밀하고 분명하게 전달할 수 있는 방편이 되었다. 또한, 중국어의 표현 습관에도 변화를 가져왔다. 오늘날 중국에서 흔히 사용하는 '건강(健康)'과 '계승(繼承)'과 같은 단어가 대표적인 예이다. 명·청대 건강에 대한 중국식 표현은 '강건(康健)'이었으나 일본식 한자어가 유입되면서 순서가 바뀌었다.75) 이 밖에도, 중국어에서 어미로 많이 쓰이는 "~적(的)", "~화(化)", "~성(性)", "~식(式)", "~력(力)", "~제(制)", "~법(法)", "~주의(主义)"와 같은 명사화 표지도 일본에서 유래한 것이다.

근대 번역은 지식의 수용이자 문명의 도입과정이라고 해도 과언이 아니다. 중국과 일본을 막론하고 당대 '시대적 사명'인 번역을 감당했던 지식인들은 동시대에 두 가지 문명을 살았다. 이에 대해, 후쿠자와 유키치는 『문명의 개론』에서 '한 몸으로 두 번 사는' 체험을 했다고 표현했다. 즉, 메이지유신의 사회변혁 시기 서양문명을 수용하고 있는 자신의 전신(前身)은 동양 또는 일본의 전통문화에 속했다는 의미이다. 하지만 그는 이런 체험을 부정적인 것이 아니라 긍정적으로 보았다. 번역문화는 그 나라의 문화적 자립을 위협하는 것은 아니라 오히려 강화하는 측면이 있다. 번역은 외국의 개념과 사상의 단순한 수용이 아니라, 항상 자국의 전통에 의한 외래문화의 변용이기 때문이다.76)

---

74) 이음절 어휘의 증가는 서양의 개념을 번역하면서 증가하였다. 아편전쟁 이후 중국과 서양의 지식인이 합작해서 만든 서적과 사전에서도 두 음절 이상의 신조어가 많이 생겨났으며, 이는 다시 일본에 전해져 일본의 번역에 영향을 미친다. 일본에서 정착된 이 단어들은 다시 중국에 보급되었다.

75) 韓金玉·李鑫淼, 「淺析和制漢語對漢語新詞的影響及對策」, 『産業與科技論壇』, 第17卷 第21期, 2018, 177쪽.

76) 마루야마 마사오·카토슈이치, 임성모 옮김, 『번역과 일본의 근대』, 2018, 179쪽.

Ⅴ. 결론

한자가 쓰인 이래로 약 3천 년 동안 문화와 지식의 흐름이 마치 물이 위에서 아래로 흐르듯이 중국에서 주변국으로 전파되는 것이 순리였다면, 근대 이후 일본은 이러한 흐름을 바꾸고자 했으며, 그러한 변화의 흔적은 번역한자어에서 쉽게 찾을 수 있다. 이를 살펴보기 위해, 본문에서는 서양에서 창출된 지식개념(종교, 사상, 문화, 기술 등 문명사회의 기반)이 동아시아에 유입되면서 발생한 어휘들을 통해 지식권력의 흐름을 살펴보았다.

중국과 일본 모두 '아편전쟁'과 '청일전쟁'이 각성의 계기가 되었다. 다만, 일본을 일깨운 것은 아편전쟁이었고, 중국을 일깨운 것은 청일전쟁이었다. 일본은 아편전쟁(1840)에서 지는 해와 뜨는 해를 명확히 판단했다면, 중국은 청일전쟁(1894)에서 제자격인 일본에 수치를 당하면서 현실을 직시하게 되었고, 이후 서방의 기술은 물론 제도와 사상도 받아들이게 된다. 하지만, 자국 문명에 대한 자부심이 강했던 중국은 한 번도 전면적인 서화(西化)를 고려한 적이 없었다. 단지 서양의 선진적인 기술과 제도를 활용해 국가발전에 활용하고자 했을 뿐이다. 반면, 아시아에서 주도권을 행사한 적이 없었던 일본은 또 다른 태양을 발견하자마자 서양의 기술은 물론 그 기반이 되는 제도와 사상도 전면 도입해 아시아의 새로운 문명국으로 발돋움하고자 했다.

근대 동아시아의 지식수용에 있어서 중국과 일본의 공통점은 인도에서 출발한 종교문화는 수용했지만, 서양의 종교문화는 거부했다는 것이다. 그 이유는 불교가 '전도(傳道)'를 목적으로 했다면, 기독교는 '선교(宣敎)'를 목적으로 했기 때문이다. 즉, 불교는 도리와 이치를 설파했지만, 기독교는 종교(宗敎)를 이식하고자 하는 의도가 보였기 때문에 위정자에게 불교는 활용가치가 있다고 여겨졌지만, 기독교는 권력구조를 무너뜨리는 위협요소로 판단되었다. 지식수용에 있어서 중국과 일본의 가장 큰 차이점은 기술도입에서는 중국이 일본을 앞섰지만, 제도와 사상 수용에서는 일본이 시기적으로 앞섰을 뿐 아니라 더 적극적이었던 것이다. 이러한 일본의 선제적이고 체계적인 지식수용은 번역 한자어의 생성과 전파과정을 통해서 확인할 수 있다. 즉, 문명의 정수가 '지식'이라면 일본은 서방 '지식의 권력'에 올라타 기호지세(騎虎之勢)로 나타난 것이다. 결과적으로 근대 이후 동아시아 지식의 흐름은 순리를 역행하여 일본에서 중국으로 흐르게 된다. 이처럼, 지식권력의 구도를 바꾼 '번역사건'은 오늘날 동아시아 국제질서의 기초를 형성하게 되었다.

근대 동아시아의 번역문화와 역사를 통해 우리는 언어와 문자가 특정 국가나 민족의 전유물이 아니라, 그것을 사용하는 사람들에 의해 가치가 매겨지는 공동의 자산이라는 것을 알 수 있다. 다시 말해, 언어문화의 형태로 전파되는 지적가치의 흐름은 오직 순환이 있을 뿐이며, 지식담체로서의 언어문명은 인문교류의 일종인 '번역활동'과정에서 '권력의 이동'을 수반한다.

| 참고문헌 |

김용규·이상현·서민정, 『번역과 횡단 – 한국 번역문학의 형성과 주체』, 서울 : 현암사, 2017.

김인택, 『근대초기 '植民'·'帝國主義'관련 번역서 硏究 – 그 형성·전파의 동아시아 연계문제와 관련하여』, 성균관대학교 동아시아학협동과정 석사학위 논문, 2004.

마루야마 마사오·카토슈이치, 임성모 옮김, 『번역과 일본의 근대』, 서울 : 이산, 2018.

박상익, 『번역청을 설립하라』, 파주 : 유유, 2018.

사카이 나오키 지음, 후지이 다케시 옮김, 『번역과 주체 – '일본'과 문화적 국민주의』, 서울 : 이산, 2005.

윤영도, 『中國 近代 初期 西學 飜譯 硏究-『萬國公法』飜譯 事例를 中心으로』, 연세대학교 중어중문학과 박사학위 논문, 2005.

강문희, 「근대 초기 동아시아 언어규범의 경합과 고유성의 발견-고토큐 스스이(幸德秋水)의 『공산당선언』번역을 중심으로」, 『어문론총』, 제61호, 2014.

김수영, 「중국 근대 지식지형의 형성과 패러다임」, 『中國史硏究』, 제71집, 2011.

박찬길, 「동아시아의 번역과 근대성 : 김용규·이상현·서민정 엮음『번역과 횡단』에 대한 서평」, 『안과 밖』, 45권, 2018.

배상식, 「J.로크와 W.v.훔볼트의 언어개념 비교연구」, 『哲學硏究』, 제119집, 2011.

서광덕, 「동북아해역 근대 지식의 형성과정에 대한 연구사 검토-서학(西學)의 수용과 한국 근대지(近代知)의 형성을 중심으로」, 『인문사회과학연구』, 제20권 제3호, 2019.

양일모, 「한국 개념사 연구의 모색과 논점」, 『개념과 소통』, 제8호, 2011.

전무용, 「한글 성서의 보급과 한글 문명의 대전환」, 『기독교사상』, 2월호, 2019.

허재영, 「지식 생산과 전파·수용에 따른 지식 권력 연구 방법론」, 『한국민족문화』, 제66호, 2018.

_____, 「지식 유통의 관점에서 본 근대 동아시아의 번역 학술어 생성·변화 및 그 영향」, 『독서연구』, 제49호, 2018.

子安宣邦, 「근대 일본의 漢字와 自國語인식」, 『大東文化硏究』, 제58집, 2007.

潘國威, 『新爾雅』, 上海 : 上海辭書出版社, 2011.

陳璐, 「簡述五四運動前中國翻譯史的歷史脈絡」, 『世紀橋』, 第3期, 2016.

蔡亮·宋黎磊, 「孔子學院 : 全球體系下中國知識權力的外化」, 『國際展望』, 第6期, 2010.

陳澤佳, 「梁啓超對日本"和制漢語"的引介」, 『河北大學學報(哲學社會科學版)』, 第40卷 第4期, 2015.

崔波, 「晩淸新型知識權力硏究」, 『忻州師範學院學報』, 第24卷 第3期, 2008.

崔崟, 「進入中國的和制漢語」, 『日語學習與硏究』, 第6期, 2007.

韓金玉·李鑫淼, 「淺析和制漢語對漢語新詞的影響及對策」, 『産業與科技論壇』, 第17卷 第21期, 2018.

李里峰·陳蘊茜, 「知識與制度脈絡中的東亞槪念史硏究－"東亞近代知識與制度的形成"國際學術硏討會綜述」, 『史學月刊』, 第9期, 2012.

李艷靜, 「和製漢語逆向輸入硏究」, 『蘭州敎育學院學報』, 第34卷 第6期. 2018.

劉祥淸, 「中國翻譯地位的歷史績進」, 『雲夢學刊』, 第28卷 第6期, 2007.

王元, 「知識權力的生成路徑、作用機理及位域結構」, 『內蒙古大學學報(哲學社會科學版)』, 第47卷 第3期, 2015.

謝天振, 「記錄從翻譯大國到翻譯强國的歷史進程－評『改革開放以來中國翻譯硏究槪論(1978-2018)』」, 『書評空間』, 2019.

張子如·張艷萍, 「現代漢語中和制漢語詞的量化觀察」, 『西北大學學報(哲學社會科學版)』, 第5期, 2009.

硃京偉, 「'和制漢語'的結構分析和語義分析」, 『日語學習與硏究』, 第4期, 1999.

汎山 眞男·加藤 週一, 『翻訳と日本の近代』, 東京 : 岳波新書, 2018.

飛田 良文, 『明治生まれの日本語』, 角川ソフィア文庫, 2019.

飛田 良文, 「明治時代の言語」, 國立國語硏究所, 1973(昭和48年).

청초 동북 지역 유배 지식인의 삶과 시 창작

: 시승(詩僧) 함가(函可)를 중심으로

● 박영순 ●

I. 시작하며

청초는 통치의 안정을 꾀하기 위해 반청 세력을 진압하고 한족 지식인들의 사상을 통제하기도 했다. 이에 순치(順治)시기부터 정권 안정을 위협하는 한족 지식인들은 동북지역의 심양(瀋陽)·상양보(尙陽堡)·철령(鐵嶺)·영고탑(寧古塔) 등으로 유배 보내졌다. 그들은 대부분 명대 유민(遺民)이자 청초의 유배자라는 이중적 신분으로 동북 지역의 유배문인 집단을 형성했다.

청초에 문자옥(文字獄)으로 인해 가장 먼저 동북 지역 심양으로 유배간 사람은 시승(詩僧) 함가(函可 : 1611-1660)이다. 그는 남명(南明) 시기에 개인적인 사서(史書) 『재변기(再變紀)』를 쓴 화근으로 순치 5년(1648) 심양으로 유배되어 10여 년의 유배 생활을 했다. 이는 청초 최초의 문자옥 사건이 되었다. 함가는 명청 교체기의 역사적 변환과 사회적 급변 속에서 살다가 유배되었고, 그의 가족들도 대부분 항청(抗淸) 활동을 하

---

* 이 글은 「청초 동북지역의 유배 지식인 : 함가(函可)와 시 창작을 중심으로」, 『중국문화연구』, 제47집, 2020을 수정·보완한 것이다.

** 국민대학교 중국인문사회연구소 HK부교수

다가 순절했다.

청초 유배와 문자옥은 정치와 문학이 연결된 역사적인 사건이었고, 유배자의 상당수는 지식인(문인)들이었다. 그들은 황량한 유배지에서 동북 지역 관련한 문헌 저술, 교육 활동(은강서원[銀岡書院]) 및 시사(詩社)를 설립하여 시 창작활동을 하면서 유민(遺民)으로서의 시대적 아픔과 유배자로서의 고된 삶을 함께 해왔다. 이처럼 동북 지역 유배 문인에 관한 연구는 문학·지역학·역사학을 융합한 청초 지식인에 관한 주요 연구대상 중의 하나이다. 이에 이 글의 연구 범주는 역사적 시간[청초], 지리적 공간[동북], 문학작품[유배시]을 융합하여, 명청 교체기의 동북 지역의 유배자 함가와 그의 작품집 『천산시집(千山詩集)』을 주요 텍스트로 한다.

한 시대의 작가와 작품은 그 시대적 변화에 민감할 수밖에 없다. 특수한 시대 상황 속에서 살아가는 문인의 작품은 개인을 넘어 시대적 함의를 공유하며, 그런 문학 작품은 시대와 개인이 생산한 하나의 문학 '지식'이라고 할 수 있을 것이다. 즉, 지식을 생산하는 '행위자'[지식인-문인]는 어떤 '특수한 상황'[시대 분기分岐] 속에서 어떤 '행위'[시 창작활동]를 통해 '지식'[문학작품]을 생산해낸다는 것이다. 이러한 도식을 이 글에 접목해보면, 지식을 생산하는 '행위자'[유배자-함가]는 어떤 '특수한 상황'[명청 교체기의 문자옥] 속에서 어떤 '행위'[유배시 창작]를 통해 '지식'[『천산시집』]을 생산해내었다고 할 수 있을 것이다.

따라서 이 글은 '행위자'-'행위'-'지식'이라는 틀로 함가의 고대문학 지식생산과정을 살펴보고자 한다. "지식인의 지식생산"이라는 범주에서 유배문인 함가[지식인]가 어떤 상황[문자옥]에서 어떤 작품[지식]을 창작[생산]하였는지, 그리고 그 특징과 함의는 무엇인지를 파악하는 것이 궁극적인 목적이다.

함가에 관한 조기 연구서는 주로 함가의 전기와 평전에 관한 자료들이며,[1] 또한 동북 지역의 유배사와 동북 시사 및 문자옥 연구서에도 함가에 관한 내용이 실려 있다.[2] 이 밖에 함가와 빙천시사(氷天詩社), 청대 유배 문인의 시 창작 및 함가의 시 창작 관련의 학술논문도 있다.[3] 그러나 함가의 시 창작을 주요 대상으로 하여 유배 원인 및 가족사를 배경으로 하고, 시 창작과 시인의 심정을 분석하고, 나아가 시적 특징과 평가 등을 종합적이고 집중적으로 다룬 단편 연구는 상대적으로 많지 않으며, 한국에서는 거의 미흡한 상황이다.[4]

최근의 연구 상황을 中國智網(CNKI)에서 '函可'를 키워드(關鍵詞)로 하여 전체 문헌(文獻 : 학위논문·학술기간·학술회의·신문)을 검색(검색일 : 3월 14일)한 결과 총 59편이 검색되었다. 관련 주제는 주로 함가의 시와 빙천시사 및 『천산시집』이 주를 이루었고, 다음으로 함가와 밀접한 교류가 있었던 빙천시사의 좌무태(左懋泰), 칠자지회(七子之會 : 흑룡강

---

1) 1916년 진백도(陳伯陶) 『승조월동유민록(勝朝粤東遺民錄)』에 함가의 전기가 실려 있고, 1930-40년대 사국정(謝國楨) 『명청지제당사운동고(明淸之際黨社運動考)』, 『청초동북유인고(淸初東北流人考)』에는 함가와 빙천시사(氷天詩社)에 관한 내용이 일부 소개되었다. 1980년대 이후 왕재민(王在民) 『승려함가평전(函可和尙評傳)』, 왕종연(汪宗衍) 『명말잉인승려연보(明末剩人和尙年譜)』 등에는 평전 및 연보를 소개했다. 관련 내용은 陳伯陶, 『勝朝粤東遺民錄』, 上海 : 上海古籍出版社, 2011; 謝國楨, 『明淸之際黨社運動考』, 上海書店出版社, 2006 등 참고.

2) 문자옥과 동북지역의 유배자들에 대한 연구서로는 張書才·杜景華, 『淸代文字獄案』, 北京 : 紫禁城出版社, 1991; 李興盛, 『東北流人史』, 黑龍江人民出版社, 1990 등이 있다.

3) 연구논문으로 秦嘉, 『函可千山詩集硏究』, 東北師範大學碩士學位論文, 2013; 于美娜, 『函可詩歌硏究』, 山東大學碩士學位論文, 2009 등이 있고, 일반 논문으로 邱林山, 「遺民詩僧函可與淸初詩壇」, 『西北師大學報』, 第6期, 西北師範大學, 2016; 薛虹, 「函可和氷天詩社」, 『史學集刊』, 第1期, 吉林大學, 1984 등이 있다.

4) 함가에 관한 1차 자료로는 函可 撰·張春 著, 『千山詩集·不二歌集』, 黑龍江大學出版社, 2011; 函可 著, 嚴志雄·楊權 點校, 『千山詩集』, 中央研究院中國文哲研究所, 2008; 函可 撰·楊輝 校注, 『千山詩集校注』, 遼海出版社, 2007 등이 있다.

영고탑에서 설립한 시사)의 오조건(吳兆騫) 및 동북 지역 유배자 이정상
(李呈祥)·방공건(方拱乾)·진지린(陳之遴) 등의 연구가 이어졌고, 이
외에 명청 시기 유배시, 유민시승, 함가의 선시(禪詩) 등이 뒤를 이었다.
동북 지역 유배 지식인(함가)에 관한 연구는 문학·지역학·역사학을 융합
한 연구임을 알 수 있는 면이다.5)

이 글은 기존 연구성과의 토대 위에서 함가와 그의 작품집 『천산시집
(千山詩集)』을 주요 텍스트로 하여,6) 크게 네 부분으로 나눈다. 청초 동
북 지역의 유배 상황, 함가의 유배 원인과 가족사, 함가의 시 창작 내용,
함가의 시적 특징과 『천산시집』의 평가 등으로 나누어 이에 대해 각각
분석한다. 이를 통해 유민이자 유배자이며 시승의 신분으로 살아간 청초
지식인으로서의 삶과 고뇌를 엿볼 수 있을 것이다.

II. 청초 동북 지역의 유배 상황

중국에서 유배자의 의미를 나타내는 단어는 '유인(流人)'이다. '流人'

---

5) 총 59편 가운데 학위논문(12편), 학술기간지(37편), 학술회의논문(7편), 신문 기재(3편)
순이다. 그리고 51편(학술회의 제외)을 발표한 연구기관은 요령대학(8편), 길림대학(4
편), 소주대학·요령성사회과학원역사연구소(각3편), 요령사범대학·동북사범대학·
혜주(惠州)학원·중산대학·남경대학(각2편), 대련대학 외 17(각1편)의 순이다. 이러
한 연구를 진행한 주요 연구기관의 지역적 분포를 보면 주로 함가의 유배지였던 동북
3성(30편) 및 함가의 고향인 광동성(6편) 소재의 연구기관에서 50% 이상으로 집중적으
로 이루어졌다.

6) 『천산시집』은 강희 42년(1703)에 초각본(初刻本)이 있다. 건륭 40년(1775)에 문자옥
으로 인해 금서가 되었다가, 도광 연간에 다시 중각본(重刻本)이 나왔다. 본고는
函可 撰·張春 著, 『千山詩集·不二歌集』, 黑龍江大學出版社, 2011(이는 강희
초각본을 저본으로 했음)을 저본으로 하며, 본 주석에서 『千山詩集』은 모두 이 책을
가리킨다.

이란 단어는 일찍이 선진시대에 출현했다.7) '유인'의 의미는 협의적으로
는 "죄를 지어 추방·축출당한 사람"8)을 의미하며, 광의적으로는 본 지역
을 떠나 타 지역으로 유랑·부랑하는 사람을 말한다. 그 후 양한(兩漢)
시기에 이르러 '유민(流民)'이란 단어가 출현하면서 '流人'은 '유배되어
추방당한 사람'으로, '流民'은 대체로 '고향을 떠나 타향에서 거주하는 사
람'으로 쓰이게 되었다. 당·송시기를 거쳐 명·청 시기에 이르면서 '流人'
은 기본적으로 "유배되어 추방당한 사람"의 의미로 쓰였다.9)

  그러나 대표적인 중국유배 연구자 이흥성(李興盛)은 '流人'을 단지
'유배되어 추방당한 사람'이라고 국한하는 것은 단순한 해석이라고 보아,
"流人은 징벌의 의미로서 변방 지역에 노역(勞役)·수역(戍役)을 보내거
나 재산을 약탈하는 것으로, 사상을 이끄는 통치자가 죄가 있다고 판단하
여 강제로 축출하거나 먼 변방 지역으로 유배 보내는 것을 말한다. 따라서
일정한 관리통제 조치를 받는 일종의 외지인을 말한다."10)라고 정리했다.
요약하자면, 지배자[통치자]의 입장에서 통치사상에 저촉[죄]된다고 판단
할 때, 처벌[징벌]의 목적으로 타 지역[변방, 혹은 재산몰수]으로 보내어
통제[관리]를 받으며 죗값[노역·수역]을 치루는 외지인을 말한다. 따라서
'유배자'는 이주 행위에 강제성이 있다. 즉 통치자의 이익에 저촉되어 열

---

7) "당신은 월나라의 유랑객 이야기를 듣지 못했습니까? 나라를 떠난 지 며칠이 지나자
   아는 사람을 만나면 기뻐했다. 子不聞夫越之流人呼? 去國數日, 見其所知而喜"
   『莊子·雜篇·徐無鬼』.
8) "流人卽有罪見流徙者也." 陸德明,『釋文』, 楊樹達,『鹽鐵論要釋』卷7, 中華書
   局, 1963, 55쪽.
9) '유인' 관련 내용은 方姝孟,『淸代東北地區流放文人群體硏究』, 哈爾濱師範大
   學碩士學位論文, 2013, 6-15쪽 참고.
10) "流人就是由於以懲罰實邊戍邊或搏掠財富爲指導思想的統治者認爲有罪而
   被强制驅逐或遷徙邊遠之地, 采取一定的管制措施的一種客籍居民." 李興盛,
   『流人史流人文化與旅遊文化』, 黑龍江人民出版社, 2008, 15쪽.

악한 먼 변방 지역으로 유배되는 강제적이고 계획적인 것이다.

통치자의 통치 질서에 위배되어 변방으로 유배되었기 때문에, '流'에는 '형벌'의 의미가 있다. 중국 고대 유방(流放) 제도는 형벌의 보조 수단이 었다.[11] 『상서·순전(尚書·舜典)』에 "'사흉(四凶)'을 '사극(四極)'으로 축출했다."[12]는 말은 변방으로 인구를 이동시킨다든가 변방으로 수역을 보낸다는 구체적인 의미는 없고, 단지 '축출'의 의미가 강하다. 그 후 진나라는 6국을 통일하여 강역이 확대됨에 따라 6국의 백성들을 조직하여 변구(邊區)로 보내어 황무지를 개척하게 했고, 징벌을 받는 동시에 중앙정부의 재정을 충당하게 했다. 예를 들면, 옥사를 잘 다스리지 못한 자를 변방으로 보내서 장성을 축조하게 하거나, 가난한 사람들을 어양(漁陽)으로 수역을 보내기도 했다.[13]

선진시기 '축출'부터 시작하여, 형벌로서 '오형'의 보조적 의미로 쓰이다가, 진나라 때 포로나 죄인·백성을 변방으로 보내어 황무지를 개간하거

---

11) '流'는 죄인을 귀양 보내던 일로서, 죄의 경중에 따라 거리적으로 원근의 등급이 있었다. 오형(五刑) 묵(墨 : 먹물로 글자새김)·의(劓 : 코베기)·비(剕 : 발뒤꿈치 베기)·궁(宮 : 거세)·대벽(大辟 : 죽임)과 병용하여 '유는 오형을 보조하는(流有五刑)' 형식으로 출현했다. 서한(西漢) 시기 공안국(孔安國)은 『상서·순전(尚書·舜典)』에 근거하여 '宥'를 "관대하다, 유방의 법으로 오형을 보완하게 하다.[寬也, 以流放之法寬五刑]"로 해석했다.

12) 사흉(四凶) : 공공(共工)·환두(驩兜)·곤(鯀)·삼묘(三苗)를 말함. 사극(四極) : 유주(幽州 : 현, 북경), 숭산(崇山 : 현, 상서[湘西]), 삼위(三危 : 현, 감숙 돈황 일대), 우산(羽山 : 현, 소로[蘇魯] 경계)를 말함.

13) "옥사를 잘 다스리지 못한 자를 변방으로 보내서 장성을 축조하게 하여 남월까지 이르렀다.[適(謫)治獄不直者, 築長城及南越地]"(사마천, 『사기·진시황본기』) "이세 원년 칠월 조정에서 가난한 사람을 어양(漁陽)으로 수역을 보내고, 900명은 대택향에 주둔했다.[二世元年七月, 發閭左謫戍漁陽, 九百人屯大澤鄉]"(사마천, 『사기·진섭세가』) 여좌(閭左) : 빈한한 사람이 거주하던 곳인데 빈곤한 사람을 일컫기도함. 어양(漁陽) : 현재 북경 밀운(密雲) 서남쪽. 대택향(大澤鄉) : 안휘성 숙주시(宿州市) 용교구(埇橋區) 부근으로 진승·오광이 기의한 발상지.

나 수역을 맡기면서 정치적 목적으로 진행되었던 유배제도는 수당을 이어 청대에 이르기 전까지 거의 유사했다. 이처럼 유배는 통치자들의 정치·경제적인 요구를 만족시키기 위해 추방당한 것이며, 통치자들의 권력 유지와 통치 질서를 확립하기 위한 과정에서 택한 통치 방식이었다.

유배는 타 지역으로 보내는 처벌이자 법제도이므로 '거리', '지역'과도 연관된다. 특히 수·당 시기 『개황률(開皇律)』·『당률(唐律)』 등에는 유배범위·유배거리·유배기한의 기록이 있다. 수나라 때 유배형은 1000리·1500리·2000리 3등급으로 나누었고,[14] 당나라 때는 2000리·2500리·3000리로 나뉘었다.[15] 원나라 때는 "유배는 남인은 요양 북쪽으로 이주시켰고, 북인은 남방의 호광(湖廣) 두 향에 이주시켰다."[16] 명나라 때에도 중범자에 대해서는 여전히 원나라 때의 "남북호환"의 원칙을 유지했다. 그 후 청나라에 이르러 유배자의 수도 많고 유배지역도 확대되었고 유배 원인도 다양했다. 건륭 때는 부근(附近, 2000리)·변위(邊衛 : 2500리, 근변[近邊]이라고도   함)·邊遠(변원 : 3000리)·極邊(극변 : 4000리)·연장(煙瘴 : 4000리, 서남의 먼 변강 지역) 5개 등급으로 나뉘었다.[17]

거리에 따라 유배지역이 정해졌지만 특히 동북 지역에 집중했다. 동북 지역으로의 유배는 서한의 무제가 죄인들을 동북 지역으로 유배를 보내면서 시작되었다. 특히 청대 유배지역은 크게 동북·서북·북쪽(몽고 일대)·서남(주로 운귀[雲貴 : 운남·귀주 일대]·양광[兩廣 : 광동·광서 일대])

---

14) 구체적인 시기와 제도에 따라 증산(增刪)과 보완이 있지만, 여기서는 지역, 거리와 연관한 대략적인 시대적 특징만을 적었다. 魏徵, 『隋書·刑法』卷25, 中華書局, 1973, 707쪽.

15) 長孫無忌 等, 『唐律疏議·名例』, 北京 : 中華書局, 1983, 5쪽.

16) "流則南人遷於遼陽迤北之地, 北人遷於南方湖廣兩鄕." 宋濂, 『元史·刑法』卷102, 中華書局, 1976, 2604쪽.

17) "凡五等, 曰附近, 發二千里; 曰邊衛, 發二千五百里; 曰邊遠, 發三千里; 曰煙瘴, 曰極邊, 發四千里." 『大淸會典事例·名例律』卷723.

및 해도(海島, 주로 海南島에 분포)에 분포했지만, 그 중 동북·서북 지역에 집중 분포했다.[18] 청초의 가장 이른 동북 지역의 유배지는 만주(滿洲) 일대이며 대체로 순치·강희 시기까지 계속되었다. 명·청 교체기 오랜 기간의 전쟁으로 인해 만청의 근거지인 동북 지역의 재건과 개발이 필요했기 때문에 유배자들은 황무지를 개간하고 변방을 수비하기 위한 동북 지역 중건의 주력군이 되었다. 대체로 순치, 강희 시기에 요령의 성경(盛京 : 봉천[奉天]이라고도 하며 현, 심양)과 상양보를 시작으로 하여 길림의 오나(烏喇), 흑룡강의 영고탑을 이어, 옹정 시기에 삼성(三姓 : 동북삼성과 내몽고 북부), 객이객(喀爾喀 : 몽고와 만주 일대), 과포다(科布多 : 몽골 서북쪽 부근) 등을 거쳐 건륭 시기에는 이리(伊犁)·오로목제(烏魯木齊) 등으로→ 길림 → 흑룡강 → 몽고 → 신강일대 등으로 점차 확대되었다.

이러한 동북지역의 유배 상황으로 인해 "동북 지역의 개발사는 동북의 토착민과 외부에서 들어온 거주민이 이루어낸 공동의 역사"라고 한다. 강희 초기의 시인 정개(丁介)도 「출새시(出塞詩)」에서 "남국의 명사들은 변새에 많고 중원의 명사는 요양의 반을 차지하네."[19]라고 했다. 동북 지역의 유배자 수는 공식적인 통계는 없지만, 강희 연간에 흑룡강 지역으로 유배 온 사람은 수천 명에 달했고, 가경 연간에는 치치하얼에 3,000여 명이었다고 한다. "수십 년간 사서인(士庶人)들이 이곳(영고탑)으로 유배 온 자는 아마 그 수를 헤아릴 수 없을 것이다."[20] "청대의 유배지역 가운데 동북 지역의 유배자 수가 가장 많으며, 약 10여 만에 달한다."[21] "실제

---

18) 胡星橋·鄧又天, 『讀例存疑點注』, 中國公安大學出版社, 1994, 123쪽.
19) "南國佳人多塞北, 中原名士半遼陽." 李治亭, 『東北通史』, 中州古籍出版社, 2003, 514쪽.
20) "數十年士庶徙玆土者, 殆不可以數計." 楊賓, 『柳邊紀略』, 黑龍江人民出版社, 1997, 809쪽.

로 죄를 지어 유배된 사람은 대략 4, 5만 명이 되고 그들의 가족을 포함하면 10만 명 정도가 된다. …… 이것은 엄청난 숫자로 건륭 중기에 동북 총인구의 4분 1에서 5분의 1 정도에 달한다."22)고 한다. 그러나 청나라 때는 연좌제가 있어서 한 명의 유배자가 갈 때 보통 몇 명에서부터 수십, 수백 명에 이르는 경우도 있었다. 예를 들어, 좌무태(左懋泰)가 요동(遼東)으로 유배 갈 때 온 가족 백여 명이 함께 갔었고, 방장월(方章鉞)이 영고탑으로 유배 갈 때에도 한 가족 당 수십 명이 함께 갔다고 한다. 이로 볼 때 하나의 사건으로 연좌되어 유배된 사람의 수는 더 많았을 것이다.23)

Ⅲ. 함가의 유배 원인과 유배 생활

1. 유배 원인과 가족사

청초의 유배는 주로 통치자들의 권력 유지와 정권 확립을 위한 일종의 통치 수단이기도 했다. 청초의 유배자는 대체로 정치 투쟁에서 실세한 자, 전쟁의 포로, 도인법(逃人法)·문자옥·과장안(科場案) 등으로 연루된 주로 지식인[문인]들이 많았다. 청나라가 중원을 점령한 후 문자옥 사건으로 인해 가장 먼저 동북으로 유배 간 사람은 승려 함가(函可 : 1611-1660)이다. 함가는 명 만력(萬曆) 39년(1611)에 태어나 순치 16년(1660)에 세상을 떠났다. 광동(廣東) 박나(博羅) 출신이며, 자 조심(祖心) 호 잉인(剩

---

21) "在淸代流放區域中, 東北地區的流人數量最多, 據統計被流放者達十餘萬人." 張玉興, 『淸代東北流人詩選注』, 遼瀋書社, 1988, 565쪽.

22) "眞正因罪被發遣的流人, 先後在四五萬人左右, 加上家屬當在十萬人左右. ……這是很大一個數字, 占乾隆中葉東北人口總數的四到五分之一." 叢佩遠, 『中國東北史』(4卷), 吉林文史出版社, 2006, 1774쪽.

23) 姜雪松, 『淸初東北流人詩初探』, 黑龍江大學碩士學位論文, 2009, 4쪽.

人)이며, 속명은 한종래(韓宗騋)이다. 명대의 남경예부상서(南京禮部尚書) 한일찬(韓日纘)의 장자이다. 함가는 "의리가 있고 호쾌하고 너그러운 성격"으로 교제 범위가 상당히 넓은 편이었다고 한다. 그래서 "(함가의) 명성이 한때 세상에 유명해져서 해내의 명사들은 한종래[함가]와 교제가 없는 것을 수치로 생각했다."[24]고 했다.

명말청초에 사회적, 정신적으로 의탁할 곳이 없었던 지식인들은 은일의 차원에서 불문에 입문하여 스님이 된 경우가 많다. 함가 역시 숭정(崇禎) 12년(1639)에 공은노인(空隱老人) 도독(道獨)을 스승으로 모시고 강서(江西) 여산(廬山)으로 들어가 불교에 입문하여 함가란 법명을 얻었다. 승려의 길을 걸었지만 완전히 속세를 등지고 산 것은 아니며, 특히 나라와 백성에 대한 걱정과 항청복명에 대한 의지와 절개는 변함이 없었다.

그 예가 바로 순치 2년(1645)에 쓴 『재변기(再變紀)』로 인해 순치 5년(1648) 4월 심양으로 유배를 가게 된 문자옥 사건이다. 『청세조실록(清世祖實錄)』에 관련 내용이 이렇게 실려 있다.

> 초무남방총독군무대학사(招撫南方總督軍務大學士) 홍승주(洪承疇)가 광동(廣東)의 유승(游僧) 함가에게 호신패를 주어, 불경을 가지고 광동으로 돌아가다가 강녕(江寧)의 수문병(守門兵)을 만나 복왕(福王 : 朱由崧)이 완대월(阮大鋮)에게 준 편지와 『재변기』 1권이 발각되었다. 그 속에는 청조가 기피하는 내용이 들어있었다. 홍승주가 함가의 아버지와 사생(師生) 관계라는 이유로 사적으로 인패(印牌)를 준 것은 명백히 사적인 정에 속하므로 그 직위를 박탈당했다.[25]

---

24) "性好義, 豪快疏闊.", "聲名傾動一時, 海内名人以不獲交韓長公騋爲恥." 函昰, 「千山剩人可和尚塔銘」, 『千山詩集』, 10쪽. 함가의 일생에 관한 내용은 「千山剩人可和尚塔銘」을 참고.

25) "招撫南方總督軍務大學士洪承疇給廣東游僧函可護身印牌, 負經還里, 爲江寧守門兵搜出福王答阮大鋮書幷『再變紀』一冊, 其中字迹有干我朝忌諱, 承疇

사건의 경위와 결말은 다음과 같다. 명 숭정 17년(1644, 청 세조 순치 원년), 명 왕조는 대순(大順) 농민군에 의해 무너졌고 이어 대순 정권도 청나라 군대에 의해 무너졌다. 그해 5월 남경에 남명(南明) 복왕(福王) 홍광제(弘光帝)가 세워졌고, 이듬해 순치 2년(1645) 봄, 함가는 불경을 청하기 위해 남경으로 가서 지인 고몽유(顧夢游)의 집에 묵었다. 얼마 안 가 청나라군이 남하하면서 홍광 왕조는 멸망하여 광동으로 가는 길이 막혀 남경에 남게 되었다. 남경에서 머무는 동안 함가는 명 왕조가 무너지는 대변혁의 과정에서 "사신(事臣)들의 죽음을 친히 목격하고서"[26] 비통한 심정으로 청 정부에 항쟁하다가 죽은 명대 제신(諸臣)들의 사적을 담은 개인적인 사서(史書)『재변기』를 썼다.

그 후 순치 4년(1647), 부친 한일찬은 초무대학사 홍승주의 회시(會試) 방사(房師 : 과거의 향시·회시의 시험관을 말함)였던 관계를 이용하여, 함가는 인패(印牌)를 취득하여 남경을 빠져나와 광동으로 돌아가게 되었다.[27] 그런데 남경성(南京城)을 나올 때 청나라 군대 강녕(江寧)의 수문병에게 검문을 받게 되었다. 불경을 담은 상자 안에서 복왕 홍광제가 완대월(阮大鋮)에게 보내는 편지와 『재변기』가 발각되었다.

『재변기』에는 명청교체기의 관료, 지식인들의 행동에 대한 기록이 실려

以師生之故, 私給印牌, 顯屬徇情, 應革其職."『淸世祖實錄』卷38, 中華書局, 1985.

26) "親見諸死事臣." 顧夢游,「千山詩集序」,『千山詩集』, 3쪽.

27) 홍승주는 이 사건과 관련하여 "신은 한일찬(韓日纘)이 신의 회시(會試) 방사(房師)였으므로 인패를 주었다.臣因韓日纘是臣會試房師, 送給印牌"라고 했고, 함가의 『재변기』에 대해 "시사에 간여하였는데도 그것을 소각하지 않았으니, 스스로 허물을 취한 것이다.干預時事, 其不行焚段, 自取愆尤."라고 했고, 함가와 동행했던 불문 제자에 대해서는 "함께 가던 불문 제자 금납(金蠟) 등 4인은 이 사건과 관련이 없다.與隨從之僧徒金蠟等四人無涉."라고 했다. 淸國史館,『貳臣傳』卷3,『千山詩集』附錄7,「洪承疇傳」, 432쪽.

있었다. 예를 들면, 남경이 함락당한 후 예부상서 전종백(錢宗伯 : 청초 문인 전겸익[錢謙益])은 절개를 잃고 청나라 군에 투항하는 행위를 보였다. 반면, 남명의 병부상서 사가법(史可法)과 형부상서 서고탁(書高倬)은 항청 활동을 하다가 순절(殉節)하였다. 『재변기』는 전겸익에 대해 "백발의 종백 노인이 널리 교활한 일을 하였네."라고 비판했고, 사가법과 서고탁에 대해서는 "다행히도 두 상서가 있어, 신의 절개가 당당히 남아있다."[28]라고 찬송하였다. 이러한 사례 등을 통해 청 정부는 함가와 『재변기』에는 항청복명의 생각이 들어있고 함가는 "시정(時政)에 간여한다."고 보았다.

함가는 순치 4년(1647) 11월 강녕총관(江寧總管) 파산(巴山)에 의해 경사로 압송되어 형부(刑部)의 감옥에 갇혀 여러 차례 조사를 받았다. 청 정부는 "도당이 있을 것으로 판단하여 그를 수백 번이나 고문했다. 하지만 함가는 혼자 한 일이라고 말하면서, 주리를 트는 형벌 속에서도 두 말 하지 않았다."[29] 결코 굴복하지 않으며 "수백 번이나 고문을 받으며 죽었다 다시 살아난 후, 계속해서 주리를 틀고 고문을 받아 피가 발가락까지 흘렀다."[30] 당시의 고통스러운 상황을 말해준다. 결국, 이듬 해 순치 5년(1648) 4월 함가는 심양으로 유배가게 되었다. 이 사건은 청초의 첫 번째 문자옥이 되었고, 함가는 청초 문자옥으로 인해 가장 먼저 동북 지역으로 유배된 시승(詩僧)이 되었다. 청초에 한족 지식인에 대한 사상통제

---

28) "白頭宗伯老, 作事彌狡獪.", "幸有兩尙書, 臣節堂堂在." 「函可的『再變記』和『千山詩集』, 百度文庫

　　https://wenku.baidu.com/view/d02595a2b0717fd5360cdcda.html 2011年 9月 18日.

29) "疑有徒黨, 拷略至數百. 但云 : '某一人自爲'. 夾木再折, 無二語." 函昰, 「千山剩人可和尙塔銘」, 『千山詩集』, 11쪽.

30) "拷掠數百, 死而復蘇, 夾木再折, 血沒趾." 錢海嶽, 『南明史』卷76 『函可傳』, 中華書局, 2006, 6448쪽.

가 이루어졌음을 알 수 있다.

함가는 심양에 도착한 후, 첫인상에 대해 이렇게 표현했다. "눈을 들어 보니 성곽이 보인다. 사람들은 이를 옛 도읍이라고 한다. 소달구지는 여전 히 여기저기 오가며 인가는 거의 폐허가 되었다.31)" 당시 심양은 청조의 배도(陪都)였지만 여전히 열악한 곳이었다. 함가는 그곳에서 12년의 유배 생활을 했다.

함가가 유배 가기 전, 남경에 머물고 있던 순치 3년(1646)에 청나라 군 은 조주(潮州), 혜주(惠州)로 내려가 광주(廣州)를 함락하였고, 광동 지 역의 반청 세력은 더욱 격렬했다. 순치 4년(1647) 7월 진자장(陳子壯), 장가옥(張家玉) 등 함가의 지인은 광동 동관(東莞)에서 봉기를 일으켰지 만 결국 실패하고 말았다. 당시 함가의 한(韓)씨 가문은 참사를 당했다.32) 함가는 시에서 "마을에 열 집 중 한 집도 남지 않았고, 온 가족이 비참한 재앙을 만났네."33)라고 했듯이, 당시 광동 지역은 함가의 가족을 포함하여 거의 청군에 의해 희생되었다.

『승조월동유민록(勝朝粵東遺民錄)』에 함가의 가족사가 이렇게 실려 있다.

> 함가의 동생 종린(宗驎)·종록(宗騄)·종려(宗驪)는 저항하다 희생되 었다. 숙부 일흠(日欽)과 사촌 형 여담(如琰)과 조카 자견(子見)·자항 (子亢)은 전쟁에서 사망했다. 과부가 된 누이는 성이 무너질 때 죽었고

---

31) "開眼見城郭, 人言是舊都. 牛車仍雜沓, 人屋半荒蕪."「初至瀋陽」,『千山詩集』 卷6, 103쪽.
32) 함가는 남동생 3명, 누나 2명, 여동생 3명으로 총 9남매였다. 명이 멸망한 숭정 17년 (1644) 전에 누나 1명과 여동생 2명이 먼저 죽었다. 사촌형 한리태(韓履泰)는 명이 망한 후 출가하여 승려(법명 함정[函靜])가 되었고 함가의 사형(師兄) 함시(函昰)의 제자가 되었다.
33) "閭井十無一, 擧家慘罹殃."「秋思」,『千山詩集』卷2, 24쪽.

여동생은 어머니를 구하다가 죽었고, 종록의 부인은 곡기를 끊어 죽었고, 종려의 부인은 칼날을 물고 죽었다. 이들의 종복들도 절의를 따라 함께 죽었다.34)

참사가 있은 지 3년 후, 순치 7년(1650)에 고향으로부터 부보를 받은 함가는 남쪽 하늘을 바라보며 눈물을 쏟았다. 그 무렵에 지은 「심양잡시 이십수(瀋陽雜詩二十首)」(제17수)를 보자.

고향의 소식 기다린 지 몇 해나 되었던가, 막상 소식이 오니 참으로 두렵구나. 온 가족 수백 식구 중에 동생 한 명만 홀로 남았구나. 땅속에서야 도리어 만날 텐데, 천하에서 뉘와 더불어 이웃이 될까. 저녁 바람에 귀뚜라미 소리 계속 이어지고, 목탁도 아픔을 머금고 있네.35)

대가족이 비참한 재앙을 맞아 동생 한종록 한 명만 살아남았다. 함가는 홀로 남은 그에게 "온 가족의 백골들을 네게 부탁한다."36)고 말했지만, 그 후 한종록은 산속으로 은거했다가 청군에 투항한 황응걸(黃應傑)의 고발로 역시 죽었다.37)

함가가 "나의 두 줄기 눈물은 십 년 내내 마르지 않는다."38)라고 하였듯이, 나라와 가족을 모두 잃은 그의 가슴은 피멍이 들었을 것이다.

---

34) "其弟驒·駃·驪以抗節. 叔父日欽, 從兄如琰, 從子子見·子尢以戰敗. 寡姐以城陷, 妹以救母, 駃婦以不食, 驪婦以飮刃, 皆死. 卽僕從婢媵, 亦多有視死如歸者." 함가의 가족사에 대해서는 屈大均 『廣東新語』 卷12, 『千山詩集』 附錄6, 「僧祖心詩」, 431쪽 참고.

35) "幾載望鄕信, 音來卻畏眞. 舉家數百口, 一弟獨爲人. 地下反相聚, 天下孰與鄰? 晚風連蟋蟀, 木佛共含辛." 「瀋陽雜詩二十首」(其十七首), 『千山詩集』 卷6, 126쪽.

36) "白骨全家賴爾收." 「憶耳叔二首」(其一), 『千山詩集』 卷10, 201쪽.

37) 한종록 관련하여 薛虹, 앞의 논문, 32쪽 참고.

38) "我有兩行淚, 十年不得乾." 「淚」, 『千山詩集』 卷3, 39쪽.

2. 유배지에서의 생활

동북의 유배지 가운데 심양은 당시 흑룡강 일대의 영고탑 등에 비해 상대적으로 덜 열악한 상황이었지만, 황량한 유배지라는 동북의 지리적, 정치적 환경은 마찬가지였다. 영남(嶺南)지역 출신인 함가에게 요동 지역은 더욱 황량하고 추운 곳이었다. "4, 5월인데도 봄을 알 수 없고, 6월인데도 강물 바닥까지 얼어 있다. 올해는 날씨가 조금 낫지만, 가을이 끝날 무렵 눈이 산사를 휘덮는다."39) 심지어는 "노회한 여우가 찾아와 집을 노리고, 굶주린 호랑이는 담을 넘는다."40)라고 당시 유배지의 환경을 묘사했다. 이처럼 함가의 변새 생활의 고통은 무엇보다도 빙설의 추위였을 것이다. 「밤에 내린 눈(夜雪)」과 「추운 밤에 지음(寒夜作)」을 보자.

침상엔 온통 물이 스며들어 축축하고 눈이 내린 날씨는 개일 생각이 없다. 가련한 나는 시름에 잠 못 이루고, 집집마다 소리 없는 정적만이 흐른다.……41)

햇빛은 땅에 떨어지고 쌩쌩 세찬 바람이 분다. 온 사방엔 황사가 불고 눈도 내린다. 한밤중에 눈이 그치자 추위에 살이 에인다. 흙으로 만든 침상은 얼음 같고 이불은 쇠같이 차다. 추위가 뼛속까지 스미고 입술도 덜덜 떨리고 살도 갈라진다. 혼백은 희미하여 정신을 차릴 수 없다. 누가 하늘의 문을 쪼개어 열어서 조금이나마 햇빛을 내리게 할 수 있을까?42)

---

39) "四月五月不知春, 六月堅冰結河底. 今年天氣稍沖和, 秋盡雪飛到山寺." 「過北里讀『徂東集』」, 『千山詩集』卷5, 89쪽.
40) "老狐來瞰室, 餓虎易過墻." 「瀋陽雜詩二十首」(其七), 『千山詩集』卷6, 124쪽.
41) "一榻渾如水, 雪天未肯明. 憐吾愁不寐, 到戶寂無聲.……" 「夜雪」, 『千山詩集』卷6, 114쪽.
42) "日光墮地風烈烈, 滿眼黃沙吹作雪. 三更雪盡寒更切, 泥狀如冰衾如鐵. 骨戰脣搖膚寸裂, 魂魄茫茫收不得. 誰能直劈天門開, 放出日光一點來?" 「寒夜作」, 『千山詩集』卷5, 98쪽.

살을 에이는 추위와 열악한 변새의 환경이 핍진하고 생생하게 전해진다. 추위도 그렇고 의식주 생활도 여의치 않았다. "다행히도 천 가구가 남아 있어, 외로운 이 나 혼자만은 아니네."[43]라고 스스로를 위로해보기도 했다. 하지만 탁발걸식을 하면서 생계를 유지했고 지인들의 도움으로 생활을 이어가기도 했다. 「원단에 라마를 슬퍼하며 지은 두 수(元旦哭喇嘛二首)」의 소서(小序)에서 심양에 도착한 후의 당시 생활환경을 이렇게 묘사했다.

> 내가 처음 변새로 왔을 때 남탑(南塔)에서 걸식하였다. 한 라마가 그것을 보고 '선사께서는 어찌 여기까지 오셨습니까?'라고 놀라 말하면서 곧장 걸치고 있던 것을 내게 벗어주었다. 이때부터 옷과 모자를 계속해서 보내주었다.[44]

요동 지역에서 이런 비참하고 고통스러운 삶을 사는 사람은 함가뿐만은 아니었다. 「홍수(大雨)」는 당시 유배자들의 고통과 비참한 삶을 기록한 한 편의 역사시라 할 수 있다.

> 작년 가을 홍수로 물바다가 되어 물고기·자라·모래 벌레들이 침상 위로 올라왔다. 요궁(瑤宮)의 저택도 다 떠내려갔는데, 띠로 엮은 유배자의 초가집은 말해 무엇하랴. 죽은 자의 시체는 넘쳐나고 산 자들은 눈물을 흘리며, 단지 천명이 남았건만 음식을 구할 수 없다. 높은 산을 힘겹게 올라가 풀뿌리를 캐어 먹으니, 이젠 얼굴색이 누런 흙빛을 띤다. 그래도 언뜻 보아 보리와 기장이 얼추 자랐으니 당장 먹을 수는 없으나 희망은 보인다. 신은 어찌하여 계곡의 남을 것을 아까워하며, 계속 미친 듯이 비를 내리게 하는 걸까. 그릇은 뒤집히고 부엌은 잠기어 어쩔 도리 없고, 집집

---

43) "幸有千家在, 何妨一鉢孤." 「初至瀋陽」, 『千山詩集』卷6, 103쪽.

44) "余初出塞, 乞食南塔, 喇嘛見而驚曰 : '師胡爲乎來哉?' 即解身上所披覆余, 自此衣帽贈貽不輟." 「元旦哭喇嘛二首」, 『千山詩集』卷13, 269쪽.

마다 빛은 보이지 않고 하늘이 두껍게 덮여있다. 누가 검을 뽑아 완고한
구름을 베고, 해를 받들어 머리 위에서 비추게 할 수 있을까. 유배자여!
유배자여! 이를 어찌할까, 인생사의 고난이 어찌 이리 심한가. 전쟁으로
인해 끊어진 고향과 나라만이 남았는데, 요해(遼海)에서 또 요동치는 풍
파를 만났구나. 이 노승은 덕도 부족하고 명도 박하여, 누워서 독룡(毒龍)
의 희롱을 받는 것 같다. 한밤중에 베개가 물 위로 떠오르고, 눈물인지 빗
물인지 알 수 없구나.[45)

유배자들은 스스로 의식주를 해결해야 했다. 농사를 지어 수확하는 것
이 생계의 중요한 수단이었다. 얼추 수확할 때가 되었는데 뜻밖에 홍수를
만난 것이다. 홍수로 인해 목숨을 잃어 그나마 천 명 정도만 생존했지만
옷도 먹을 것도 없고, 띠로 얽은 초가집마저도 무너져 집안은 온통 빗물과
벌레들로 들끓는다. '완운(頑雲)'은 단지 폭우와 홍수를 일으킨 구름을
가리키는 것이 아니라, 유배자들의 암담한 삶을 상징한다. 그들이 겪고
있는 고난과 재앙을 생생하게 비유하고 있다. 전쟁으로 나라도 가족도 잃
었고 게다가 유배까지 온 상황에서 이런 홍수까지 만났으니, 설상가상의
삶에서 그들에게 한 줄기 빛[먹고 사는 것만이라도]은 얼마나 간절한 소
망이었을까.

이렇게 함가는 순치 5년(1648) 유배된 이후부터 순치 16년(1660) 세상
을 떠날 때까지 이곳 요동 지역에서 12년을 보냈다. 순치 16년 11월, 함가
는 본인이 '빙설의 땅(冰天雪窖)'이라고 부르던 심양에서 49세의 나이로
생을 마감했다. 그는 세상을 뜨면서 게(偈)를 남겼다.

---

45) "去年秋潦森茫茫, 魚鱉沙蟲登我床. 瑤宮巨室皆漂沒, 何況流民苏札房. 死者
橫流生者泣, 千口僅留不得食. 努力高山挖草根, 至今面帶黃泥色. 眼看麥短黍
差長, 雖未入口心有望. 上帝豈憂溝壑剩, 其雨其雨乃復狂. 翻盤沉竈不肯止,
庭戶無光天翳. 誰能拔劍斬頑雲? 捧出日輪頭上置. 流民流民奈若何, 生世坎
壞何其多! 兵革遺餘鄉國絶, 又見遼海鼓風波. 老僧德薄命更鄙, 偃臥若遭毒
龍戲. 夜半滾滾浮枕頭, 不知是淚還是雨."「大雨」,『千山詩集』卷5, 91쪽.

쓸모없는 한 사람[剩人]을 세상에 보내주었는데, 이제 떠나면서 썩은 뼈 한 구만을 남긴다. 늘 지내면서 땔감을 허비하지도 않았고, 또 나그네의 삶이니 구덩이를 팔 필요도 없다. 맨몸으로 요하의 물결 속으로 옮겨가니, 단지 물이 흐르다 돌이 드러나길 바랄 뿐이다.[46]

고향과 가족을 그리워하며 돌아갈 날을 고대했지만, 심양 금탑사(金塔寺)에서 지천명의 나이를 못 넘기고 세상을 떠났다.

함가가 세상을 떠난 지 116년 이후 건륭 40년(1775), 건륭제는 『사고전서(四庫全書)』를 재 수정한다[續修]는 명령을 내렸다. '수(修)'에는 '금(禁)'의 의미도 일정 정도 내포하고 있었으니, 일종의 금서목록을 찾고 문자옥을 실시한 것이다. 예를 들어, 청대 화가 고기패(高其佩) 후손의 집에서 함가의 『천산시집』이 발견되자, 건륭은 함가가 머물렀던 절, 그를 위해 세운 비탑(碑塔) 및 그의 글 등을 모두 없애게 하고, 『성경통지(盛京通志)』에 실린 그의 사적도 모두 삭제하도록 했다. 함가는 죽은 이후 또 한 번 문자옥의 역사적 세례를 받은 것이다.[47]

Ⅳ. 함가의 시 창작 내용

함가의 작품집 『천산시집』은 순치 14년(1657) 함가의 법제(法弟) 진승(眞乘)이 광동에서 심양까지 가서 수고(手稿) 형태로 가져왔다. 그 후 강희 42년(1703)에 『천산시집』이 초각(初刻)되었다. 창작 기간은 대개 순치

---

46) "發來一個剩人, 死去一具醜骨, 不費常住柴薪, 又省行人挖窟, 移向渾河波裏, 赤骨律, 只待水流石出!" 郝浴, 「奉天遼陽千山剩人可禪師塔碑銘」, 『千山詩集』, 15쪽.

47) 薛虹, 앞의 논문, 36쪽 참고.

원년(1644)에서 순치 16년(1659) 함가가 세상을 떠나기까지이다. 대체로 고향과 가족에 대한 그리움, 항청 활동을 하던 지인들에 대한 추도, 고국에 대한 절개, 인간적 고독과 노승으로서의 정신적 경계, 변새의 경물서정 등을 표현하였다.

1. 고향에 대한 그리움과 고독

유민이자 유배자인 함가는 고향을 잃은 심정과 자신의 처지를 자주 표현하였다. 「눈물(淚)」을 보자.

> 나의 두 줄기 눈물은 십 년 내내 마르지 않는다. 하늘을 향해 쏟아내니 하늘도 문을 닫고, 땅을 향해 뿌리니 땅속의 뼈들도 한기를 느낀다. 동해로 쏟아내어 조류를 따라 호문(虎門)으로 흘러가는 게 나으리라.[48]

눈물이 오랫동안 마르지 않아 위로는 하늘의 문마저 닫히고 아래로는 땅속의 뼈들도 한기를 느낀다고 한 표현은 오랜 세월 자신의 마음을 짓눌러 왔던 비통함을 의미한다. 그러자 '동해를 향해 쏟으면 조류를 따라 호문(虎門 : 고향 박라[博羅] 부근)으로 흘러 들어가겠지'라며 심리적 안식처인 고향에 대한 그리움을 표현한다. 하늘도 땅도 거부하는 곳에서 자신을 품어 줄 곳은 고향밖에 없으니, 그 간절함은 더욱 절실했을 것이다.

시인의 그리움은 무엇보다도 가족과 고국에 대한 상실에서 비롯되었을 것이다. 「나부를 생각하며(懷羅浮)」와 「이숙을 그리워하며 두 수를 지음(憶耳叔二首)」(첫째 수)를 보자.

---

48) "我有兩行淚, 十年不得乾. 灑天天戶閉, 灑地地骨寒. 不如灑東海, 隨潮到虎門." 「淚」, 『千山詩集』卷3, 39쪽. 호문(虎門) : 현재 광동성 동관(東莞)시의 서남쪽, 주강(珠江) 어귀에 위치한 호문진(虎門鎭)을 말함.

철교 서쪽 편은 바로 우리 집, 뒤돌아보니 첩첩이 황색의 구름으로 가려져 있네. 사백 개의 봉우리마다 모두 꿈이 있고, 마치 피리 소리에서 매화를 보는 듯하네.[49]

다년간의 지병을 아직 고치지도 못했는데, 홀로 남은 외로움을 또 어떻게 견딜까. 만 리길 황사 속의 내 생각을 멈추고, 온 가족의 백골을 네가 거둬주길 바란다. 낡은 집에 남겨둔 작품들은 물고기 배 속을 채우고, 텅 빈 하늘가로 떨어지는 달빛 속에 기러기 소리 슬프다. 상봉은 아마도 다음 생에서나 가능하겠지, 멀리 영원(鶺原 : 척령[鶺鴒])을 바라보니 그냥 눈물이 흐른다.[50]

첩첩이 구름 속에 가려진 철교 서편은 시인의 집, 그토록 가족과 고향이 보고 싶었던 것은 광동에서 항청운동을 하다가 다 죽고 혼자 남은 동생 한종록(자 이숙[耳叔])이 더욱 걱정이 돼서 이기도 하다. 그러나 갈 수만 있다면 집으로 가는 그 길 위의 봉우리는 모두가 꿈이고, 그것은 고향의 매화를 보게 하는 상상 혹은 희망을 보게 한다. '매화[梅花]', '기러기[月雁]', '영원[鶺原]'은 '고국', '고향', '가족'을 상징한다. 하지만 갈 곳은 아득하고 막막한 구름['黃雲']으로 막혀있고, 몸은 지병으로 고생을 하고 있으니, 텅 빈 하늘가의 지는 달빛 아래서 꿈만 꿀뿐이다. 하지만 그 '꿈[夢]'도 다음 생['他生]에서만 가능하다고 하면서 다소 체념조의 애잔함

---

49) "鐵橋西畔卽吾家, 回首黃雲萬疊遮. 西百峰峰皆有夢, 宛從笛裏見梅花."「懷羅浮」,『千山詩集』卷15, 305쪽.

50) "抱病多年苦未瘳, 那堪煢獨一身留. 黃沙萬里休余念, 白骨全家賴爾收. 舊閣遺編魚腹飽, 空天落月雁聲愁. 相逢恐是他生事, 極目鶺原淚自流."「憶耳叔二首」(其一),『千山詩集』卷10, 201쪽. 영원(鶺原) : "脊令在原, 兄弟急難. 척령이 들판에 있으니 형제가 위난하네."(『시경·소아·상체(詩經·小雅·常棣)』). 영원(鶺原)은 척령(鶺鴒)을 말함. 정현(鄭玄)은 이 시에 대해 "척령은 물새인데 지금 들판에 있으니 늘 살던 곳을 잃어서 날면서 우는 것이다. 그 동류를 찾는 것은 본능이다."라고 해석했다. 영원(鶺原)은 형제우애를 가리킴.

을 보인다.

「갑신 섣달그믐날 밤 남안에 거하면서(甲申歲除寓南安)」를 더 보자.

매화령(梅花嶺) 아래 작은 개울가에서 추운 겨울 외로운 고승은 홀로 눈물을 흘린다. 승복의 아래 솔기에는 자애로운 어머님의 실 땀이 아직 남아 있고, 멜대엔 늘 미인편(美人篇)이 펼쳐있다. 선황(先皇)의 세월은 오늘 저녁 잔상으로 남아 있고, 고국의 풍광은 지난 해를 생각게 한다. 향 불은 싸늘하고 밤은 깊은데 소나무 불이 꺼지니, 곳곳에선 이제부터 봉화 가 조용하다.[51]

'갑신(甲申)'은 숭정 17년(1644) 명 왕조가 멸망한 해이다. 함가는 금릉 (金陵)으로 가기 위해 나부(羅浮 : 광동성 혜주[惠州] 부근의 나부산)에 서 출발하여 홀로 남안(南安 : 복건 천주부[泉州府]에 속함)을 지나고 있 었다.[52] 마침 섣달그믐이라 집집마다 가족들이 모였다. 하지만 외로운 고 승은 '자애로운 어머님이 남긴 실 땀'을 바라보고 또한 굴원의 미인을 음 영한다.[53] 남방[초]의 굴원과 동북의 고승이지만 이들의 공통점은 고국을

---

51) "梅花嶺下小溪邊, 寒盡孤僧淚獨漣. 衲底尚存慈母線, 擔頭時展美人篇. 先皇 歲月餘今夕, 故國風光憶去年. 香冷夜深松火息, 萬方從此靜烽煙." 「甲申歲 除寓南安」, 『千山詩集』卷9, 172쪽. 매화령 : 강소성 양주(揚州) 광저문(廣儲門) 밖에 위치. 명 만력 주수(州守) 오수(吳秀)가 성호(城濠)를 준설하여 그곳에 흙을 쌓아 구릉을 만들고 매화를 심었다 하여 매화령이라 한다. 명말에 청군이 양주를 파괴하면서 사가법(史可法)이 난으로 죽었고 가족들이 이곳에 그의 의관을 묻었다. 남안(南安) : 옛날 복건 천주부(泉州府) 남안현(南安縣)을 말함, 현 복건성 동남 연해에 위치.

52) 秦嘉, 『函可千山詩集研究』, 東北師範大學碩士學位論文, 2013, 22쪽.

53) "자애로운 어머님 손안의 실은 먼 곳으로 떠날 자식의 옷이라네. 떠나기 전에 혹여 늦게라도 돌아올까 봐 한 땀 한 땀 바느질을 하네. 누가 말할 수 있을까, 한 마디의 작은 풀이 따뜻한 봄날 같은 어머니의 은혜를 갚을 수 있다고 慈母手中線, 遊子身上 衣. 臨行密密縫, 意恐遲遲歸. 誰言寸草心, 報得三春暉." 孟郊, 「游子吟」.

잃고 유배되었다는 점이다. 그래서 "외지로 떠나는 아들을 위해 한 땀 한 땀 바느질을 해주신 자애로운 어머님의 손길"을 느끼면서 고향의 품을 그리워한다. 시 전체에서 '梅花', '慈母', '先皇', ' 美人', '故國' 등으로 고국과 고향의 그리움을 극대화하고 있다.

이렇게 그리워만 하고 돌아갈 수 없는 자신의 신세를 '마지막 잎새'에 비유하기도 했다. 「잎사귀 하나를 읊으며(一葉吟)」를 보자.

> 여러 잎사귀 땅에 떨어져 죽었는데 한 잎만이 가지에 남아있네. 스스로 아침저녁으로 붙어있지만 옆에 친구가 없으니 어찌할까? 해는 멀어 비추지 못하고 서리와 눈이 가지 끝을 덮고 있네. 큰 가지도 꺾이는데 그 잎 어찌 걱정이 없을까?54)

'하나의 잎[一葉]'은 자신을, '많은 잎[衆葉]'은 친구나 가족을, '큰 가지[大枝]'는 멸망한 명 왕조를, '그 잎[爾葉]'은 자신을 포함한 유배자, 유민을 은유적으로 비유했다. '낙엽'을 제재로 하여 나라의 멸망과 가족의 죽음, 자신의 인생 역정과 그로 인한 감정을 '衆葉 → 一葉', '大枝 → 爾葉'으로 층차적으로 비유하고 있다. 나아가 구체적으로 세상에 혼자 남겨진 자신의 처지를 '마지막 한 잎[一葉]'으로 비유하면서 감정을 구체화한다. 끝으로 함께 할 사람은 아무도 없고[無朋儔] 심지어 햇빛조차 없이 가지 끝에 내린 서리와 눈의 무게를 견디며 언제 떨어질지 몰라 걱정[憂]한다. 이처럼 시대의 무게와 인간적 고독감을 홀로 감내하면서 생의 끝에 와 있는 시인의 막막한 마음과 비통한 정서가 느껴진다. 더욱 슬픈 것은 많은 가족과 벗들이 나라의 대의를 위해 희생된 상황['死']에서 자신만이 홀로 살고['留'] 있기 때문인지도 모른다.

---

54) "衆葉落地死, 一葉枝上留. 雖自保朝夕, 其奈無朋儔. 天日遠不照, 霜雪臨其頭. 大枝且摧折, 爾葉能無憂?"「一葉吟」,『千山詩集』卷3, 59쪽.

이처럼 '衆葉'과 '一葉', '天日'과 '霜雪', '大枝'와 '爾葉', '死'와 '留' 등의 대비적 시어를 통해 비유와 상징수법을 활용하여 나와 사물이 하나 되는 정경융합(情景融合)의 경지를 드러내었다. 그리고 이러한 대비를 통해 감정이 순차적으로 구체화되고 자연스럽게 깊어지는 점층적 경지를 보여줌으로써 시인의 고독한 처지를 더욱 증감시키고 있다.

하지만 함가의 감정이 고독과 그리움에만 머무는 것은 아니다. 더러는 강한 의지, 체념, 깨달음 등의 경지를 보여주기도 한다. 「백납매화(白蠟梅花)」를 보자.

> 십 년 동안 기약하던 고향을 멀리하였으니, 누가 절새(絶塞)에서 이 가지를 잡으리오. 강한 뼈대가 있으면 빙설을 두려워하지 않고, 향이 없으면 벌이나 나비를 현혹할 수 없다네. 혼은 만 리 길을 표류하니 환상을 불러오고, 한밤중의 꾸는 꿈을 달은 알겠지. 가장 좋은 것은 피고 지는 일에 관심을 두지 않는 것, 누대 위의 외로운 피리 소리만이 멀리 퍼져나간다.[55]

이 시 제목의 소서(小序)에서 "시자(侍者)가 백납(白蠟)으로 매화를 만들어 주었는데 색깔과 분위기가 너무 닮았다. 아침저녁으로 보고 있자니, 마치 고향에 있는 것 같아서 그 느낌을 글로 남긴다."[56]라고 했다. 납매화는 겨울에 눈이 녹지 않을 때 피는 첫 꽃이라 해서 납매화라 한다. 비록 오랜 시간 고향[舊山]을 등지고 변새에서 살아가지만 납매화를 보고 '강한 뼈대가 있으면 빙설을 두려워하지 않듯이' 잘 견뎌내고픈 생의 의지

---

55) "十年負卻舊山期, 絶塞誰拈此一枝? 有骨莫愁冰雪沁, 無香休惹蜂蝶疑. 魂飄萬里村俱幻, 夢到三更月共知. 最好不關開落事, 樓頭玉笛漫孤吹." 「白臘梅花」, 『千山詩集』卷11, 221쪽.
56) "侍者以白臘爲梅花, 作供, 色韻酷骨. 晨夕對之, 不啻身在故鄉, 賦此志感." 「白臘梅花」, 『千山詩集』卷11, 221쪽.

를 느낀다. 하지만 그리움은 일상이 되어 피하기 어렵고, 단지 '꿈속의 달'만이 알아줄 뿐이다. 그래서 차라리 아예 '세상사에 관심을 두지 말자'면서 체념조의 깨달음을 말한다. 하지만 마지막에 길게 '외로운 피리[玉笛]'만 불 뿐이라며 여운을 남기고 있다.

이상의 시에서 보았듯이, '영원[鴒原]', '납매화(蠟梅花)', '호문(虎門)', '자모(慈母)', '기러기[月雁]', '구산(舊山)', '달[月]' 등을 통해 고향, 가족을 비유하였고, '막막한 구름[黃雲]', '떠도는 영혼(魂飄)', '외로운 승려[孤僧]', '잎사귀 하나(一葉)' 등은 홀로 된 자신을 상징하였다. 이처럼 비유와 상징의 시어를 활용하여 시인의 심정을 투영하면서 개인의 고독감과 가족, 고향에 대한 그리움을 더욱 가중시키고 있다.

2. 고국에 대한 절개와 추도

고향, 가족 등에 대한 그리움의 정서 외에도 함가의 시에는 마치 소나무나 대나무처럼 곧고 강직하여 세상사에 굴하지 않는 분개의 심정도 잘 드러난다. 주로 청 정권에 대한 불만과 타협하지 않는 그의 강직한 성품으로 나타난다. 개인의 사서(史書) 『재변기』를 쓰고, 그 일로 인해 심문을 받는 과정에서도 끝까지 굴하지 않았던 절개와 의지가 그 예이기도 하다.

「심성에서의 일(瀋城卽事)」과 「신묘일에 보제에서 머물며 쓴 팔가(辛卯寓普濟作八歌)」(일곱째 수)를 보자.

살고 죽는 것은 지금껏 언제나 은혜였고, 고향을 떠나 십 년의 유랑에 외로운 누더기 승복만 남았네. 줄지어 다니는 기러기들은 자주 화살에 맞고, 금으로 빚은 사람은 스스로 말이 없네.……57)

---

57) "生殺由來總是恩, 流離十載孤衲存. 雁飛成字頻遭射, 金鑄爲人自不言.……" 「瀋城卽事」, 『千山詩集』卷12, 252쪽.

지난 왕조에 시달린 누더기 옷은 십 년 동안 함께 하며 떠나지 않았네. 부서진 몸과 마음은 온전한 데 하나 없고, 이제 핏자국으로 물든 옷소매만이 남아있네. 누구는 새것으로 헌것을 바꿀 수 있다고 말하지만, 여름과 겨울을 걸쳐야 하니 어찌 버릴 수 있겠는가. 누더기 옷아, 누더기 옷아! 너만은 슬퍼하지 마라. 비록 너덜너덜하지만 관복보다 나으니, 살아서는 모래와 바람을 막아주고 죽어서는 시체를 덮는구나.[58]

백성들의 살고 죽는 문제는 예부터 늘 임금의 은혜였다. 하지만 지금 그 은혜는 시인에게 외로운 누더기 옷만 남겨주었다. 자신 외에도 다른 유배자['雁飛']들도 함께 고통을 받고 있지만, 막상 은혜를 주는 임금['金鑄']은 아무런 느낌이 없다. 고통은 온전히 피해자[유배자, 백성]의 몫이고 가해자는 시대와 권력으로 인해 무감해진 것이다.

후자의 시에서는 보다 구체적으로 흥망성쇠를 논하고 그에 대한 시인의 강렬한 의지와 절개를 보여준다. 누더기['衲衣']는 망한 나라와 남겨진 유민, 폐허가 된 고향과 순절한 가족 및 유배된 자신을 비유하고 있다. 청 정부에 의해 너덜너덜 만신창이[碎]가 되어 몸과 마음은 시대의 핏자국[血]으로 얼룩져있다. 하지만 슬퍼하지 않는다. 당당하게 죽은 자는 슬프지만 비겁하게 살아남은 자의 기쁨보다 더 값진 것이다[破爛勝牙緋]. 그래서 '새것으로 헌것을 바꾼다.'는 말을 무시하면서 두 마음을 품지 않는 '불이(不二)'의 의지와 절조를 보여준다.

그래서 함가는 과감하게 시정을 위해 간언을 하거나 항청운동을 하던 지인들의 절개를 높이 평가했다. 특히 여수구(黎遂球 : 1602-1646, 자 미주[美周])와 이인(李裀 : 1598-1656, 자 용곤[龍袞])의 순절과 간언에 대

---

58) "辛苦前朝老衲衣, 十年與爾不相離. 骨殘心碎無完肌, 至今襟袖血跡遺. 誰云新者可代故, 何忍抛撇冬夏披. 衲兮衲兮汝勿悲, 雖然破爛勝牙緋, 生御風沙死裹尸." 「辛卯寓普濟作八歌」(其七), 『千山詩集』卷5, 92쪽.

해 높이 찬송하면서 동시에 그들의 죽음을 추도하였다. 「멀리서 미주를 슬퍼하며(遙哭美周)」와 「이급간을 슬퍼하며(哭李給諫)」를 보자.

나라를 위해 한 몸 바친 기개는 전에 없었고, 공수(貢水)가 범람하니 뜨거운 피가 튀어 오른다. 보살은 막다른 길을 만나 말고삐를 돌리고, 효렴(孝廉)은 배가 뒤집혀 용천(龍泉)을 잃었네. 집에 홀로 남은 노모는 서쪽 땅에서 눈물을 흘리고, 꿈은 변새의 연기와 함께 고승을 휘감고 있네. 절개의 문장은 모두 물거품이 되고, 연꽃 위로 다음 생의 인연을 기약할 뿐이네.59)

산속의 시름이 채 가시지도 않았는데 말을 타며 외로운 충신을 슬퍼한다. 백발은 강물을 따라 흐르고 청운은 변새의 티끌을 좇는다. 역사는 충정과 분노의 상주문을 남기고 하늘은 덕망이 높은 충신을 잃었네. 다행히도 두꺼운 비단으로 만든 긴 솜옷이 있어 해마다 새로운 눈물을 적신다.60)

여수구는 광동 번우(番禺) 출신의 문인이다. 청나라군이 남하할 때 진자장, 장가옥 등과 항청활동을 벌이다가 광주의 전투에서 온 가족이 전사했다.61) 감주(贛州)를 지키려던 그의 기개는 뜨거운 피가 되어 순절했다

---

59) "一身許國氣無前, 貢水波漫熱血濺. 菩薩道窮皈馬革, 孝廉船覆失龍泉. 家餘老母西方淚, 夢繞孤僧北塞煙. 節義文章渾泡影, 蓮須重結後生緣."「遙哭美周」,『千山詩集』卷9, 185쪽. 공수(貢水) : 강서성 석성현(石城县)에서 발원하여 그 일대를 흐르는 강. 효렴(孝廉) : 명청 시기 거인(擧人)을 말함. 용천(龍泉) : 보검의 일종으로 용연(龍淵)이라고도 함. 황실을 위해 주조한 보검을 의미함.

60) "山中愁未了, 走馬哭孤臣. 白髮隨江水, 靑雲逐塞塵. 史留忠憤疏, 天喪老成人. 幸有綈袍在, 年年漬淚新."「哭李給諫」,『千山詩集』卷7, 142쪽. 급간(給諫) : 청대의 육과(六科) 급사중을 말하며 주로 간언을 담당했음. 제포(綈袍) : 두꺼운 비단으로 만든 긴 솜옷. 고국, 옛 우정을 의미하며 또는 그것을 그리워함.

61) 여수구는 진자장, 장가옥(張家玉), 진방언(陳邦彥)과 함께 동관(東莞) 구강향(九江鄕)에서 조경(肇慶)의 계왕(桂王) 주유랑(朱由榔)의 영력(永曆) 정권에 호응했다. 함가와 친한 친구이며 진자장을 스승처럼 대했다. 진자장(陳子壯 : 자 집생[集生],

[貢水波漫熱血濺]. 그들의 절개와 문장은 모두 물거품이 되었고, 함가 자신[菩薩]은 『재변기』로 인해 유배되었고, 명대 유민[孝廉]들도 순절하여 결국 나라[龍泉]를 잃었다. 그들의 꿈은 슬픈 노모만을 남기고 자신의 꿈은 변새의 연기로 남았지만, 그래도 모두의 '꿈'을 연꽃 위로 다시 피어오를 다음 생에 맡기면서 순절한 충신에 대한 추도를 마친다.

이인은 산동 고밀(高密) 출신이다. 예과급사중(禮科給事中), 병과급사중(兵科給事中)을 역임했다. 순치 12년(1655) 도인법(逃人法)의 폐단과 만(滿)·한(漢)의 차별대우에 대해 간언을 했다. "황제는 중국의 주인이시며 천하를 한 집으로 생각하십니다. 그런데 꼭 '동인', '구인'으로 구분하셔서 사람들이 이미 둘로 나누어졌습니다."[62]라고 상소했다. 이 때문에 상양보로 유배되었다가 그 이듬해 세상을 떠났다.

이 두 수는 '꿈[夢]'과 '청운[靑雲]'을 매개어로 하여 충정한 절개를 보인 여수구와 이인을 추도하고 있다. 그들의 꿈과 희망은 변새의 연기[塞煙], 변방의 티끌[塞塵], 물거품[泡影]으로 남았다. 하지만 마음속으로 해마다 고국, 열사[緋袍]를 기억한다고 다짐하고, 다음 생[後生緣]을 기약하면서 연꽃[蓮] 위로 피어오르기를 희망한다. 꿈과 희망의 어의는 조금 다를 수 있다. 꿈은 보다 성취 결과에 치중한 명사적 의미라면, 희망은 주로 미래 행위에 치중한 동사적 의미이다. 즉 '바라고[希]' 또 '바라는[望]' 것이다. 그래서 함가는 이루어지지 않은 꿈을 또 꾸는 것이다. 멈추지 않는 바람이 존재하는 한, 해마다 새로운 눈물[新淚]을 흘릴지라도 그

호 추도[秋濤], 광동 남해[南海] 출생)은 천계, 숭정 연간에 강남 일대의 동림(東林)에 대한 배척이 심해지자 광동에서 남원시사(南園詩社)를 설립하였다. 함가가 유배된 후 순치 7년(1650) 심양에서 좌무태(左懋泰) 등과 함께 빙천시사를 설립하여 동림과 남원시사의 정신을 이어가고자 했다. 함가는 진자장에게 전하는 「遙哭秋濤」(『千山詩集』卷9, 184쪽 참고)를 썼다.

62) "皇上爲中國主, 其視天下皆爲一家. 必別爲之名曰東人, 又曰舊人, 人已歧而二之矣."『淸史稿』卷244,『李裀傳』.

희망은 계속 이어지는 것이다. 하지만 다가오지 않을 그 꿈을 계속 꾸고 있는 함가의 마음이 더 처연하게 다가오기도 한다.

3. 지인에 대한 감회와 슬픔

황폐한 요동 지역으로 향하는 유배자의 이별은 더욱 견디기 힘든 고통 이었을 것이다. 함가는 먼 곳에서 자주 친구들에 대한 그리움을 토로했다. 「산속에서 친구를 생각하며 두 수를 짓다(山中思友二首)」를 보자.

> 지기는 본래부터 적었는데 깊은 눈으로 덮인 변새는 말할 것도 없겠지. 매번 함께 웃을 때마다 절로 마음의 근심이 사라짐을 느꼈다네. 오랫동안 함께할 때는 별 탈 없더니 처음으로 헤어지자니 슬픔을 금할 길 없네. 이 추운 밤을 어찌할까, 홀로 외로운 봉우리에 기대어 본다.
> 일찍 만나지 못한 것도 한스러운 데 헤어지자니 마음이 더욱 아프다. 고국과 고향에 대한 그리움이 쌓여가니 친구에 대한 보고픔도 더욱 깊어 간다. 깊은 산이라 구름은 늘 고요하고 추운 날씨에 해가 빨리 진다. 홀로 노래해도 별도리가 없으니, 종경(鍾磬) 소리는 절로 음을 이룬다.[63]

춥고 외로운 수소에서 친구들에 대한 그리움을 표현하고 있다. 앞서 2장의 가족사에서도 보았듯이, 함가는 가족뿐만 아니라 동향의 지인이나 유명 문인들을 항청운동에서 잃었다. 그러므로 함가의 슬픔은 단지 멀리 떨어진 고향과 친구들에 대한 그리움에만 그치는 것은 아니다.

함가는 숭정 12년(1639)에 불문에 귀의했다. 심양으로 유배된 후에도

---

63) "知己從來少, 況當塞雪深. 每同開口笑, 逐覺緩愁心. 長聚亦無事, 初離便不禁. 如何此寒夜, 獨自臥孤岑.", "相見已恨晩, 更添離別心. 幾多鄕國思, 翻向友朋 深. 山古雲常寂, 天寒日易沉. 獨吟渾莫奈, 鍾磬自成音." 「山中思友二首」, 『千 山詩集』卷7, 138쪽.

심양, 상양보, 천산(千山) 등의 보제(普濟)·광자(廣慈)·대녕(大寧)의
사원에서 불법을 선양했다.[64] 승려들과의 교류도 이어갔다. 그는 유배 문
인들과 넓게 교제하면서 "처음에는 절의와 문장으로 서로 앙모하고 중시
하다가, 후에 서로 이끌어 법문의 교유가 되기도 했다."[65] 대표적으로 함
가와 함께 도독(道獨) 스님을 모신 법제(法弟) 함기(函機 : 자 미앙[未
央])와 법형(法兄) 함시(函昰 : 자 여중[麗中])와의 교류가 많았으며, 이
들은 모두 동향의 광동 번우(番禺) 사람이다.[66] 「양미앙이 곽계생에게 준
시를 읽고 감회가 일어 씀(讀梁未央贈霍階生詩有感用原韻)」과 「여중
법형을 그리워하며(憶麗中法兄)」를 보자.

> 태복(太仆)이 목숨을 바치던 날, 기러기는 줄을 지어 함께 날아갔네.
> 연꽃 핀 연못에 마음은 깨끗하고, 금궤(金櫃)에는 이름이 남겨있네. 오령
> (五嶺)에는 신의 절개가 드러나고, 천년의 시간은 의로운 도리를 중시했
> 네. 홀로 살아남아 송구한 여생을 보내니, 눈바람 속에서 그리움을 잊기
> 어렵네.[67]

---

64) 함가의 명성이 갈수록 높아져서 "따르는 사람들이 마치 물고기들이 강물을 힘차게
오르는 것 같았으며.趨之者如河魚怒上." 그를 "종교를 개척한 비조(鼻祖)로 받
들었다.奉爲開宗鼻祖." 郝浴, 「奉天遼陽千山剩人可禪師塔碑銘」, 『千山詩集』,
15-16쪽.

65) "始以節義文章相慕重, 後皆引爲法交." 陳伯陶 著·謝創志 標點, 『勝朝粵東遺
民錄』, 樂水園印行, 2003.

66) 함기의 속명은 양조종(梁朝鍾)이며, 함시의 속명은 증기신(曾起莘)이다. 함시는 그
의 제자 아우(阿宇)를 먼 동북의 심양으로 보내 함가를 문안하기도 했고, 정사(淨社)
를 조직하여 명대 유민들과 함께 결사 활동을 했다.

67) "太仆捐軀日, 相隨雁一行. 蓮池心骨淨, 金櫃姓名藏. 五嶺明臣節, 千秋重義方.
餘生愧我在, 風雪思難忘." 「讀梁未央贈霍階生詩有感用原韻」, 『千山詩集』卷
7, 153쪽. 곽계생(霍階生)은 곽자형(霍子衡)을 가리킴. 태복(太仆) : 황제의 어거를
몰고 그것을 관리하는 사람 또는 관직. 금궤(金櫃) : 동을 만든 상자로서 문헌과 문물
을 보관하여 오래 보존한다는 뜻. 오령(五嶺) : 강서, 호남 일대의 장강 유역과 광동,

오랜 이별에 그리움과 기억은 아련하고, 외로운 기러기 한 마리가 눈물을 흘린다. 극심한 난세에 슬픈 가족만 남았고, 깊은 은혜를 받았던 나라가 망한 것을 보았네. 소식은 멀리 변새까지 통할 수가 없고, 봉화는 선방까지 이르렀겠지? 옛 지인들은 다들 새로운 귀신이 되었고, 이 몸 남았어도 이미 창자는 끊어져 있네.[68]

함가는 순치 3년(1646) 소관생(蘇觀生)과 함께 광주에서 소무(邵武) 정권을 세웠지만, 청나라군이 광주를 함락하면서 외삼촌 적자형(霍子衡)을 잃었다. 이처럼 항청지사의 절개와 의로움은 시[千秋], 공[五嶺]을 초월하여 역사에 남을 일[金匱]이지만, 모두 기러기[雁一行]가 되어 역사 속으로 살아졌다. 남겨진 것은 그들을 향한 함가의 그리움[思]뿐이다.

함가가 그토록 슬퍼하는 것은 난을 당해 모두 죽었는데 자신은 죽지 않은 것[我在, 存己]이며, 일종의 살아남은 자의 슬픔과 부끄러움[愧]이다. 그래서 "내가 타향에서 숨어 있으니 살아도 죽은 것이라네."[69]라고 하면서, 나라를 위해 죽지 못하고 살아 있는 것에 대한 고통을 느꼈다. 항청으로 순절한 동향의 지인이자 지사들을 위해 시대적 아픔을 느낀 것이다.

함가의 영남에 있던 친구, 지사, 종친, 승려들에게 보낸 시들을 통해 유민으로서의 충정과 비장한 정서가 묻어난다. 본인도 혼란한 시대[亂極]에서 '홀로 송구한 여생을 보내는' 슬픈 유배자[孤雁]이지만 살아남아 있어서 부끄럽다고 말한 것은, 절개와 충정을 보인 지사와 지인의 절개를

광서 일대의 주강 유역에 있는 월성령(越城嶺)·도방령(都龐嶺)·맹저령(萌渚嶺)·기전령(騎田嶺)·대유령(大庾嶺)을 말함.

68) "闊別何年思杳茫, 一聲孤雁淚淋浪. 想當亂極悲親在, 共愛恩深見國亡. 書信竟無通遠塞, 烽煙曾否到禪房? 舊時相識多新鬼, 只恐身存已斷腸." 「憶麗中法兄」, 『千山詩集』卷10, 200쪽.

69) "我竄異方生亦死." 「遙哭巨源」, 『千山詩集』卷9, 186쪽.

부각시킴으로써 그들의 죽음을 더욱 소중히 여기고 있는 것이다. 이처럼 함가는 유민이자 유배자이며 시승의 신분으로 시대의 아픔과 개인의 고통으로 표현하였다.

4. 시승의 정신적 경계

함가가 요동 지역에서 가장 많이 접하는 자연 경물은 눈일 것이다. 그는 눈의 순백과 순결을 사랑하며 자신을 눈에 비유하곤 했다. 「산 위의 눈을 노래하며(山雪歌)」를 보자.

> 우뚝하게 솟은 산에 눈이 펄펄 내린다. 저무는 해는 바람을 따라 계곡의 돌 위에 머물고, 저녁의 추위는 달과 함께 은사의 동굴 문을 비춘다. 깊고 아득한 산에 하얀 눈이 가득하다. 눈이 산머리에 있으니 눈이 더욱 높아 보이고, 산머리에 눈이 있으니 산이 더욱 늙어 보인다. 노승은 눈도 사랑하고 산도 사랑하며, 해마다 산속에서 스스로 정좌수도도 한다. 겨울이 되면 반드시 눈을 보고, 눈을 볼 때마다 얼굴이 환해진다. 내 마음이 눈과 얼마나 닮았던가, 길이 텅 빈 산에서 눈을 안고 죽기를 바란다. 설령 뼈가 얼음이 된다 해도, 혼은 응당 녹아 물이 될 터이다. 나는 늘 눈을 바라보며 조용히 말이 없지만, 눈은 나를 보며 정을 보낸다. ……깊은 산속 황량한 산사에 종일토록 아무도 없이 너와 나만 있기를 바랄 뿐이다. 다만 봄이 오면 네가 감당하기 어려워 외로움이 그때부터 시작될까 염려된다. 하지만 이때가 되면 천지는 매우 아득히 어두워져, 산승이 노래를 부르면 산속의 눈이 들을 터이다.[70]

---

70) "山巍巍, 雪霏霏. 日夕隨風棲澗石, 夜寒和月照巖扉. 山杳杳, 雪皎皎. 雪在山頭雪更高, 山頭有雪山逾老. 老僧愛雪兼愛山, 歲歲山中自掩關. 每到冬來必見雪, 每到見雪必開顏. 我心與雪何相似, 長欲空山抱雪死. 縱令骨化定爲冰, 直至魂銷應作水, 我常對雪寂無聲, 雪來見我如有情. ……但願深山荒寺裏, 盡日無人吾與爾. 只恐春來爾不禁, 寂寂相思從此始. 是時天地苦冥冥, 山僧作歌山

높은 산에서 눈이 펄펄 내린다. 바람을 안은 석양은 계곡의 돌 위를 비추고 차가운 달빛은 은사의 거처를 비추고 있다. 적막하고 쓸쓸한 분위기이지만 "노승은 눈도 사랑하고 산도 사랑하며, 그런 산속에서 정좌수도도 한다." 그리고 자신의 마음이 눈의 속성처럼 희고 순정하다고 비유한다. 그래서 "뼈가 얼음이 되고 혼이 녹아 물이 되어" 눈과 하나가 되는 것을 마다하지 않는다. 고요하게 있는 나에게 눈이 정을 보내기 때문이다.

한편, 상반되는 정서의 반복을 보여준다. 깊은 산 속 산사에서 종일토록 아무도 없이 너와 나만 함께하고 싶다고 하면서, 봄이 되면 외로움이 찾아올까 염려가 된다고 하는 표현은 심리적 모순을 보여준다. 하지만 결국 "산승(山僧)이 노래 부르면 산속의 눈이 들을 것"이라면서 눈을 청중으로 삼아 사물[눈]과 한 몸이 됨을 보여준다. '나[主]'와 '물[客]'을 결합한 물아일체의 경계로 승화하였다. 왕국유(王國維)가 말한 "나를 중심으로 사물을 관찰하면 만물이 나의 색채를 입게 되는 것이다."[71]라는 시적 효과를 거두었다. 눈은 본래 정이 없고 사람은 정이 있다. 그런데 "나는 늘 눈을 바라보며 조용히 말이 없지만, 눈은 나를 보고 참으로 정을 보내네."라는 역설적인 표현을 통해 역할을 체환(替換)함으로써 물아일체의 경지를 보여주었다. 외롭기는 시인도 눈도 마찬가지이다. 그러나 눈이 나에게 말을 걸어온다는 표현은 시인의 외로움을 더욱 극대화하고 있다. 눈과 나를 연결하여 순정한 시승의 정신적 경계와 고된 유배 생활의 외로움이라는 상반된 이미지를 잘 어우러지게 연출하였다. 또 「검은 눈(黑雪)」을 보자.

관동에는 검은 눈이 내린다고 하더니 지금에서야 그 형체를 보게 되었네. 푸른 하늘엔 가벼운 구름도 없고 하얀 해는 광명을 다툰다. 토박이들

雪聽." 「山雪歌」, 『千山詩集』卷5, 100-101쪽.

71) "以我觀物, 則萬物皆着我之色彩." 徐潔, 『函可詩歌硏究』, 遼寧師範大學碩士學位論文, 2016, 21쪽 재인용.

은 옛일을 가리키며 흑설은 상서로운 조짐이 아니라고 한다. 하얀 것은 본디 눈의 본성이니 시간에 따라 특별한 호칭은 없다네. 그 색이 조금 달라서 흑설이라 명명하는 것일 뿐이네. 눈은 이처럼 응당 참되게 하얀 것이거늘, 가장 위험한 것은 인간의 마음일 뿐이네.[72]

토박이들은 흑설이 불길하다고 하지만 시인의 생각은 다르다. 눈의 순백은 눈의 본성이기 때문에 검게 오염되어도 그 본성은 여전히 순결하다는 것이다. 변한 것은 눈[雪]이 아니라 사람들의 가려진 눈[眼]과 마음이라는 것이다. 「검은 눈」의 흑설은 험악한 세태와 쉽게 번복하는 인간의 마음을 상징하고 있다.

이 두 수의 작품은 동일한 눈을 제재로 했지만 전자에서는 상서로운 순정함을 후자는 세속적인 오염을 표현했다. '물[객]'과 '나[주]', '탈속'과 '세속'의 경계를 오가는 방식으로 시승 함가의 불교적 색채와 정신적 경계 및 철리(哲理)를 보여주고 있다.

눈 외에도 국화에 대한 시도 인상적이다. 특히 「시든 국화(殘菊)」를 주제로 한 시가 여러 편 있다. 눈에 대한 인식도 그러했듯이, 국화꽃이 필 때는 너도나도 감상하지만 시들면 모두가 버리는 습성을 대조함으로써 경부(輕浮)한 세태에 대해 탄식하고 있다. 「시든 국화」, 「시든 국화 두 수」를 보자.

국화가 피면 사람들은 모두 감상을 하지만 시들면 다 떠나간다. 예전엔 무심코 지나쳤는데 오늘은 마음속에 깊은 감회가 인다. 된서리가 그 뿌리들을 쇠하게 만들고 찬바람이 쉬지 않고 불어댄다. 어찌 울타리로 가서 죽지 않고 홀로 깊은 가을에 미련을 두는가. 앞의 향기는 남지 않았고 뒤

---

72) "關東有黑雪, 今乃睹其形. 靑天無纖雲, 皎日爭光明. 土人指往事, 曰此非佳徵. 淸白本其性, 遠近無殊稱. 厥色稍不如, 遂加以黑名. 雪爾宜白愼, 最險是人情." 「黑雪」, 『千山詩集』卷4, 71-72쪽.

의 향기는 아직 이르지 않음이 한스럽다. 아침저녁 이러한 마음을 참으며
빙설 속을 배회한다.73)

　깊은 가을, 시든 국화 옆에 사람은 없고 눈만 가득 쌓여있네. 몹시 초췌
하다 나무라지 말라, 예전에는 만개함을 보이지 않았던가.
　세상은 국화를 몹시 좋아하지만 나는 유독 시든 국화를 동정한다. 계속
흐르는 눈물을 잠시 거두고 잠시나마 감상하길 권한다.74)

　깊은 가을 초췌하게 겨울의 눈보라를 겪어낸 시든 국화의 모습을 묘사
하고 있다. 사람들은 같은 국화여도 시든 국화를 꺼린다. 하지만 시인은
자신도 시든 국화처럼 좌절과 절망을 겪었으므로 오히려 시든 국화에 대
한 자기 연민과 동정심을 보인다. 그래서 때가 되면 울타리 곁에서 시들어
가는 게 정상이지만, 아직 이르지 않은 '뒤에 올 향기' 때문에 '빙설 속을
배회'하는 것이다.
　'잔국(殘菊)'은 일반적으로 나라의 멸망과 자신의 쓸쓸하고 비참한 처
지를 상징한다. 시인은 국화의 일생을 자신의 삶과 동일시하여, 비록 청
정부에 의해 내쳐졌지만 명 왕조를 위해 꽃을 피웠던 시절을 위로하면서
다시 필 그날을 기대한다. 시인이 잔국에게 부여하는 혹은 잔국으로부터
부여받은 연민이자 생명력이다.

---

73) "菊開人盡賞, 菊殘人盡棄. 我昔賞無心, 今看有深意. 嚴霜摧其根, 寒風吹不已.
　　豈獨戀深秋, 不向籬間死. 前芳恨莫留, 後芳猶未至. 耐此朝暮心, 徘徊冰雪裏."
　　「殘菊」, 『千山詩集』卷3, 59쪽.
74) "殘菊深秋裏, 無人雪一堆. 莫嫌憔悴甚, 曾見十分開.", "世情偏愛菊, 吾意獨憐
　　殘. 暫收無限淚, 權作片時看." 「殘菊二首」, 『千山詩集』卷14, 283쪽.

V. 시적 특징과『천산시집』의 평가

Ⅳ장의 분석에 따라 함가의 시적 특징을 대략 다음의 몇 가지로 요약해 본다.

첫째, 영물(詠物)을 제재로 한 상징적 표현방식을 취하였다. 예를 들면, '一枝', '殘菊', '落葉', '落花', '衲衣' 등과 같은 시어를 실의(失意)와 망국 및 유배의 이미지로 대체하였다. 망한 나라, 폐허가 된 고향 및 가족과 자신의 비참한 처지를 비유함으로써 유배자로서의 유민의 정서를 잘 표현하였다. 이처럼 '매화', '눈', '국화', '누더기', '낙엽', '기러기' 등의 경물을 빌어 심정을 표현하는 '차물서회(借物抒懷)'의 방식이 함가 시의 특징이라 할 수 있다.

둘째, 지역적 환경은 시인의 정서에 영향을 준다. 특히 동북지역의 황량함은 유배자 시승의 외로움과 슬픔을 더욱 가중시켰을 것이다. 그래서 함가 시의 색조는 차갑고, 시에 드러난 풍경은 음냉(陰冷)하고 음울하기도 하다. 예를 들어, 산은 '얼음산[氷峰]', '차가운 산[冷山]'이며, 바람은 '북풍[朔風]', '슬픈 바람[悲風]'이며, 구름은 '근심 가득한 구름[愁雲]', '누런 구름[黃雲]'이며, 꿈은 '추운 꿈[寒夢]', '무너진 꿈[殘夢]'이었다. 그리고 국화는 '시든 국화[殘菊]이고, 잎은 '마지막 한 잎[一枝]'이고, 옷은 '누더기[衲衣]'이고 기러기는 '외로운 기러기[孤雁]'였다. 이러한 차갑고 음울한 북방의 시 언어는 함가의 얼어붙은 마음을 그대로 반영하고 있다.

셋째, 함가는 시승으로서의 순정한 정신적 경계와 강인한 유민의 절개 및 희망의 의지도 보여주었다. 겨울을 이겨낸 송백과 같은 곧고 강직한 성품은『재변기』로 인해 문자옥이 발생했을 때 청 정권에 타협하지 않는 불굴의 태도로 드러났고, 「신묘일에 보제에서 머물며 쓴 팔가」에서 '새것으로 헌것을 바꾸라'는 명제 앞에서 '불이(不二)'의 의지와 절조를 보여주었다. 또한 「멀리서 미주를 슬퍼하며」와 「이급간을 슬퍼하며」에서는 항청의 '꿈'을 이루지 못했지만 다음 생에서 연꽃 위로 다시 피어오르기를 희망하기도 했다. 그리고「산 위의 눈을 노래하며」등에서는 눈과 자신을 등치시켜 순정한 시승의 정신적 경계를 연출하기도 했다.

넷째, 이러한 함가의 시적 특징과 정신세계에 대해 항청운동을 하고 함가와 교분이 있었던 굴대균(屈大均)은 "(함가)가 심양의 수소로 유배를 가게 되었다. 고통이 조금 안정된 후 깨닫고서 시를 짓거나 혹은 통곡을 하면서 수십 편의 시를 지었고, 이를 '잉시(剩詩)'라로 명명했다. 인륜의 급변을 몹시 슬퍼하고 나라와 가족을 잃은 것에 대해 감개하며, 일반인과 다른 타고난 훌륭한 성품을 보였다. 일반 사대부들은 그에 미칠 수없다. 그의 시를 읽으면 군부의 소중함이 절로 뭉클하게 느껴진다."75)라고 평가했다.

이처럼 함가의 시는 시대를 향한 역사적 기록이자 울결(鬱結)한 내면세계에 대한 외침이기도 하다. 나라와 가족의 흥망성쇠에 대한 고충과 유배자의 착잡한 심정을 연결하여, 때론 처연하게 때론 강개하게 때론 순정하게 시대적 환경과 자신의 성품을 잘 결합한 시적 풍격을 이루었다.

끝으로, 『천산시집』은 12년 유배 생활의 진실한 모습을 담고 있다. 청사(淸史) 학자 이치정(李治亭)은 『천산시집』의 역사적 가치에 이렇게 평가했다.

먼저, 『천산시집』은 함가 일생의 인생 역정이자 청초 관동(關東) 문화의 실록이기도 하다. 역사에서 기록하지 않은 일을 『천산시집』에서는 수록했다. 이로써 청초 관동의 역사적 면모를 우리의 눈앞에 밝게 펼쳐 보였다. 이는 참으로 얻기 어려운 것이다. 그러므로 『천산시집』은 『천산사

---

75) "(函可)充戍瀋陽, 痛定而哦, 或歌或哭, 爲詩數十百篇, 命曰『剩詩』. 其痛傷人倫之變, 感慨家國之亡, 至性絶人, 有士大夫之所不能及者, 讀其詩而君父之愛油然以生焉." 屈大均, 『廣東新語』卷12, 『千山詩集』附錄6,「僧祖心詩」, 431쪽.

집(千山史集)』이라고도 할 수 있다. 설사 『성경통지(盛京通志)』같은 여러 사적(史籍)과 지방지일지라도 『천산시집』을 대체할 수 없을 것이다.76)

청나라가 요동 지역으로 들어온 후 경제적, 지리적 상황은 비교적 호전되었지만 문화 분야에서는 여전히 열악한 상황이었다. 당시 "성경 지역은 청초 죄인들을 유배 보낸 주요 지역이었으며, 특히 순치 연간의 유배자들은 대부분 이곳으로 유배되었다. …… 순치, 강희 연간에 성경 지역으로 유배 온 사람의 수는 수백 명을 웃돌았다."77) 청초 동북지역의 유배자들은 대체로 강남지역의 문인들이 주를 이루었다. 그들은 문헌 사료, 시사 설립, 교육 활동, 농상공업, 의술 등 다양한 분야에서 동북지역 문화에 영향을 주었다. 특히 『천산시집』을 포함하여 그들이 남긴 학술 업적은 당시 동북지역의 역사문화와 지방사 연구 및 문학 자료로서의 가치를 지니고 있다. 예를 들어, 청초 순치, 강희 연간에 특히 요동 지역으로 유배된 주요 유배 문인과 저작은 함가 『천산시집』, 좌무태(左懋泰) 『조동집(徂東集)』, 이정상(李呈祥) 동촌집『(東村集)』, 계개생(季開生) 『출관초(出關草)』등 20여 종에 달한다. 이러한 문헌들은 동북지역의 연구자료와 역사문화연구에 중요한 자료로 평가되고 있다.

76) "首先,『千山詩集』是函可一生的人生寫照, 也是淸初關東文化的實錄. 在史乘不收之事,『千山詩集』却予以收錄, 從而使淸初關東歷史淸晰地展現我們的面前! 這是不可多得的, 故『千山詩集』亦可稱爲『千山詩集』. 卽使其他史籍, 包括地方志書, 如『盛京通志』等, 亦不能取代!" 梁戈峰, 「『千山剩人禪師』補記」, 佛敎導航 http://www.fjdh.cn/wumin/2009/04/22373266014.html, 2009年4月2日.
77) "盛京地區是淸初流放犯人的主要地區, 特別是順治年間的流犯大部發遣至此. ……順治康熙年間的流放到盛京地區的流人文士就不下數百." 楊餘練 等,『淸代東北史』, 遼寧敎育出版社, 1991, 533-535쪽.

VI. 마치며

지금까지 『천산시집』을 대상으로 함가의 유배 원인, 유배 생활 및 유배시에 대해 분석하였다. 일반적으로 문학지식을 생산하는 '행위자'는 어떤 '특수한 상황' 속에서 어떤 '행위'를 통해 '지식'을 생산해낸다. 이 글은 이러한 틀을 적용하여 명청 교체기[시대적 분기]에 유배 지식인 함가[행위자]가 문자옥[특수한 상황]으로 인해 동북지역으로 유배되어 유배시 창작[행위]을 통해 『천산시집』[지식]을 생산했던 주요 내용을 분석하고자 했다. 다음은 이러한 과정에서 드러난 몇 가지 특징을 요약하면서 이 글을 마치고자 한다.

첫째, 역사가 함가에게 부여한 신분과 함의는 크게 세 가지이다. '유민'은 명청교체기의 시대적 변화가 준 신분이었고, '유배자'는 청초 문자옥으로 인한 지식인의 시대적 낙인이었고, '승려'는 이로 인해 본인이 선택한 생존방식이었다. 다중의 신분으로 살아온 함가는 시 창작에 대단한 열정과 시적 경지를 보였다. 제자 금수(今羞)는 『천산시집』의 서문에서 "스승이 몽둥이를 들고 한참 부처 앞에 꼿꼿이 서 있다가, 눈앞에 뭔가 느껴지는 바가 있을 때면 바로 스스로 멈추지 못하는 것을 보았다. 혹은 길게 천 마디를 이어가거나 혹은 짧게 몇 마디만 했다. 날이 갈수록 쌓여 몇 권이 되었다."[78]라고 했다. 함가는 명청 교체기의 시대적 분기(分岐) 속에서 유민, 유배자, 승려, 지식인으로서 살아가면서 동북지역 문학, 유배문학에 영향을 문학지식 『천산시집』을 생산하였다.

함가의 시 창작에 대한 열정과 시대적 아픔이 가져온 시적 특징을 요약하자면, 창작 내용은 주로 고향과 가족에 대한 그리움, 고국을 향한 절개

---

78) "第見師拈錘堅佛之餘, 目有觸景有所會, 輒不自禁. 或累累千言, 或廖廖數語, 日積成帙." 「題識」, 『千山詩集』, 7쪽.

와 항청지사에 대한 추도, 인간적 고독과 노승으로서의 정신적 경계 및
변새의 경물서정 등으로 드러났다. '눈', '매화', '잎', '국화', '낙엽' 등을
제재로 하여 서경(敍景)·기사(記事)·서정(抒情) 등의 방식을 취하였다.
즉 요동의 경물에다 자신의 감정을 투사하여 '나'와 '물'이 잘 결합된 정경
융합을 경지를 보여주었다.

둘째, 함가는 유배된 후에도 승려의 신분으로 요동 지역의 사원에서
불법을 선양했다. 하지만 불문에만 몰입하지는 않았다. "외로운 노승 늙어
서 더욱 미쳐 날뛴다고 비웃지 마라. 한평생 혹독한 된서리를 만나서이다.
이태백이 거듭 좌천되지 않았더라면, 어찌 야랑(夜郎)에서의 시를 얻을
수 있었겠는가."79)라고 하면서, 자신을 좌천된 이백으로 비유하면서 유배
생활의 고충과 시대적 아픔을 시 창작을 통해 풀어나갔다. 함가의 시는
유민이자 유배자의 정신세계에 대한 역사 기록이라고 할 수 있을 것이다.

또한 청초 지식인이자 유배 문인으로 살아온 그의 비참한 인생[문자옥,
가족사], 다중적 신분[유민·유배자·승려], 다차원적 정신세계[유·불]는
시 창작과 사상의 근원이 되었고, 이는 청초 유배시의 한 특징을 형성하였
다. 특히 그의 유가적 기질은 강한 현실적 관심과 시대의 연민을 보여주었
고, 승려로서의 불심은 순정한 정신적 경계를 보여주었다고 할 수 있다.

이상의 특징을 담은 『천산시집』은 함가 일생의 인생역정이자 청초 관
동(關東) 문화의 실록이기도 하다. 청초 관동의 역사를 엿볼 수 있는 '천
산사집(千山史集)'이라는 평가는 『천산시집』이 청초 동북지역 문학적,
지역적 문헌 자료로서의 가치를 지니고 있음을 말해준다.

셋째, 고대 문학작품이 생산되는 과정과 요인은 복잡하고도 다양하다.
하지만 대체로 "행위자 - 상황 - 행위 - 지식생산"이라는 도식을 크게 벗

---

79) "莫笑孤僧老更狂, 平生奇遇一天霜. 不因李白重遭謫, 那得題詩到夜郎." 「解
嘲」, 『千山詩集』卷15, 315쪽.

어나지는 않을 것이다. 이처럼 함가라는 '행위자[유배자]'는 '특수한 상황'[문자옥] 속에서 '행위'[시 창작]를 통해 '지식'[『천산시집』]을 생산해 내는 도식을 보여주었다. 그리고 그가 만들어 낸 지식[작품]은 청초의 유배시, 요동 지역의 문학이라는 시대적·지역적·문학적 함의를 지니고 있다고 할 수 있다.

시인이 자신을 둘러싼 새로운 환경과 갈등 구조를 통해 심리적 동요를 일으키고 그에 따라 시 창작을 하는 것은 일반적인 창작행위 과정이라 할 수 있을 것이다. 하지만 이러한 창작과정과 그 작품이 어떤 한 시대, 지역, 장르 등의 문학 환경에 새로운 함의와 구별된 특징을 부여한다면 이는 단순한 작품생산을 넘어 한 시대의 문학 지식의 생산이라고도 할 수 있을 것이다. 하지만 이 글에서 제시한 "행위자 - 행위 - 지식생산"을 보다 명료하게 증명하기 위해서는 무엇보다 역대 중국 유배시 또는 청초 동북지역의 유배 시에 대한 분석이 더욱 필요할 것이다. 향후 청초 유배시에 대한 비교분석을 통해 함가만의 구별되는 시적 특징과 유배문학사적 의미와 유배 지식인과 작품에 대한 시대적 담론 및 역사적 함의를 분석하는 작업이 이어져야 할 것이다.

| 참고문헌 |

박영순, 「청초 강남지역의 유민결사 : 驚隱詩社를 중심으로」, 『중국학논총』, 제56집, 2017.
_____, 「원대 유민시사(遺民詩社)와 시 창작활동 : 월천음사(月泉吟社)를 중심으로」, 『중국연구』, 제77권, 2018.
_____, 「청초 '정유과장안(丁酉科場案)'과 유배문인 오조건(吳兆騫) '과장안 발발에서 닝구타로 가는 길까지'의 시 창작을 중심으로」, 『외국학연

구』, 제48집, 2019.

이승수, 「오조건과 영고탑, 그리고 조선」, 『한국언어문화』, 제62집, 2017.

叢佩遠, 『中國東北史』, 吉林文史出版社, 2006.

陳伯陶, 『勝朝粤東遺民錄』, 上海古籍出版社, 2011.

陳伯陶 著‧謝創志 標點, 『勝朝粤東遺民錄』, 樂水園印行, 2003.

郭成康‧林鐵均, 『淸朝文字獄』, 群衆出版社, 1990.

函可 著, 嚴志雄‧楊權 點校, 『千山詩集』, 中央研究院中國文哲研究所, 2008.

函可 撰‧楊輝 校注, 『千山詩集校注』, 遼海出版社, 2007.

函可 撰‧張春 著, 『千山詩集‧不二歌集』, 黑龍江大學出版社, 2011.

何宗美, 『明末淸初文人結社研究』, 南開大學出版社, 2003.

胡星橋‧鄧又天, 『讀例存疑點注』, 中國公安大學出版社, 1994.

李興盛, 『增訂東北流人史』, 黑龍江人民出版社, 2008.

_____, 『流人史流人文化與旅遊文化』, 黑龍江人民出版社, 2008.

_____, 『東北流人史』, 黑龍江人民出版社, 1990.

李治亭, 『東北通史』, 中州古籍出版社, 2001.

宋濂 等, 『元史‧刑法』, 卷102, 中華書局, 1976.

魏徵, 『隋書‧刑法』, 卷25, 中華書局, 1973.

謝國楨, 『明淸之際黨社運動考』, 上海書店出版社, 2006.

_____, 『淸初流人開發東北史』, 上海開明出版社, 1948.

楊賓, 『柳邊紀略』, 黑龍江人民出版社, 1997.

楊樹達, 『鹽鐵論要釋』, 中華書局, 1963.

楊餘練 等, 『淸代東北史』, 遼寧教育出版社, 1991.

張書才‧杜景華, 『淸代文字獄案』, 紫禁城出版社, 1991.

長孫無忌 等, 『唐律疏議‧名例』, 中華書局, 1983.

張玉興, 『淸代東北流人詩選注』, 遼瀋書社, 1988.

方姝孟, 『淸代東北地區流放文人群體研究』, 哈爾濱師範大學碩士學位論文,
     2013.

姜雪松,『淸初東北流人詩初探』, 黑龍江大學碩士學位論文, 2009.

馬麗,『淸代東北流人方志文化硏究』, 東北師範大學碩士學位論文, 2013.

秦嘉,『函可千山詩集硏究』, 東北師範大學碩士學位論文, 2013.

徐潔,『函可詩歌硏究』, 遼寧師範大學碩士學位論文, 2016.

楊麗娜,『淸代東北流人詩社及流人詩作硏究』, 蘇州大學碩士學位論文, 2011.

于美娜,『函可詩歌硏究』, 山東大學碩士學位論文, 2009.

劉國平,「淸代東北文學社團 : 氷天社考評」,『社會科學戰線』, 第4期, 1990.

劉海松·曾璐,「論氷天詩社」,『學問』, 第5期, 2016.

馬新,「中國歷史上的流放制度」,『文史知識』, 第3期, 1992.

邱林山,「遺民詩僧函可與淸初詩壇」,『西北師大學報』, 第6期, 2016.

王雁·趙朗,「"流人"函可與『千山詩集』」,『僑園』, 第8期, 2018.

薛虹,「函可和氷天詩社」,『史學集刊』, 第1期, 1984.

楊麗娜,「氷天詩社的詩歌內容及思想傾向」,『文史哲』, 第5期, 2016.

楊權,「嶺南明遺民僧函可"私攜逆書"案述析」,『學術硏究』, 第1期, 2006.

張榮東,「淸代東北流放文人的結社活動」,『內蒙古師範大學學報』, 第2期, 2016.

張濤·葉君遠,「文學史視野下的中國古代文人社團」,『河北學刊』, 第1期, 2006.

趙志毅,「淸代文字獄辨」,『東南文化』, 第3期, 江蘇省文化廳·南京博物院, 1997.

百度文庫 https://wenku.baidu.com/view/d02595a2b0717fd5360cdcda.html

佛敎導航 http://www.fjdh.cn/wumin/2009/04/22373266014.html

중국 향촌건설운동(鄕村建設運動)과 지식인
: 근대교육의 확산과 향촌사회 변동의 함의

● 최은진 ●

Ⅰ. 머리말

1930년대 농촌이 붕괴될 것이라는 위기감이 확산되자 중국 각지에서 향촌건설운동이 전개되었고 이는 국가의 기초를 건설하기 위한 수단으로서 주목되었다. 당시 실업부 통계에 의하면 전국적으로 600여 개의 향촌에서 약 1,000개의 향촌건설실험구가 세워진 것으로 나타나 향촌건설운동은 일부 지역에서만 전개된 것이 아닌 전국에서 시행된 것으로 볼 수 있다.

民國時期는 국민국가를 건설하는 과정에서 국민당과 공산당이 제시하는 두 개의 길과 다른 제 3의 길로 향촌건설운동을 설명하면서 공산당의 신중국 성립에 따라 공산당은 농민의 입장에 부합하여 혁명에 성공하였고 향촌건설운동은 한계를 지니고 실패했다는 것으로 이해하여 왔다. 그러나 이러한 정치적 분파에 따른 역사적 해석과 계보는 동시대에 행해진 다양한 실천의 경험을 간과하거나 실패한 것으로 규정하면서 있는 그대로의

---

* 이 글은 「중국 향촌건설운동의 확산과정과 향촌교육의 함의」, 『史林』, 72호, 2020을 수정·보완한 것이다.

** 국민대학교 중국인문사회연구소 HK교수

역사적 사실을 조망하고 다른 각도에서 그 의미를 드러내기 어렵게 한다.
따라서 향촌건설운동을 실패한 것으로 상정하고 연구한다면 역사적 의미
가 있음에도 불구하고 의미를 드러내기 어렵게 될 것이다. 또한 시대의
변화에 따른 관점의 차이로 다시 주목을 하게 되더라도 그 목적의식으로
인해 역사적 사실이 왜곡될 여지도 있다. 그러므로 향촌건설운동이 오늘
날 중국의 三農問題의 해결을 위해 다시 주목되고 있고 다각도로 조망되
고 있지만 있는 그대로의 사실을 바탕으로 다각도로 접근해야만 실패와
한계점을 넘어선 현실적인 의미를 획득할 수 있을 것이다.

　향촌건설운동과 관련된 기존의 연구는 향촌건설 실험을 전개한 梁漱
溟의 鄒平, 晏陽初의 定縣에 대한 인물 연구와 관련 조직의 지역에서의
활동을 소개하는 것에 주로 집중되어 있다. 향촌건설운동을 남경국민정부
가 전개한 향촌건설실험과 毛澤東의 농촌정책이나 활동과 비교하는 연
구도 이루어졌다. 그리고 그들의 활동은 대부분 교육과 농업, 금융, 유통,
합작사, 위생개선, 풍속개량 등과 관련되어 어떻게 이루어졌으며 중국의
근대화 과정 속에서 나타나는 도시와 농촌의 이원화 문제 속에서 어떻게
보아야 하는가 등의 거시적인 접근도 이루어졌다.[1]

　전국의 많은 지역에서 전개된 향촌건설실험을 개별적으로 연구하거나

---

1) 향촌건설과 관련된 연구는 이병주, 「江寧自治實驗縣에 대하여」, 『東亞文化』, 45,
　1979; 鄭大華, 『民國鄕村建設運動』, 社會科學文獻出版社, 2000; 鄭大華, 「關於
　民國鄕村建設運動的幾個問題」, 『史學月刊』, 第2期, 2006; 王先明, 「李偉中, 20
　世紀30年代的縣政建設與鄕村社會變遷——以五個縣政建設實驗縣為基本分
　析樣本」, 『史學月刊』, 第4期, 2003; 何建華 · 于建嶸, 「近二十年來民國鄕村建設
　運動研究綜述」, 『當代世界社會主義問題』, 第3期, 2005; 徐秀麗, 「民國時期的
　鄕村建設運動」, 『安徽史學』, 第4期, 2006; 李暐, 「留美知識分子與20世紀30年
　代河北定縣的鄕村建設」, 『江淮論壇』, 第4期, 2007; 薛毅, 「民國時期鄕村建設
　運動中的華洋義賑會」, 『南京曉莊學院學報』, 第2期, 2010; 박경철, 「근대이후 중
　국 향촌문제와 지식인의 논쟁: 합작사운동을 중심으로」, 『중국지식네트워크』, 4호,
　2014.3 등이 있다.

종합적으로 정리한 연구도 수행되었고 연구가 심화되면서 향촌건설운동을 주장에 따른 인물과 계파로 분류하고 그들 간의 공통점과 차이점을 밝혀내기도 하였다. 뿐만 아니라 남경정부와 지역사회의 권력관계와 관련지어 지식인과 민간집단과 향촌지역의 사회구조를 밝히는 연구도 이루어졌다. 이는 중국이 근대국가와 사회로 전환되는 과정을 이해하는 문제와도 관련이 되는 것이며 동시에 도시화에 따른 농촌의 문제와도 관련 되는 것이었다. 특히 교육체제의 변화가 도시와 농촌에 끼친 영향과 향촌의 낙후현상에 대한 해결책과 관련된 연구도 많이 이루어졌는데 이러한 연구들은 주로 교육활동을 소개하는 것에 그치는 경향이 있었다.

특히 향촌건설운동은 근대화의 과정에서 서구의 모델이 아닌 중국의 전통에 기반한 향촌을 건설하려 한 점에서 의의가 있다고 보았는데 주로 그와 관련된 사상을 소개하는데 그치고 실제 운영과정에 이러한 사상이 어떻게 접목되었는가 하는 점은 드러내지 못하였다.

그러므로 본 고에서는 향촌건설운동의 개별적 연구사례들을 종합적으로 파악하고 그 의의를 새롭게 드러내기 위해 중국의 근대로의 전환과정에서 향촌사회가 직면한 문제를 교육체제의 변화와 이에 따른 지식인의 대응이라는 관점에서 살펴보고자 한다.

향촌건설운동은 교육활동이 가장 중요한 활동으로 제기되었고 또 이를 주도한 주체는 근대교육체제에서 출현한 새로운 지식인들이었다. 지식인들은 교육과 관련된 활동과 관련이 있다는 면에서 전통시대 사대부와 유사했다. 그리고 이들이 신사로서 향촌사회에서 공동체 질서를 유지하는 기제로 작용했던 교육활동이 붕괴 된 상황에서 새로운 지식인들이 다시 교육을 통해 새로운 향촌질서로 대체해 가는 과정을 향촌건설운동이라고 본다면 교육은 여전히 지식인의 중요한 행위가 된다고 보기 때문이다.

근대적 국민국가의 건설에서 향촌의 기층사회를 이에 부합하게 만들어야한다는 주장은 청말이래 지속적으로 요구되었다. 따라서 교육활동은 향촌기층사회의 건설과 긴밀하게 관련될 수 밖에 없었기에 교육이 향촌 사회에서 어떠한 작용을 하는가에 대해 고찰하지 않을 수 없다.[2] 이는 또한 정치와 경제, 교육을 따로 연구하는 방식보다는 향촌사회의 역사적 구조적 고찰을 전제로 유기적으로 바라볼 때 그 의미가 드러날 수 있을 것이다.

이를 교육활동의 사회통합기제라고 본다면 향촌건설운동은 이러한 기제가 가장 잘 드러나는 현장이었다고 볼 수 있을 것이다. 그리고 이러한 접근은 기존의 향촌건설운동에 대한 새로운 평가와 연구의 지평을 확장할 수 있는 시각이 될 수도 있을 것이다.[3]

그러므로 본고는 위의 문제의식을 바탕으로 향촌건설운동을 장기간의 교육체제의 근대적 변화 과정 위에서 살펴보되 중국사회의 도농간의 관계와 권력구조와 기층사회의 변화를 중심으로 고찰하고자 한다. 나아가 교육의 통합기제로서의 역할에 초점을 맞추면서 분산적으로 고립된 듯 보이는 이러한 운동이 점차 전국적으로 그 활동을 연계하며 확장되어 나가는 과정을 그려 볼 것이다. 전국적으로 1000여개의 향촌에서 이루어진 다양한 실험이지만 전체적인 확장과정을 드러낼 수 있는 화북과 강남지역 및

---

2) 향촌건설운동의 교육과 관련된 연구로는 이재령, 「20세기 초반 중국 농촌교육공동체의 사상적 모색」, 『동양사학연구』, 91호, 2005이 있다. 이외 남경정부의 농업정책의 일환인 농업추광사업과 향촌건설을 연계하여 고찰한 이승아, 「20세기 초 중국의 근대 농업기술 도입과 향촌건설」, 『중국근현대사연구』, 55집, 2012; 향촌건설운동과 농업문제를 연관한 徐勇·徐增陽, 「中國農村和農民問題硏究的百年回顧」, 「華中師範大學學報」, 第38卷 第6期, 1999등이 있다.

3) 본고에서는 두아라(Prasenjit Duara)가 『문화, 권력, 국가: 1900-1942 중국 북부의 농촌 (Culture, Power and the State: Rural North China, 1900-1942)』에서 향촌사회의 내부와 외부의 소통과 관계 등에서 문화네트워크가 형성되는 과정과 국가권력의 향촌사회로 침투하는 경로를 밝히면서 도시와 농촌의 연관관계를 드러낸 점에 주목하고 문화네트워크로서 교육이 작용한다고 보고 접근해 보고자 했다. 렌지동, 「근대 중국 도시 – 향촌관계 연구의 시각과 쟁점」, 『도시연구: 역사·사회·문화』, 제5호, 2011.06, 116쪽.

변경지역을 염두에 둘 것인데 특히 중앙정부와 지방정부와 향촌건설운동
에 참여한 지식인들 집단의 관계성을 드러내는데 초점을 두고자 한다. 이
러한 관계성을 통해 지식인과 교육활동의 중국적 특성이 드러날 수 있고
향촌건설운동의 역사적 함의도 더욱 부각될 수 있을 것이다.

II. 중국 향촌건설운동의 배경

1. 청말 민국초 이래 향촌사회의 변화

중국은 전통적으로 농업에 기반하였지만 1901년 新政체제와 1905년
과거제도의 폐지 등으로 농업에 기반한 향촌사회는 경제적 문화적으로
혼란을 겪게 되면서 이후 낙후된 지역으로 전락했다.

청조는 新政을 시행하면서 〈省鎭鄕地方自治章程〉을 발표하여 지방
자치의 시행을 모색하였다. 인구의 규모에 따라 인구 5만이상은 鎭, 그
이하는 鄕으로 규정하고 성진향은 학무, 위생, 도로공정, 가축종자개량 등
을 포함한 농공상무와 공공영업과 세금관련 사무, 구휼 및 기타 관습과
관련한 사항 모두를 紳士가 처리하는 것으로 규정하였다. 이는 비제도적
으로 작용하던 신사의 권리를 제도로 합법화 한 것을 의미하는 것이었
다.[4]

화북지역의 경우 신정시기부터 1911년 신해혁명 이후까지 향촌의 신사
들은 향촌에서 권력과 자원을 합법적으로 취득할 수 있었고 이를 바탕으

---

4) 상세한 규정은 王先明,「20世紀前期中國鄕村社會建設路徑的歷史反思」,『中國
傳統社會建設理論研究』, 136쪽 참고; 樂敏玲,「近代城鄕關係的大致走向－以
時人所論所行爲中心的梳理」,『中山大學研究生學刊(社會科學版)』, 第29卷
第2期, 2008, 27쪽.

로 신사들이 정당에 참여하면서 과거 전통시대 향촌의 관민 간 대립의 양상과 유사하게 신민대립이 발생하게 되었다.

향촌과 도시의 이원화 양상도 드러나게 되는데 1921년 7월 徐世昌이 市와 鄉의 자치제에 관한 사항을 발표했을 때 시민과 향민을 거주지로 구별하고 도시생활과 향촌생활의 방식이 다르게 규정되었다. 이를 보면 중국 내에서 서구의 도시화에 대한 관심이 증대하고 도시의 자치성에 대한 논의도 이루어졌고 향촌은 도시에 비해 낙후되었다는 인식이 이미 형성되었던 것을 알 수 있다.

이러한 전통사회에서 근대사회로의 이행과정에 나타나는 농촌의 쇠락과 도시와 농촌의 분리 혹은 이원화 추세는 근대사회에서 일반적으로 진행되는 과정이었고 중국 역시 마찬가지였다. 과거 중국의 향촌사회는 가족질서에 기반한 소농경제가 바탕이 되어 유교적 질서가 통합의 기제로 작용하고 있었다. 그러나 근대로의 전환과정에서 서구의 가치관과 질서가 수용되면서 향촌사회도 변화하게 된 것이다.

향촌사회 역시 과거제도를 기반으로 교육기구가 존재했고 신사에 의한 매개적 통치가 이루어졌으나 과거제도의 폐지와 신식교육기구의 설립이 진행되면서 향촌사회는 변화와 적응의 과정을 밟을 수 밖에 없었다.5) 이러한 변화는 역사상 유례가 없는 것이었고 도시와 농촌의 문화의 차이가 없었던 과거를 완전히 바꿔 놓았다.

신정과 과거제 폐지 등의 조치 이후 교육체제의 변화가 교육의 도시화 추세 및 향촌 엘리트들의 향촌에서 도시로의 일방적 유동을 초래했으며 인력 자원방면에서 도시가 향촌을 흡수하는 효과를 발생하게 되면서 결국 향촌문화의 쇠퇴, 황폐화 및 향촌 내 지식인의 부재를 유발하게 된 것이다6)

---

5) 陳慶璠, 「近代新學體制與城鄉分離的加劇―20世紀前期敎育現代化進程中的 鄕村問題」, 『福建論壇』(人文社會科學版), 第8期, 2005.

2. '교육구국(教育救國)'과 향촌교사 양성

신해혁명 이후 교육기관이 도시에 주로 설립되게 되고 교육의 내용도
변화되었는데 교육의 내용에서 忠君과 尊孔은 폐지되고 군국민교육, 실
리주의교육, 공민도덕교육, 세계관교육, 미감교육이 교육의 내용과 목표가
되었다. 또한 신문화운동 및 5.4운동을 거치며 과학과 민주를 내용으로
하는 신교육의 시행이 중시되었다.

5.4운동 시기 평민의 교육에 대한 관심이 증대되면서 향촌의 대다수의
농민을 교육할 필요성이 구국의 차원에서 중시되기 시작했다. '민간으로
가자(到民間去)'라는 주장은 농촌으로 향하게 했으며 도시에서 경험한
중국실정에 부합하지 않았던 교육을 반성하고 농촌에 부합하는 교육을
시행하려는 움직임도 전개되었다. 즉 壬寅, 癸卯學制에서 일본을 모방했
고 5.4시기 서구의 교육사조가 유입되었으나 중국에 부합하는 교육이 아
니라고 인식하였던 것이다.

중국은 자본주의가 도입되었지만 중국사회는 여전히 농업국가의 성격
이 강하였다. 또한 소농경제구조에 기반한 자급자족 경제가 더 주도적이
며 문맹률이 85%이상인 상황에서 이미 의무교육이 완료되고 문화소질이
제고된 서구국가의 교육방법과 내용을 수용하는 것이 적절한 것인지에
대한 의문이 제기된 것이다.

향촌을 떠나 도시로 나아가 교육을 받고 유학을 다녀온 지식인들은 서
구의 학문방법을 중국에 들여오는 과정에서 교육으로 국가를 건설하고
이를 통해 구국을 한다는 인식이 보편화 되었다.[7]

1919년 5.4운동시기 北京학생들이 평민교육강연단을 조직해서 北京인

---

6) 趙泉民, 「從"無差別的統一"到"對抗性"形成―基於新式教育興起看20世紀初
期中國城鄕關系演變」, 『江蘇社會科學』, 第3期, 2007.

7) 鄭大華, 「關於民國鄕村建設運動的幾個問題」, 『史學月刊』, 02期, 2006年, 54쪽.

근의 농촌으로 들어가 교육활동을 하였고 李大釗도 '청년과 농촌'이란 글에서 노동계급 대부분이 농촌 출신이라고 하면서 농민을 해방하러 가야 한다고 하는 등 생산자로서의 농민에 대한 관심과 농촌과 도시의 교류가 강조되었다. 학생과 교수 등 지식인들의 농촌과 농민에 대한 자각이 일어난 것이다.

점차 향촌교육에 대한 관심이 증가하는데 미국에서 교육학을 공부하고 돌아온 陶行知는 1919년 4월 '일류교육자'라는 글에서 개발되지 않은 토지가 있고 교육을 받지 못한 인민이 있는 것은 우리가 책임을 다하지 않았기 때문인 것이라고 하여 지식인으로서의 소명의식을 지니고 바라보았다.[8] 그는 貴州 교육대표단을 만났을 때 귀주에 학교를 건립해야 한다고 강조하는 등 적극적으로 의견을 개진하였다.

陶行知는 서구교육의 내용이나 방법을 바꿔야 한다고 보면서 "문명국의 것을 동양에 들여와 천진난만한 아동에게 침투시켜 그들을 시들게 만들었다"고 하였다. 이외에도 '중국의 향촌교육은 먹는 것은 가르치지만 심는 것은 모르게 되고 옷을 입는 것은 할 수 있지만 옷을 만들 수는 없게 하며 집을 지을 수는 있지만 나무를 키울 줄은 모르며 겸양을 가르치기만 하고 실제는 사치하게 하고 농사를 열심히 하게 하지는 않고 농부의 자제를 서생이 되게 가르치기만 한다. 부유하라고 가르치면서 빈궁하게 만들고 변화를 가르치면서 외무에만 힘쓰게 하고 강함을 가르치면서 약하게 만드는 교육을 하고 있다'고 비판하였다. 이러한 향촌 교육은 망국을 초래할 것이라고까지 하였다.

1919년 겨울 餘家菊도 '향촌교육의 위기'를 발표했다. 그는 향촌교육이 부진한 이유는 농민들이 식자교육을 관직을 얻기 위해서나 하는 교육이라는 전통적인 관념만 지니고 있다는 것과 농촌 학교시설의 낙후함과

---

8) 『陶行知全集』1, 湖南敎育出版社, 1986年, 114쪽.

자질 없는 교사, 형편없는 교육수준 등 때문이라고 하였다. 현재 향촌교육
은 이미 파산하여 일으킬 방법이 없다고도 하였다. 그는 '향촌교육에 대해
국가가 특별히 중시해야 한다고 하면서 향촌인민의 지식이 증가하고 도덕
이 높아지고 기술이 정교해지면 농산물이 많아지게 되고, 생활이 풍요로
워지면 건전한 국민이 될 수 있을 것이라'고 주장하였다.9)

이렇게 향촌교육의 위기나 문제에 대한 인식이 확산되고 이를 교육구
국의 차원에서 접근하고 있는 것은 1919년에서 1926년까지 〈중화교육계〉
를 비롯한 다수의 교육관련 잡지에 32편 이상의 향촌교육에 관한 글이
실린 것을 통해 알 수 있다. 이 가운데 여가국, 陶行知, 黃炎培, 梁漱溟,
晏陽初, 古木某, 俞子夷 등 26명의 교육가들의 글이 소개되었는데 이들
은 모두 교육을 통해 인민의 생산력을 증진시켜 생활을 향상시킬 수 있다
는 주장을 전개했다.10)

1921년 陶行知는 '사범교육의 신추세'라는 글에서 중국은 농업국이며
인구의 85%인 3억 4천만 명이 향촌에 거주한다. 도시엔 15%인 6천만명만
거주하면서도 향촌엔 전국학교의 10%만 존재한다고 하면서 향촌교육의
시행만이 향촌을 바꿀 수 있을 것이라고 하였다. 그러므로 100만 명의 동
지를 모아서 100만개의 향촌학교를 창설하여 향촌을 개조하자고 하였다.

梁漱溟은 중국사회는 농촌이 주로 구성하고 있어 농촌이 흥해야 사회
가 흥성할 수 있고 농촌의 신생명은 향촌교육의 건설로 얻을 수 있다고
하였다. 그는 '社會敎育과 鄕村建設의 合流'라는 글에서 농촌건설의 근

---

9) 『中華敎育界』, 第10卷 第1期, 1922年; 童富勇, 「論鄕村敎育運動的發軔興盛及
   其意義」, 『浙江學刊』, 1998, 112쪽.

10) 『中華敎育界』(上海), 『敎育雜誌』(上海), 『義務敎育』(南京), 『小學敎育月刊』
    (南京), 『新敎育』(上海), 『初等敎育』(南京), 『敎育與人生』(上海), 『鄕敎叢訊』
    (南京), 『鄕村敎師』(南京), 『鄕村敎育半月刊』(南昌), 『生活敎育』(上海) 등의 교
    육관련 잡지 참고.

본은 교육공작에 있다고 하였다.11)

이렇게 향촌교육에 대한 강조는 농촌사회의 문제 해결의 방안으로 보편적으로 인식되었던 것이다.

한편 향촌교육의 방법은 생활과 사회에서 출발해 무엇을 사용하고 무엇을 배우고 가르칠 것인지를 따라야 한다는 陶行知의 교육방법이 보편적으로 유행하고 활용되었다. 陶行知는 건강교육, 노동교육, 과학교육, 예술교육, 사회개조교육을 중시했는데 그는 살아있는 교육 즉 가르치는 것과 배우는 것과 행하는 것이 하나가 되는 '教學做合一法'을 적용했고 향촌의 특성상 현장에서 직접 배워야 한다는 것에 부합했기 때문이다.

미국의 교육가 폴 먼로(Paul Monroe)가 1921년 중국에 와서 향촌교육 기회의 확대를 주창하자 江蘇省의 의무교육조성회가 향촌교육의 실행을 주창했던 陶行知의 건의를 받아들여 江蘇省 교육청에 건의하여 省立사범학교의 향촌분교를 설립하게 되었다.12) 이에 1922년과 1923년 강소 성립 제 1, 2, 3, 4, 5 사범학교가 關江, 黃渡, 洛社, 棲霞山, 界首등 강소의 無錫과 南京 부근의 향촌에 분교를 설립하였다.

江蘇省에서 시작된 사범학교의 향촌분교 설립은 山東, 河南, 安徽, 浙江, 福建, 湖北, 廣東에서도 이루어졌다. 성립, 현립 및 공립, 사립의 다양한 방식이었으나 향촌교사의 양성이라는 목적은 동일했다.

당시 향촌교육의 근간이 되는 향촌교사 양성기관은 꾸준히 증가해서 1931년까지 전국의 성립 향촌사범학교는 27개, 현립, 사립의 향촌사범학교는 수백 개로 증가했다. 이외 향촌교육운동 시범지구도 전국적으로 193개에 이르게 되었다.13)

11) 宋恩榮編, 『梁漱溟教育文集』, 江蘇教育出版社, 1987, 24쪽.
12) 먼로의 중국에서의 활동에 대해서는 최은진, 「5・4운동 시기 존 듀이(John Dewey) 교육사상의 확산과 그 함의」, 『중국학보』, 88권, 2019,5, 211-212쪽 참고.
13) 『中華教育界』, 第21卷 第12期.

교육관련 잡지는 아니었지만 1922년 8월『東方雜志』도 농촌의 문제를
주목하고 농업과 농민운동호를 내었다. 여기에 당시 일본에 유학을 한 지
식인으로 농학계의 학술조직인 中華農學會의 총간사 吳覺農은 '중국농
민문제연구(中國農民問題研究)'를 기고했는데 농민의 고생은 외국자본
과 공상업의 압박을 받고 안으로 탐관오리와 정치적 혼란으로 심화 된
것이라고 규정하고 토지분배의 불균등, 식량부족, 생활의 곤궁, 자연재해,
경영방법의 문제 등을 농민문제의 이유로 들었다. 이를 해결하기 위해 농
민생활의 개조, 교육의 확대, 전원도시 건립, 가정생활의 개선, 향촌순회
지도원 파견과 위생단체 운동을 전개해야 한다고 하였다. 이를 통해 농촌
을 개조하고 농민을 각성시켜야 한다고 했는데 여기서도 역시 교육을 확
대해야 한다는 견해가 엿보인다.

이렇게 향촌교육에 대해서는 교육가를 포함하여 일반 지식인들에게도
향촌의 문제를 해결하는 방안으로 빠짐없이 언급되었고 이는 향촌에 부합
하는 교육내용과 이를 담당할 인재의 양성이 필요하다는 것으로 의견이
모아졌다. 그렇다면 이를 시행할 교사나 주체는 누가 되어야 할 것인가.
향촌사회의 변화가 발생된 이래 인재가 부재한 실정인 상황에서 향촌의
건설은 바로 외부 지식인의 투입이 있어야만 가능할 수 있었던 것이다.

Ⅲ. 중국향촌교육과 향촌건설운동의 기획과 전개

1. 향촌건설과 '농민화 된 지식인'

교육을 통한 농촌의 문제해결을 외부에서 시도한 지식인들에 의해 시
도된 운동으로 향촌건설운동이 전개되기 시작했다. 이는 농촌의 부흥을
통해 민족을 개조한다는 공통된 목표를 내세운 다양한 실험을 의미하는데

세부적인 시행의 내용과 방향이 다르더라도 전국적으로 전개되고 확산되었다. 또한 각지의 향촌의 건설을 도모하면서 서로의 경험을 공유하면서도 다양한 특성을 드러내었다.[14]

1923년 총간사 晏陽初가 주도하는 '중화평민교육촉진총회(中華平民教育促進總會)'(이하 평교회)가 성립되어 『農民報』가 발간되었다. 미국에서 유학한 뒤 1920년 농민을 대상으로 중국평민교육운동을 전개하면서 평교회를 설립하게 된 것이다.[15]

평교회는 향촌의 문제를 愚, 貧, 弱, 私 즉 어리석고 가난하고 연약하며 사사로움만을 추구하는데 있다고 보고 이를 해결하기 위해 정치, 교육, 경제, 自衛, 위생, 禮俗의 6대 건설을 주창했다. 교육은 정치, 경제 등과 함께 이루어지도록 하였다.

평교회는 미국의 자금지원을 받았는데 이는 1925년 성립된 태평양학회 (Institute of Pacific Rela tions, IPR)의 1차 회의에서 晏陽初가 평민교육에 대한 강연을 한 뒤 이루어졌고 이후 세계에도 알려지게 되었다.

중화평민교육촉진총회는 실험구를 정하여 향촌에서의 평민교육을 진행하기로 하였는데 1926년 8월 河北省 定縣을 선택하였다. 하북성 定縣은 중국 고유의 농본사상인 '향토정절(鄕土情節)'을 계승하여 1902년 하북의 米氏 父子가 촌민교육을 시행했던 곳이었다.

평교회가 시행한 평민교육은 향촌사회 전체를 포괄할 수 있는 학교식,

---

14) 曹天忠, 「1930年代鄕村建設派別之間的自發互動」, 『學術研究』, 3, 2006, 96-97쪽.
15) 晏陽初(1893-1990)는 四川省 巴中縣의 4대 지식인 가정에서 태어나 私塾에서 전통교육을 받았다. 1903년 서학당인 中國內地會에서 공부한 뒤 1912년 홍콩의 성바오로서원에서 학습한 뒤 1916년 미국의 예일대학에서 정치경제학을 공부하였다. 1918년 프랑스에서 華工식자운동을 전개하였고 1919년 프린스턴대학에서 역사학을 공부하였다. 1949년에는 타이완을 거쳐 미국으로 간 뒤 다시 태국, 필리핀, 인도, 콜롬비아, 과테말라, 가나 등 동남아, 남미, 아프리카 등지에서 평민교육을 수행하고 조직으로 만드는 등 국제적인 활동을 하였고 미국 뉴욕에서 여생을 마쳤다.

사회식, 가정식의 세 가지 방식으로 진행되었다. 교육의 내용은 생계, 문화, 위생, 공민 등의 4대 교육이었다.

한편 남경정부를 수립하였지만 기층까지 권력을 장악하지 못한 蔣介石은 향촌건설운동에 관심을 표방했고 이에 定縣을 직접 방문한 뒤 지원을 약속하였다. 그러므로 定縣은 국제적 지원과 중앙정부의 지원을 받아 큰 규모의 활동을 전개할 수 있었다.

지원과 함께 많은 지식인들이 참여했던 것이 무엇보다 중요하였는데 1926년 66명에서 1935년 500명의 인원이 참여했던 것은 경제적 지원에 의거했기 보다는 지식인들의 자발적 참여에 기인했다고 볼 수 있다. 〈표 1〉에 보면 실험에 참여한 지식인들은 미국 유학출신이 가장 많고 미국의 하버드대학을 포함한 대학 출신들로 인문학과 공학, 농학, 의학 등의 다양한 전공을 지녔다. 생계, 문화, 위생, 공민의 부로 나누고 문화부의 경우 문학이나 희극 등을 포함하는 등 각 부서가 좀 더 세분화하여 교육을 수행한 것을 알 수 있다.

〈표 1〉 定縣실험에 참여한 미국 유학 출신 지식인

인명	담당부서	출신대학	전공
李景漢	사회조사	미국 콜롬비아대학	사회학석사
陳築山	평민문학부주임	미국 미시간대학	정치경제학
瞿世英	문학부 간부	미국 하버드대학	교육학박사
熊佛西	농촌 희극작가	미국 하버드대학	박사
馮銳	생계교육부주임	미국 코넬대학	농학박사
陳志潛	위생교육부주임	미국 하버드대학	공공위생학
劉拓	농촌공예부	미국 아이오와대학	박사
謝扶雅	총회비서장	미국 시카고 대학 하버드 대학	철학수료
姚石庵	생계교육부주임	미국 시카고 대학	농업경제
孫伏園	문학부주임	프랑스 유학	문학
瞿菊農	연구부주임	미국 하버드 대학	철학박사
湯茂如	-	미국 콜롬비아 대학	교육학석사

위 〈표 1〉의 생계교육부주임 馮銳는 남경대학을 졸업하고 미국 코넬대학에서 농업경제학 박사가 된 뒤 로마와 독일, 덴마크 등에서 합작운동을 고찰하였다. 이후 미국의 농업부에서 일하다가 廣州의 嶺南大學, 남경의 國立東南大學의 교수를 하고 있었다. 대학교수였던 그는 1925년 봄 평교회 총회가 농민들에게 교육하는 것을 보고 감명을 받았고 晏陽初의 권유로 중국 실정에 맞는 농업을 가르치겠다고 교수직을 사직하고 참여했다.

교육부 주임이었던 鄭錦도 일본에서 10년간 유학을 하였고 국립북경예술전문과학교를 설립한 교장이었는데 定縣에 참여해 농민의 생활을 그리는 작업을 도왔다. 이들 모두 도시에서 활동하던 지식인이었으나 농촌의 상황에 부합하는 교육을 모색하는 차원에서 참여했다.

도시 지식인으로서의 입장은 당시 定縣의 사회조사를 담당한 사회학 전공의 李景漢을 통해 알 수 있다. 그는 北京에서의 생활을 접고 定縣에 합류하였는데 농촌생활에 적응하는 것이 쉽지 않았다.

北京을 떠나 定縣에 도착하기까지의 과정을 회고한 글에서 그는

"北京에서 定縣까지 세 시간 정도 걸리는데 당시 기차 시간이 정확하지 않아 마치 24시간이나 걸린 듯 했다. 나는 간이차에 앉아 있었는데 비가 내려 흠뻑 젖었다. … 定縣에 도착해서 翟城村으로 가는데 또 30리나 가야 해서 밤에는 定縣의 여관에서 머물렀다. 피곤했지만 잠이 오지 않았고 피로하여 책상에 앉은 채 잠이 들었다. 후에 나는 빈대에 물린 것을 알았다. 定縣에 오기 전 나의 생활은 비교적 우월했고 농촌생활은 겪어본 적이 없었다. 定縣에 와서 극심한 변화를 체험한 것이다. 다음날 차로 적성촌으로 갔다. 평교회가 여기에서 공작을 시작했기 때문인데 판공실 숙사는 몇 칸의 초가집이었고 매우 열악하였지만 평교회 동인들은 모두 매우 고무되어 있었다"

라고 하였다. 후에 곽성촌의 본부가 定縣의 현성으로 옮겨진 이후 세수하
고 씻는 문제가 해결되었다고 하니 당시의 상황을 짐작할 수 있다.[16] 李
景漢을 비롯한 평교회 동인들은 도시에서 비교적 편안한 생활을 하던 지
식인들로 세수도 해결하기 어려운 향촌으로 들어가 '극심한 변화'를 체험
하면서도 매우 고무되어 있었다는 것은 定縣에서의 실험에 자발적으로
적극적으로 참여했던 것을 의미한다.

물론 향후 5년 동안 지식인들의 1/3은 다시 도시로 돌아갔는데 도시에
남아있는 가족의 반대나 부양의 문제로 인한 것이었다. 그럼에도 상당히
많은 지식인들이 농촌에 남아 항전기간까지 10년을 넘게 활동하였다.

晏陽初는 농촌에서의 평민교육을 위해 '농민화 된 지식인'이 필요하다
고 주장했다. 농촌의 고생스러운 물질생활에 적응하고 농촌의 문제를 자
각할 수 있으며 이론이 아닌 현실에서 문제를 해결해 줄 수 있는 인재를
농민화 된 지식인이라고 하였다. 즉 중국의 전통적인 사대부와 달리 향촌
건설운동에 투신하는 지식인이 새로운 지식인이라고 주장했다.

이러한 농민화 된 지식인의 참여가 시작된 1926년 陶行知는 향촌교육
을 위한 향촌사범학교의 건립을 적극적으로 이행하고 생활교육을 주장하
여 향촌교육에 적합한 교육의 내용과 방법을 강조하고 中華敎育改進社
의 활동을 하면서 개인적으로 江蘇省 남경교외에 자비를 들여 향촌사범
을 건립하고 1927년 3월 전국에서 13명의 지원자로 시작하였다.

陶行知는 듀이의 실용주의의 영향을 받았으며 중국의 상황에 부합하는
교육의 내용과 방식을 찾으려 했다. 이에 전통적인 사범학교와 달리 목축
을 하고 분뇨를 모으고 직접 밀짚을 만들며 농촌에 필요한 향촌교사를 양
성하고자 했다. 그는 새로운 지식인으로서의 교사상을 강조했는데 이러한

---

16) 李景漢, 「回憶平敎會定縣實驗區的社會調查工作」, 李濟東, 『晏陽初與定縣平
    民敎育』, 河北敎育出版社, 1990, 447-448쪽, 鄭大華, 앞의 책, 542쪽 재인용.

교사양성에 대해 전국적으로 주목을 받았다. 그는 학생들의 '농민화'를 제창했고 스스로 농민의 옷을 입고 농민과 스스럼없이 대화를 하였다.

陶行知는 이러한 경험을 바탕으로 『효장사범문답객문(曉莊師範問答客問)』을 저술하여 전국의 향촌교사양성에 활용하게 하였으며 미국의 교육가 킬 패트릭(William Heard Kilpatrick)이 효장사범을 참관하면서 효장사범은 국제적으로도 관심을 받았다. 1929년 남경정부와 갈등을 겪게 되어 폐지될 때까지 3년간 2백여 명의 졸업생을 배출했다. 참관하면서 국제적인 관심도 받았다. 陶行知 스스로 농민화 된 지식인의 모습으로 향촌교사를 양성하였고 이들 졸업생들은 전국의 향촌건설 과정에서 향촌교육에 참여하고 이를 교육하고 확산하는 지식인들이 되었다.

定縣에서 활동한 '농민화 된 지식인'들은 농민이 아닌 과학적 지식과 방법을 활용하는 것으로 李景漢은 미국의 사회조사 방법을 활용하여 먼저 定縣의 사회조사를 실시하여 戶口, 土地, 生産, 賦稅, 集市, 教育, 風俗習慣 등을 정리하였고 이를 1936년 6월 北京의 清華대학『社會科學』잡지 제 1권 제 3기에 「定縣土地調査」로 발표하였다. 그는 사회조사를 근거로 토지사유제의 문제가 심각하다고 지적했다.

定縣의 실험은 이러한 조사를 통해 1930년 10년 계획, 1932년 6년 계획 등의 설계를 하고 실험을 통해 확대하는 과학적 방법을 차용하고 시행하였는데 이는 참여한 지식인들의 특성과 관련이 깊다.

定縣 실험에 참어한 孫伏園과 熊佛西, 瞿菊農 등 지식인들은 자신들의 활동 경험을 연경대학과 남개대학, 청화대학, 協和학교 등에서 강연을 하였다. 사회조사, 생계, 위생, 농민교육, 현정건설, 평민문학, 예술교육과 희극 등으로 실제현장에 필요한 향촌건설과 직접 관련된 내용이었고 또한 이들 대학이 연계해 만들어진 화북농촌건설협회에 참여했다. 그리고 산동 鄒平의 참여 지식인들과 함께 廣州 중산대학 교육연구소와 교류를 하였다. 따라서 이들 지식인들은 대학과의 연계를 통해 학생들을 양성하고 지

식인들과의 연계로 화북의 협회를 만들었을 뿐 아니라 산동과 광동지역과
도 연계한 것을 알 수 있다.

한편 강남지역의 향촌건설 지식인들과의 연계도 적지 않았는데 1930년
에는 江蘇省立敎育學院의 민중교육파로 알려진 甘豫源과 농촌경제연
구원无锡경제조사단 주임 秦柳方등이 북상해서 定縣을 참관하고 〈중화
평민교육촉진회화북실험구보고(參觀中華平民敎育促進會華北試驗區
報告)〉를 작성하였다. 여기에서 定縣교육의 장단점을 지적하면서 남북
민중교육의 내용은 서로 급속히 가까워지고 있다고 하였는데 이는 강남지
역의 실험현과도 긴밀한 관련을 맺고 있었던 것을 보여주는 것이다. 이외
1931년 2월에 晏陽初가 남하해서 江蘇省립민중교육학원을 참관하고 남
경, 無锡, 蘇州 등을 다니며 평민교육이론을 강의하였다.

강소지역에도 江蘇省立敎育學院이 無錫民衆敎育實驗區를 설립하
였는데 黃巷, 北夏, 惠北이 無锡 근교에 있어서 無锡민중교육실험구로
불렸고 원장 高踐四도 미국 유학을 다녀온 지식인이었던 것을 보면 서로
영향을 주고받은 것이라고 할 수 있다.

강소뿐 아니라 1932년 11월에는 晏陽初가 梁漱溟에게 연락하여 山東
의 鄒平을 방문하면서 서로 연계를 맺었다.

한편 定縣에서는 농촌경제의 발전을 위해 합작사를 설립하는 활동도
본격화하여 1932년에 高頭村 소비합작사를 설립하고 신용합작사도 설립
하였다. 晏陽初를 비롯해 기독교인 지식인이 많이 참여한 평교회는 기독
교계의 華洋義賑會의 합작사 방식을 수용하여 보급했다.[17]

한편 1928년부터 1933년까지 無锡의 강소교육학원에서 5년 간 연구실
험부 주임을 했던 雷沛鴻은 미국 하버드대학과 미시간 대학 등에서 철학
외 정치, 경제 등을 섭렵한 지식인으로 1933년 자신의 출신지인 廣西省

---

17) 박경철, 앞의 논문, 2014, 44-45쪽.

의 교육청장으로 부임했다. 그는 민중교육파가 발간하는『교육과 민중』잡지에 광서성의 국민기초교육과 관련된 계획 등을 소개하는 등 강남 실험현과 연계를 맺고 있었고 定縣의 실험에 대해서도 잘 알고 있었다.

그러나 雷沛鴻이 부임하기 전 1932년 4월 29일 晏陽初는 廣西省의 李宗仁에게 광서에서 평민교육운동을 전개하겠다고 제안하고 평교회의 湯茂如를 광서 賓陽으로 보내 실험현을 실시하고자 했다. 이러한 계획은 廣西의 문화인사 白鵬飛등의 고소로 감옥에 들어가는 바람에 좌절되었다. 당시 광서는 토착인사들의 세력이 강했기 때문이었고 성정부 주석 黃旭初는 평교회를 더 신뢰하면서 다른 사람을 보내 줄 것을 요청하였으나 1933년 9월 雷沛鴻이 광서의 교육청장이 되었던 것이다. 평교회는 定縣외에 광서성으로 확장하려 했지만 광서의 토착인사들로 인해 쉽지 않았고 성정부에게는 신뢰를 받았던 상황이라 것으로 雷沛鴻과는 갈등이 발생하게 되었다. 그러므로 강남의 민중교육파와 긴밀했던 雷沛鴻은 민중교육파와 梁漱溟과도 긴밀한 관련이 있는 가운데 梁漱溟의 향촌건설의 내용을 수용하게 되었다.

2. 향촌교사와 향촌건설의 지역적 확산

1928년 봄 梁漱溟은 李濟琛의 요청으로 北京에서 廣州로 가서 광동정치분회건설위원회 주석을 맡으며 광동 성립 제 1중학교 교장이 되었고 향치강습반을 운영하고 강의하면서 광동성의 상황을 파악하였다. 그리고 1929년 2월에는 전국의 향촌교육실험구를 참관하였다. 陶行知가 운영하는 남경의 효장사범학원, 중화직업교육사가 운영하는 昆山의 향촌개선실험구, 중화평민교육촉진회가 운영하는 定縣의 향촌건설실험구, 山西 太原 등을 방문했다.[18] 산서는 1902년 定縣의 현장 孫發緖가 산서성 성장으로 가면서 미씨 부자의 향촌건설사상을『중화일보(中華日報)』,『촌치

월간(村治月刊)』등의 간행물을 통해 전파했고 이를 시행하고자 했던 곳
으로 일찍이 향촌교육도 시행되었는데 1919년 절강성 교육회 회장 經亨
頤는 산서에 여전히 구식 교육기관만 많다고 하였고 1930년대에도 중앙
정부의 현장이 무력을 지닌 향장 등 지방의 토착유지들을 통제하지 못하
였다.[19]

江蘇省 昆山의 향촌개선실험구(鄕村改進試驗區)는 1928년 4월 黃
炎培가 이끄는 中華職業敎育社가 설립한 것으로 '부교합일(富敎合
一)'을 내세우며 총무, 건설, 농예, 교육, 위생, 오락, 선전의 7개 부서를
설치하였는데 소학교육과 사회교육을 함께 전개하면서 생산을 높이기 위
해 농민들의 도박 금지와 양잠 장려 외 풍속의 개량을 시행하고자 하였다.

여러 향촌건설 실험지역을 참관한 梁漱溟은 陶行知의 '생활교육방식'
에 특별히 관심을 보였고[20] 1929년 베이징대를 사직하고 가을에 河南에
村治學院을 설립하였다. 하지만 운영이 여의치 못했다가 1931년 6월 山
東省정부 주석 韓復榘가 폐쇄된 하남 촌치학원의 인력을 초빙하여 산동
鄒平에 향촌건설연구원을 설립 하면서 운영할 수 있었다.[21] 河北 定縣
은 장개석의 지원을 받았지만 山東 鄒平의 경우는 국민당 정부가 설립을
허가하지 않아 지방군벌의 도움을 받아 설립된 것이었다. 당시 孫文의
고향인 광동 중산현에 실험현이 있어 실험현이라는 표현이 불가하다고
하여 연구원이라는 명칭으로 비로소 설립을 할 수 있었다.

1932년 8월 江蘇省立民衆敎育學院 高踐四가 鄒平에 와서 民衆敎
育의 6종 내용인 문자, 생계, 공민, 건강, 가사, 오락교육 및 목적, 계획,

---

18) 이재령, 앞의 논문, 154쪽.

19) 王先明, 앞의 논문, 2008, 136쪽.

20) Guy S. alitto, *The Last Confucian, Liang Shu-ming and the Chinese Dilemma of Modernity*, University of California Press, 1986, P.161.

21) 박경철, 앞의 논문, 2014, 44-45쪽.

구역의 구분이라는 3개의 원칙을 소개하자 1933년 5월에는 梁漱溟이 無錫으로 가서 민중교육이 어떻게 중국을 구할 수 있는가라는 강연을 하기도 하면서 서로 교류를 하였던 것을 알 수 있다. 無錫의 江蘇省立敎育學院은 1932년에 晏陽初가 방문했었고 연구원이던 광서성 교육청장 雷沛鴻이 활동했으며 梁漱溟과도 연계되어 있어 서로를 연계하는 기관의 역할을 하였다고도 볼 수 있다.

梁漱溟은 경제적 발전을 도모하면서도 특히 문화적 역량의 강화를 중시하였다. 농민에게 교육을 통해 조직 생활의 근간이 되는 효제, 충의, 정의, 예속 등의 사회윤리를 익히게 하는 것을 우선시했는데 그는 문화적 역량을 확보해야 정치와 경제적 발전도 이룰 수 있다고 보았고 이 때문에 문화적 역량을 강화하는 교육활동을 특히 강조하였다.

교육인재를 양성하기 위해 향촌건설연구부와 향촌복무훈련부를 설치하였는데 향촌건설연구부는 山東省내의 전문대학 이상 학력자로 30명을 선발하여 2년간 기본연구와 전문연구의 과정을 밟게 하고 향촌의 교육, 자치, 이론 등을 연구하도록 했다.

향촌복무훈련부는 山東省내 27개 현에서 중등정도의 교육을 받은 20에서 35세 연령 중 300명을 선발하여 일 년 간 이론과 실제를 공부하도록 했다.

향촌건설연구원은 陶行知의 효장사범학원의 졸업생인 楊效春, 潘一廣, 張完麟 등을 불러 교육을 담당하게 했고 농업개량과 기술 등은 金陵大學 출신자들이 담당하게 하였다. 이외 합작사는 기독교계 조직인 章元善이 이끌던 '화양의진회'에 요청하는 등 각 조직의 도움을 받으며 운영을 하였다. 특히 효장사범학원 졸업생들이 교육을 담당하여 陶行知의 생활교육방법에 준하였던 것을 알 수 있다. 陶行知는 향촌교사는 '농부의 손과 과학적 두뇌, 사회개조의 정신을 지녀야 한다'고 하였고 교사는 향촌의 실정에 부합하도록 해야 한다고 강조했다.

향촌건설연구원의 교육과정은 정신도야, 군사훈련[自衛問題], 권법, 경제학- 농촌경제, 각종 합작사, 사회조사 및 통계, 농업상식 및 기술, 수리, 숲 조성, 정치학, 현행법령, 공문서 작성, 향촌자치조직, 향촌교육, 호적 및 토지등기, 공안, 위생, 도로건설, 풍속개선 등으로 향촌사회의 정치, 경제, 문화의 전반과 관련된 전반적인 내용으로 구성되었다.22)

특히 정신도야 부분을 강조한 점이 특징이라고 할 수 있다. 정신수양은 문화교육으로 불리며 自立, 自助, 自治를 통해 민족정신을 발휘하는 것이라고 하였다. 정신도야의 구체적인 내용은 합리적 인생태도, 인생의 실제문제 토론, 중국의 역사문화 분석으로 구성되었는데 이에 따라 풍속개량회, 미신타파운동, 재난방지운동 등이 포함되었고 이외 삼민주의개괄, 건국대강, 건국방략의 당의연구도 포함되어 정부의 삼민주의교육의 내용을 수용하고 있었음을 알 수 있다.

이러한 정신수양 수업을 위한 교재는 孔子사상을 위주로 하였으며 四維로 대표되는 유교교육이념을 바탕으로 윤리도덕은 인의로, 충은 책임지는 마음, 효제는 잘 섬기는 것으로 해석하였고 지식과 실천을 중시하고 사회에 적극적으로 참여하는 것 등으로 해석했다.23) 유교이념을 바탕으로 민족정신을 부흥시키고자 했는데 유교이념이 과학과 합리성과 배치되지 않는 것으로 보았다.

鄕村建設硏究院을 졸업한 인재들은 졸업 후에도 정보를 교류했고 보고서를 제출하게 하였다. 그리고 이들이 각자의 향촌에서 鄕農學校를 설립하고 참여할 수 있도록 도왔다. 이외 향농학교의 설립에 필요한 농업, 과학, 역사, 정신수양의 교재를 제공해 주었다. 특히 향농학교를 운영할

---

22) 梁漱溟, 「鄕平工作槪談」, 『教育研究』, 57期, 1935; 中國文化書院學術委員會 編, 『梁漱溟全集』, 第5卷, 山東人民出版社, 1992, 625쪽.

23) 이재령, 앞의 논문, 2005, 165쪽.

때 민중과 친밀한 관계를 통해 신뢰를 얻어야 함을 강조했다.[24]

山東 鄕村建設硏究院이 발행한 잡지『鄕村建設』에는 농촌의 상황에 적응하기 어려운 지식인들이 서로 어려움을 논하며 도움을 주고받았다. 12세 이후부터 도시에서만 살았던 향촌출신의 지식인이 쓴 '향촌으로 들어 가는 것을 말함(談到鄕村去)' 이라는 글에는 '농민들의 신뢰를 얻어야 하는 것이 중요하다. 농민들의 신뢰를 얻기 위해서는 우선 농민들의 고통이 어디에 있는지 알아야 하며 해결방안을 제시해 주어야 한다. 농민들의 습관과 행동을 알아야 하며 그들은 도시인과는 다르니 그들과 접하는 방법을 잘 알아야 하고 언어나 행위를 향민들과 다르게 하지 말아야 하는데 다르게 하면 향민들이 즉시 미워하므로 작업에 막대한 영향을 끼치게 된다'고 하였다.[25] 이렇게 향촌건설을 위해 농민화 되려 한 지식인들의 노력이 있었던 것이다.

1931년 조사된 山東省은 대부분 지역에 전통적인 교육기관인 私塾이 있을 뿐 근대적인 교육기관은 아직 많지 않았다. 이에 梁漱溟은 荷澤에서 濟寧까지 14개 縣의 실험구에 향농학교를 건립했다.[26] 梁漱溟의 村學과 鄕學, 鄕農學校는 宋代 呂氏 鄕約에서 연원하는 것으로 향약규약의 윤리인 덕업상권(德業相勸), 과실상규(過失相規), 예속상교(禮俗相交), 환란상휼(患亂相恤)인 덕업을 서로 권하고 과실을 서로 타이르고 예의 풍속으로 서로 사귀고 재난을 서로 구휼하라는 것을 이어받아 적용했고 淸代 陸桴亭의 三約인 保甲, 社倉, 社學을 계승한 것이었다.[27] 이는 모두 민족고유의 정신을 회복하여 문명의 자긍심을 갖게 하기 위한

---

24) 梁漱溟,「山東鄕村建設硏究院之工作報告」,『鄕村建設實驗』, 第1集, 31-38쪽, 1934,『梁漱溟全集』, 5卷, 388-392쪽.

25) 鄭大華, 앞의 책, 2000, 593쪽.

26) 胡家健,「鄕村學校的社會中心運動」,『敎育雜志』, 第20卷 第1號, 1928, 1쪽.

27) 梁漱溟,「鄕村建設理論」,『梁漱溟全集』, 2卷, 199쪽.

것이었다.

鄒平에서는 200호에서 500호의 자연촌락을 기준으로 향농학교를 설립
했는데 촌학은 촌에 설립했고 향학은 촌학의 상급학교로 설립되었다. 그
리고 인근 촌의 촌장들이 모여 연합하여 향학을 도와주는 역할을 담당하
기도 하면서 현정부와 협력하도록 했다. 즉 해당지역 인사 5-10명을 교동
회로 조직하고 교동회가 추천한 사람을 교장으로 하며 신지식을 지닌 교
사, 학생으로 학교를 구성했다. 따라서 지역 인사와 신지식을 지닌 교사가
협력해야 하는 것이었다.[28] 즉 교육기관 자체가 지역의 토착세력, 행정권
력과 긴밀하게 운영되는 것이었다.

물론 향의 농민들은 회의를 통해 의견을 피력하고 존중하여 협력하는
것을 배우고 규약을 지키는 방식을 취해야 했다. 교장을 존중하고 이사회
도 신임하는 것을 강조했고 어른을 공경하고 이웃을 존중하는 예의를 운
영원리로 했다.[29]

향학은 소학교급 기관으로 성인부, 부녀부, 아동부로 나누어 기본교육
을 시행하였다. 인생교육인 정신교육, 어문교육, 생계교육, 공민교육, 건강
교육, 여가교육과 향촌건설교육을 시행했고 역사지리와 음악, 식자교육,
정신강화교육이 역시 중시되었다. 특히 식자교육 외에 과학기술, 음악, 미
술 등도 문화적 소양과 관련된 교육이 진행되었다는 것이 특징이다. 대회
당, 도서관, 체육관, 음악당을 부대시설로 두도록 한 것도 이를 반영한 것
이다.

운영은 학교교육과 사회교육의 두 가지 방식으로 하였다. 사회교육에는
향촌민들 전체가 참가하도록 했다. 주요한 활동은 天足의 시행과 조혼제

---

28) 梁漱溟,「山東鄕村建設硏究院之工作」,『中華敎育界』, 20卷 4期, 1-4쪽, 1932.10,
『梁漱溟全集』, 5卷, 303-304쪽.

29) 梁漱溟,「村學鄕學須旨」,『鄕村建設』旬刊, 3卷 16期, 1934年 2月 1日,『梁漱溟
全集』, 5卷, 448-449쪽.

도의 폐지, 아편과 도박금지, 질병과 보건교육, 농업생산량을 증대하기 위한 면화 재배, 방직, 잠사, 농기구의 개량과 농업기술개선 및 합작사와 관련된 교육, 향촌방어교육 등으로 풍속개량, 위생, 농업기술과 생산량 증대, 합작사 및 군사 등 전분야를 포괄한 '政敎合一'적 성격을 띤 것이었다.[30)]

사회본위 교육계통에서 구상한 것은 학교교육과 사회교육의 두 가지 방식으로 區學, 縣學, 省學까지 구상을 했고 중학, 고등학교, 대학 수준의 학교의 성격을 띠었다. 이외 國學 연구 기관도 두고자 했다. 그러므로 전문지식과 기술 등의 실용적 지식을 가르치면서도 유교적 덕성을 지니도록 한 것임을 알 수 있다.

향농학교의 교사는 주입식 교육이 아닌 가르치는 것과 배우는 것, 행하는 것을 동시에 하는 '敎學做'를 기본으로 노작교육을 시행했다. 또한 향촌민에게 신뢰를 쌓게 위해 필요한 편지를 써주거나 독서, 시사토론 등을 하고 장부 기재를 도왔다. 이들은 과거 사대부의 전통적 덕목인 성의, 신독, 인의, 충서 등 유교적 덕성과 용감하고 인내하며 희생하고 검소하고 겸허하고 청렴결백해야 하는 도덕성을 지녀야 했다.[31)] 농민화 된 지식인이면서 전통적인 신사의 품격을 갖추어 학교교육을 매개로 향촌의 질서를 건립하고자 한 것이다.

촌학과 향학은 성인을 대상으로 한 것이기는 하였으나 아동을 대상으로 하는 소학이 먼저 설립 되었다. 아동은 농촌의 상황에 맞추어 농번기에는 수업을 하지 않았다. 성인들은 야간인 저녁 8시에서 9시까지 수업을 했다. 학교식 수업 이후 부녀부에게 위생, 산아제한을 수업했으며 성인부에 합작사 운영에 필요한 부기와 공예기술을 가르치도록 했다. 성인부는

---

30) 梁漱溟,「鄉農學校的方法及其意義」,『鄉村建設』旬刊, 第2卷 第16期, 1933.1.1, 『梁漱溟全集』, 5卷, 347-356쪽.

31) 梁漱溟,「三種人生態度」,『鄉村建設』旬刊, 第4卷 第13期, 1934.12.1, 3쪽.

이후 향촌사회의 간부가 될 수 있도록 했다. 특히 1935년 이후에는 10주 과정을 16세에서 30세 남성은 의무적으로 공부하도록 했다. 외부가 아닌 향촌에서 간부를 길러내고 이를 통해 향촌을 건설하려는 것으로 지방자치 실현의 토대를 마련한 것이다.

향농학교는 鄒平현에는 1932년 2월까지 316村에 258개의 학교가 설립되었다. 산동 전체로 볼 때는 27개 縣에 96개교가 설립되었고 학생 수는 4천명이었다.

도시의 지식인들이 향촌의 건설에 참여하면서 농민화 되어 향촌자체의 인재를 양성하고 과학과 지식을 전파하여 향촌의 경제적 발전을 도모하는 향촌건설운동의 전개과정은, 중국의 농촌사회를 구조적으로 변화시키는 계기로 작용했다. 또한 외부 지식인의 교육을 통해 향촌 사회의 구조를 변화시키는 과정이 동시에 일어난 것이라고 볼 수 있을 것이다.

Ⅳ. 향촌교육과 사회통합질서의 재건

1. 전국 향촌건설조직의 건립과 농업지식의 전파

향촌건설이 교육기관의 설립을 통해 시작되었지만 학술기관이 독자적으로 수행해 나가는 것은 어려웠다. 현정부가 협조를 잘 하지 않았던 南京 金陵大學 農學院이 설립한 江蘇省 烏江農業推廣實驗區와 마찬가지로 중앙정부의 지지를 받았던 定縣도 현장 뿐 아니라 구장, 향장 심지어 경찰들의 방해를 받았다. 향촌건설과정에서 시행하는 호구조사, 토지측량, 재정정리, 부세 정돈 등을 실험기관이 독자적으로 진행하기는 어려웠다. 따라서 정치기구에 의지하여 지역의 촌장과 장로 등 토착 세력에게 의견을 구하고 지도를 요청하면서 진행하였다.[32]

1932년 남경정부 제2차 내정회의가 열려 '政教合一'구호가 발표된 이후 향촌건설운동은 정부의 정책과 함께 전개되기 시작했다.

기층정권의 장악을 도모했던 국민당정부는 당시 향촌건설운동을 시찰했고 시찰했던 실험구의 대표자 晏陽初, 이경한, 고천사, 梁漱溟을 내정회의에 참석하게 하였다. 그리고 河北 定縣, 山東 鄒平, 江蘇의 江寧, 浙江의 蘭溪縣이 '현정건설실험현'으로 지정되었다. 민간에 의해 분산적으로 진행되던 향촌건설은 현정건설로 정부의 정책에 포함되어 추진되게 된 것이다. 또한 1933년에 남경정부 행정원 내에는 농촌부흥위원회가 성립되어 현정건설은 농촌부흥과 함께 진행되어 나가게 된다. 농촌부흥위원회는 汪精衛가 주도하였는데 교육가 姜琦는 당시 이를 향촌건설운동이 확대된 것으로 보았다.33)

농촌부흥위원회는 소위 중국농촌부흥파라고 불리던 天津의 南開大學 교수 何廉34), 方顯廷 등 경제학자들의 농촌부흥계획을 반영하여 만들어진 것으로 1936년 중앙설계국 비서장이 된 하렴의 농촌부흥계획으로 진행된 것이었다. 미국에서 돌아와 남개대학에서 1926년부터 가르치며 경제연구소를 설립하였는데 예일대학에서 귀국한 方顯廷과 張純明, 하버드대학에서 유학한 丁佶, 일리노이 대학의 출신 李適生과 陳序經, 캘리포니아 대학 출신 李卓敏과 林同濟, 콜롬비아대학 출신 W.Y.Lin, 뉴욕대학 출신 袁顯能 등의 경제학자들을 중심으로 운영되었고 이들은 '향촌의 부

---

32) 晏陽初, 「有文化的中國新農民」1929, 『中華平民教育促進會定縣實驗工作報告』, 1934, 『晏陽初全集』 1卷, 147-148, 314-15쪽.

33) 姜琦, 「鄕村建設的動向」, 『教育雜誌』, 25卷 11號, 1935, 11쪽.

34) 何廉(1895-1975)은 1895년에 湖南省 邵陽縣 신사가정에서 출생하고 1903년 사숙에서 사서 오경을 공부하였다. 1909년 長沙에서 신식학교 입학한 뒤 1913년 장사 교회학교 雅禮中學에서 공부하고 기독교인이 되었다. 1919년 미국으로 가서 1922년 예일대학 경제학과, 사회학과에서 공부한 뒤 1922년 철학박사학위를 받고 1926년 张伯苓 총장의 초빙으로 남개대학에 부임했다.

흥'을 주장하였다. 특히 미국의 사회조사 방법을 중국에 적합하게 적용하여 '知中國'이라는 독창적 과목을 만들었고 연구소의 학생들을 定縣 실험구에 파견하여 실험을 하게 하였으며 陳序經은 직접 참관하고 사회조사를 수행하였다. 定縣의 실험을 연구하였던 것이다.

한편 何廉은 미국록펠러 기금을 지원받아 北京協和醫學院, 燕京大學, 清華大學, 금릉대학과 연계해서 화북농촌건설협진회(華北農村建設協進會)를 설립하고 주석이 되었으며 定縣 실험에 참여해 협진회의 참여기구에서 강의를 하였던 지식인들도 함께 참여하였다.

何廉은 晏陽初와 마찬가지로 중국태평양학회 회원이었고 1929년 일본에서 열린 회의와 1931년 상해에서 열린 4차 국제학술회의에 참가하여 1929년부터 연구비를 지원받았다.35) 이외 록펠러기금회의 아시아 원조 중점지원대상이 되어 1948년까지 지원을 받아 연구소의 안정적 운영이 가능했다. 何廉과 남개대학 연구소가 지향하는 중국농촌의 부흥의 내용은 중국 농촌의 현대화였다. 이를 위해 농촌부흥위원회는 경제, 기술, 조직의 세 부분의 조를 두고 경제조는 농촌금융과 농산품가격조정을 담당하고 기술조는 농산품개량, 생산증진, 기술상의 필요 공급 등을 담당했다. 조직조는 자치조직의 농촌건립을 목표로 촌민들을 교육, 위생, 문화, 선전 등의 조직으로 나누고 인재를 배양하였다.

1932년 내정회의 이후 현정건설실험현이 지정되고 1933년 농촌부흥위원회가 건립되면서 전국의 향촌건설조직인 '향촌공작토론회(鄉村工作討論會)'가 1933년 조직되었다. 전국 토론회가 1933년부터 1935년까지 매년 개최되었고 1차 대회는 鄒平에서 열렸는데 이후부터 향촌공작토론회는 향촌건설협진회로 명칭이 바뀌었다. 1933년 鄒平서 열린 제 1회 대회에

35) 산동하북인구의 동북으로의 이동과 관련한 연구를 하였고 5천달러를 매년 지급받아 天津의 화북공업화를 연구하였다.

는 70명의 향촌건설지도자들이 참가했고 1934년에는 169명이 전국에서 참가하였다.[36] 이러한 회의를 통한 모임과 함께 당시 다양한 향촌운동과 관련되어 발간된 간행물은 소통의 장이 되었고 향촌건설문제와 관련된 전란을 두기도 하였다.

定縣은 1933년 5대 현정건설실험현에 지정된 이후 현정부의 궤도에 따라 현전체에 평민학교를 설립하였다. 이후부터 경찰의 지원을 받아 도박금지도 확실히 이루어졌다. 또한 평교회의 회원은 처음 설립된 1926년 66명에서 1928년에 82명, 1935년 500명으로 증가했으며 경비도 1934년부터 1939년까지 록펠러기금을 지원 받아 유지할 수는 있어 인력과 경비는 지속적으로 충원되었다.

평교회는 대중선전부와 참관위원회를 두고 전국적으로 확대하려 하였고 널리 홍보가 되면서 1933년 定縣은 전국 각지에서 3천명 이상이 참관을 하는 실험현이 되었으며 호북에 지부를 두기도 하고 강서와 광서로 확대해 나갔다.[37] 또한 1928년 하북성은 전 성의 1/4에만 소학교가 설립되었을 뿐이며 대부분 구식의 교육기관인 사숙이 여전히 대부분을 차지했던 상황에서 평민학교를 통해 문맹률을 낮추는 성과를 거두었다. 1930년 定縣의 전체인구 397,000명 가운데 당시 7세 이상 인구 330,300명 중 문맹이 83%인 274,150명이었고 12-15세 청소년은 95,800으로 문맹은 70,890으로 74%였지만 1934년 6월 14-25세 82,000명 가운데 문맹은 32,550으로 40%로 감소하였고 평교회 활동으로 배출한 평민학교 학생은 10만 명에 달했다. 평교회는 定縣인구 20만명 가운데 1만 명을 회원으로 삼았고 이들이 평교회의 사회조 주임 霍六丁가 縣長이 되자 정치와 교육을 장악하

---

36) 鄕村工作討論會編, 「鄕村建設實驗」, 第1集 , 1933, 『民國叢書第 四編 15, 上海書店, 1992, 4쪽.

37) 曹天忠, 앞의 논문, 2006, 96-97쪽, 98쪽.

며 새로운 권력층이 되어 나갔다고 하므로 평교회의 현지 회원들이 권력
을 통해 신세력으로 등장한 과정과 이로 인한 갈등도 존재했던 것은 분명
하다.[38]

그리고 1929년 세계대공황으로 서구의 농산품 덤핑이 일어나 쌀, 보리,
밀, 면화 등이 싼 가격으로 수입되었고 곡물로 차관을 대신하여 미국에서
지급하면서 향촌에서는 합작사를 운영하여 최대한 농민들의 손해를 적게
하고자 했다. 이렇게 정현의 향촌건설의 방향은 과학적 방법으로 품종개
량과 이를 확산한다는 것에 맞춰져 있었다. 이를 통해 定縣은 면화, 보리,
돼지나 닭 등의 개량에 성공했으며 면화는 농가의 소득을 높이는데 도움
을 주었고 개량한 우량맥종으로 20%이상 증산을 이루게 되었다.

이러한 품종개량은 금릉대학 농학원과 함께 진행한 것이었고 가축의
품종개량에 참여한 陸燮鈞 박사는 미국 위스콘신 대학을 졸업한 지식인
으로 닭을 개량하고 보급하기 위해 定縣의 농촌가정에 직접 다니며 보급
을 하였다. 1934년 烏江현의 농가들도 금릉대학 농학원의 농업기술을 통
한 증산을 경험한 뒤 토지신과 牛王神을 숭배하는 풍습을 바꾸려는 상황
도 나타나 향촌사회는 과학기술에 기반한 농업기술과 지식의 전파로 문화
적 변화도 조금씩 일어나게 되었다.[39]

하지만 효율적인 체제화가 이루어진 측면과 함께 국민당의 법령을 준수
해야 하는 상황이 전개되면서 농민들의 자발성이 약화 되었다. 농민의 부채
가 증가하였고, 농산품 가격이 하락하면서 농민들의 생활이 저하되자 농민
들의 입장에서는 잡세의 폐지와 지조의 문제 등이 더 시급한 문제로 간주되
었다. 하지만 평교회는 이러한 문제를 직접적으로는 제기하지 않았다.

---

38) 蔣寶麟,「民國鄕村建設運動中的"革命"和"中西新舊"問題—關於歷史語境和
現實關懷交錯互動的思考」,『浙江社會科學』, 第1期, 2013, 23쪽.
39) 虞和平,「民國時期鄕村建設運動的農村改造模式」,『近代史研究』, 第4期, 2006,
109-110쪽.

다만 1933년 농촌부흥위원회가 河南의 몇몇 현에 대해 농촌토지 조사
를 한 결과 10% 정도의 지주와 부농이 전체토지의 60% 이상을 점유하는
양극화 상황이 초래되어 있는 것으로 나타났다고 발표했고 晏陽初도 '10
년 동안의 중국향촌건설'이라는 글을 통해 토지의 불균형에 대한 고민을
언급한 바 있을 뿐이었다.

이렇게 평교회는 토지문제의 근본적 해결보다는 교육을 통한 농업과
생활의 변화를 통한 생활수준의 향상에 주력하였다. 식자교육뿐 아니라
농업지식과 기술의 확대 및 합작사로 농촌생활을 향상시켰다. 또한 기술
이나 지식을 보급하기 전에 실험을 통해 농민들에게 경험하게 하는 방안
을 시행했다. 이외에도 생계순회학교 등으로 직접 방문해서 농업기술을
가르치고 지역의 특성에 맞는 수공업과 부업을 제안하는 등 생계와 직결
되는 지식을 전파하였다. 定縣의 淨水를 위한 도르레를 설계하고 보급한
지식인은 미국에서 공부한 劉拓이었다.

농업기술의 전파로 농민들의 의식과 문화적 소양이 변화될 여지가 생
겼고 위생교육도 중시되었는데 定縣은 縣과 區, 村에 보건조직을 두었고
1930년에서 1936년간 141,397명에게 우두 접종을 하는 등 접종과 위생을
강화하였다. 이러한 노력으로 농민들에게 일상적으로 많았던 감기도 적어
져 위생에 대한 인식도 변화시킬 여지가 생겼다.

1934년 2월『교육과 민중』에는 定縣의 활동이 소개되었는데 현단위의
농촌경제건설론, 定縣의 경험으로 본 민중생활조사의 곤란과 기술, 定縣
평민교육실험구 인상기 등이 실렸다.

1934년 6월에는 梁漱溟이『民間』잡지에서 교통이 불편하고 시간을 절
약하기 위해 공개적인 편지를 발표하고 향촌건설운동의 실행은 정부, 민
간조직이나 민중 스스로가 처한 엄중한 문제인 것이라고 하면서 향촌건설
운동의 지도자들인 江問漁, 雷沛鴻, 晏陽初, 高踐四, 莊澤宣, 孟憲承
등에게 공개적으로 의견을 구하였다.

의견이 주로 교환되는 공간은 평교회에서 발간되는 『民間』의 農運情報, 鄒平의 『鄕村建設』의 鄕運通訊, 강소의 민중교육파가 발간한 『教育與民衆』의 民教情報, 광서 국민기초교육파가 발간한 『廣西普及國民基礎教育研究院日刊』의 '소식일속(消息一束)' 등이었다. 주로 각지의 향촌건설운동의 상황과 소식을 전하고 서로 소통하였으며 각지의 정보를 알기 위해 노력했다.

광서지역의 경우도 교육연구와 활동에 관한 소식을 배제하지 말고 공유할 것을 강조했다. 북방은 강세이나 남방은 약한 상황이라 교류가 필요하다는 인식이 보편적이었다.[40]

한편 1934년 농촌부흥위원회는 농촌조사를 시행해서 강소와 절강 등을 조사하였는데 2.3%의 지주가 132.9畝를 64.7%의 빈농과 고농이 19.6畝를 취하여 한 가정은 일인당 1畝도 갖지 못한 것이 드러났다. 이에 장개석은 〈실업건설정서안(實業建設程序案)〉에서 농촌의 쇠락을 인정하여 농촌부흥을 위한 정책을 시행하지 않을 수 없었다.[41]

1934년 9월 농촌부흥위원회 吳敬敷가 鄒平에 와서 이들의 공작을 높이 평가하였다. 같은 달 덴마크 교육자가 향촌건설연구원을 방문했을 때 梁漱溟은 덴마크는 향촌교육을 통해 농업을 발달시키고 합작도 성공했다고 하면서도 덴마크는 법과 종교에 의거해 운영하지만 중국은 유교에 근거한 정신수양에 기반한다고 지적하여 정신수양을 강조하는 등 중앙정부와 외국과의 관계도 긴밀히 했다. 또한 1934년 10월에는 정부의 정교합일 5대 실험현의 하나인 강녕, 절강 난계실험현의 현장 梅思平, 胡次威가 鄒平을 방문하였고 11월 매사평은 중국 5개 실험현의 비교라는 글을 발표하였다. 1934년에는 定縣에서 산동 하택에 의사를 파견하여 공공위

---

40) 雷沛鴻, 「日刊之任務」, 『廣西普及國民基礎教育研究院日刊』, 378號, 1936.03.01.
41) 沈費偉, 앞의 논문, 142쪽.

생시설을 마련해 주기도 했다.

2. 향촌건설의 다양한 전개와 노선의 대립

　1935년 1월 梁漱溟은 광서와 광동의 광주를 방문하였다. 중산대학에서 1월 30일 鄒平의 상황에 대해서 강의를 하였다. 공업과 농업에서 농업을 우선해야 하는 이유와 정치와 교육에서 교육이 유효하며 전체와 부분에서 부분의 역량이 적지 않은 것 등을 설파하였다.

　이어 2월에는 광서성의 교육청장 雷沛鸿은 梁漱溟을 초빙해서 강연을 하게 하였다. '향촌과 도시문제(鄉村與都市問題)', '중국교육의개조(中國教育的改造)'를 강연하면서 광서의 국민기초교육은 학교를 사회개조의 중심에 놓고 아동과 성인교육을 결합하고 정치와 교육을 결합하는 것은 유사하나 농민 스스로 자발적인가 하는 부분에서는 차이가 있으며 사회역량에 의지하고 있는가에서도 다른 점이 있다고 하면서 문화교육에 주력할 필요가 있다고 조언하였다.[42] 또한 당시 『독립평론』을 통해 도시공업발전으로 농촌을 구제한다는 吳景超를 언급하며 중국 자체의 길은 도시번영으로 농촌발전이 아닌 향촌건설로 도시 발전이 가능하다고 주장했다.

　한편 山東省 정부와 협력하여 鄒平의 향농학교의 성전체 설립이 추진된 것은 1935년 4월이었다. 이로써 향촌건설연구원이 설립했던 21개현 90여개의 학교가 60여 개현 500개로 증가했다.[43] 또한 鄒平은 16만 명의 인구였는데 1937년 1월에는 학교가 1930년대 초 500개에서 566개로 증가

---

42) 曹天忠, 앞의 논문, 99쪽.

43) 조창래, 『梁漱溟의 향촌건설사상과 교육적 실천(1930년-1937년)』, 영남대학교석사논문, 2001, 23쪽.

했고 학생은 4천명에서 21,789명으로 증가하여 산동 전체에서 학교와 학생의 증가를 이루었다고 할 수 있을 것이다.

鄒平縣에는 미국의 하버드대학과 콜롬비아대학에서 시찰을 왔다. 국내의 광저우 중산대학교육연구소 주임 莊尺宣도 세계신교육회의에 참석하여 중국의 신교육으로 이를 소개하면서 중국 내에서도 견학을 하게 되었다. 이외 중화직업교육사에서도 참관을 하였다.

그러나 鄒平의 정교합일의 결과 향촌건설에 종사하는 각 교육과 학술단체와 학교들이 독립적 지위를 상실하고 현정권에 의존하게 되면서 정부의 입장에서 농민을 개조하려 하고 농민의 입장에서 정부를 개조할 방법을 잃게 되었다고 梁漱溟은 인정했다.[44]

내정회의 이후 정교합일이 주창된 이래 향촌건설운동이 전개된 현은 현정부가 보갑체제가 강화되는 방식으로 전개하면서 되어 갔기 때문이다. 향농학교 역시 학동과 이사, 학장에 본지의 명망세력이 들어갔고 교사와 지도원 보다 이들 학동회와 이사회 및 학장이 감독하는 상황이 전개되었다. 따라서 교사가 농민을 대변하거나 입장에 서기 어려운 상황이었던 것이다. 정교합일에 따른 자치는 保甲制度로 일치되고 보갑제도로 향촌사회의 권력구조가 변화하지 않는 상황에서 학교와 교사를 통한 향촌사회의 변화가 초래되기는 어려웠다.

농촌부흥위원회의 정책도 남경정부가 당시 공산당과의 대항에 주력하는 상황에서 충분히 시행되지 못하였던 것을 반영하는 언급이었을 것이다.[45] 1935년 향촌건설운동 3차 회의에서 토지국유나 손문의 경자유기전 등의 토지문제 해결방안이 주창되기는 하였으나 구체화 되지는 못하였다.

梁漱溟은 농민은 수동적이고 자신들은 동적이며 농민들은 옛것에 집

---

44) 梁漱溟, 「我們的兩大難處」, 『梁漱溟全集』, 2, 581쪽.
45) 何廉著, 朱佑慈譯, 『何廉回憶錄』, 中國文史出版社, 1988, 47쪽.

착하고 자신들은 새로움을 추구했다고 하였으나 농민의 부담이 무엇인가에 대해 농민의 편에 서지 못하였다. 1935년 6월 梁漱溟은 향농학교의 교사들에게 향촌건설연구원에 돌아가 집중적인 훈련을 다시 받을 것을 강조했던 것도 교사들의 자질이 부족하다고 보았기 때문이었다.[46]

그러나 梁漱溟도 문화교육에 주력하면서도 사회역량을 통해 경제를 발전시키고자 하였고 그 일환이 合作社의 설립이었다. 이를 통해 농촌의 경제를 향상시키고자 1936년말 鄒平縣에는 307개의 합작사를 설립하였으며 8,828호가 조합원으로 출자금도 상당액을 확보하여 시행했다. 미면 판매 합작사가 156개, 잠업생산판매합작사가 21개, 신용합작사가 48개, 신용마을창고 합작사가 58개였으며 1937년에는 합작금고도 설립하였다.

雷沛鴻은 梁漱溟의 방법을 채용하고자 했고 1935년 9월에는 광서국민기초교육연구원회의에서 陶行知의 방안을 따를 것을 요구했는데 이는 梁漱溟과 마찬가지였다. 雷沛鴻은 1934년 12월 공산당원의 조직인 농업연구회와 긴밀한 관련이 있던 광서사범학교의 전문학생들에게 제국주의와 봉건잔여세력을 인정한다고 비판을 받았는데[47] 梁漱溟의 의견을 따른 것은 이러한 비판에 대응하기 위한 것이기도 하였다. 그는 나아가 江蘇省立敎育學院, 효장사범학원, 중화직업교육사, 鄒平의 향촌건설연구원, 定縣 평교회, 귀주의 达德师范과 광동의 暨南大学 등 전국 16개성과 교류하면서 광서에서의 국민교육 보급에 주력하였다.

반면 1935년 10월에는 晏陽初가 절강 난계를 참관하여 胡次威와 교류

46) 조봉래, 「梁漱溟의 鄕村建設運動에 나타난 改革精神」, 『중국인문학회 학술대회발표논문집』, 2005, 28쪽.
47) 하버드대학과 베를린대학에서 공부하고 북경대학 교수였던 陈翰笙등이 만든 조직으로 중국은 반식민지반봉건상태라고 규정하고 梁漱溟 등은 제국주의와 봉건세력을 인정하는 반식민지문명을 만들 뿐이라고 비판했다. 周石峯, 「孰爲本末: 20世紀30年代前期的城鄕關係之爭」, 『貴州財經學院學報』, 5期, 2010年, 5-6쪽.

를 하고 합작을 전개하면서 연계를 맺었다. 정부의 실험현으로 지정된 이후 지정 실험현과의 긴밀한 관련을 맺은 평교회와 달리 雷沛鴻은 광서성 정부와 갈등을 벌이면서도 전국적으로 확장되는 과정을 밟아 나갔다. 이 과정에서 평교회와 갈등이 벌어졌다.

광서성정부의 지지로 평교회는 南寧으로의 진출도 도모했으나 雷沛鴻은 이를 경계했고 광서헌법 '광서건설강령廣西建設綱領'에 晏陽初의 우빈약사 관점에 도전하는 강령을 넣고 梁漱溟의 관점으로 대체하였다.

이에 평교회는 雷沛鴻을 평가절하하게 되어 갈등이 일어났고 결국 1936년 6월 兩廣事變으로 雷沛鴻도 평교회도 광서에서의 활동은 중지되었다. 평교회는 1936년 미국에서 철학을 공부한 총회 비서장 謝扶雅을 중심으로 6월 湖南 長沙로 옮겼고 7월에는 四川 衡山으로 옮겼다. 일본의 화북침략이 심화되고 항일의 여론이 팽배한 가운데 이러한 평교회의 남하에 대해 陶行知는 도주한 것으로 비판하였다.

반면 실제 雷沛鴻을 지지하고 광서 南寧에 교사들을 파견하기도 했다.

이상 농촌문제를 해결하고자 한 향촌건설운동에 참여한 지식인들의 운동을 보면 향촌건설운동에서 陶行知와 梁漱溟, 雷沛鴻과 평교회는 향촌건설에 대한 방향성에서 중국적 특수성의 강조와 서구적 보편성의 추구라는 차이가 존재한 것으로 볼 수 있다.

1936년 『獨立評論』은 평교회와 梁漱溟을 모두 비판하고 도시화가 나아갈 길이라고 하였다.[48]

1937년 定縣이 9월 24일 함락되자 퇴각하였고 1938년 사천의 실험현은 그대로 이행되고 1940년 여름 중국에서 전국적인 향촌건설인재 배양의 고등학부 "사립향촌건설육재원"을 설립하여 명목을 이었다. 鄒平실험현은 일본의 점령 이후 한복거의 도주로 신뢰를 잃고 농민들에 의해 파괴되

48) 陳序經,「鄕村文化與都市文化」,『獨立評論』, 126, 1934.

는 상황에 빠지며 실제적으로 중단되고 말았으나 향촌건설의 전국적 경험은 불안정한 정국과 전쟁 가운데에서도 향촌사회 구조 변화의 계기로 작용하였다.

V. 맺음말

이상 청말민초이래의 교육체제의 변화와 연관지어 1920년대 이래 향촌건설운동의 배경과 전개과정을 고찰해 보았다.

전국 각지에서 일어난 향촌건설운동의 다양한 실험을 포괄하기 위해 이러한 실험의 개별적 사례가 역사적 변동의 과정에서 중앙과 지방 및 향촌의 사회구조 속의 향촌세력과 새로운 교육체제에서 출현한 지식인들 간의 관계 속에서 향촌건설운동이 진행된 과정을 살펴보았다.

청말 신정과 과거제의 폐지는 중국 사회 전체를 변화시키는 요인으로 작용하였는데 농촌사회의 지식인 부재와 교육의 낙후를 초래했다. 지방자치의 시행이 농촌의 토착세력의 권력을 제도화 하면서 지방의 성을 중심으로 일부의 교육개혁이 이루어졌을 뿐 도시와 농촌의 이원화는 심화되어 갔다. 이러한 상황에서 먼저 향촌교육의 문제가 제기되었는데 이는 5.4신문화운동시기 서구의 교육을 수용한 중국사회의 지식인들의 교육구국의 사조에서 비롯되었다. 서구에서 유학을 한 지식인들을 중심으로 중국 향촌교육의 낙후가 향촌사회 전체의 발전을 가로 막는 요인으로 보고 교육을 통해 농촌의 경제적 발전까지 해결하고 나아가 농민이 정치적 조직에 참여할 수 있는 자치적 능력을 향상시키고자 한 것이다. 특히 중국 향촌사회에 적합한 교육에 대해 陶行知는 농민화 된 지식인으로서의 향촌교사가 중국에 적합한 지식인으로 보고 향촌교사의 양성을 주창하였고 梁漱溟과 뇌패홍 등의 향촌건설운동에 영향을 끼쳤다.

안양초의 평교회는 가장 먼저 향촌건설의 기반으로 평민교육운동을 전개했는데 역시 농민화 된 지식인을 강조하며 향촌에 부합하는 평민교육운동을 전개하면서 남경국민정부와 성정부 및 서구의 지원을 받았다. 梁漱溟이 서구문명의 충돌로 향촌의 낙후성이 비롯된 것으로 보고 유교에 기반한 윤리교육으로 향촌사회를 다시 재건하되 근대적인 과학과 기술을 배제하지 않는 방식으로 향촌건설을 전개한 반면 평교회는 근대적 지식과 기술의 확산으로 농촌경제의 향상을 가져올 것이라는 점에서 차이가 있었다. 그럼에도 향촌건설과정에서 1933년 전국향촌공작회의나 각 지역의 기관에서 발간하는 잡지를 통해 인적 교류를 통해 서로 영향을 주고 받으며 지속적으로 운동을 전개해 나갔다.

남개대학 연구소의 향촌문제에 대한 인식이 반영된 농촌부흥위원회와 내정회의를 통해 전개된 현정건설의 정교합일 정책의 시행으로 각 지역에서 개별적으로 전개되던 향촌건설은 정부의 기층정권의 통합구상으로 내포되었다. 재정적 인적 지원과 지방차원의 행정적 문제에서 도움을 받아 효과적인 향촌건설운동의 진척이 이루어졌으나 농촌의 근본적인 문제인 토지제도와 지대의 문제 및 지방자치의 실질적 전개는 논의를 하는 차원에서 그쳤다. 보갑제도와 지방자치제도가 동일시 되었고 향촌건설을 전개하는 교사의 역할도 한계에 놓였기 때문이었다. 특히 성정부와 지방의 토착세력 및 중앙정부 등의 관계에 따라 향촌건설의 진행이 좌우되었고 이들 세력들의 갈등과정에서 향촌건설운동도 연동되어 영향을 받았기 때문이다.

하지만 향촌건설운동을 통해 농민화 된 지식인의 향촌건설에의 경험과 이들을 통한 근대적 지식과 문화의 전파와 농촌사회의 변화에 끼친 영향 등은 중화인민공화국으로 이어져 계승되었다고 볼 수 있다. 이들 지식인과 농촌지역의 교육기관과 지식전파의 체계 등이 지속되었기 때문이다. 그러므로 청말이래 중국사회의 전체적인 변화과정에서 교육을 통한 향촌사회의 재건이 모색되었으며 그 과정에서 다양한 역학관계 속에서도 새로운 농민화 된 지식인들의 향촌사회 건설과 재건이 이루어졌다고 볼 수 있다. 이들이 국민국가의 창출과정에서 교육을 통한 사회통합의 모델을 제시하고 이를 각 지방정부와 남경정부 등이 수용하고 갈등과 통합의 과정을 통해 향촌사회를 통합해 과정은, 교육의 사회통합기제의 작용과 지식인들의 역할과 관련이 깊고 이것이 향촌건설운동의 역사적 의의라고 할 수 있다. 그리고 현재 중국의 농촌문제와 이를 해결하려는 다양한 시도에서도 이러한 과정이 다시 지속되고 계승되고 있다.

| 참고문헌 |

유연숙, 『梁漱溟의 鄕村建設運動에 관한 硏究』, 효성여대 국내석사, 1993.
조창래, 「梁漱溟의 향촌건설 사상과 교육적 실천(1930년-1937년)」, 영남대학교 석사학위논문, 2001.
권용옥, 「梁漱溟 향촌건설사상의 현대적 이해」, 『한중인문학연구』, 6, 2001.
김창규, 「梁漱溟의 향촌건설운동과 주체성 문제」, 『중국근현대사연구』, 75호, 2017.
렌지동, 「근대 중국 도시-향촌관계 연구의 시각과 쟁점」, 『도시연구: 역사·사회·문화』, 제5호, 2011.06.
박경철, 「근대이후 중국 향촌문제와 지식인의 논쟁: 합작사운동을 중심으로」, 『중국지식네트워크』, 4호, 2014.
이병주, 「江寧自治實驗縣에 대하여」, 『東亞文化』, 45, 1979.
이승아, 「20세기 초 중국의 근대 농업기술 도입과 향촌건설」, 『중국근현대사연구』, 55집, 2012.
이재령, 「20세기 초반 중국 향촌교육공동체의 사상적 모색」, 『동양사학연구』, 91호, 2005.

조봉래, 「梁漱溟의 鄕村建設運動에 나타난 改革精神」, 『중국인문학회 학술대
　　회발표논문집』, 2005.

최은진, 「5·4운동 시기 존 듀이(John Dewey) 교육사상의 확산과 그 함의」,
　　『중국학보』, 88권, 2019,5

최홍식, 「梁漱溟의 향촌건설운동에 관한 연구」, 『퇴계학』, 14호, 2004.

『獨立評論』, 1932-1937.

『教育與民眾』, 江蘇省立教育學院, 1929-1948.

『教育雜志』, 商務印書館, 1909-1948.

『民國叢書』, 第四編 15, 上海: 上海書店, 1992.

『陶行知全集』, 長沙: 湖南教育出版社, 1986.

『鄕村建設』旬刊, 1832-1934.

『中華教育界』, 上海中華書局, 1912-1937.

李景漢, 『定縣社會概況調查』, 北京, 1933.

宋恩榮編, 『梁漱溟教育文集』, 江蘇教育出版社, 1987.

宋恩榮 主編, 『晏陽初全集』, 湖南教育出版社, 1992.

宋恩榮·熊賢君 著『晏陽初教育思想研究』, 遼寧教育出版社, 1994.

舒爾茨(美), 『改造傳統農業』, 商務印書館, 1999.

何廉著, 朱佑慈譯, 『何廉回憶錄』, 中國文史出版社, 1988.

徐秀麗 主編, 『中國農村治理的歷史與現狀: 以定縣、鄒平和江寧爲例』, 社會
　　科學文獻出版社, 2004.

鄭大華著, 『民國鄕村建設運動』, 社會科學文獻出版社, 2000.

劉峯, 『20世紀30年代農村復興思潮研究』, 湖南大學碩士論文, 2015.

任金帥, 『近代華北鄕村建設工作者羣體研究』, 南開大學碩士論文, 2013.

張建軍, 『尋路鄕土: 梁漱溟、晏陽初鄕村建設理論與實踐比較研究』, 浙江大學,
　　2019.

張濟洲, 『文化視野中的村落、學校與國家』, 華東師範大學, 2007.

曹天忠, 「1930年代鄕村建設派別之間的自發互動」, 『學術研究』, 第3期, 2006.

陳慶瑤, 「近代新學體制與城鄉分離的加劇─20世紀前期教育現代化進程中的 鄉村問題」, 『福建論壇』(人文社會科學版), 第8期, 2005.

儲誠煒·許迪樓, 「近代鄉村建設運動開展的國際背景和現實條件」, 『科教文彙』, 5, 2011.

何建華·於建嶸, 「近二十年來民國鄉村建設運動研究綜述,當代世界社會主義 問題」, 『當代世界社會主義問題』, 3, 2005.

黃祐, 「民國時期大中專院校對鄉村建設運動的參與, 『教育評論』, 2, 2008.

賈可卿, 「梁漱溟鄉村建設實踐的文化分析」, 『北京大學學報(哲學社會科學版)』 1, 2003.

蔣寶麟, 「民國鄉村建設運動中的"革命"和"中西新舊"問題─關於歷史語境和 現實關懷交錯互動的思考」, 『浙江社會科學』, 第1期, 2013.

李曄, 「民國時期留美知識分子探索中國鄉村現代化模式的個案解析」, 『前沿』, 6, 2008.

李自典, 「行政院農村復興委員會初探, 『歷史教學』, 5, 2003.

樊敏玲, 「近代城鄉關係的大致走向─以時人所論所行爲中心的梳理」, 『中山大 學研究生學刊(社會科學版)』, 第29卷 第2期, 2008.

沈費偉, 「民國時期的鄉村建設流派:興起背景, 經典案例與經驗啟示」, 『理論月 刊』, 5, 2019.

宋恩榮, 「梁漱溟在中國教育現代化進程中的思考」, 『華東師範大學學報(教育 科學版)』, 4, 1998.

童富勇, 「論鄉村教育運動的發軔興盛及其意義」, 『浙江學刊』, 2, 1998.

王軍, 「行政院農村復興委員會組織職能探究」, 『河北廣播電視大學學報』, 6, 2015.

王先明·李偉中, 「20世紀30年代的縣政建設與鄉村社會變遷──以五個縣政建 設實驗縣為基本分析樣本」, 『史學月刊』, 第4期, 2003.

王先明, 「20世紀前期中國鄉村社會建設路徑的歷史反思」, 『天津社會科學』, 2008.

夏軍, 「杜威實用主義理論與中國鄉村建設運動」, 『民國檔案』, 3, 1998.

徐勇·徐增陽,「中國農村和農民問題硏究的百年回顧」,『華中師範大學學報
    (人文社會科學版)』, 6, 1999.

薛毅,「民國時期鄕村建設運動中的華洋義賑會」,『南京曉莊學院學報』, 第2期,
    2010.

楊偉宏·惠曉峯,「20世紀二三十年代鄕村建設運動的啓示,『探索與爭鳴』, 10,
    2009.

虞和平,「民國時期鄕村建設運動的農村改造模式」,『近代史硏究』, 2006.

袁洪亮,「現代化視野中的梁漱溟鄕村建設思想」,『孔子硏究』, 5, 2001.

張忠民,「和諧的努力與幻滅──略論近代中國的"鄕村建設運動"」,『社會科
    學』, 7, 2008.

鄭大華,「關於民國鄕村建設運動的幾個問題」,『史學月刊』, 第02期, 2006.

周石峯,「孰爲本末: 20世紀30年代前期的城鄕關係之爭」,『貴州財經學院學報』,
    5期, 2010.

Guy S. alitto, *The Last Confucian, Liang Shu-ming and the Chinese Dilemma of
    Modernity*, University of California Press, 1986.

중국과 다른 북한의 이원적 토지소유 구조 극복전략

● 조성찬 ●

Ⅰ. 들어가며

1. 연구의 배경 및 목적

북한 협동농장 토지제도가 변하고 있다. 대단위 협동농장 체제에서 대규모 농민들이 생산에 동원되던 기존 방식은 7.1 경제관리개선조치(2002년) 및 6.28 신(新)경제관리개선조치(2012년)를 통해 분조관리제 하의 포전담당책임제 형태로 전환되었다. 심지어 라선특별시 및 대도시를 중심으로 기존 협동농장을 작업반 단위로 해체하고 이를 국영기업소 산하로 재배치하고 있는 모습도 감지된다. 이러한 변화를 현상 중심으로만 보면, 대규모 농업경영방식에서 소규모 농업경영방식으로 전환하고, 생산물 중에서 국가에 납부하는 지대 30%를 제한 나머지는 생산에 참여한 작업반이 자율적으로 처분할 수 있는 권리를 부여함으로써 개인의 생산력을 자극하려는 것으로 해석할 수 있다. 그리고 이러한 변화는 1990년대 초부터

---

* 이 글은 「중국과 북한의 도시 – 농촌 이원적 토지소유 구조 변화경로 비교: 농촌 토지제도 변화를 중심으로」, 『공간과사회』, 제29권 4호, 2019를 수정·보완한 것이다.

** 토지정책 전공. 하나누리 동북아연구원장.

진행된 고난의 행군 이후 장마당을 허용하여 자력갱생을 도모하려는 일환으로 판단하기 쉽다. 여기서 협동농장의 해체 및 국영기업소 재배치는 그 맥락을 해석하기 어렵다. 그런데 이러한 변화 양상을 도시 토지의 국가소유 및 농촌 토지의 협동단체 소유라는 '도시－농촌의 이원적 토지소유 구조'의 큰 틀에서 조망하면 변화경로 및 의미를 보다 구조적으로 파악할 수 있다. 여기에 북한과 동일한 이원적 토지소유 구조를 갖고 있는 중국의 경험에 비추어보면 더 입체적인 해석이 가능하다.

중국과 북한 두 국가는 이원적 토지소유 구조의 형성 및 협동농장 시스템 완성단계까지 상당히 유사한 경로를 밟아왔다. 그런데 중국이 1970년대 말부터, 그리고 북한이 2000년대 초반부터 농촌 토지개혁을 진행하면서 변화의 성격과 속도에 있어서 차이를 보이기 시작했다. 가장 중요한 차이는 이원적 토지소유 구조를 극복하는 전략에 따른 경로 선택이다. 중국은 신중국 성립 이후 중공업 중심의 발전전략을 추진하는 과정에서 도시－농촌의 이원적 토지소유 구조가 초래한 한계를 경험했다. 그 해결책으로 개혁개방 이후 농촌에서 가구를 생산의 기본 단위로 인정하는 '가정생산도급책임제'를 전면적으로 실시했으며, 시간이 흘러 2007년 물권법 제정을 통해 물권(物權) 성격의 도급경작권을 인정하고 제한된 범위 내에서 양도 등 시장화가 가능하도록 했다. 그리고 최근 들어 신형도시화와 도농통합 전략을 통해 도시 토지와 농촌 토지를 통합적으로 개발하는 전략을 추진하고 있다. 여기서 핵심은 농지의 집체소유권 및 개별 농민의 재산권을 확고하게 유지·보호하려는 중국 정부의 원칙이다. 반면 북한은 아직 공업화 및 도시화 발전전략의 부작용을 심각하게 경험하지 않은 상황에서, 자력갱생을 추진하기 위해 분조관리제 하의 포전담당책임제를 실시하고, 일부 대도시를 중심으로 협동농장을 작업반 단위로 해체하여 국영기업소 산하로 재배치하는 국유화 전략을 택했다. 여기서 핵심은 협동농장을 국유화하되, 개별 농민의 재산권을 법적으로 인정하지 않는 것이다. 이처럼 중국과 북한의 이원적 토지소유 구조 변화경로는 어떤 극복전략을 선택하느냐에 달려 있다.

이러한 배경에서 본 글의 목적은 농촌 토지제도 변화를 중심으로 중국과 북한의 이원적 토지소유 구조 변화경로를 비교 분석하는 것이다. 구체적으로 설명하면, 첫째, 사회주의 정부 수립 이후 중국과 북한의 농촌 토지제도가 어떻게 변화해 오고 있는지를 분석한다. 둘째, 중국과 북한의 농촌 토지제도 변화경로를 살펴보고, 각국의 이원적 토지소유 구조 극복전략을 규정한다. 이로써 극복전략에 따른 변화경로의 차이를 도출할 수 있다. 셋째, 중국과 북한의 극복전략에 차이를 가져온 원인을 분석한다.

2. 이론 배경

도시 - 농촌의 이원적 토지소유 구조를 논하기에 앞서 이론적, 역사적 관점에서 토지소유제도에 대해서 논할 필요가 있다. 김윤상(2009)은 민법이 규정하고 있는 소유권의 세 가지 권능, 즉 사용권, 수익권, 처분권 중 어떤 권능을 사적 주체에게 귀속시킬 것인가에 따라 토지소유제도를 토지사유제, 지대조세제, 공공토지임대제, 토지공유제의 4가지로 제시했다.[1] 토지사유제는 사용권, 처분권, 가치수익권 모두 사적 주체에게 귀속되는 제도로, 남한의 자본주의적 토지소유제도에 가깝다. 지대조세제는 토지사유제의 폐단인 토지 불로소득 문제를 해결하기 위한 대안으로 제시되고 있으며, 토지소유 주체는 그대로 둔 채 지대를 조세 형식으로 환수하려는 것이 핵심이다. 토지공유제는 세 권능 모두 국가 또는 공공에게 귀속하는 것으로, 북한의 토지국유제와 유사하다. 공공토지임대제는 토지공유제와

---

[1] 여기서 수익권은 지대 수익을 향유할 수 있는 권리를 의미한다. 이런 점에서 김윤상은 수익권을 '가치수익권'으로 명명했다.

시장경제 시스템을 결합하기 위해 토지사용권을 일정 기간 개인에게 임대하고 지대를 토지임대료로 받는 제도로, 중국이나 홍콩, 싱가폴 등이 이러한 제도를 시행하고 있다.2) 그런데 김윤상의 토지소유제도 구분에서 도시 –농촌의 이원적 토지소유 구조는 나타나지 않는다.

〈표 1〉 토지소유제도의 유형

소유권의 권능	토지사유제	지대조세제	공공토지임대제	토지공유제
사용권	사	사	사	공
처분권	사	사	공	공
가치수익권	사	공	공	공

자료 : 김윤상, 2009, 『지공주의』, 경북대학교 출판부, 38쪽 〈표 2.1〉

　　공공토지임대제의 이론 기초를 제시한 이들로 Henry George(1879), Léon Walras(1880), Richard J. Arnott and Joseph E. Stiglitz(1979), Masahisa Fujita(1989), 조성찬(2019) 등이 있다. 그 중에서 헨리 조지는 "빈곤을 타파하고 임금이 정의가 요구하는 수준 즉 노동자가 벌어들이는 전부가 되도록 하려면 토지의 사적 소유를 공동소유로 바꾸어야 한다. 그 밖의 어떠한 방법도 악의 원인에 도움을 줄 뿐이며 다른 어떤 방법에도 희망이 없다."3)고 말하고, 공공토지임대제의 핵심 원칙으로 다음의 다섯 가지를 제시했다 : ①토지사용권은 경매를 통해 최고가 청약자에게 이전, ②지대의 '매년' 환수, ③사회 전체를 위한 지대 사용, ④토지사용권의 확실한 보장, ⑤노동과 자본의 투입으로 생긴 개량물의 확실한 보호이다. 그런데 헨리 조지가 제시한 5가지 핵심 원칙 역시 도시와 농촌을 구분하지 않았다. 이처럼 토지소유제도 및 공공토지임대제를 주장하는 이론 체계는 도시와 농촌을 구분하지 않는다. 오히려 헨리 조지의 영향을 받아 전원도시론을

2) 조성찬, 『(북한 토지개혁을 위한) 공공토지임대론』, 한울, 2019.
3) 헨리 조지, 김윤상 역, 『진보와 빈곤』, 비봉출판사, 1997, 313-314쪽.

제시한 에베네져 하워드에서 볼 수 있듯이, 도시와 농촌을 통합적인 관점에서 보았다.

중국과 북한의 이원적 토지소유 구조는 1940년대 후반부터 형성된 토지공유제 시기에 진행된 것이다. 당시 토지개혁을 진행하는 과정에서 농민들의 지원이 절실했기 때문에 불가피하게 도시 – 농촌의 이원적 토지소유 구조가 형성되었다. 이러한 구조는 역사적 원인에 의해서 형성된 것이지 결코 어떤 과학적 내지 합리적 탐구의 결과가 아니다.[4] 연속된 공간을 인위적으로 단절시키는 것은 그 의도에도 불구하고 도시화로 인한 공간 확대 등의 과정에서 여러 가지 부작용이 나타날 수밖에 없다. 또 다른 문제는, 국가 소유 및 협동단체 소유가 병렬적인 소유 주체로 등장하고 있는데, 과연 국가 소유와 협동단체 소유가 병렬적으로 제시될 수 있는가 하는 점이다.

따라서 이론 기초 및 현실상의 문제를 종합하면, 도시 토지의 국가 소유 및 농촌 토지의 협동단체(또는 집체) 소유로 구분하는 것은 한계가 뚜렷하며, 소유 주체를 일원화할 필요가 있다. 즉, 도시와 농촌 토지 전체를 하나의 공유자원(commons)으로 파악하여 전체적으로 국가 소유(전민 소유)로 가되, 토지가 필요한 개인, 기업 또는 협동단체는 안정적인 토지사용권을 획득하는 것이다. 그리고 지방정부가 도시와 농촌 토지를 통합적으로 관리 및 운용하는 역할을 감당한다. 여기서 가장 중요한 전제는 시민들이 토지라는 공유자원에 대해 동등한 권리를 보유하며, 정부는 또 다른 의미의 토지 독점자가 아니라 공정한 경영자여야 한다는 점이다.

김윤상은 토지에 대한 이러한 원칙을 '토지원리'로 압축하여 설명한다. 그는 '모든 인간은 평등한 자유를 누린다'는 "평등한 자유의 공리"에 기초

---

4) 박인성, 「개혁개방 이전 중국의 토지개혁경험 연구 : 농촌토지소유제 관계를 중심으로」, 『人文論叢』, 第25輯, 2010.

하여 다음과 같은 '토지원리'를 도출하였다.[5)]

> 제1원리, 토지에 대해서는 모든 인간이 평등한 권리를 가진다.
> 제2원리, 사회적 필요성이 있으면 사회적 합의를 통해 사인(私人)에게
> 토지에 대한 우선권을 인정할 수 있다.
> 제3원리, 토지에 대한 사적 우선권을 인정하려면 다음과 같은 조건이
> 충족되어야 한다.
> > ① 취득기회 균등 조건 : 토지에 대한 사적 우선권을 취득할
> > 기회를 모든 주민에게 균등하게 보장하여야 한다.
> > ② 특별이익 환수 조건 : 토지에서 타인을 배제하는 권리로 인
> > 해 다른 구성원에 비해 특별한 이익(지대)을 얻는다면 그 특
> > 별이익을 공동체에 환원시켜야 한다.
> > ③ 사회적 제약 조건 : 토지에 대한 사적 우선권은 사회적 합
> > 의에 의해 인정되는 권리이므로 그렇게 합의한 취지에 맞게
> > 행사하여야 한다.

김윤상이 제시한 토지원리는 토지사유제 국가이건 아니면 공공토지임
대제 국가이건 상관없이 보편타당하다. 이는 토지제도가 역사적, 정치적,
경제적 변수에 따라 변화를 거치겠지만, 결국 토지원리가 제시한 중심 원
칙으로 회귀하게 된다는 것을 의미한다. 이러한 점에서 토지원리는 중국
과 북한의 토지제도 변화경로 분석에 중요한 기준이 된다.

---

5) 김윤상, 『토지정책론』, 한국학술정보, 2002, 172쪽.

II. 중국의 이원적 토지소유 구조 변화

1. 이원적 토지소유 구조의 제도적 현황

중국의 토지제도사를 살펴보면, 한쪽에서는 토지공유의 강력한 힘이 작동하고, 다른 한쪽에서는 토지사유의 강력한 힘이 작동하여 변증법적인 변화과정을 거쳐 왔다.[6] 그런데 도시-농촌의 이원적 토지소유 구조가 형성되기 시작한 것은 6단계인 신중국 성립(1949) 후로, 도시 토지의 국유화 및 농촌 토지의 집체(集体)[7]소유화가 진행되기 시작했다. 그리고 7단계인 1978년 개혁개방 이후부터 도시 토지의 경우 국가소유를 유지한 채 토지사용권을 독립시켜 유상양도하는 식으로 토지사용권 시장이 형성되기 시작했다. 현재 중국에서 시행되고 있는 토지사용권 배분방식은 크게 개혁개방 이전부터 적용되던 행정배정(劃撥) 방식과, 개혁개방 이후부터 적용되기 시작한 출양(出讓) 방식, 연조(年租) 방식, 기업출자 방식, 수탁경영 방식의 5가지다. 토지를 사용하려는 정부기관 내지 공공시설은 행정배정 방식을 통해 토지사용권을 획득하여 무상, 무기한, 무유통이라는 3무 방식으로 사용하며, 민간기업이나 개인은 출양방식(일시불) 또는 연조방식(매년 납부)을 통해 토지사용권을 획득하여 일정 기간 사용하게 된다. 이때 토지사용권은 매매와 담보 등이 가능하다.

신중국 성립 후 농촌 토지개혁 과정을 살펴보면, 초기에 가구별 농지사유화 단계가 가장 먼저 출현했다. 이후 1953년 2월 중공중앙의 '농업생산

---

6) 조성찬, 「중국의 도시화와 공공토지 사유화」, 『역사비평』, 116, 2016년 가을호.

7) '집체'는 단체를 일컫는 중국식 용어로, 일정한 활동 범위, 공동의 경제기초 및 사상기초, 정치목적과 공동의 사회이익을 갖는다. 집체는 크게 사회 성질의 단체와, 국가 기관 성질의 단체라는 두 가지로 유형화된다. 본 글에서 다루는 집체는 국가 기관 성질의 단체로, 향(진)과 촌, 촌민소조 등 유사 성질의 농업 집체 경제조직을 일컫는다. 百度百科(검색일 : 2018.09.03)

호조합작사에 관한 결의'(關於農業生産互助合作社的決議)를 출발점으로 초급합작사, 고급합작사 단계를 거쳐 인민공사 단계에 이르렀다. 여기서 인민공사 단계는 집체소유의 완성단계이다. 즉, 신중국의 토지제도는 기본적으로 '국가소유 – 농가소유'의 이원적 구조에서 출발하여 '국가소유 – 집체소유'의 이원적 구조로 전환한 것이다. 이후 1979년 안후이성 샤오강촌(小崗村) 농민 18명이 비밀리에 추진한 방식이 중앙정부의 승인을 얻어, 오늘날 집체소유를 유지하면서 가정별로 30년 기한(연장 가능)의 농촌토지도급경영권(農村土地承包經營權)을 나눠주는 방식으로 진행되었다. 물권법 제정(2007) 이후 이를 하나의 물권으로 인정하여 사용, 재양도 등의 거래 객체가 되었다.[8]

농촌 토지소유권 논쟁에도 불구하고, 중국 헌법 제10조는 다음과 같이 이원적 토지소유 구조에 대한 원칙을 분명하게 제시하고 있다 : "도시 토지는 국가소유에 속한다(1항). 농촌 및 도시 근교의 토지는, 법률이 국가소유로 규정한 것 외에 집체소유에 속한다. 주택지와 자류지(自留地), 자류산(自留山)은 집체소유이다(2항)." 따라서 농촌 및 도시 근교의 토지는, 주택지를 포함하여 헌법이 규정하고 있는 농촌 집체소유임을 알 수 있다.

중국 토지제도의 특징은 개인 간에 토지소유권이 이전하지 않는다는 점이다. 다만 국가가 공공이익을 위해 필요하다고 인정될 때, 법률법규에 근거하여 농촌 토지를 수용 및 보상할 수 있다(헌법 제10조 3항). 이때만 집체소유의 농지가 국가소유로 전환되면서 토지소유권이 이전된다. 그리고 헌법은 분명하고도 명확하게, "어떤 조직이나 개인이 (중략) 매매 또는 기타 형식으로 불법적인 토지 양도를 해서는 안 된다."고 규정하고 있다(동조 4항). 다음의 〈그림 1〉는 이러한 중국의 이원적 토지소유 구조를 보여준다.

---

8) 조성찬, 「이원적 토지소유 구조 하의 중국 소재산권 주택 문제 연구」, 『중국지식네트워크』, 제12호, 2018.

〈그림 1〉 중국의 이원적 토지소유 구조

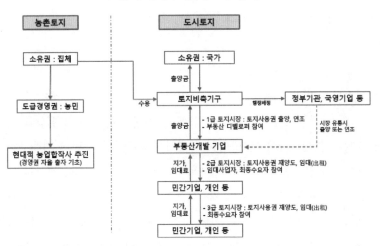

도시 토지의 사용료 납부방식으로 인해 초래된 지대 사유화 문제가 도시화에 따른 이원적 토지소유 구조의 한계를 명확하게 드러냈다. 출양방식의 경우, 초기에 토지사용료를 일시불로 납부하면 그 이후 오르는 토지가치는 토지사용권자에게 귀속되나, 연조방식의 경우 매년 오르는 토지사용권 가치에 기초하여 사용료를 납부하기 때문에 토지가치 상승분의 공공귀속이 가능하다. 이러한 점 때문에 연조방식이 출양방식보다 이론적으로 더 바람직하다. 그런데 중국은 출양 방식을 새로 공급하는 도시 건설용지의 주된 방식으로 지정하면서, 도시발전에 따라 발생한 '사회적' 지대(地代)가 국가로 제대로 환수되지 못하고 기업 및 개인의 불로소득이 되면서 지역격차, 빈부격차 등 사회적 문제가 발생하였고, 그 결과 이원적 토지소유 구조 하에서 진행한 도시발전 전략이 한계를 맞게 되었다.

2. 이원적 토지소유 구조의 형성 원인

중국의 이원적 토지소유 구조 문제는 사실 '집체소유'라는 독특한 형식의 문제로 환원할 수 있다. 집체소유의 이론적, 역사적 근거가 어디에 있느냐가 우리가 파악해야 할 주요한 대상이다. 이원적 토지소유 구조의 형성 원인을 정리하면 다음과 같다.

첫째, 이원적 토지소유 구조를 완성한 모택동의 개인적인 경험이다. 1920년대 중반, 모택동은 국민당 농민위원회(부) 서기로 일하면서 21개 성(省)의 통계를 수집하는 일을 담당했다. 이때 그는 농촌의 실상을 직접 확인하는 경험을 하게 된다. 당시 토지사유제 관행이 강력한 지배구조를 형성하고 있었던 중국의 대토지 사유제는 신중국 성립(1949) 전까지 유지되었다.9) 농촌문제는 농촌 '토지' 문제라는 것을 간파한 모택동과 중국 공산당은 국공내전 때 도시가 아닌 농촌을 혁명 거점으로 삼는 전략으로 전환했다. 그리고 신중국 성립 이전에 먼저 여러 해방구에서 농민들에게 토지를 무상으로 나눠주는 개혁조치를 취했고, 이후 농민들의 지지에 힘입어 혁명에 성공했다. 이러한 배경에서 중국 공산당은 신중국 성립 이후 농지의 집체소유로 나아가면서 지금까지 농지는 농민의 것이라는 원칙을 포기하지 않았다.

둘째, 구소련 농촌 토지개혁 경험의 영향이다. 마르크스는 〈공산당 선언〉 및 〈자본론〉에서 기본적으로 토지 국유화를 주창했다. 혁명의 중심도 농촌이 아닌 도시 노동자였다. 그런데 농촌사회였던 구소련이 토지개혁을 진행하면서 적용한 방식은 마르크스의 이론과 달리, 혼합경제식 사유화에서 출발하여 협동농장 소유로 진행하는 것이었다.10) 구소련은 1928년에

---

9) 에드거 스노우, 洪秀原·安亮老·愼洪範 역, 『중국의 붉은 별(하)』, 두레, 1995.

10) 1920년대에 구소련은 '신경제 정책(NEP : New Economic Policy)'을 추진했다. 이는 토지 등 사유재산과 소규모 개인 기업을 제한적으로 허용하고, 농민들에게 농산물을 공출하지 않고 물품세로 대체하여 잉여농산물을 시장에서 거래할 수 있게 함으로써 일정한 생산성을 확보하는 동시에 인민들의 불만을 완화하려는 일종의 혼합경제 정책이었다. 특히 레닌은 그가 죽기 전에 작성한 논문 "협동조합에 관하여"를 통해 당시 유럽에서 추진되고 있었던 각종 협동조합의 가능성을 인정하고, 구소련의 혼합경제

'위로부터의 농업 집산화', 즉 강제적으로 대농장을 만들고 국가가 농민으로부터 잉여를 수취하여 도시 지역의 중공업에 투자하는 방식으로 토지개혁을 진행했다.[11] 당시 구소련의 지도하에 있던 신중국의 개혁 방침은 기본적으로 구소련의 영향을 받을 수밖에 없었으며, 무엇보다 농촌 토지문제의 심각성을 경험했다는 점에서 구소련의 토지개혁 방향은 중국에게도 부합하는 성격이 강했다. 중국은 스탈린이 소련과학원 경제연구소에 지시하여 편찬한 『정치경제학교과서』를 근거로 전민소유제와 집체소유제를 건립했다.[12]

셋째, 중국 특색의 도시 - 농촌 공간분할 전략이다. 1950년대 중반에 이르러 도시의 경제성장이 정체되기 시작하면서, 중국 공산당은 도시에서 국가 소유를 확대하고 농촌에서 국가 통제를 강화하는 소련의 경로를 따르게 되었다. 중국은 대약진과 인민공사 정책을 추진하게 되는데, 이 정책은 소련보다도 강화된 방식으로 농촌의 잉여를 도시의 중공업 분야로 끌어내는 축적의 메커니즘이었다.[13] 여기서 주목할 점은 그 과정에서 중국은 소련을 비롯한 여타 현실 사회주의 국가들과 달리 농민의 도시 이주를 엄격하게 금지하는 공간분할 방식을 채택했다는 점이다. 구소련에서는 농

시기에 농업협동조합이 중요한 역할을 감당해 줄 것을 기대했다. 또 레닌의 말기 구상을 구체화하려 했던 부하린은 스탈린식 농업 집산화에 반대하면서 소농국가에서 농업생산을 대규모 생산방식으로 전환하는 것은 협동조합을 통해 가능하다고 보았다(김창진, 2008, 15-16쪽). 이러한 흐름은 중국에도 영향을 줘, 농촌 토지개혁 1단계의 배경이 되었던 신민주주의 체계와 유사하다(林蘊暉, 2009, 77쪽; 張志勇, 2009, 161쪽; 박인성, 2010, 257쪽에서 재인용). 그런데 레닌 사후 권력투쟁에서 승리한 스탈린은 1928년 이후 농업의 집산화를 통해 급속한 중공업화를 추진했다(하남석, 2017, 198쪽).

11) 하남석, 「중국의 사회주의적 시초축적과 농민의 희생」, 『도시로 읽는 현대중국 1』, 역사비평사, 2017, 197쪽.

12) 林蘊暉, 2009, 78쪽; 박인성, 「개혁개방 이전 중국의 토지개혁경험 연구 : 농촌토지소유제 관계를 중심으로」, 『人文論叢』, 第25輯, 2010, 257쪽에서 재인용.

13) 하남석, 앞의 책, 200쪽.

촌의 집산화와 도시화가 동시에 이뤄져서 수많은 농민이 도시의 노동자가 되었다. 하지만 중국에서는 이와 상반되게 도시의 경제성장이 그 수요를 따라잡지 못해 도시로의 인구 이동이 대규모 실업을 발생시켰고 도시사회의 혼란이 야기됐다. 결국 1958년 1월 9일 전국인민대표대회에서 '중화인민공화국 호구등기 조례'가 통과되면서, 호구제 실시를 통해 도시 인구와 농촌 인구를 구분하는 동시에 농촌 인구의 도시 이주를 엄격히 통제하게 되었고 농민들은 토지에 묶여 농촌 인민공사에 머무를 수밖에 없었다.[14] 구소련과 중국의 핵심적인 차이는 바로 '인구규모'였다. 이로써 중국 농촌은 도시발전 전략의 부작용을 내재화하는 역할을 감당하게 되었다.

정리하면, 기본적으로 중국 공산당이 농촌을 바라보는 시선은 도시 중심의 중공업화 전략을 추진하기 위해 농촌의 잉여를 축적 및 추출하는 효과적인 메커니즘을 구축하는 것이었다. 이를 위해 구소련 농촌 토지개혁 프로그램을 모방하여, 개인 농지소유에서 출발하여 집체화로 갔다. 중국에서는 집체화의 최종 형태가 인민공사로 나타났다. 그런데 농촌의 잉여 인구마저 도시로 집중되면서 도시는 심각한 위기에 빠지게 되었다. 이를 해결하기 위해 구소련과 달리 중국은 이원적 토지소유 구조에 호구제를 결합하여 더 강하게 도시와 농촌을 공간적으로 구분 및 차단하는 전략을 구사하게 된 것이다.

3. 신중국 성립 이후 농촌 토지제도 변화경로[15]

신중국 성립 이후 중국 농촌의 토지제도 개혁 과정은 크게 4단계로 진행되었다. 1단계는 1949년부터 1953년까지 진행된 '농지 개인소유제' 단

---

14) 하남석, 앞의 책, 200쪽.
15) 이 내용은 조성찬의 중국 학술지(經濟問題, 2008年 第七期(總第347期))에 게재된 논문을 기초로 하였으며, 박인성의 연구(2010)를 통해 부분적으로 보완하였음.

계로, 정권을 획득한 중국공산당은 지주의 토지를 무상으로 몰수하여 농민들에게 무상으로 나눠주었다. 사회주의 국가를 지향하는 중국이 농지소유권을 분배하게 된 배경에는 1949년 3월에 개최된 중공 7기 2차 중앙위원회에서 채택된 '신민주주의' 전략이 자리했다. 농업국가 중국이 사회주의 국가로 가기 위해서는 과도기적으로 국민경제에 유리한 자본주의 성분의 존재와 발전을 허용해야 한다는 것이 지도부의 핵심 생각이었다.[16]

2단계는 1953년부터 1957년까지 진행된 '노동군중 집체소유제' 단계로, 1단계에서 드러난 문제를 해결하고 사회주의 개혁을 향한 발걸음을 시작한 단계다. 1단계 과정을 거치며 자급자족형 소규모 경영방식으로 인해 생산도구 부족, 정부와 농민간 거래비용 증가, 토지소유 재집중화 현상, 수리관개시설 설치 및 자연재해 대처 곤란 등의 문제가 발생했는데 이러한 점은 2단계로 진행하는데 중요한 배경이 되었다.[17] 2단계는 다시금 세 단계로 나뉜다. 2-1단계는 호조조(互助組) 개혁 단계로, 토지는 여전히 농민 재산으로 남아 있었으며, 농민들은 품삯을 매개로 노동력만 교환했다. 일종의 노동협동 조직이었다. 2-2단계는 초급농업합작사(初級農業合作社) 개혁 단계로, 농민들은 초급농업합작사에 경작권을 출자하고, 출자한 토지면적에 따라 이익을 분배받았다. 일종의 농업협동조합 성격이었다. 초급농업합작사는 통일경영방식으로 운영되었으며, 토지소유권과 경작권이 분리되었다. 이때 농민들은 초급농업합작사를 자유롭게 탈퇴할 수 있었다. 2-3단계는 고급농업합작사(高級農業合作社) 개혁 단계로, 초급농업합작사의 기초 위에서 농민의 토지소유권과 농기구 등을 무상으로 집체소유로 귀속시키고 이익분배를 없앴다. 토지 지분도 폐지되었다. 농

---

16) 박인성, 「개혁개방 이전 중국의 토지개혁경험 연구 : 농촌토지소유제 관계를 중심으로」, 『人文論叢』, 第25輯, 2010, 247쪽.

17) 앞의 책, 2010, 250쪽.

민은 단지 고급농업합작사의 직원 신분으로 임금을 받았다. 이로써 농민의 개별 토지사유제가 집체소유제로 전환되었다.

3단계는 1958년부터 1983년까지 진행된 '인민공사 집체소유제 단계'이다. 2-3단계인 고급농업합작사의 기초 위에서 진행된 합작화의 최고 완성 단계이다. 인민공사 건립 목적은 농업의 분산경영 조건을 극복하고, 통일 경영의 사회주의 대기업을 건립하여 빠르게 사회주의 국가를 건설하기 위한 것이었다. 이 단계는 다시 인민공사에 의한 토지소유 및 통일계획, 경영, 정산, 분배를 시행한 대공사 시기(1958.4-1962.2)와 '인민공사-생산대대-생산대 3급 소유 및 생산대 기초'의 틀이 확립된 '공사 시기'(1962.2-1983.10)로 구분된다.[18] 그런데 인민공사 집체소유제로 개혁하면서 개인의 재산권이 박탈당하고, 인민공사 탈퇴권도 박탈당했다. 노동 생산성을 자극하던 조건이 사라진 것이다. 실제로 농민의 노동을 감독하는 일이 어려워지면서 농민들의 무임승차를 초래하여 농업 생산성이 크게 떨어졌다.

최근의 4단계는 1970년대 말부터 추진된 '가정생산도급책임제 단계'이다. 4단계에서는 토지의 집체소유라는 전제하에서 토지도급권(土地承包權)을 다시금 개별 농민에게 나누어 주어 각 가정이 생산의 기본단위가 되었다. 농민은 우선적으로 국가와 집체에 약정된 농업생산물을 납부하면 계속해서 도급권과 잉여생산물 수취권을 향유할 수 있었다. 그런데 2006년에 농업세가 폐지되면서 농민들이 토지를 보유하면서 부담했던 지대가 모두 사라졌다.

아래의 〈표 2〉는 중국 농촌 토지재산권 변화 과정을 김윤상(2009)의 토지원리를 기초로 평가한 것이다. 전체적인 변화과정을 평가하면, 1단계와 2단계는 토지원리에 상당히 부합하는 수준이었다. 그런데 중국이 농지

---

18) 앞의 책, 2010, 252-253쪽.

〈표 2〉 중국 농촌 토지재산권 구조 변화 분석

4단계 \ 4원칙		토지공유 (평균지권)	단독사용 (적법사용)	지대회수 (지대공유)	사용자 처분
제1단계 : 농지 개인소유제		부합	부합	부합	부합
제2단계 : 노동군중 집체소유제	호조조	부합	부합	부합	부합
	초급사(初級社)	부합	부합 안함	부합 안함	부합
	고급사(高級社)	부합 안함	부합 안함	부합 안함	부합 안함
제3단계 : 인민공사 집체소유제		부합 안함	부합 안함	부합 안함	부합 안함
제4단계 : 가정생산도급책임제		부합	부합	부합 안함	부합 안함

출처 : 趙誠贊,「根據土地原理評價中國近現代農村土地使用制度」,『經濟問題』, 第七期(總第347期), 山西省: 山西省社會科學院, 2008의 표 일부 수정함.

집체화 과정을 진행하면서 토지원리에서 멀어지다가 제3단계인 인민공사 집체소유제 단계에서는 가장 극심한 불일치를 보였다. 그 결과 1958년 시작된 인민공사 단계가 1970년대를 거치며 중국에서 대량 기근과 아사자가 발생했다. 이후 중국은 재산권 소유구조의 한계를 느끼고 개혁개방 이후 농가별로 토지도급권을 나눠주는 가정생산도급책임제로 전환했다. 이 방식은 물권법 제정 전까지 농지 처분권을 크게 제한하고, 현재 농업세(지대)를 받지 않는다는 점에서 한계가 있지만 토지원리에 가까워진 것은 분명하다. 여기서 한 가지 주목할 점은, 제2-2단계의 초급농업합작사가 토지원리의 "단독사용" 원칙에 부합하지 않았지만, 농업생산성이 가장 높았다는 점이다. 이러한 점은 자유로운 진입과 탈퇴가 가능한 현대적인 농업협동조합의 가능성과 필요성을 시사한다. 물권법 제정 이후 농지를 양도할 수 있게 되면서, 오늘날 자신의 토지도급경영권에서 토지경영권을 분리하여 농업합작사(농업협동조합)에 출자하는 방식으로 새로운 농업경영을 시도하고 있다.[19]

---

19) 중국은 해체되었던 농촌의 협동조직을 재건하고 농촌 발전전략의 일환으로 활용하고자 2006년 10월 31일에 '중화인민공화국 농민전업합작사법'(中華人民共和國農民專業合作社法)을 제정하고 일종의 농업협동조합을 설립할 수 있도록 했다. 동법

4. 최근 농촌 토지제도의 중요 변화

농지세 폐지에 따른 농지 보유 부담이 사라지고 급속한 도시화가 진행
되면서 많은 농민들이 자신의 농지를 방치한 채 도시로 떠났다. 그러자
한때 높은 성과를 보였던 4단계의 가정생산도급책임제가 생산성이 떨어
지는 한계를 보였다. 게다가 토지도급권을 양도하는 것도 쉽지 않아 유휴
농지의 효율적인 이용이 어려웠다. 이러한 배경에서 농촌 토지제도에 중
요한 변화들이 발생했다.

먼저 2007년 3월 16일 물권법 제정을 통해 향후 농촌 토지제도의 구조
적 변화를 위한 기초가 형성되었다. 우선 지방정부가 집체토지를 수용할
때 토지보상비, 이주보조비와 지상 정착물 및 재배중인 농작물의 보상과
아울러, 농민의 사회보장비용을 마련하고 생활을 보장하도록 규정함으로
써(42조) 보상 기준을 명확히 했다. 그 결과 보상 부담이 크게 증가했다.
다음으로, 그동안 농촌 토지도급권은 채권에 해당하는 일종의 임차권(租
賃權)으로 취급되었으나, 물권법은 이를 물권으로 명확하게 규정하고
(125조) 등기대상에 포함시킴으로서(127조), 도급 발주자(村)가 임의로 도
급권을 회수할 수 없도록 했다. 또한 토지도급경영권이 기한 만료되더라

제2조는 "농민전업합작사는 농촌가정생산도급경영의 기초 위에 있다."라고 규정하고
있다. 한계도 보이고 있다. 김원경(2013)에 따르면, 중국의 농업협동조합은 의사결정에
있어서 거래량에 따라 비례표결, 일부 합작사의 경우 지배층과 정부 개입, 소규모
임원을 중심으로 합작사 관리 등 민주성 원칙에 어긋나는 행태를 보이고 있다. 그리고
일반 농민조합원의 출자비중이 낮아 자본조달에 동등하게 참여하기 어렵고, 규모화되
는 과정에서 소규모 농업인의 참여가 어려운 문제가 있다. 게다가 경영진의 보수가
없어 전문 경영인을 두지 못하는 한계를 보이고 있다. 그래서 중국 농촌문제를 중시하
는 중국 공산당 중앙1호 문건은 가정 농가가 농업합작사와 활발하게 연계할 것을
강조하면서, 2019년 문서는 특히 신형 농업경영주체 가운데 전문대농가(專業大戶)를
제외한 농업합작사와 소농 간의 연계만을 강조했다(이화진, 「'중앙1호문건'을 통해
본 향촌진흥전략의 의미」, 『中國學論叢』, No.63, 2019).

도 연장된다고 규정했다(126조). 집체 내에서 양도, 전환도급 등을 통해 토지도급경영권 유통을 허용함으로써 대규모 경작이 가능하도록 했다. 다만 非농업 용도로의 유통은 금지시켰다(128조). 농가에 제공되는 농가택지(宅基地) 사용권은 양도, 저당권 설정 등 시장유통을 금지하는 현행 토지관리법을 따르도록 규정했다(153조)[20] 정리하면 농민의 재산권을 강화했으며, 제한된 범위 내에서 토지도급경영권의 유통을 허용했으나, 농지 및 주택지의 자유로운 시장 진입에 대해서는 보수적인 입장을 취했다.

그런데 2013년과 2014년에 연이어 발표된 농촌 토지제도 개혁안은 상당히 파격적이었다. 중국 정부는 2013년 11월에 개최된 '중국공산당 제18기 중앙위원회 제3차 전체회의(이하 〈3중 전회〉)'에서 '개혁의 전면적 심화에 관한 중대 문제 결정(「中共中央關於全面深化改革若幹重大問題的決定」 이하 〈결정〉)'을 통과시키고, 토지제도 개혁을 경제개혁 과제의 중점사업 중 하나로 결정했다. 그리고 도급경영권의 거래에 관한 법률의 필요성을 언급하였으며, 도시와 농촌의 공동발전을 목표로 설정했다. 2014년 9월 29일에 〈3중 전회〉를 구체화하기 위한 일종의 특별 전담조직인 '영도소조 제5차 회의'에서 '농촌 토지경영권 유통의 질서 있는 발전과 적절한 규모의 농업 경영 발전 지도를 위한 의견(「關於引導農村土地承包經營權有序流轉發展農業適度規模經營的意見」 이하 〈의견〉)'을 심의하고, 토지제도 개혁에 대한 구체적인 후속 조치를 발표했다. 이 〈의견〉은 농지의 집체소유를 전제 조건으로 도급권과 경영권을 분리하여, 소유권, 도급권, 경영권의 '3권분립'과, 일원화된 토지경영권 등기제도 시행을 주문했다.[21]

---

20) 이평복, "중국 물권법(2007)의 주요 내용과 영향", 다롄무역관, 2007.04.30.

21) KIEP 북경사무소 브리핑, "중국 토지제도의 개혁과정과 향후 방향", Vol.17 No.12, 2014.11.25.

실제로 「농촌토지도급법」(農村土地承包法)을 확인해 보면 특히 토지
도급경영권의 유통과 관련하여 새로운 제도 시행을 확인할 수 있다. 우선
제9조에서, 토지도급경영권은 스스로 경영하거나, 아니면 토지도급권을
보유한 상태에서 도급지의 토지경영권을 유통시켜 다른 이가 경영할 수
있도록 규정하고 있다. 제10조에서, 국가는 농민이 스스로 유상으로 토지
경영권을 유통하는 것을 보호하며, 토지경영권자의 합법적인 권익을 보호
한다고 규정했다. 제17조에서 도급권자는 토지도급경영권을 교환 또는 양
도할 수 있으며, 토지경영권은 유통(流轉)할 수 있다고 별개로 규정하고
있다. 다만 토지도급경영권의 교환과 양도는 동일한 집체 내에서만 허용
되며(제33조), 분리되어 나온 토지경영권에 대해서는 특별한 규정이 없고
대신 본 집체 구성원이 우선권을 가진다고 규정(제38조)한 것으로 보아,
다른 집체나 조직도 토지경영권을 획득할 수 있는 것으로 해석된다. 실제
로 제45조에서 공상기업(工商企業) 등 사회자본이 토지경영권을 취득하
는 규정을 두고 있다. 여기서 토지경영권의 유통은 구체적으로 도급권자
인 농민이 자신의 결정으로 토지경영권을 임차(出租), 출자(入股) 또는
다른 방식으로 유통시키는 것을 의미한다(제36조). 정리하면, 토지도급경
영권은 본 집체 내에서 교환, 양도 또는 반환의 방식으로 유통이 가능하
며, 토지도급경영권에서 분리된 토지경영권은 임차, 출자 또는 다른 방식
으로 본 집체 외의 사용 주체에게도 유통이 가능하다. 다만 제11조를 통해
농촌토지도급경영은 비준 없이 비농업건설로 사용해서는 안 된다는 규정
을 두고 있다.[22]

본 법은 농민공의 재산권 보호규정도 명확히 두고 있다. 제27조에서,
토지도급경영권 퇴출을 농가의 도시 호구 취득조건으로 삼아서는 안 된다

---

[22] 중국의 톈진시, 하이난성, 충칭시, 안후이성, 광둥성 등에서 진행되고 있는 농지개혁
실험 사례는 상게 보고서(KIEP 북경사무소 브리핑, 2014)를 참고할 것.

고 규정하여 농민의 토지도급경영권을 보호한다. 다만 도급기간 내에, 도급권자인 농민이 도시 호구를 취득하는 경우, 유상으로 자신이 속한 집체에게 토지도급경영권을 양도하거나 도급지를 집체에 반환하도록 지도할 수 있으며, 토지경영권 유통을 격려하는 것도 가능하다고 함으로써 농지 이용 효율을 제고하고자 한다. 다만 본 법이 토지경영권 유통을 통해 일정 부분 시장화를 허용하고 있다고 볼 수 있으나, 제11조에서 비농업건설 사용을 금지하고 있으며, 제45조의 공상기업도 사회자본 성격이어서 일반적으로 생각하는 '도시용' 시장유통으로 해석하기는 무리다. 그런데 최근 10년 만에 개정(2019.8.26)된 부동산관리법 제9조는 기존의 농지수용 외에 "법률에서 별도 규정을 두는 경우"에도 국유화를 거치지 않고도 농지가 도시용 토지로 공급될 수 있는 가능성을 열어놓았다.

본 법이 농민의 재산권을 강하게 보호하면서도 유통을 촉진하려는 다양한 법체계를 갖추고 있는 반면, 토지도급경영권을 확보할 때 그에 따른 경제적 대가인 지대를 납부하는 규정이 없다. 이는 토지원리의 '지대회수' 원리에 부합하지 않는 것으로, 농업세의 폐지와 관련이 있다. 오히려 자신이 가지고 있는 토지도급경영권을 다른 이에게 양도하거나 본래 집체에게 귀속시킬 때, 유상양도 또는 보상을 받도록 규정하고 있다.

최근 변화들을 평가해 보면, 토지도급경영권 관련 법률은 기본적으로 이원적 토지소유 구조를 인정한 전제 위에서 설계된 것으로, 이원적 토지소유 구조 자체를 극복하려는 목적이 아니다. 중국 정부의 정책 기조는 농민의 재산권을 보호하는 것이다. 그래서 가급적 집체토지 소유권을 건드리지 않으면서 도농 격차를 극복하기 위해 도농일체발전(城鄉一體化) 및 신형도시화 전략을 추진하고 있다. 도농일체화 전략은 도시와 농촌지역 간 소득격차를 해소하는 것을 목표로 한다. 도농일체화는 중국 정부가 추진 중인 '신형도시화' 계획과도 밀접한 관련이 있는데, 농촌의 비농업 인구, 유휴인력과 도시 농민공을 대도시와 농촌의 중간지대인 중소도시로 이동시켜 지방경제를 활성화하고, 대도시 집중문제를 해결하려는 것이다. 따라서 신형도시화는 농민공의 흡수에 달려 있으며, 이를 위해서는 토지문제 해결이 선결되어야 한다.[23) 중국사회과학원 당대도농발전규획원(中國社會科學院當代城鄉發展規劃院)은 2013년에 〈도농일체화 청서〉(城鄉一體化藍皮書)를 발간하고, 재산권 불평등과 호적제도 불평등으로 인해 도농 주민 권익에서 불균등이 발생한다고 보고, 일관되게 농민의 재산권을 보호해야 한다는 입장을 견지하고 있다. 결국 농지, 주택지, 집체건설용지 재산권 제도가 중요하다. 현재로서 농지와 주택지는 도시건설 목적으로 활용이 어렵고, 집체건설용지도 도시 시장에 진출할 수 없다.[24)

5. 70년간 지속된 중국의 이원적 토지소유 구조 평가

중국의 이원적 토지소유 구조는 다양한 차원으로 도시발전에 동원되었다. 3농 전문가인 원톄쥔(2013)이 강조했듯이, 중국의 향촌은 1960년대에 중국 대약진 운동의 실패 및 외자 도입의 실패를 완충하는 역할을 감당했다. 1980년대 개혁기에 향촌은 산업화 및 도시 발전을 위해 자본의 원시축적 및 농민공을 주축으로 한 저임금 노동력의 공급 역할을 감당했다. 반면 정부는 농촌 토지에 대해 가정생산도급책임제를 실시하면서 향촌에 대한 재정 책임을 거의 포기하고 대신 재정 역량을 도시 발전에 집중했다. 급격한 도시화로 인해 토지가 부족해지자 도시 근교의 농촌 지역이 토지공급의 원천이 되었다. 이때 농민들은 낮은 보상 가격에 생활 터전인 농지

---

23) KIEP 북경사무소 브리핑, "중국 토지제도의 개혁과정과 향후 방향", Vol.17 No.12, 2014.11.25.

24) 조성찬, 「이원적 토지소유 구조 하의 중국 소재산권 주택 문제 연구」, 『중국지식네트워크』, 제12호, 2018.

와 주택지가 수용되는 아픔을 겪었다. 2008년 중국이 심각한 경제위기를 맞게 되면서 발전전략이 수출형에서 내수형으로 전환되자, 농촌은 이제 거대한 내수시장으로 재포착되었다. 이러한 발전전략의 전환은 '도농통합 발전전략'(城鄕一體化發展) 및 '사회주의 신농촌 건설'(중공 제18기 5중전회) 등의 형태로 진행되고 있다.

중국은 의도하지는 않았지만, 도시-농촌의 이원적 토지소유 구조라는 거시 정책을 지난 70년간 장기 실험해 오고 있다. 그리고 실험의 결과는 다음과 같이 정리할 수 있다.

첫째, 이원적 토지소유 구조는 정부의 농촌에 대한 재정 책임의 한계를 설정하고, 시대적 필요에 따라 도시 발전에 따른 부작용을 '내부화'하는 기제로 활용할 수 있었다. 그러나 이러한 접근법은 농촌을 '내부 식민지화' 하는 결과를 초래했다. 다행히도 문제를 파악한 중국 정부는 도농통합 발전전략을 추진하고 있지만, 한 번 형성된 공간 구조를 재조정하는데 큰 사회적 비용이 든다.

둘째, 토지 관리체계가 불명확한 이원적 토지소유 구조 하에서, 도시화가 진행되고 도시 주택가격 급등과 공급 부족 등이 심화하면서 도시 근교 농촌 집체토지가 '불법적으로' 시장에 진입하였다. 그로 인해 중국의 토지 관리 체계는 여전히 혼란한 상황에 처해 있다. 반면 농촌 집체는 내부 역량과 재산권 의식이 강화되면서, 물권법 제정 등 법률에서 농촌 집체토지 재산권 역시 강화되었다. 이러한 제도화는 농촌 토지소유권에 대한 불명확성을 해소하기 위한 노력의 일환이었다.

셋째, 이원적 토지소유 구조로 인해 중국 사회가 앞으로 치러야 할 제도 비용이 존재한다. 대표적으로, 중국의 이원적 토지소유 구조 하에서 '소재산권 주택'25)이 형성되었는데, 형식상 불법에 가깝지만, 정부는 현실적으

---

25) 소재산권 주택(小産權房)은 농촌집체 구성원인 농민들의 주택을 일컫는 일상 표현이

로 묵인하고 있다. 앞으로 전국의 소재산권 주택 현황이 정리되고, 토지 등 재산권 등기 관련 데이터베이스가 완성되면 '양성화 아니면 불법화'라는 '구분 처리' 방침을 실행할 것으로 보인다. 이때 불법으로 판단되어 철거되는 소재산권 주택이 나오게 되는데, 그렇게 되면 극심한 사회갈등이 초래될 것은 분명하다.[26]

넷째, 도시 근교에서 진행되는 소재산권 주택 개발 같은 다양한 개발사업으로 인해 농촌 집체토지 소유자가 막대한 개발이익을 향유할 수 있는 구조가 형성되었다. 이는 곧바로 농촌 집체의 개발이익 향유를 어디까지 인정할 것인가에 대한 정당성 문제를 제기한다. 이러한 점에서 도시로부터의 거리에 상관없이 도시 발전의 이익을 농민들과 나누는 충칭의 '지표 거래 실험'[27]이 시사하는 바가 크다.

다섯째, 국가소유 및 집체소유의 이원 구조는 국가와 집체를 위계가 같은 권리자로 본다는 점에서 이론상 문제가 있다. 중국은 국가소유를 '전민소유'라고도 표현하는데, 이는 국가를 정부가 아닌 국민의 집합체로 본다는 의미다. 집체는 국가의 하위 범주에 속한다. 그런데 중국의 이원적 토지소유 구조는 집체를 국가와 대등한 차원의 권리자로 보기 때문에 위계상의 혼동이 발생한다.

여섯째, 도농 이원구조의 긍정적인 점으로, 중국이 개혁기 이후 자본주의적 경제발전을 추진하는데 있어서 양질의 저비용 노동력을 제공하는

다. 여기서 '소'(小) 라는 표현이 붙는 이유는, 농촌집체 내에서는 그 재산권이 인정되지만, 국가가 그 재산권을 인정하지 않기 때문이다. 국가가 인정하는 재산권은 '대재산권 주택'이라고 부른다. 따라서 소재산권 주택이 도시민에게 판매될 경우, 국가는 그 주택 구매자의 재산권을 인정하지도 보호하지도 않는다.

26) 조성찬, 「이원적 토지소유 구조 하의 중국 소재산권 주택 문제 연구」, 『중국지식네트워크』, 제12호, 2018.

27) 추이즈위안, 김진공 역, 『프티부르주아 사회주의 선언』, 돌베개, 2014.

기초가 되었다. 이는 도농 이원구조라는 틀에 농민들이 갇혀 있었기에 당연한 이야기이기도 하다. 이와 관련한 중요한 점으로, 중국의 농민들은 서구 노동자들과 달리 농지를 보유하기 때문에 실업 등의 사유가 발생하면 다시 자기 고향으로 돌아갈 수 있다는 것이다. 이러한 점 때문에 원톄쥔과 허쉐펑은 중국 도시가 주기적인 경제위기에 빠질 때마다 도농 이원구조가 완충 역할을 해왔다는 점을 높이 평가한다. 그러나 농촌으로 돌아갈 곳이 없는 신세대 농민공들은 1세대 농민공들과 사정이 다르다.

정리하면, 중국의 농촌은 개혁기 이전에는 제도비용의 내부화가 진행된 공간으로, 개혁기 이후에는 자본, 노동, 토지라는 생산요소의 공급처로, 경제성장이 정체되었을 때는 거대한 내수시장으로 변모하면서 끊임없이 도시발전에 동원되었다. 이것이 가능했던 이유는 이원적 토지소유 구조가 칸막이가 되어 주었기 때문이다. 그런데 이제 중국 농촌은 도시발전 전략에 한계를 가져다주는 이원적 토지소유 구조를 어떻게 극복할 것인가 하는 과제를 안고 있다. 물론 이원적 토지소유 구조가 지닌 장점을 살리는 전제에서 추진되어야 한다.

Ⅲ. 북한의 이원적 토지소유 구조 변화

1. 이원적 토지소유 구조의 제도적 현황

북한의 현행 헌법(2019년 개정)은 생산수단이 국가 및 사회협동단체 소유라고 규정하고, 생산수단에 대하여는 일체의 개인소유를 인정하지 않는다(제20조). 여기서 국가 소유는 전체 인민 소유를 의미한다(제21조 1항). 국가는 나라의 경제발전에서 주도적 역할을 하는 국가소유를 우선적으로 보호하며 장성시킨다(제21조 4항). 사회협동단체가 소유할 수 있는 생산수단은 토지를 포함한 농기계, 배, 중소 공장, 기업소이다(제22조 2항). 그리고 헌법 제23조를 통해 협동단체 소유를 전 인민의 소유로 전환하겠다고 천명했다. 정리하면, 북한 헌법은 협동단체 소유를 인정하지만 실질적 지배권은 국가가 보유하고 있으며, 토지를 포함한 협동단체 소유를 국가소유로 전환하겠다고 밝혀 이원적 토지소유 구조에 대한 북한식 극복전략을 제시했다.

한 가지 눈여겨볼 지점은, 중국의 헌법이 도시 및 농촌이라는 '공간'으로 이원적 토지소유 구조를 접근했다면, 북한은 국가와 협동단체라는 '주체'로 구분했다는 점이다. 북한의 협동단체에는 대부분이 협동농장이기 때문에 본질상 중국과 유사하지만, 도시 내의 기업소 등도 포함되기 때문에 의미가 분명히 다르다.

현행 헌법의 이러한 구도는 제헌 헌법(1948) 이후 1972년에 처음 개정된 조선민주주의인민공화국 사회주의헌법에서 나오기 시작했다. 먼저 제18조에서 "조선민주주의인민공화국에서 생산수단은 국가 및 협동단체의 소유이다."라고 규정하여, 개인소유를 부정하고 이원적 토지소유 구조를 확립했다. 더 나아가 제21조를 통해 "국가는 …… 협동단체에 들어 있는 전체성원들의 자원적 의사에 따라 협동단체 소유를 점차 전인민적 소유로 전환시킨다."는 국유화 전략을 제시했다. 즉, 사회주의헌법(1972)은 이원적 토지소유 구조를 확립함과 동시에 극복전략까지 포괄적으로 제시한 것이다.

북한의 현행 토지법(1977년 제정, 1999년 개정)은 헌법의 관련 조항을 이어받아 더 구체적으로 규정했다. 먼저 제9조에서 토지를 국가 및 협동단체 소유로 구분하고, 모든 토지는 인민의 공동소유로서 매매하거나 사유화할 수 없다고 규정한다. 그리고 제10조는 헌법 제21조 1항을 이어받아 국가소유 토지를 전체 인민의 소유로 규정하면서, 추가로 국가소유 토지의 범위에는 제한이 없다고 규정한다. 제11조에서 협동단체 소유 토지를 협동경리에 들어있는 근로자들의 집단적 소유로 규정하고, 국가는 협동단체 소유 토지를 법적으로 보호한다고 규정하면서도, 제12조를 통해 협동단체에 들어있는 전체 성원들의 자원적 의사에 따라 협동단체 소유 토지를 점차 전인민적 소유로 전환시킬 수 있다고 규정하고 있다. 그리고 제13조에서 영토 내의 토지는 오직 국가만이 지배할 수 있다고 규정하며, 제7조 및 제77조에서 토지관리와 이용에 대한 감독통제는 내각과 지방정권기관의 지도 밑에 국토관리기관이 통일적으로 한다고 규정했다. 즉, 북한의 모든 토지에 대한 실질적 지배권이 국가에 있음을 다시 확인할 수 있다.

북한의 토지법이 도시를 어떤 관점으로 바라보는지 이해할 필요가 있다. 먼저 제7조는 토지를 농업토지, 주민지구토지, 산림토지, 산업토지, 수역토지, 특수토지의 6가지로 구분하는데, 이 구분에는 '도시토지'와 직접 관련된 항목이 없다. 대신 제69조에서 주민지구토지에 시, 읍, 로동자구의 건축용지와 그 부속지, 공공리용지와 농촌건설대지가 속한다고 규정하여, 주민지구토지에 도시토지가 포함되는 구조다. 그리고 제15조에서 국토건설총계획 수립 원칙으로 국토건설 과정에서 농경지를 '극력' 아껴야 하며, 작은 도시를 많이 건설하도록 유도하고 있다. 그리고 제52조를 통해 도시와 농촌간의 차이를 줄이고 골고루 발전시킬 것을 규정하고 있다. 이러한 조문들을 통해서 알 수 있는 사실은, 국가가 대도시 발전전략을 지양하면서 소도시를 중심으로 하는 도농 균형개발을 추진한다는 점이다. 이렇게만 보면 북한에서 이원적 토지소유 구조는 그다지 중요한 이슈가 아니다.

오늘날 북한의 도시 토지제도는 토지의 국가소유라는 전제에서 점진적인 변화가 진행되고 있다. 우선 경제개발구에 진출하는 기업소에 대해 토지이용권 설정이 가능해졌다. 이 외에 중요한 변화로, 장마당, 주택 등 도시공간을 사용하는 주체들에게 부동산사용료를 부과하기 시작했다. 이러한 개혁조치에서 분명한 공통점을 발견할 수 있다. 토지 등 부동산을 독점적·배타적으로 사용하는 것에 대해 토지사용료, 부동산사용료, 자릿세, 살림집사용료 등의 형식으로 '지대'를 납부한다는 것이다. 부동산사용료의 경우 특징적인 점은 소유를 불문한다. 거의 모든 기업이 국영이기 때문이다. 이러한 방식은 토지 등 부동산 사용주체의 재산권을 인정 및 보호하면서 이들의 생산의욕을 끌어 올려 내수 민간경제를 발전시킴과 동시에 중앙 및 지방정부의 재정수입을 확대할 수 있는 전략으로 파악된다.[28]

2. 이원적 토지소유 구조의 형성 원인

북한은 해방 이후 토지개혁을 진행하는 과정에서 중국과 유사한 이원적 토지소유 구조가 형성되었다. 먼저, 1946년부터 토지개혁을 진행하면서 농촌 토지에 대한 사유권(私有權)을 완전히 부인하지 않고, 일정 면적(5정보) 이상의 개인소유 토지만을 대상으로 무상 몰수, 무상 분배를 진행했다. 이후 1954년부터 시작한 '농업협동화 사업'을 1958년에 완성함으로써, 북한 지역 내에서 토지사유권을 완전히 소멸시키고 사회주의적 토지소유제를 확립했다. 토지에 대한 사유권을 착취적인 소유권으로 간주해 소멸시키고, 토지소유제를 국가소유권과 협동단체소유권으로 구분한 것은 중국의 이원적 토지소유 구조와 같다.[29]

이원적 토지소유 구조 형성 원인으로 다음 요인들을 들 수 있다. 첫째, 구소련의 영향이 중요했다. 중국과 마찬가지로 북한 역시 사회주의 종주국인 구소련이 진행한 마르크스-레닌주의의 영향을 받을 수밖에 없었다. 레닌 정부는 1920년대 신경제정책 시기 농지 사유를 인정했으며 특히 유럽식의 자율적인 농업협동조합이 경제발전에 긍정적인 역할을 해 줄 것을

28) 조성찬, 『(북한 토지개혁을 위한) 공공토지임대론』, 한울, 2019.
29) 박인성·조성찬, 『중국의 토지정책과 북한』, 한울, 2018, 403쪽.

기대했다. 그러나 '소농과 협동조합 강화론'을 주장한 차야노프와의 논쟁을 마무리한 스탈린은 1929년 이른바 '위대한 전환'이라는 5개년 계획의 하나로 농업 집산화 정책을 발표하고, 농업의 집산화를 통해 급속한 중공업화를 추진했다. 강제로 진행된 농업 집산화를 통해 모든 자영농은 국영공장 노동자로 전락했다.[30] 이런 흐름에서 자연스럽게 도시토지의 국가소유 및 농촌 토지의 협동농장 소유라는 이원적 토지소유 구조가 형성되었다. 한 가지 특기할 점은, 도시 중심적 사회주의 이념을 가진 레닌에 비하여 모택동은 농촌 중심적 사회주의 이념을 지녔고, 모택동은 농촌중심 운동을 통해 도시를 포위한다는 이른바 '이농촌포위성시(以農村包圍城市) 전략'을 주장했는데,[31] 북한은 중국의 전략과 유사한 방식으로 접근했다.

둘째, 북한 혁명정부 수립 주체들의 대도시에 대한 문제의식과 도농 균형발전 전략 이데올로기의 영향을 들 수 있다. 김일성과 혁명 주체들은 대도시의 슬럼화와 농촌 황폐화 모순을 지켜보면서, 자본주의와 식민지 잔재가 깊은 북한을 사회주의 국가로 건설하기 위해서는 양분된 도시와 농촌의 대립관계를 근본적으로 해결해야 한다고 보았다. 이러한 인식에서, 김일성은 1964년에 「우리나라 사회주의 농촌문제에 관한 테제」를 발표하여 도·농 균형론과 상호의존론을 주장함으로써 북한 국토개발의 기본이론을 제시하였다.[32] 그런데 이데올로기를 현실에 적용하는 과정에서 도입한 협동농장 시스템은 실제로는 주민을 협동농장의 일원으로 묶어

30) 박승옥, "[협동조합이 대안이다] 북한 인민들은 왜 굶어 죽었을까", 2011.08.02.

31) 임길진·이만형, 1990, 27-28쪽; 임형백, 「사회주의 북한 공간구조의 자본주의 공간구조로의 변화 전망: 북한 내부요인과 동북아 공간구조의 변화를 중심으로」, 『한국정책연구』, 제10권 제1호, 2010쪽에서 재인용함.

32) 김일성, 1964, 466-499쪽; 임형백, 「사회주의 북한 공간구조의 자본주의 공간구조로의 변화 전망: 북한 내부요인과 동북아 공간구조의 변화를 중심으로」, 『한국정책연구』, 제10권 제1호, 2010에서 재인용.

둠으로써 주민이동을 통제했다. 그리고 농촌의 인구정착을 유도하면서 도시로의 인구유출 및 이농을 방지하는 기능을 담당했다. 혁명 주체들은 농촌 인구가 도시로 유출되어 도시가 팽창하면 자본주의적 병폐가 다시 발생한다고 보았기 때문에 협동농장의 이러한 기능을 중시했다. 협동농장 시스템은 결과적으로 주민통제를 통한 체제유지 수단으로도 큰 효과를 발휘했다.[33]

셋째, 혁명정부는 농지에 대한 소농들의 강렬한 욕구를 외면할 수 없어 국가소유와 협동단체소유라는 이원적 토지소유 구조를 형성하게 되었다. 혁명정부는 농지분배를 약속하고 빈농과 고농 중심으로 토지개혁을 추진한 이후 약속대로 이들에게 토지소유권을 부여했다. 김일성이 토지개혁이 끝난 이후인 1946년 4월 10일 조선공산당 북조선 분국 중앙 제6차 확대집행위원회에서 진술한 보고를 보면, 토지개혁 추진에 있어서 고농과 빈농을 중심으로 한 농민의 역할이 중요했음을 역설하고 있다. 그런데 흥미롭게도, "우리는 춘기 파종 사업을 성과 있게 보장하기 위하여 농촌의 사회단체들을 발동시키며 농민들 속에서 호상 협조의 정신을 발양시켜야 할 것입니다." "당은 농민조합을 개선하여야 할 것이며 그를 충실하게 하고 강화하여야 할 것입니다."라고 언급했다.[34] 즉, 김일성은 농촌 토지의 개인 소유권 배분을 인정 및 완료하면서도 협동조합의 역할과 기능을 강화해야 한다는 점까지 이야기했다. 물론 협동조합의 강화에 토지소유권의 집단화나 국유화 방향성은 언급하지 않았다. 이런 배경에서 '토지법' 제1조는 토지가 전체 농민들이 획득한 혁명의 고귀한 전취물이라고 규정하면

---

33) 김원, 1998, 213-214쪽; 임형백, 「사회주의 북한 공간구조의 자본주의 공간구조로의 변화 전망 : 북한 내부요인과 동북아 공간구조의 변화를 중심으로」, 『한국정책연구』, 제10권 제1호, 2010에서 재인용.

34) 김일성, 「토지개혁의 총결과 금후 파업」, 『김일성선집 1권』, 평양 : 조선로동당출판사, 1954.

서도, 바로 제2조를 통해 토지개혁과 농업 협동화 방침을 철저히 수행해
야 한다고 규정했다.

3. 북한 농촌의 토지제도 변화경로

(1) 토지개혁 실시(1946) 및 개인 농지소유권 인정(1946-1954)

북한 지역에서 진행된 토지개혁은 1946년 3월 5일 '북조선 토지개혁에
대한 법령'의 발효를 통해 동년 3월 8일부터 3월 30일까지 불과 20여 일
만에 완료되었다. 본 법령은 5정보 이상 농지를 가지고 있으면 지주로 규
정하고 무상으로 몰수했다. 본 법령은 부분적인 보충과 개정을 통해 1948
년 9월 9일 북한 헌법으로 그 합법성이 부여되었으며, 1958년 8월 농업
협동화가 완성될 때까지 그 효력이 지속되었다.

'북조선 토지개혁에 대한 법령'을 살펴보면 혁명정부의 초기 개혁방향
을 파악할 수 있다. 먼저 제5조에서, 몰수한 토지는 모두 무상으로 농민의
'영원한' 소유로 넘긴다는 내용이 담겨 있다. 그리고 제7조에서 농민에게
토지소유권 증명서를 교부하고, 이러한 내용을 토지대장에 등록할 것을
요구하고 있다. 이렇게 함으로써 농민들에게 토지에 대한 실질적이며 배
타적인 권리를 인정하겠다는 것이다. 다만 제10조에서 토지 매매 금지,
소작 금지, 저당 금지라는 조건을 달았다. 즉, 농지소유권이 실질적이며
배타적인 권리이면서 동시에 제한된 소유권 성격을 갖고 있었다. 다만 본
법령에는 협동조합 설립과 관련된 내용은 담겨 있지 않았다.

그런데 앞에서 언급했듯이, 토지개혁이 끝나고 10일 후에 진행된 조선
공산당 북조선 분국 중앙 제6차 확대 집행위원회(1946.4.10)에서 김일성이
진술한 보고에는 협동조합의 설립과 관련된 내용이 담겨 있었다. 이러한
전략의 변화는 북한 헌법의 제정 및 개정에 반영되었다. 조선민주주의인

민공화국 제헌 헌법(1948)을 보면, 제5조에서 "조선민주주의인민공화국의 생산수단은 국가, 협동단체 또는 개인자연인이나 개인법인의 소유다."라고 규정함으로써 모든 주체가 토지를 소유할 수 있음을 천명했다. 그리고 제6조 6항에서 "토지의 개인소유와 아울러 국가 및 협동단체도 토지를 소유할 수 있다."고 규정하여, 개인소유를 중심에 두면서도 국가 및 협동단체 소유를 인정하는 접근법을 보였다. 그리고 제6조 7항에서 "국가 및 협동단체의 토지소유 면적에는 제한이 없다."고 규정하고, 제10조 2항에서 "국가는 인민경제계획을 실시함에 있어서 국가 및 협동단체의 소유를 근간으로 하고 개인경제부문을 이에 참가하게 한다."고 규정함으로써 국가 및 협동단체의 소유 및 역할을 강조했다. 이처럼 제헌 헌법에서 이미 이원적 토지소유 구조의 큰 틀이 형성되기 시작했다. 다만 이원적 토지소유 구조를 극복하기 위해 협동농장 토지를 점진적으로 국유화한다는 방침까지 포괄하지는 않았다.

(2) 농업 협동화(1954-1958)

북한에서 농업 협동화에 대한 전반적인 전략은 1953년 7월 정전협정 조인 직후인 8월 조선노동당 제6차 당 중앙위원회 전원회의에서 결정되었다. 경제 복구의 기본 방향을 '자립적 민족경제 건설을 위한 중공업 우선과 경공업, 농업의 동시 발전' 방침으로 정했다. 스탈린식 경제발전 모델과 차이가 나는 지점은 전후 피폐한 인민들의 일상생활을 위해 농업과 경공업도 함께 발전시킨다는 점에 있다. 그리고 농민들이 토지와 생산도구를 사적으로 보유하도록 허용하면서 '협동적 농업생산 합작사'를 조직하고 1954년부터 일부 '경험적으로 운영'하는 정도로 결정했다. 즉, 이 결정을 내린 시점에서 농업 협동화를 급속하게 추진할 계획은 없었다.[35]

---

35) 김성보, 『북한의 역사 1』, 역사비평사, 2011, 175-178쪽.

　농업 협동화 추진 방식에 있어서 북한 정부는 3가지 형태 중에서 조건에 맞는 방식을 선택하도록 했다. 이러한 접근법은 중국이 단계적으로 진행한 것과는 다르다. 제1형태는 토지를 합치지 않고 단지 작업만 함께하는 '고정노력협조반'이다. 우리나라의 전통적인 품앗이나 소겨리 등 상부상조의 전통을 확대한 형태다. 제2형태는 각자 농민이 토지소유권을 가지고 있되, 토지를 출자 형식으로 합치고 함께 작업하는 형태이다. 수확물은 노동에 의한 분배를 기본으로 하면서 토지 출자분에 따른 분배도 병행하는 半사회주의 형태이다. 제3형태는 토지를 비롯한 생산수단들을 모두 통합하고 오직 노동에 의해서만 분배하는 완전한 사회주의 형태이다.[36]

　실제 추진된 형태를 보면, 전후 1년이 지난 1954년 6월에 1,091개의 농업협동조합이 만들어졌다. 그런데 여기서 눈여겨볼 지점은 제2형태가 502개(46.0%), 제3형태가 589개(54.0%)로, 제2형태와 제3형태가 대부분을 차지한다는 점이다. 같은 해 12월에는 조합수가 10,098개로 무려 10배나 증가했으며, 조합 형태는 제2형태가 2,176개로 21.5%, 제3형태가 7,922개로 78.5%를 차지하여 제3형태가 대부분을 차지했다.[37] 이후 1956년 말까지 농가의 80.9%가 협동조합에 가입했으며, 1958년 8월에는 모든 농가가 협동조합원이 되었다. 같은 해 10월부터 12월 사이에는 모든 농업협동조합들을 행정 단위인 리 단위로 통합하면서, 조합수가 13,309개에서 3,843개로 줄었다(〈조선중앙년감〉, 1960년). 하나의 협동조합에는 평균 300호의 농가와 500정보(150만 평)의 토지가 포함되었다(〈표 3〉 참고).

---

36) 김성보, 앞의 책, 184쪽.
37) 김성보, 앞의 책, 184쪽.

〈표 3〉 농업 협동화 과정

연도	농업협동조합 총수(개소)	협동조합에 가입한 농가호수		협동조합에 편입된 경지면적	
		호수	총농가호수 대비 비율(%)	경지면적 (1,000정보)	총경지면적 대비 비율(%)
1953	806	11,879	1.2	11	0.6
1954	10,098	332,662	31.8	576	30.9
1955	12,132	511,323	49.0	885	48.6
1956	15,825	864,837	80.9	1,397	77.9
1957	16,032	1,025,106	95.8	1,684	93.7
1958	3,843	1,055,015	100.0	1,791	100.0
1963	3,732	1,066,896	100.0	1,837	100.0

출처 : 「조선민주주의인민공화국 국민경제발전 통계집 (1946-63)」 (동경 : 조선연구소, 1965); 윤영상(2013)의 자료에서 재인용함(http://contents.kocw.or.kr/KOCW/test/document/2013/skku/Yunyoungsang/3.pdf).

협동조합 아래 작업반들이 설치되었고, 작업반 밑에는 다시 20명 내외의 분조를 편성해 함께 일하도록 했다. 협동조합이 리 단위로 통합되면서 협동조합의 관리위원장이 리 인민위원장을 겸임하게 되었고, 경제 활동과 행정 활동이 긴밀하게 결합되었다. 그 결과 농촌소비조합이나 신용조합이 농업협동조합 관할로 옮겨졌고, 교육, 문화, 보건 사업 등 생활 전반을 농업협동조합이 담당하게 되었다.[38] 농업협동조합은 1962년에 협동농장으로 개명되었다.

이처럼 북한에서 5년 동안 사회주의 농업협동조합이 빠르게 완성되었다. 그 배경에는 전쟁으로 인한 젊은 노동력과 생산수단의 부족 등으로 가족 단위 경작이 어려워 현실적으로 협동할 수밖에 없다는 점이 중요하다. 김일성도 협업에 기초한 농업 협동화론을 제기하며, 기계화 조건이 충족되지 않더라도 우선 협업을 통해서 소농 경리의 한계를 극복하자고 주장했다. 이 외에 또 하나의 중요한 배경이 작동했다. 농업 협동화를 처음 추진한 1954년 가을에 흉작을 맞이하게 되었는데, 농민들은 30%를 넘

38) 김성보, 앞의 책, 188쪽; 이찬우, 『북한경제와 협동하자』, 시대의창, 2019, 108쪽.

는 현물세(법으로는 25-27%) 납부에는 참여했지만 저가로 국가에 쌀을 판매하는 양곡수매에 비협조적이었다. 이에 내각은 1954년 10월 쌀의 자유거래를 금지하고 1954년 11월에 열린 당 중앙위원회 전원회의에서 농업 협동화 운동을 강력히 추진하기로 결정했다. 1953년 8월에 결정된 '조선노동당 제6차 당 중앙위원회 전원회의'의 기조와 확연히 달라진 것이다. 저렴한 쌀의 확보는 중공업 우선 발전전략 및 군인들의 식량 확보에 매우 중요한 요소였기 때문에 개인농에 의지하여 저가의 쌀을 확보하기보다는 협동농장을 조직하여 쌀의 생산과 유통 전반을 국가가 장악하려 한 것이다.[39]

북한의 농업 협동화 과정과 관리체계 및 성격이 어떠했는지 직접 이 과정을 경험한 이들의 견해를 듣는 것은 중요하다. 우선 농업생산체계의 상위에 농업성이 있고 그 아래 도와 군에 협동농장경리위원회가 자리하고 있다. 이에 대해 전 평안남도 농촌경리위원회 과장으로 일했던 조충희(2018)에 따르면, 1958년에 협동화가 완성된 후 김일성이 평남 숙천군을 직접 찾아가서 '협동경리'를 기업적 방법으로 해야 한다고 해서, 군(郡) 협동농장경리위원회가 조직되기 시작했다. 1960년대 분산적으로 진행되는 농업생산을 기업적 방법으로 지도하기 위해 군 협동농장경영위원회를 조직하고 농촌에서 토지 등 생산수단과 노력 등에 대해 유일적 관리체계가 완성되어 국가 계획에 의한 농업생산체계가 확립되었다.[40] 협동단체 소유는 외피만 남게 된 것이다. 이후 경영방식에 변화가 생기는데, 처음에 작업반 책임제로 운영되다가 분조관리제로 변화되었고, 뒤에서 살펴볼 내용인 가족도급제(포전담당책임제)로 변화되어 왔다.[41]

---

39) 김성보, 『북한의 역사 1』, 역사비평사, 2011, 183-186쪽.
40) 조충희·주상호·김정희, 「북한 농업, 농촌의 현실」, 『농촌과 목회』, 2018년 겨울호, 42쪽.
41) 조충희 외, 앞의 논문, 63쪽.

북한의 농축산물 생산 및 유통구조는 아래 〈표 4〉와 같다. 생산 주체는
소유권으로 구분하면 국영농장, 협동농장, 개인이다. 중심 주체는 국영농
장과 협동농장이며, 개인들은 산지, 강하천, 도시 및 노동자지구 주변의
개인텃밭 재배로 참여한다. 북한의 농축산업 역시 전체 방향은 협동경리에
의한 공동 농축산과 개인부업 농축산을 결합하는 것이다. 이렇게 함으로써
국토의 모든 지역에서 농축산물 생산을 대대적으로 진행하는 것이다.[42]

〈표 4〉 소유권에 따른 북한의 농산물 생산구조

소유권에 따른 구분	체계
국영농산	농업성 → 농산국, 자재국, 농산물 수출입회사, 농업연구원 → 도(道) 농촌경리위원회 → 군 협동농장경영위원회, 군 종합농장, 채종농장, 국영축산기업소 등
협동농장 공동농산	협동농장관리위원회 → 농산작업반 → 각 작업반(농산, 과수, 축산, 공예 등) 분조 → 농가
개인농산	개인텃밭, 개인부업농지

자료 : 조충희·주상호·김정희, 「북한 농업, 농촌의 현실」, 『농촌과 목회』, 2018년 겨울호, 47.

북한은 협동농장을 조직하면서 뚜렷한 식량증산 효과를 거둔 것으로
평가된다. 당시 소련과 중국에서 협동농장으로 전환하면서 수많은 폭동과
아사자가 발생한 것과는 달리, 북한은 농촌이 안정적으로 발전하는 경험
을 했다. 가령, 1954년 알곡(조곡 기준) 생산이 226만 톤에서 1960년 380
만 톤으로 증가했다.[43] 사실 중국 역시 2-2단계인 초급합작사 단계에서
뛰어난 증산효과를 보였다. 이 당시의 중국 농촌의 농업생산율 증가속도
가 1955년의 경우 10.9%로 매우 높았다. 이러한 북한과 중국의 경험은
효율적이면서 형평성이 담보되는 생산방식의 균형점이 자영농과 협동농
장 사이 어딘가에 위치하고 있음을 시사한다.

---

42) 조충희 외, 앞의 논문, 47쪽.
43) 이찬우, 『북한경제와 협동하자』, 시대의창, 2019, 107-108쪽.

(3) 자력갱생을 위한 포전담당책임제 개혁(2012-현재)

① 추진 배경

1990년대 초반 '고난의 행군' 시기를 겪으며 사회 전반에 많은 변화가 초래되었다. 농업 분야에서는 농지 경작방식 및 소규모화가 진행되었으며, 현재 '분조관리제 하의 포전담당책임제'로 추진되고 있다. 그런데 고난의 행군 이후 '분조관리제 하의 포전담당책임제'를 추진하기까지 많은 변화가 있었다. 그 출발점에 농민들이 농지사용료를 지불하면서 농지를 사용할 수 있게 한 〈7.1. 경제관리개선조치〉(2002)가 있었다. '7.1 조치'는 가격·환율·임금·재정·기업관리·시장 등 경제 전반에 관한 폭넓은 변화를 도모하기 위한 것이었다. 농지사용에 있어서 '7.1 조치'가 갖는 핵심적인 의의는, 재정 적자를 만회하기 위해 기존에 국영기업의 순소득에 의존하던 구조에서 탈피해, 기업소뿐만 아니라 협동농장을 통해서도 재정 적자를 만회하고자 한 것이다. 그러나 북한 스스로 1940년대 토지개혁(무상몰수, 무상분배를 통한 지주제 철폐)에 버금가는 사건이라고 평가했던 7.1 조치는 뚜렷한 성과를 거두지 못하고 사실상 실패했다.

7.1 조치 도입 직후인 7월 31일에 승인된 '토지사용료 납부 규정'은 국가가 협동농장을 어떻게 인식하고 있는지를 분명하게 보여준다. 제1조를 보면, "국가 토지를 가지고 생산한 농업생산물의 일부를 사용료 형식으로 국가에 의무납부하도록" 한다는 규정을 두고 있으며, 제7조 1에서 협동농장의 모든 토지가 국가 의무납부 대상에 해당된다고 밝혔다. 그리고 제18조에서 토지사용료 수입은 국가예산으로 한다고 규정하고 있다. 이러한 조문을 해석해보면, 협동농장 토지는 이미 실질적으로 국가소유로 인식하고 있었으며, 농지의 협동단체소유 규정은 형식적인 것임을 다시 확인할 수 있다.

7.1 조치 실패 이후 10년 후인 2012년에 〈6.28. 신(新)경제관리개선조

치〉가 발표되었다. '6.28 조치'의 핵심은 "국가가 따로 생산품목이나 계획을 정해주지 않고 공장기업소들이 독자적으로 생산하고 생산물의 가격과 판매방법도 자체로 정하는 것"으로, 농업분야에서는 '국가 생산계획과는 관계없이 전체 수확량에서 30%는 당국이, 나머지 70%는 농민이 갖는 개혁조치를 실시한다는 것이다. 구체적으로, 협동농장에서 농사를 짓는 기본 단위인 분조(分組) 규모를 현재 10~25명에서 4~6명으로 줄여 일정 토지와 농기구, 비료 등을 더 작은 분조 단위로 나눠주고, 생산한 농작물에 대한 자율 처분권을 대폭 늘려 생산의욕을 높이려 한 것이다. 이러한 분조 규모는 7.1 조치의 영향으로 도입된 포전담당제의 분조(7~8명) 규모보다 더욱 축소된 것이다.44)

그런데 북한 당국이 중국 개혁개방 당시 농업 분야에 처음 적용했던 승포제(承包制)와 비슷한 '가족 단위 경작제'를 2013년부터 암묵적으로 허용하기 시작했다. 이는 작게 나눈 분조가 다시 가구별로 땅을 나눠도 문제 삼지 않겠다는 것으로, 사실상 '공동생산 공동분배'라는 사회주의 농업 시스템을 탈피해 '가족 또는 개인 책임생산 및 잉여생산물 자유 처분'이라는 새로운 시스템을 묵인하겠다는 것이다. 실제로 2014년 2월, 북한의 노동신문은 1면 사설에서 '농촌테제' 발표 50주년을 맞아 "농촌문제 해결은 사회주의 위업 수행의 필수적 요구"라며 농업 개혁을 강조하면서, "모든 농장에서 포전담당책임제를 자체 실정에 맞게 올바로 적용해야 한다"고 독려했다. 1990년대 중반부터 분조관리제 구성인원 축소와 초과생산물 자율처분 등을 추진해오다가 김정은 시대에 들어서서 분조에게 현물분배와 초과생산물 처리권을 전면적으로 허용하게 된 것이다.45)

6.28 조치에 대한 2013년 4월 조선신보 보도내용을 통해서도 국가가

---

44) 통일부 북한정보포털.

45) 이찬우, 『북한경제와 협동하자』, 시대의창, 2019, 109쪽.

협동농장 토지를 어떻게 바라보고 있는지를 알 수 있다. "작년 각지의 농장들에서는 분조관리제에 기초하여 노동과 실적에 맞게 정확히 현물분배가 진행되도록 하는 조치가 취해졌다 … 농장들은 국가적인 생산계획을 달성하여 나라에서 부여받은 토지, 보장받은 관개, 영농물자, 비료 등의 대금에 상응하는 몫만 바치면 그 외 남은 농작물들을 모두 농장의 결심에 따라 처리할 수 있게 되었다 … 새로운 조치에 의해 농장에서는 농사에 필요한 자재도, 농장에서 요구되는 시설, 설비도 자체의 결심으로 해결하게 되었다 … 국가에서 요구하는 생산계획을 충족시키면 다른 농산물을 생산할 수도 있다." 이 보도내용 중에 "나라에서 부여받은 토지"라는 표현이 나오며, "국가가 요구하는 생산계획을 충족시키면" 다른 농산물도 재배 가능하다는 내용이 나오는데, 국가가 농민들의 생산 욕구를 자극하면서도 여전히 계획에 의해 총괄적으로 농업생산을 지휘하고 있음을 알 수 있다.

② 도입 과정

김소영(2018)이 2012년 이후 탈북한 주민 35명을 대상으로 2016-2017년에 진행한 심층 면접은 북한이 도입한 포전담당책임제의 윤곽을 보다 실제적으로 제시해준다. 우선 용어와 관련하여 도급제, 정보다루기, 개인포전분담제, 포전담당제, 개인담당제, 분담포전제, 분담제, 개인분담제, 개인농, 개인농사 등으로 다양하게 불렸다. 북한 당국은 2014년 초반까지 포전담당제로 부르다가, 2014년 중후반 이후 포전담당책임제로 부르고 있다. 다양한 용어에서 보이는 공통적이면서 핵심적인 개념은 개인을 기본단위로 하여 국가로부터 배정받은 토지를 경작한다는 것이다. 여기서 개인과 국가의 관계성을 확인할 수 있다. 포전담당책임제는 2012년부터 함경북도, 평안남도, 양강도를 중심으로 소수의 농장에 실험적으로 도입되다가 2014년 이후 크게 확산되었다.[46]

이탈주민과의 인터뷰는 토지분여 규모와 경작 기간에 대해 구체적인 사실들을 전해주고 있다. 우선 제도 도입 초반에는 협동경리 포전이 상당 면적 존재하다가 점차 개인경리 포전이 확대되면서 농장원당 토지분여 규모도 늘어났다. 전면적으로 실시한 농장의 경우 농장원 가구수와 해당 토지의 등급을 고려해 토지를 나눠줬는데, 대체로 농장원 1인당 0.5-1정보 (1,500-3,000평) 수준이었다. 이는 1946년 토지개혁 당시 북조선임시인민위원회가 농민 1인에게 분배한 2,000평 규모와 유사하다.[47] 경작 기간도 1년으로, 1년이 지나면 분여 토지의 규모와 위치를 모두 재조정하였다. 이는 경작자로 하여금 안정적인 토지관리 및 생산성 제고를 위한 기술 개발 및 투자를 어렵게 하는 요인이 된다. 또한 1년마다 분여 토지가 재조정된다는 것은 토지 분여 과정에서 농장 간부와 농장원간 담합 내지 갈등 가능성이 내포됨을 의미한다.[48]

③ 평가

2019년 현재 포전담당책임제가 본격적으로 시행한 지 아직 5년밖에 되지 않았기 때문에 종합적인 평가를 내리기는 어렵지만, 관련 자료를 종합적으로 분석하면 다음과 같이 평가할 수 있다. 우선 포전담당책임제 도입으로 생산성 증대 효과 나타난 것으로 보인다. 북한 당국도 포전담당책임제 도입 이후 생산성이 크게 증대되고 분배량도 늘었다고 언론을 통해서 주장하고 있다. 민간의 부가 늘어나면서 정부가 광범위한 조세 및 준조세

---

46) 김소영, 「김정은 집권이후 북한 농업정책의 변화, 시장화와 계획화의 계속된 변주」, 『농촌과 목회』, 2018년 겨울호, 21-22쪽.

47) 『농촌과 목회』, 2018년 겨울호. 기획특집으로 진행한 좌담회 "북한 농업, 농촌의 현실" 에서 탈북자인 주상호 씨(함경도 온성 농장에서 기사장으로 28년 일함)가 발언한 내용.

48) 김소영, 「김정은 집권이후 북한 농업정책의 변화, 시장화와 계획화의 계속된 변주」, 『농촌과 목회』, 2018년 겨울호, 24쪽.

를 통해 확보한 재원은 당국의 재정난 해결에 도움이 되었다.[49]

　이러한 배경에는 협동농장의 자율성 확대가 중요한 배경으로 작동했다. 국가가 농자재를 계획대로 공급하지 못하자 농민들은 시장을 통해 필요한 자금과 자재 등을 조달하게 되었다. 그리고 당국은 이를 눈감아주었다. 그런데 자금의 경우, 고리대금 성격(이자율 20~30%)의 사금융을 개인 또는 기관기업소로부터 조달하기도 한다. 융통 기간은 보통 1년 이하로, 봄철에 빌린 후에 가을 추수 때가 되어 곡물이나 곡물 판매 대금으로 상환하는 방식이다.[50] 국가가 책임지지 못하는 영역에서 사적 영역이 확대되고 있는 것이다.

　그런데 농민의 입장에서 바라보면 조금 다른 평가가 나온다. 우선 추수후 쌀 생산물의 분배시스템을 간략하게 살펴보자. 김정은 시대 들어서면서 생산의 30%는 국가에 토지사용료, 농자재 공급대가 등으로 납부하고 나머지 70%가 기본적으로 농민들에게 돌아간다. 그런데 국가 수매계획에 따라 70% 중 30~40%가 수매되어 현금으로 지급받고, 나머지 30~40%가 현물로 분배된다. 여기서 수매가격은 시장가격(현재 쌀 1kg에 5000원)보다 낮은 가격(시장가격의 50~70% 수준)에서 협의로 정해진다. 이 기준이 2002년 7.1 조치 이후 정해진 국정수매가격(쌀 1kg에 40원)보다 비싸지만 시장가격보다 크게 낮아 농민들은 불만이 많을 수밖에 없다. 게다가 농민이 받는 현금 및 현물 수입 중에서 일부는 협동농장 공동기금(공동축적기금, 공동소비기금, 원호기금)으로 나가며, 최종 단계에서 농민들은 개혁조치 이전부터 적용되던 '노력일'에 따라 분배받는다. 대체로 농민은 총생산량의 60% 수준에서 현물 및 현금으로 분배받고, 40%가 국가납부 및 협동농장기금으로 들어간다.[51] 이러한 분배구조에서 대부분의 농장에서 초과

---

49) 김소영, 앞의 논문, 32쪽.
50) 김소영, 앞의 논문, 27-28쪽.

목표를 달성하기가 쉽지가 않다. 그 결과 농장원들에게 약속된 분배율이 제대로 지켜지지 않으며, 개혁조치에 상응하는 농자재와 농약, 비료 등이 공급되지 않아서 생산성이 크게 증가하지 못하고 있다는 평가도 있다.[52]

(4) 최근 협동농장 해체 및 국영기업소 산하 재배치 움직임

최근 북한 라선특별시 내에서 협동농장에 새로운 변화가 감지되고 있다. 2007년도에 통일부 비영리 대북 민간지원단체로 등록된 이래, 이곳에서 10년 가까이 인도지원 사업을 전개하고 있는 사단법인 하나누리는 특별히 '농촌자립마을사업'을 전개하고 있다. 협동농장과 협약을 맺고 협동농장 자립을 위해 농기계, 식량, 비료 등을 무상으로 지원하는 방식으로 시작하다가 2017년도부터는 협동농장 내의 한 작업반과 협약을 맺고 사회적 금융 방식으로 무이자 대출을 통해 자립을 지원하고 있다.

그런데 하나누리가 변경된 지원대상과 여러 번 협약서를 체결하는 과정에서 특이한 점이 발견되었다. 전에는 특정 협동농장 명의(계약상에는 농업회사라는 명칭 사용)로 협약을 맺었는데, 2017년도에 새롭게 한 작업반과 협약을 맺을 때는 '라선○○발전소'라는 국영기업소가 합의계약서의 서명 주체였다. 확인한 결과, 기존 협동농장이 작업반 단위로 해체되어 국영기업소 산하로 재배치되었다. '라선○○발전소' 산하에는 모두 3개의 작업반이 배치되어 있었다. 아래의 〈그림 2〉는 협약 주체가 협동농장(농업회사)에서 국영기업소로 변경되었음을 보여준다. 다만 전국적인 확산 여부는 더 지켜볼 필요가 있다.

---

51) 이찬우, 『북한경제와 협동하자』, 시대의창, 2019, 94-95쪽.
52) 통일부 북한정보포털.

〈그림 2〉 합의계약서 서명 주체 비교

2016년	2017년
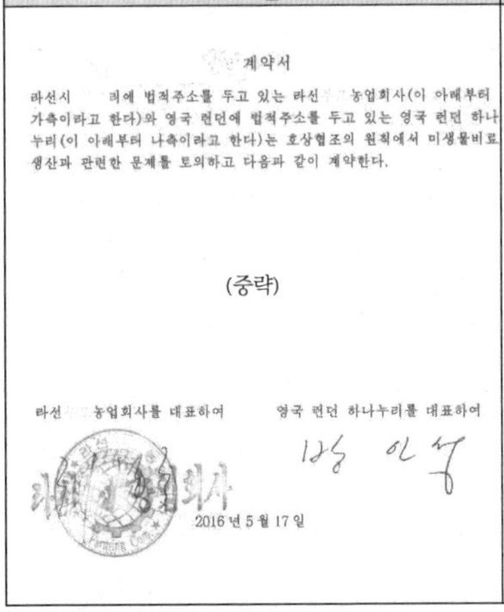 계약서 라선시 리에 법적주소를 두고 있는 라선 농업회사(이 아래부터 가측이라고 한다)와 영국 련던에 법적주소를 두고 있는 영국 련던 하나누리(이 아래부터 나측이라고 한다)는 호상협조의 원칙에서 미생물비료생산과 관련한 문제를 토의하고 다음과 같이 계약한다. (중략) 라선 농업회사를 대표하여 / 영국 련던 하나누리를 대표하여 2016년 5월 17일	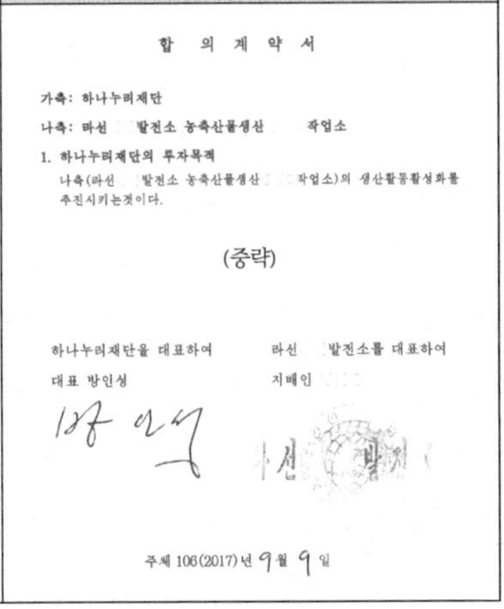 합 의 계 약 서 가측: 하나누리재단 나측: 라선 발전소 농축산물생산 작업소 1. 하나누리재단의 투자목적 나측(라선 발전소 농축산물생산 작업소)의 생산활동활성화를 추진시키는것이다. (중략) 하나누리재단을 대표하여 / 라선 발전소를 대표하여 대표 방인성 / 지배인 주체 106(2017)년 9월 9일

라선특별시에서 진행하고 있는 협동농장 해체 및 기업소 산하 재배치 현상은 대도시에서도 진행되고 있다. 이러한 조치에 대한 법률적 근거를 확인하는 매우 중요하다. 우선 협동단체 소유를 점차 전인민적 소유로 전환시킨다는 헌법 23조 외에 농업법(1998년 제정, 2002년 수정, 2009년 수정)과 농장법(2009년 제정)에서도 중요한 근거를 확인할 수 있다. 농업법 제4조 2항은 농업이 국영경리와 협동경리로 이루어진다고 규정하고, 3항에서 국가는 협동경리를 점차 국영경리로 전환한다고 규정하고 있다. 그리고 제13조에서 "농업지도기관과 농목장, 해당 기관, 기업소, 단체는 알곡생산을 위주로 하면서 농업생산의 다른 부분을 배합하여 배치하여야 한다."고 규정하고 있다. 여기서 눈여겨볼 사실은 2002년 개정법에서는 국영농목장과 협동농장이 명시되다가, 2009년 개정법에서 '국영농목장과 협동농장'을 합쳐서 '농목장'으로 명시하고 있다는 점이다. 법률 조문만 본다면 2009년도부터 협동농장의 해체 및 국영화 작업을 시작했다고 해석할 수 있다.

2009년도에 제정된 농장법[53])에서도 같은 맥락의 규정들을 찾을 수 있다. 우선 제2조에서 농장을 사회주의 농업기업소로 규정하고, 제3조 1항에서 "농장의 조직은 농장을 새로 내오거나 축소, 통합, 분리, 변경하거나 없애는 중요한 사업이다."라고 규정하고, 농장의 분리 및 변경 가능성을 제시했다. 그리고 2항을 통해 "국가는 농장의 조직기준을 바로 정하고 농장을 합리적으로 조직하도록 한다."고 규정하여, 농장의 분리 및 변경 책임이 국가에게 있음을 명시했다. 그리고 농업법 제72조와 마찬가지로, 농장법 제5조에서 국가는 분조관리제와 작업반우대제, 독립채산제를 정확히 실시해야 한다고 규정하고 있는데, 분조관리제와 작업반우대제 및 독립채산제의 기본 단위는 작업반이다. 따라서 작업반 단위로 해체되어 다른 국영기업소에 재배치되어도 국가 입장에서 농업생산계획 하달에 큰 문제가 없다.

현장에서 북한 당국자로부터 확인한 바로, 라진특별시가 협동농장을 해체하여 국영기업소 산하로 재배치하는 목적은 우선 국영기업소 입장에서 안정적인 식량 확보가 가능하기 때문이다. 작업반에 속한 농민들은 매월 월급을 받을 수 있어 생활안정을 도모할 수 있다. 그리고 작업반은 국영기업소로부터 농업 생산에 필요한 기술적 도움을 받을 수 있다. 그런데 이러한 설명에는 이원적 토지소유 구조 극복이라는 지향점은 찾을 수 없다. 북한 당국자의 인식 속에 도시 - 농촌의 이원적 토지소유 구조 해체라는 큰 그림이 담겨 있지 않은 것이다.

(5) 토지원리에 기초한 농촌 토지제도 변화 분석

이제 토지원리에 기초하여 농촌 토지제도 변화경로를 분석해 보자. 우선 농지개혁 이후 토지원리에 부합하다가, 협동화가 진행되면서 점차로

---

53) 2009년 12월 10일 최고인민위원회의 상임위원회 정령 제483호로 채택함.

토지원리에서 멀어졌다. 그런데 최근 포전담당책임제로 변화해 오면서 다시금 토지원리에 부합하는 방향으로 진행하고 있다. 다만 '단독사용 조건'에서 농민 개인의 재산권 보호 수준이 너무 낮고, 그러다보니 '사용자처분 조건'은 고려하기 시기상조다. 북한의 농촌 토지제도가 토지원리의 4가지 조건을 완전히 충족하기 위해서는 더 과감한 변화가 필요하다(〈표 5〉).

〈표 5〉 북한 농촌 토지재산권 구조 변화 분석

4단계 \ 4원칙		토지공유 (평균지권)	단독사용 (적법사용)	지대회수 (지대공유)	사용자 처분
제1단계 : 농지 개인소유제		부합	부합	부합	부합
제2단계 : 토지소유권 집단화(선택)	고정노력협조반	부합	부합	부합	부합
	토지출자 - 공동작업	부합	부합 안함	부합 안함	부합
	토지소유권 집단화 및 노동분배	부합 안함	부합 안함	부합 안함	부합 안함
제3단계 : 분조관리제 하의 포전담당책임제		부합	부합	부합	부합 안함

4. 북한의 이원적 토지소유 구조 평가

첫째, 북한은 형식상 이원적 토지소유 구조이지만 실제로는 국가가 일원적으로 지배하는 구조이다. 국가는 특히 식량생산의 중요성으로 인해 농업경리에 대해 더 강하게 개입하고 있다. 이러한 관리체계의 중심에 도 및 군에 설치된 협동농장경리위원회가 자리하고 있다. 물론 7.1 조치나 6.28 조치를 통해 포전담당책임제를 실시하면서 국가에 대한 일정 납부 의무를 충족하면 남는 생산물의 자율 처분을 약속하고는 있지만 이러한 조치가 국가의 개입이 약화되었다는 것을 의미하는 것은 전혀 아니다. 이원적 토지소유 구조와 관련하여 남은 과제는 법적, 재산권 차원에서 일원화를 완성하는 것이다. 북한은 이미 헌법과 토지법 및 농업법 등을 통해 사회협동단체 소유를 점진적으로 국가 소유로 일원화하겠다고 밝혔다.

둘째, 북한이 도시를 바라보는 관점에서 이원적 토지소유 구조의 특성을 파악할 수 있다. 앞서 이야기했듯이, 북은 6가지 토지 용도에서 도시용 토지를 따로 구분하지 않는다. 그리고 기본적으로 농경지를 '극력' 아껴야 하며, 작은 도시를 선호한다. 이렇게 해서 도시와 농촌 간에 격차를 줄이고 균형 있는 발전을 도모한다. 이런 맥락에서 보면 북한에서 이원적 토지소유 구조는 심각한 문제를 초래하지는 않는다.

셋째, 북한 농촌 토지제도는 토지개혁 초기 사유화에서 곧바로 농업협동화로 나아갔고, 오늘날 자력갱생을 위해 포전담당책임제를 실시하고 있다. 최근에는 농지를 포함하여 협동농장의 국유화가 점진적으로 진행되고 있다. 하나누리 사례 및 농업법과 농장법이 그 근거다. 즉, 구소련의 토지개혁 프로그램의 영향으로 이원적 토지소유 구조가 형성되었지만, 장기적으로 국가 소유로 일원화하고 있는 것이다. 그런데 국가 지배권의 큰 틀에서 농민 개인의 권리를 조금씩 허용하고 있지만, 중국 농민의 재산권처럼 강하게 보호되는 수준이 아니다. 북한 농민들 역시 재산권 의식이 강하지 못해 협동농장이 국유화되더라도 저항하기 쉽지 않다.

넷째, 북한은 포전담당책임제를 통해 농민 개인에게 농지를 할당했지만 물권적 재산권을 설정하지는 않았다. 그리고 1년마다 농지를 바꾸고 있다. 이러한 방식은 농지에 대한 개인의 재산권 의식을 형성하지 못하게 한다. 김정은은 북한의 농지개혁이 중국식 가정생산도급책임제로 가려는 것이 아니라는 점을 이미 분명하게 언급했다. 이러한 접근법은 농지의 국유화 맥락에서 농민 개인의 재산권을 강화하지 않겠다는 전략으로 읽을 수 있다. 이러한 해석이 맞다면 일원화가 완성된 후 농민의 개인 재산권을 어떻게 설정할 것인가 하는 과제가 남는다.

정리하면, 북한에서 이원적 토지소유 구조는 심각한 문제를 초래하고 있지 않다. 그 이유는 산업화와 도시화의 수준이 낮아서이기도 하지만, 국가가 실제적으로 농촌 토지를 지배하고 있기 때문이기도 하다. 이제 국가는 형식상으로도 이원적 토지소유 구조를 해체하려는 방향으로 조금씩 나아가고 있다. 남은 과제는 국가가 농촌 토지에 대한 실제적인 지배권을 넘어 형식적인 지배권까지 확보하게 되었을 때, 포전담당책임제가 어느 수준까지 농민의 사적 재산권을 인정하며, 이러한 기초 위에서 작업반 단위로 농업협동조합을 새롭게 개편하여 농촌 발전전략으로 활용할 것인가 하는 점이다.

Ⅳ. 중국과 북한의 이원적 토지소유 구조 극복전략 비교

1. 중국과 북한의 농촌 토지제도 변화 비교

앞서 중국과 북한의 농촌 토지제도 변화를 비교분석한 내용들을 정리하면 다음 〈표 6〉과 같다. 다만 협동화(중국은 집체화) 형성 과정에서 몇 가지 차이점을 언급할 필요가 있다. 농지 개인소유제에서 협동화로 나가는 방향성은 두 국가가 유사했으나 내부 과정에서 차이점이 발견된다. 우선 북한이 중국보다 협동화가 더 빨리 진행됐다. 이는 국가 성립 시기가 북한이 중국보다 3년 정도 앞서고, 국가 규모가 차이 나기 때문인 것으로 보인다. 다음으로, 북한은 협동화를 위한 3가지 방식 중 하나를 선택할 수 있도록 했다는 점에서 중국이 단계적으로 추진한 방식과 차이가 있다. 그럼에도 협동화에 걸린 시간이나 과정이 유사하다. 북한의 제1형태인 고정노력협조반은 중국의 2-1단계인 호조조와 같다. 그리고 제2형태인 토지출자-공동작업 형태는 중국의 2-2단계인 초급합작사와 같다. 북한의 제3형태인 토지소유권 집단화 및 노동분배 형태는 중국의 2-3단계인 고급합작사 및 3단계인 인민공사 집체소유제 단계와 같다.

〈표 6〉 중국과 북한의 농촌 토지제도 변화 비교

변화 경로별 비교	중국	북한
농지 개인소유권 인정 여부	인정(1949년 시작)	인정(1946년 시작)
협동화 추진 방식	단계적 접근	선택적 접근
협동화 추진 소요 시간	20년	5년
협동농장 해체 여부	인민공사 해체(1983)	협동농장 해체 진행 중
해체 후 농지소유 주체	집체소유 유지	현재 협동농장 소유 일부 국유화 진행 중
해체 후 농지 재산권 형태	토지도급경영권(물권) 30년 사용기간. 자동연장.	포전담당책임제(합의) 1년마다 포전 교환.
농지 재산권 시장화 허용	시장화 부분적 허용	불허
이원적 토지소유 구조 극복전략	보완 접근법 (신형도시화, 도농통합발전)	해체 접근법 (점진적 국유화)

2. 이원적 토지소유 구조 극복전략 비교

두 국가의 농촌 토지제도 변화경로를 비교해 보면 극복전략의 차이를 도출해 낼 수 있다. 우선 두 국가는 농지 개인소유권 인정에서 협동화 완성 및 이후 협동농장 개혁까지는 유사한 경로를 거쳤다. 그런데 협동농장 개혁 이후 중국은 집체소유권을 유지하면서 농민 개인에게 토지도급경영권을 부여하고, 물권적 재산권으로서 보호하며, 점차로 시장 진입을 확대 허용하고 있다. 중국은 이원적 토지소유 구조 자체를 극복하기보다는 신형도시화나 도농통합발전 전략을 통해 '보완'하려는 데 방점이 찍혀 있다. 이러한 구조에서 핵심은 중국 농민 개인에게 부여된 재산권의 보호다. 그만큼 중국 정부는 농민의 욕구에 민감하게 반응한다.

반면, 북한은 국가가 농촌경리에 대한 실제적인 지배권을 확보했을 뿐만 아니라 협동농장의 점진적인 국유화를 표방한 상태에서, 개인에게 매우 낮은 재산권 수준의 포전을 할당하는 방식으로 접근했다. 그리고 일부 지역을 중심으로 포전담당책임제 실시와 병행하여 협동농장의 해체 및 국유화 실험도 전개하고 있다. 이처럼 북한의 이원적 토지소유 구조 극복 전략은 '해체' 방식이다. 그런데 만약 전국 범위에서 협동농장의 국유화가 완성된다면 농민에 비해 국가의 재산권 비대칭성이 더 강화될 것이 분명하다.

정리하면, 중국의 극복전략의 핵심은 농민 개인의 재산권을 법률적으로 강하게 보호하면서 재산권 유동화를 통해 도농통합전략을 구사하는 '보완' 접근법이라면, 북한은 협동농장을 해체하여 다양한 방식으로 국유화하는 '해체' 접근법이다.

3. 극복전략의 차이를 가져온 원인

(1) 혁명정권 수립에 대한 농민의 기여도 차이

중국은 농민의 지지로 혁명에 성공했기에 공산당의 입장에서 농민의 욕구를 충족하는 것이 매우 중요하다. 이러한 정부의 태도는 오늘날 농촌을 대하는 일관된 입장에서 드러나며, 특히 개인 단위 재산권 설정 및 이를 보호하는 제도에서도 알 수 있다. 반면 북한의 사회주의 정부 수립은 중국과 달리 일제 패망 및 소련군 주둔에 따른 것이다. 즉 농민의 토지에 대한 욕구는 중국과 북한 모두 동일하겠으나 혁명정권 수립에 대한 농민의 기여도가 다르다. 북한의 농민들은 인민정부 수립에 기여한 것이 아니라, 고농과 빈농을 중심으로 빠른 시간 안에 토지개혁을 완성하는 데 중요한 역할을 감당했다. 따라서 농민의 토지에 대한 욕구를 대하는 북한 노동당의 태도가 중국 공산당과 다를 수밖에 없다.

이러한 차이는 중국이 토지 소유를 계속해서 농민의 공동체인 집체소유로 유지하면서 다양한 보완적 접근법을 펴는 것과 달리, 북한이 협동화 과정에서 이미 실질적 국유화를 진행했으며, 완전한 국유화를 위해 법률적 소유권마저 협동농장의 해체 및 기업소의 재배치 등을 통해 추진하려는 접근법을 펴게 된 것으로 해석할 수 있다.

(2) 도시화 발전전략과 부작용 정도의 차이

앞에서 충분히 언급한 것처럼, 중국의 이원적 토지소유 구조는 다양한 차원으로 도시발전에 동원되었다는 점이 특이하다. 이러한 전략은 북한과도 유사한데, 다만 차이는 중국이 1978년 개혁개방 이후 도시화 과정에서 이원적 토지소유 구조에 따른 부작용이 심각해졌다는 점이다. 연속된 공간을 단절시키는 것은 그 의도 및 효과(농민 보호막)에도 불구하고 도시화로 인한 공간의 확대 등의 과정에서 부작용이 나타날 수밖에 없다.

부작용을 정리하면, 첫째 모순적 공간구조가 형성되었다. 즉 분리된 공간구조가 한편에서는 농촌을 도시발전을 위한 내부 식민지로 활용하는 전략으로 활용되었고, 다른 한편에서는 농민의 보호막이 되어주었다. 둘째, 전국적으로 기형적인 지대 사유화 공간구조가 형성되었다. 이를 공간상으로 보면, 도시 내에서 신규 건설용지를 출양방식으로 공급하면서 지대 사유화가 진행되었다.[54] 농촌 내에서도 농업세 폐지, 토지도급경작권 무상 양도 등으로 인해 지대 사유화가 진행되고 있다.[55] 그리고 도시와 농촌이 만나는 도시 근교에서 심각한 지대 사유화가 진행되고 있다. 구체적으로, 도시 근교에서 두 가지 양상의 지대 사유화가 전개되고 있다. 우선 합법적인 것으로, 도시화 발전전략을 추진하는 도시 정부가 농촌 집체 토지를 낮은 보상가격으로 수용 및 재판매하는 과정에서 도시 자본(지방정부, 건설자본 등)이 막대한 개발이익을 향유한다. 다음으로 현행법상 불법적인 것으로, 도시 근교의 농촌집체가 자체적으로 부동산 개발사업을 진행하여 개발이익을 사유화한다.[56] 셋째, 결과적으로 도시와 농촌 및 도시 근교에서 광범위하게 지대 사유화가 진행되면서 중국에서 공공토지의

54) 조성찬, 「중국의 도시화와 공공토지 사유화」, 『역사비평』, 116, 2016년 가을호.
55) 박인성·조성찬, 『중국의 토지정책과 북한』, 한울, 2018.
56) 조성찬, 「이원적 토지소유 구조 하의 중국 소재산권 주택 문제 연구」, 『중국지식네트워크』, 제12호, 2018.

실질적 사유화 경향이 강화되고 있다.[57]

중국이 산업화와 도시화가 급속도로 진행되면서 갖가지 부작용을 경험하고 있는 것과 달리, 오늘날 산업화와 도시화가 정체된 북한의 주된 관심은 국가의 농촌경리 지배를 통한 안정적인 식량증산과 공급체계의 확립이다. 북한은 1964년에 농업부문 실행지침서인 '사회주의 농촌테제'를 발표한 이후 기본적으로 농업의 주체화, 현대화, 과학화를 중심으로 농촌 4화(수리화, 전기화, 기계화, 화학화)를 통한 식량증산에 주력해 왔다.[58] 이처럼 중국과 북한의 도시화 발전전략의 부작용에 중대한 차이를 보이면서, 이원적 토지소유 구조에 대한 문제의식의 정도가 달라졌으며, 이는 결과

(3) 이원적 토지소유 구조에 대한 '공간' 대 '소유주체' 접근법의 차이

중국 헌법은 도시토지의 국가소유와 농촌토지의 집체소유로 구분하고 있듯이, 이원적 토지소유 구조의 중심 기준은 도시와 농촌이라는 '공간'이다. 반면 북한 헌법은 국가소유와 사회협동단체 소유로 구분하고 있듯이, 이원적 토지소유 구조의 중심 기준은 '소유주체'인 것이다. 언뜻 보면 결과적으로 비슷한 것 같지만, 중국은 도시와 농촌이라는 공간을 우선시하며, 북한은 국가와 협동단체라는 소유주체를 우선시한다. 특히 북한은 명시적으로 이원적 토지소유 구조를 표방하지 않으며, 오히려 국가소유에는 제한이 없고, 점진적으로 협동단체 소유를 국가소유로 전환하겠다는 전략을 오래전부터 제시해 왔다.

이러한 접근법의 차이로 인해 중국은 물리적으로 도시와 농촌을 구분하면서 국토 공간이 경직되었고 사회경제 변화에 유연하게 대응하지 못했다. 호적제도의 결합은 경직성을 더 강화시켰다. 반면 북한은 국가와 협동

57) 조성찬, 「중국의 도시화와 공공토지 사유화」, 『역사비평』, 116, 2016년 가을호.
58) 이찬우, 『북한경제와 협동하자』, 시대의창, 2019, 100쪽.

단체라는 소유주체로 접근하면서 사회경제 변화에 상대적으로 유연하게 대응할 수 있었다. 그 결과 중국과 북한은 이원적 토지소유 구조에 따른 부작용의 차이가 크게 나타났고, 극복전략에도 차이를 가져왔다.

참고로, 북한이 소유주체를 기준으로 이원적 토지소유 구조에 접근하는 방식이 갖는 장점 중 하나는 협동조합 활성화 가능성이다. 북한의 협동단체는 농촌에 있는 협동농장뿐만 아니라 도시 내의 공장, 기업소도 해당된다. 즉, 법률적으로 도시에 있는 협동단체들도 토지 및 생산수단의 소유주체가 될 수 있다. 따라서 북한의 헌법 체계는 쿠바처럼 도시와 농촌에서 협동조합을 통한 경제발전 전략으로 전환하기 쉬운 구조다. 쿠바는 2012년에 〈협동조합법〉을 제정하고 농업 외에 제조업, 서비스업 등에서도 협동조합 설립이 가능하도록 하여 경제발전을 추구하려는 전략을 펴고 있다.[59]

V. 나가며

지금까지 연속된 공간을 인위적으로 단절시키는 것은 그 의도에도 불구하고 도시화로 인한 공간 확대 등의 과정에서 여러 가지 부작용이 나타날 수밖에 없다는 문제의식에서, 농촌 토지제도 변화를 중심으로 중국과 북한의 이원적 토지소유 구조 변화경로 및 변화경로에 차이를 가져온 극복전략을 비교했다.

분석 결과를 정리하면 다음과 같다. 먼저 중국과 북한의 농촌 토지제도 변화과정을 비교하면, 농지 개인소유제에서 협동화로 나가는 방향성은 두 국가가 유사했으나 내부 과정에서 차이점도 발견된다. 우선 북한이 중국보다 협동화가 더 빨리 진행됐다. 그리고 북한은 협동화를 위한 3가지 방

59) 김성보·김창진 외, 『쿠바 춤추는 사회주의』, 가을의아침, 2017.

식 중 하나를 선택할 수 있도록 했다는 점에서 중국이 단계적으로 추진한 방식과 차이가 있다. 그럼에도 협동화에 걸린 시간이나 과정이 유사하다. 그런데 가장 중요한 차이는 중국은 집체소유를 유지하면서 가정생산도급 책임제를 실시하고 가구별 농지 재산권을 법률로 강하게 보호하는 방향으로 나아갔다. 반면 북한은 분조관리제 하의 포전담당책임제를 실시하기는 하지만 가구의 재산권 보호 수준은 낮고, 국가가 실질적인 지배권을 넘어 형식적인 지배권 형성을 위해 협동농장 토지의 점진적인 국유화를 진행하고 있다. 다음으로, 각국의 이원적 토지소유 구조 극복전략이 어떤 차이를 갖는지를 비교한 결과, 중국의 극복전략의 핵심은 농민 개인의 재산권을 법률적으로 강하게 보호하면서 재산권 유동화를 통해 도농통합전략을 구사하는 '보완' 접근법이라면, 북한은 협동농장을 해체하여 다양한 방식으로 국유화하는 '해체' 접근법이다. 마지막으로, 극복전략의 차이를 가져온 원인을 분석한 결과, 혁명정권 수립에 대한 농민의 기여도 차이, 도시화 발전전략과 부작용 정도의 차이, 그리고 이원적 토지소유 기준을 '공간' 대 '소유주체'로 접근하는 차이가 중요했음을 살펴보았다.

이제 북한의 남은 과제는 국가가 농촌 토지에 대한 실제적인 지배권을 넘어 국유화를 통한 형식적인 지배권까지 확보하게 되었을 때, 포전담당 책임제가 토지원리에 부합하도록 어느 수준까지 농민의 사적 재산권을 인정하며, 이러한 기초 위에서 작업반 단위로 농업협동조합을 새롭게 개편하여 농촌 발전전략으로 활용할 것인가 하는 점이다.

| 참고문헌 |

김성보, 『북한의 역사 1』, 역사비평사, 2011.
김성보·김창진 외, 『쿠바 춤추는 사회주의』, 가을의아침, 2017.

김윤상, 『지공주의』, 경북대학교 출판부, 2009.

_____, 『토지정책론』, 한국학술정보, 2002.

김창진, 『사회주의와 협동조합운동 : 혁명 전후 러시아의 국가와 협동조합, 1905-1930』, 한울, 2008.

박인성·조성찬, 『중국의 토지정책과 북한』, 한울, 2018.

에드거 스노우, 洪秀原·安亮老·愼洪範 역, 『중국의 붉은 별(하)』, 두레, 1995.

원톄쥔, 김진공 역, 『백년의 급진』, 돌베개, 2013.

이종석, 『북한의 역사 2』, 역사비평사, 2011.

이찬우, 『북한경제와 협동하자』, 시대의창, 2019.

조성찬, 『(북한 토지개혁을 위한) 공공토지임대론』, 한울, 2019.

추이즈위안, 김진공 역, 『프티부르주아 사회주의 선언』, 돌베개, 2014.

허쉐펑, 김도경 역, 『탈향과 귀향 사이에서』, 돌베개, 2017.

헨리 조지, 김윤상 역, 『진보와 빈곤』, 비봉출판사, 1997.

후수리·우징롄·조우치런 외, 이지은 역, 『뉴노멀 중국』, 유비온, 2016.

김경량, 「남북한 협동조합의 비교와 농업협력」, 『농민과 사회』, 2001년 봄호.

김소영, 「김정은 집권이후 북한 농업정책의 변화, 시장화와 계획화의 계속된 변주」, 『농촌과 목회』, 2018년 겨울호.

김수한, 「중국 집체토지 권리 변화의 정치경제 : 이원적 권리체계 변용 과정을 중심으로」, 『現代中國硏究』, Vol.13 No.2, 2012.

김원경, 「중국 농업·농촌에 불고 있는 협동조합의 바람」, 『협동조합네트워크』, 한국협동조합연구소, 통권63호, 2013.

김일성, 「토지개혁의 총결과 금후 과업」, 『김일성선집 1권』, 평양 : 조선로동당 출판사, 1954.

박인성, 「개혁개방 이전 중국의 토지개혁경험 연구 : 농촌토지소유제 관계를 중심으로」, 『人文論叢』, 第25輯, 2010.

신위성 외, 「중국 도시와 농촌 토지권리의 이원화 구조 개혁에 관한 연구」, 『법학연구』, Vol.51, 2013.

이화진, 「‘중앙1호문건’을 통해 본 향촌진흥전략의 의미」, 『中國學論叢』, No.63, 2019.

임형백, 「사회주의 북한 공간구조의 자본주의 공간구조로의 변화 전망 : 북한 내부요인과 동북아 공간구조의 변화를 중심으로」, 『한국정책연구』, 제10권 제1호, 2010.

장석천, 「중국의 토지관리법상 토지제도의 이원화의 문제점과 개선방안에 대한 검토」, 『홍익법학』, Vol.20 No.3, 2019.

조성찬, 「이원적 토지소유 구조 하의 중국 소재산권 주택 문제 연구」, 『중국지식네트워크』, 제12호, 2018.

_____, 「중국 토지연조제 실험이 북한 경제특구 공공토지임대제에 주는 시사점」, 『한중사회과학연구』, 통권 22호, 2012.

_____, 「중국의 도시화와 공공토지 사유화」, 『역사비평』, 116, 2016년 가을호.

조충희·주상호·김정희, 「북한 농업, 농촌의 현실」, 『농촌과 목회』, 2018년 겨울호.

하남석, 「중국의 사회주의적 시초축적과 농민의 희생」, 『도시로 읽는 현대중국 1』, 역사비평사, 2017.

趙誠贊, 「根據土地原理評價中國近現代農村土地使用製度」, 『經濟問題』, 第七期(總第347期), 山西省: 山西省社會科學院, 2008.

Léon Walras, translated by Jan van Daal and Donald A. Walker, *Studies in Social Economics,* New York, Routledge, 2010.

Masahisa Fujita, *Urban Economic Theory : land use and city size*, Cambridge, Cambridge University Press, 1989.

Richard J. Arnott and Joseph E. Stiglitz, "Aggregate Land Rents, Expenditure on Public Goods, and Optimal City Size", *The Quarterly Journal of Economics,* Vol. XCIII November, No.4, 1979.

KIEP 북경사무소 브리핑, "중국 토지제도의 개혁과정과 향후 방향", Vol.17

No.12, 2014.11.25.

이평복, "중국 물권법(2007)의 주요 내용과 영향", 다롄무역관, 2007.04.30.

박승옥, "[협동조합이 대안이다] 북한 인민들은 왜 굶어 죽었을까", 2011.08.2.

윤영상 강의자료(www.kocw.net), "북한 사회주의 경제체제의 형성", 2013.
　　http://contents.kocw.or.kr/KOCW/test/document/2013/skku/Yunyoung-
　　sang/3.pdf

통일부 북한정보포털.

百度百科(검색일 : 2018.09.03)

개혁개방 이후 농민공 개념의 형성과 변용

● 윤종석 ●

Ⅰ. 개혁개방 이후 중국의 체제전환과 농민공 문제

"개혁 이래 25년간, 중국 사회 최대의 변화는 사회구조의 변화이며, 거대한 유동인구와 도시농민공은 중국 사회구조 변화의 핵심 내용"[1]이라는 지적처럼, 거대한 인구이동의 물결은 중국 사회 곳곳을 휩쓸면서 도시와 농촌을 모두 변화시켜왔다. 2019년 현재 호구관할지를 떠난 이주인구가 3억 명에 가깝고 2030년 4억 명을 넘어설 것이라 전망되는 가운데, 중국은 인류 역사상 최대 규모라는 거대한 인구이동과 이에 따른 사회경제체제의 전환이라는 거대한 도전과 실험에 직면해있다.

산업화 과정이 빠른 도시화를 동반하며 나타나는 도시-농촌 간 경제적 격차 및 도시민-농민 간 사회경제적 차별은 세계적으로 흔한 현상이다. 하지만 중국 국내 이주자들이 도시에서 '낯선 사람들'(stranger)이자 잠시 머물렀다 떠날 '과객', 체계적으로 배제되는 '이등시민'이자 '이등국

---

* 이 글은 「개혁개방 이후 농민공 개념의 형성과 변용」, 『중국지식네트워크』, 제15호, 2020을 수정·보완한 것이다.
** 서울대학교 아시아연구소(동북아시아센터) 선임연구원
1) 李强, 『農民工與中國社會分層』, 社會科學文獻出版社, 2004, 16쪽.

민'으로 인식되어온 배경에는 국가 – 시장 – 사회 차원에서 다차원적으로 구성되고 체계화된 불평등과 차별·차등 대우의 관행이 놓여져있다.[2]

중국 국내이주, 이른바 '농민공 문제'(農民工問題)는 중국식 개혁개방과 체제전환 과정에서 국가와 사회 모두에 가장 주요한 주제인 동시에, 도전적인 과제였다. 중국의 급속한 경제성장은 "농민공 예비군을 도시의 각종 서비스와 교육시스템에서 사실상 배제시킴으로써 중국 국가와 기업이 이들의 사회적 재생산 비용을 책임지지 않는 '효율적' 시스템을 통해 이뤄졌다"[3]는 결과적인 평가에도 불구하고, 농민공의 저층집단화 및 서발턴화[4]에 대한 우려는 불평등한 사회경제구조의 고착화로 인한 사회경제적 활력을 저하시키고 사회경제적 모순을 심화한다는 점에서 국가 – 시장 – 사회 모두에게 전혀 달가운 일은 아니었다.

2000년대 초중반 국가적 차원에서 '농민공 문제'가 주목되고 각종 개혁조치가 진행됨과 더불어, 농민공 차원에서 그들의 현실과 주체적인 행위 전략 및 가능성을 '노동계급' 또는 '미완성된 무산계급화', '품팔이노동

---

2) 국내외 대표적인 연구로 다음을 들 수 있다. 이민자, 『중국 농민공과 국가 – 사회관계』, 나남, 2001; 이민자, 『중국 호구제도와 인구이동』, 폴리테이아, 2007; 려도 저, 정규식·연광석·정성조·박다짐 역, 『중국 신노동자의 형성 : 도시와 농촌 사이에서 길을 찾는 사람들』, 나름북스, 2017; 려도 저, 정규식·연광석·정성조·박다짐 역, 『중국 신노동자의 미래 : 변화하는 농민공의 문화와 운명』, 나름북스, 2017; 정종호, "중국 농민공 문제의 변화와 지속", 이현정 편, 『개혁 중국 : 변화와 지속』, 한울, 2019; Solinger, Dorothy J, *Contesting Citizenship in Urban China : Peasant Migrants, the State, and the Logic of the Market*. Berkeley : University of California Press, 1999; Zhang, Li., *Strangers in the City : Reconfigurations of Space, Power, and Social Networks Within China's Floating Population*. Stanford University Press, 2001.

3) Pun, Ngai and Chan, Jenny., "The Spatial Politics of Labor in China : Life, Labor, and a New Generation of Migrant Workers". *The South Atlantic Quarterly*, 112(1), 2013.

4) Sun, Wanning, *Subaltern China : Rural migrants, media, and cultural practices*, Rowman & Littlefield, 2014.

자'(打工仔) 또는 '신노동자'(新工人), '농민' 등으로 추적해왔다.[5] 하지만, 뤼투(呂途)가 지적했듯 농민공을 어떻게 규정하고 어떠한 정체성을 찾아야 할지 여전히 많은 난제가 남겨져 있다.

'농민공' 개념에 대한 혼란은 제도·정책적인 측면에서 더욱 촉진되었다. 농민공이란 말 그대로 '호적상 농민 신분이면서 주로 농업이 아닌 일에 종사하는 자'를 일컫는 말이지만, 토지와 고향을 모두 떠난(離土又離鄕) 인구뿐만 아니라 토지는 떠났지만 고향을 떠나지는 않은(離土不離鄕) 인구 또한 포함된다. 더욱이, 2000년대 중후반 이후 '신노동자'(新工人) 및 '신시민'(新市民), '소외집단' 또는 '취약계층' 등 관방담론과 제도·정책 개혁이 농민공에 대한 제도권 내 편입을 추동하면서 상황은 더욱 복잡해졌다.

농민공을 하나의 현상이 아니라 '문제'라고 논의하지만 여전히 근본적인 해결이 지연되는 배경에는, 제도·정책적 차원뿐만 아니라 지식생산과 이데올로기적·담론적 질서에서도 주체화되지 못해온 역사적 과정이 존재한다. 개혁개방 이후 농민공은 과거 사회주의 시기 농민과 노동자로서 핵심적인 이데올로기적 지위로부터 빠르게 주변화되었다. 하지만, 2000년대 초중반 이후 국가·사회적으로 "공평대우, 동일취급"(公平对待, 一視同仁) 원칙이 많은 동의를 얻어왔음에도 불구하고, 농민공 관련 대규모로

---

5) Lee, Chingkwan., *Against the Law : Labor Protests in China's Rustbelt and Sunbelt*, Berkeley : University of California Press, 2007.; Chris King-chi Chan and Pun Ngai, "The Making of a New Working Class? A Study of Collective Actions of Migrant Workers in South China", *The China Quarterly*, 198, 2009; 潘毅·盧暉臨·張慧鵬, 「階級的形成: 建築工地上的勞動控製與建築工人的集體抗爭」, 『開放時代』, 第5期, 2010; 潘毅·盧暉臨·嚴海蓉·陳珮華·蕭裕均·蔡禾, 「農民工: 未完成的無產階級化」, 『開放時代』, 第6期, 2009 ; 뤼투, 앞의 책, 2017, 2018; 허쉐펑 저, 김도경 역, 『탈향과 귀향 사이에서: 농민공 문제와 중국 사회』, 돌베개, 2017; 루이룽 저, 김승일 역, 『최강 농민중국』, 경지출판사, 2017.

생산되고 유통되는 지식이 농민공에 대한 부정적 이미지와 사회적 낙인을 고착화한다는 비판6) 뿐만 아니라, 농민공 규정의 타자성에서 비롯되는 주체적인 담론적 지위의 결핍과 실어증(失語症) 상태 역시 여전히 문제적이다.7)

중국 국가적 차원에서 정치경제적 봉합뿐만 아니라, 상징적인 수준에서의 위로와 이데올로기적 측면에서의 재합법화 과정은 주요한 과제다.8) 하지만 농민공에 대한 다양하면서도 분절적인 인식은 지식생산의 메커니즘과 다양한 실천과 맥락들에 대한 구체적인 검토를 필요로 한다. 본 글은 다양한 농민공 개념에 차별·차등적 맥락이 내재한다는 비판과 타자적인 지식생산 메커니즘의 한계를 지적하는 기존 연구성과를 바탕으로, 담론의 사회적 구성이란 차원에서 타자화와 주체화의 길항관계에 놓여져 온 농민공 개념의 형성과 변용을 탐구한다. 농민공의 주체화 또는 제도화가 상당한 한계를 갖는 근본적인 이유는 바로 농민공에 대한 분절적이고 타자적인 시선이 장기간 고착화된 사회 및 담론 구조에 있다. 본 글은 과연 농민공은 누구인가라는 농민공 개념의 형성부터, 국가-시장-사회 차원에서 다양하게 변용되면서 활용되어온 농민공 개념의 생산·유통과 그 메커니즘을 추적한다. 이를 통해 개혁개방 이후 중국 지식 생산의 동인과 메커니즘 구조를 추적하고, 개혁을 통해 농민공이 어떠한 주체이자 객체로 거듭나고 있는지를 살펴본다.

본문에서 농민공에 대한 직접적인 담론분석을 시도하지는 않지만, 기존

6) 趙凌, 『媒介·話語·權力·身分: "農民工"話語攷古與身分生産研究: 話語考古與身份生産研究』, 浙江大學 博士學位論文, 2013.
7) 王道勇, 『集體失語的揹後: 農民工主體缺位與社會合作應對』, 人民出版社, 2015.
8) 黃典林, 「從"盲流"到"新工人階級": 近三十年《人民日報》新聞話語對農民工群體的意識形態重構」, 『現代傳播』, 第9期(總第206期), 2013; 王道勇, 「農民工研究範式: 主體地位與發展趨嚮」, 『社會學評論』, 第2卷 第4期, 2014.

연구의 담론·이데올로기적 분석내용 및 결과9)는 선택적으로 활용할 것
이다. 농민공 문제에 대한 종합적이고 체계적인 이해를 시도하는 동시에,
추후 본격적인 담론·이데올로기적 분석을 위한 시론(試論)적 성격으로
제시하고자 한다.10)

Ⅱ. 농민공이란 누구인가? 농민공 개념의 형성

개혁개방 이후 호적관할지(주로 농촌)를 떠나 이주한 인구들을 지칭하
는 개념은 다양하게 존재해왔지만, 2000년대 초중반 이후 '농민공'은 일반
적으로 가장 널리 쓰이는 용어로 자리매김해왔다.

2006년《국무원의 농민공 문제 해결에 관한 약간의 의견》11)은 국가 차
원에서 농민공에 대한 종합적인 조사결과를 바탕으로 향후 농민공 문제
해결의 방향성을 제시한 최초의 강령성 문건이다. 농민공은 개혁개방과

---

9) 중국 학계에서 농민공 담론에 대한 연구는 매체 및 정부문건, 농민공들의 기록 및
   문학 등 여러 측면에서 진행되어왔다. 대표적으로 다음의 연구가 있다. 趙凌, 앞의
   책, 2013; 黃典林, 앞의 책, 2013, 2014; 黃典林, 『公民權的話語建構: 轉型中國的
   新聞話語與農民工』, 中國傳媒大學出版社, 2015; 王道勇, 2015, 앞의 책; 江臘
   生, 『新世紀農民工書寫研究』, 人民出版社, 2016; 張瓔, 『底層現實的守望與
   期盼: 社會轉型時期"民生問題"報告文學研究』, 中國社會科學出版社, 2016;
   Florence., Eric, *Struggling Around "dagong": Discourses about and by Migrant Workers*
   in the Pearl River Delta, Ph.D Thesis, *Institut des sciences humaines et sociales*,
   Université de Liège, 2008; Sun, Wanning, *op.cit.*; Gleiss., Marielle Stigum, "From Being
   a Problem to Having Problems: Discourse, Governmentality and Chinese Migrant
   Workers", *Journal of Chinese Political Science*, 21(1), 2016.
10) 본 글은 저자의 박사학위논문인 "중국 농민공의 개발공헌 지위와 복지 수급"에서
    농민공 개념과 관련된 내용을 재정리하고 확대·발전하였다.
11) "國務院關於解決農民工問題的若幹意見",《中華人民共和國中央人民政府》
    홈페이지. http://www.gov.cn/gongbao/content/2006/content_244909.htm(검색일:
    2020.03.10)

산업화, 도시화 과정에서 발생한 새로운 노동대군(勞動大軍)이자, 호적은 농촌에 있지만 주로는 비(非)농업에 종사하는 산업노동자의 주요한 구성부분으로 규정되었다. 또한, 농민공을 현대화 건설에 중대한 공헌을 수행한 존재로 공식 승인하면서, 향후 국가적 차원에서 농민공 문제의 해결을 위한 종합적인 노력을 취할 것임이 선포되었다.[12)]

하지만, 국가적 차원에서의 공식적인 승인에도 불구하고, 농민공 문제가 여전히 쉽게 해결되기 어려운 배경에는 이주자에 대해 국가·사회적으로 다양하게 형성되어왔던 분절적이고 타자적인 인식이 존재한다. 개혁개방 이후 인구이동이 크게 증가하면서, 농촌 출신이 대부분이었던 이주자들은 국가적으로나 사회적으로나 쉽게 규정하기 어려운 '낯선 사람'으로서 인식되었다. 한편으로 과거 공산당-국가로부터 동원되던 '민공'(民工)과 국가의 규제를 넘어 개별적인 이동을 강조하는 '맹류'(盲流) 사이에서, 다른 한편으로 사회적으로는 해당지역의 호구를 갖지 못한 외래/외지인구 및 사회적 신분상 농민과 실제로 해당지역에 거주하는 도시주민 사이에서 자신의 시선이 아닌, 타자의 시선에서 다양한 이름으로 규정되곤 했다.

이번 장은 농민공이란 누구인가란 질문을 통해 농민공에 대해 타자적으로 규정하는 다양한 국가·사회적인 기원을 탐색한다. 국가와 사회의 시각에서 본 농민공 개념을 통해 다원적이고 배타적인 지식생산의 기원과 그 메커니즘을 살펴본다.

1. 국가의 시각에서 본 농민공 개념 : 제도적 배치의 다원적 기원

개혁개방 이후 중국 사회는 거대한 전환의 과정을 겪어오면서 그에 따

---

12) 도시-농촌의 총괄적 발전, 농민공의 합법적 권익 보장 및 취업환경 개선, 농촌 잉여 노동력의 합리적이고 질서 있는 이동 인도(引導), 전면적인 소강사회(小康社會) 건설의 맥락이 강조되었다.

른 사회적 논란 또한 누적되어왔다. 가장 큰 사회적 논란은 개인, 사회, 국가적 차원에서 인구이동이 빠른 속도로 증가하고 확산됨에도 불구하고, 이를 뒷받침할만한 사회적 측면에서 체제전환이 지연되었기 때문이었다. 개혁개방 이후에도 도시 - 농촌 이원구조가 지속되고 농촌에서 도시로의 이주를 엄격히 제한하는 호구제도가 지속 활용되면서, 인구이동과 제도적 긴장은 크게 증가되어 왔다.

농민공 문제의 해결에 대한 수많은 논의가 인구이동을 제한하는 호구 제도의 폐지 또는 개혁으로 초점이 모아져 왔지만, 농민공 문제는 호구제 도 그 자체뿐만 아니라 호구제도를 지속 활용해온 국가, 시장, 사회가 결 합된 문제이기도 하다. 호구제도의 배제, 분할, 통제의 성격이 국가·사회 차원에서 여전히 주요한 역할을 수행하고,[13] 국가 제도뿐만 아니라 시장 의 결착된 효과를 강조하는 연구[14]에서 보여지듯, 농민공 문제는 국가 - 사회 - 시장이 다차원적으로 구성하여 장기간 고착화된 사회구조의 개혁 과 전환 문제와 직결된다.

하지만, 기본적인 농민공 문제의 구성에는 호구제도를 비롯한 기존 중 국 개혁개방 체제의 모순과 제도·정책적 공백이 놓여져있음은 부인할 수 없다. 〈표 1〉은 국가의 제도적 차원에서 개혁개방 이후 크게 증가한 인구 이동을 지칭하는 다양한 개념들을 보여준다. 농민공, 잠주인구, 유동인구, 상주인구, 호구와 분리된 인원이라는 다양한 개념들은 농민공에 대한 다 양한 제도적 배치를 보여준다.

---

13) Wang, Fei-ling, *Organizing through Division and Exclusion : China's Hukou System*, Stanford Univ. Press, 2005.

14) 王小章, 「從"生存"到"承認": 公民權視野下的農民工問題」, 『社會學研究』, 01 期, 2009; 王小章, 『走向承認: 浙江省城市農民工公民權發展的社會學研究』, 浙江大學出版社, 2010.

〈표 1〉 농민공을 파악할 수 있는 다양한 인구 개념 : 국가의 시각

인구개념	주관부문	정의
농민공(農民工)	국무원 (2006)	중국경제사회 과도기의 특수개념으로, 호적신분상 농민으로 농촌에 토지를 갖고 있지만 주로는 非농업에 종사하면서 임금을 주요 소득수단으로 삼는 인원(中國農民工問題研究總報告起草組, 2006 : 1)
잠주인구(暫住人口)	공안	해당 지역에 3일 이상 임시로 거주하고 있는 만 16세 이상의 인구 (기업경영, 친척방문, 여행, 노동/생산 활동 등)
유동인구(流動人口)	계획생육 위원회	호적소재지(현, 시, 구 등)를 떠나 일, 생활 등의 목적으로 다른 지역에 거주하는 성년가임연령인구(成年育齡人員)
상주인구(常住人口)	통계/계획	매년 해당 지역에 6개월 이상 거주하는 모든 인구(농민공 + 호구인구)
호구와 분리된 인구(人戶分離人員)	통계/계획	현재 거주지가 호적소재지와 다른 인구(해당 지역 6개월 이상, 호구관할의 지역구분에 따름)

자료출처 : 저자 직접 정리

　　2006년 국무원의 농민공 개념에 대한 정의는 가장 공식적이고 종합적·권위적인 성격을 갖는 것으로, 농민공이 국가의 시각에서 공식적으로 가시화되었음을 보여준다. 이러한 정의는 사회적 신분과 경제활동에서의 실제적 역할 간 괴리를 인정하면서 농민공의 실질적인 경제활동을 공식적으로 승인하는 동시에, 과도기적 성격을 강조함으로써 향후 농민공 문제 해결과정에서 이러한 괴리가 해소 또는 해결되어야 한다는 방향성을 정초했다.

　　하지만 농민공에 대한 공식적인 가시화가 개혁개방 이후 20여년이 지난 2006년에서야 비로소 이뤄졌다는 점은 상당히 문제적이었다. 도시에서 농촌으로, 저발전지역에서 발전중인 지역으로 인구이동이 크게 증가함에도 불구하고, 중국 정부는 각 부문별로 다양한 방식으로 이들을 파악하고 관리해왔다.

　　2006년 이전 중국 정부는 국가적 차원에서 이동하는 인구를 치안과 인구계획 측면에서 두 가지 차원으로 파악하고 있었다. 공안 부문에서는 해당 지역에서 3일 이상 거주하는 만 16세이상 인구를 '잠주인구'로, 인구 및 출산계획을 담당하는 계획생육위원회는 호적소재지를 떠나 다른 지역에 거주하는 성년가임연령인구를 '유동인구'로 파악하고 있었다. 두 개념

모두 인구이동을 잠정적이고 일시적인 차원으로 파악하고 치안 및 행정관
리란 차원에서 접근하였고, 자신의 지리적 이동을 위해서는 자신이 누구
인지를 '증명'하는 각종 증명서를 소지하고 국가적 목표와 국가의 법규를
준수하는 의무가 강조되었다.

특히, 1980년대 엄격한 인구이동에 대한 제한을 일부 완화하는 과정에
서, 공안 부문은 인구이동에 관련된 가장 핵심적인 역할을 맡기 시작했다.
공안부문은 1985년 잠주증 제도와 거민신분증(居民身分證) 제도의 도입
을 통해, 이동하는 인구의 관리와 신분 확인을 위한 절차를 마련함으로
써,[15] 도시로의 이주는 개인적인 수준에서 잠정적인 형태로 허용되었다.
그 결과, 도시와 농촌간 관리의 차원에서 보다 일원적인 개혁이 시작되었
고, 일부 인구들은 국가의 직장분배나 호구부에 의존하지 않고 제한적이
나마 이주를 시작할 수 있었다.

1989-1991년 전국적인 '치리정돈(治理整頓)'의 분위기와 농민공의 이
주를 맹목적인 '맹류'(盲流)라는 부정적 이미지가 확산되면서, 중앙정부
는 임시취업허가증(臨時務工許可証), 취업등기제도 등을 마련하는 동시
에, 사회치안과 질서를 중시하며 농민공 관리를 공안국의 통제 하에 두기
시작했다. 공안부문은 1994년 호정관리국(戶政管理局)을 정식으로 설립
하면서,[16] 인구 등록과 치안 및 사회질서 유지란 차원에서 농민공에 대한
관리를 강화해나가기 시작했다.

공안부문은 매년 6월 30일 24시를 기점으로 매년 잠주인구 규모를 발표
해왔는데, 임노동(務工), 농업(務農), 상업(經商), 서비스업 종사(服務),
공무출장(因公出差), 교육훈련(借讀培訓), 치료·요양(治病療養), 보모

15) 윤종석, 「이민도시 선전의 도시발전과 농민공의 사회경제적 권리에 관한 연구: 호구제
도와 사회보험제도를 중심으로」, 『도시연구: 역사·사회·문화』, 제4호, 2010.
16) 한남운, 『중국의 개혁체제와 도시 유동인구』, 서울대학교 사회학과 박사논문, 2000.

(保姆), 친지 의탁, 친지 및 친구 방문, 여행관광, 기타 등의 12개 항목을 통해 파악했다. 또한 1개월 이하, 1개월 이상 1년 미만, 1년 이상 등 세 가지 범주로 인구이동 기간을 산정하고 통계에 반영해왔다.

〈표 2〉 이동원인에 따른 잠주인구 분류와 통계(2000, 2005년)

	2000년(명)	비율(%)	2005년(명)	비율(%)
총계	44,797,464	-	86,732,917	-
임노동	25,964,294	57.96%	55,956,368	64.52%
농업	1,462,219	3.26%	1,886,467	2.18%
상업	6,135,206	13.70%	9,167,511	10.57%
서비스업	4,082,348	9.11%	6,741,846	7.77%
공무출장	1,102,216	2.46%	1,343,555	1.55%
교육훈련	988,504	2.21%	1,749,811	2.02%
치료·요양	197,455	0.44%	238,965	0.28%
보모	218,776	0.49%	395,020	0.46%
친지 의탁	840,629	1.88%	1,184,252	1.37%
친지 및 친구 방문	535,769	1.20%	828,435	0.96%
여행관광	1,665,552	3.72%	1,881,817	2.17%
기타	1,604,496	3.58%	5,358,870	6.18%

자료출처: 公安部治安管理局(2000, 2005)에서 저자 정리

〈표 3〉 거주기간에 따른 잠주인구 분류와 통계 (2000, 2005년)

	1개월 이하		1개월 이상 ~ 1년 이하		1년 이상	
	규모	비율	규모	비율	규모	비율
2000년	6,010,491	13.4	27,572,131	61.5	11,214,842	25.0
2005년	9,434,879	10.9	45,429,963	52.4	31,868,075	36.7

자료출처: 公安部治安管理局(2000, 2005)에서 저자 정리

〈표 2〉와 〈표 3〉에서 보여지듯, 잠주인구 통계상으로도 인구이동은 급격하게 증가했고, 호적소재지 이외의 지역에 거주하는 기간 또한 크게 증가해왔다. 잠주인구는 2000년 4천만 명을 넘어 2005년 9천만 명에 근접했고, 〈표 2〉에서 보여지듯 대부분의 잠주인구는 임노동과 상업활동, 서비스

업에 종사하는 경제활동인구로서, 1년 이상 호적소재지를 떠난 이주의 장기화 경향이 명확해지면서 인구이동과 기존 도시-농촌 이원체제간의 긴장 또한 높아져갔다.

하지만 국가적 시야에서 인구 이동에 대한 파악은 그 용어의 다양성뿐만 아니라 부문과 시간에 따라 상이하게 진행되었다. 그 한 예로, 근대국가로서 가장 기본이라고 할 인구센서스에서조차, 인구이동에 대한 자료는 상이하게 수집되었다.

〈표 4〉 인구센서스에 따른 인구이동의 규정 차이(1987-2000년)

	1987년 (1% 샘플조사)	1990년 (인구센서스)	1995년 (1% 샘플조사)	2000년 (인구센서스)
조사 시기	1987.6.30.	1990.6.30.	1995.9.30.	2000.10.30.
정의	호구소재지(향진, 가도)를 6개월 이상 떠난 인구	호구소재지(현, 시)를 1년 이상 떠난 인구	호구소재지(향진, 가도)를 7개월 이상 떠난 인구	호구소재지(향진, 가도)를 6개월 이상 떠난 인구
대상 연령	이주자 전체	5세 이상	이주자 전체	5세 이상
대상 범위	인구 1%	전체 인구	인구 1%	인구 9.5%
거주기간기입여부	의무 기입	불필요	의무 기입	의무 기입
이주원인	조사항목 포함	조사항목 포함	조사항목 불포함	조사항목 포함
이주범위	縣內鄕外, 省內縣外, 省間 이주	省內縣外, 省間 이주	縣內鄕外, 省內縣外, 省間 이주	縣內鄕外, 省內縣外, 省間 이주

출처 : 王德·葉暉(2004); 國家人口和計劃生育委員會流動人口服務管理司(2010), p.3에서 재인용.

〈표 4〉에서 보여지듯, 이주인구에 대한 국가 인구센서스의 규정은 시기에 따라 상이한 양상을 보여 왔다. 국가적 시야에서 〈그림 1〉과 같이 농민공의 규모가 급격히 증가하는 추세는 확인이 가능했다.

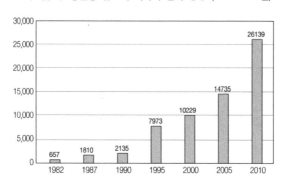

〈그림 1〉 농민공 규모의 역사적 변화 양상 (1982~2010년)

자료출처 : 중국 국가통계국 1982년 제3차 인구센서스, 1987년 전국 1% 표본조사, 1990년 제4차 인구
센서스, 1995년 전국 1% 인구 표본조사, 2000년 제5차 전국 인구센서스, 2005년 전국 1%
인구 표본조사, 2010년 제6차 전국 인구센서스.

하지만, 인구센서스의 결과는 곧 잠주인구 통계와도 커다란 차이를 갖게 된다. 즉, 2000년 인구센서스 상 농민공 규모는 1억 229만 명이지만 잠주인구 통계상은 4479.7만 명에 불과하고, 2005년의 경우 그 수치는 각각 1억 4735만 명과 8673.3만 명으로 벌어졌다.

2006년 국무원의 농민공 개념과 정의에 따라 국가적 차원의 가장 기본적인 인구 파악은 해당 지역에 6개월 이상 거주하는 인구를 포괄하는 상주인구, 이호분리인원 개념으로 통일되면서 기존의 혼란상은 다소 완화되었다. 하지만, 농민공에 대한 국가·사회적 관심이 급증하면서, 각 부문별로 별도의 통계를 통해 농민공을 추정하고 정책적 근거로 삼는 양상 또한 여전히 지속되었다.

2. 사회적 차원에서 농민공 개념의 형성 : 타자화의 사회적 기원

국가적 차원에서 새로운 인구이동을 파악하는 방식에 따라 농민공 개념은 다양한 제도적 기원을 갖게 되었지만, 농민공 문제로 불거지게 되는

주요한 이유는 이동하는 인구, 특히 농촌 출신 인구에 대한 사회적 배제와
낙인 및 멸시 등이 제도·정책적 차원뿐만 아니라 사회적으로 끊임없이
재구성되어온 영향이 크다.

농민공은 국가 제도적 차원뿐만 아니라 사회적으로도 다양한 방식으로
명명되어왔는데, 특히, 품팔이문학시인(打工詩人)인 류훙(劉虹)[17]의 〈품
팔이노동의 이름〉(打工的名字)이란 시는 가장 많이 회자되어왔다. 그 중
앞부분은 다음과 같다.

本名(본명)	民工(민공)
小名(아명)	打工仔／妹(공돌이, 공순이)
學名(학명)	進城務工者(도시에서 일하는 사람)
別名(다른이름)	三無人員(세 가지 증명서가 없는 인원)
曾用名(한때이름)	盲流(맹목적으로 이동하는 사람들)
尊稱(존칭)	城市建設者(도시건설자)
暱稱(애칭)	農民兄弟(농민형제)
俗稱(속칭)	鄕巴佬(촌뜨기)
綽號(별칭)	遊民(유민)
爺名(할아버지이름)	無産階級同盟軍(무산계급동맹군)
父名(아버지이름)	人民民主專政基石之一(인민민주독재의 기반 중 하나)
臨時戶口名(임시호구명)	社會不穩定因素(사회불안정요인)
永久憲法名(영구헌법명)	公民(공민)
家族封號(가족 내 이름)	主人(주인)
時髦稱呼(유행하는 호칭)	弱勢群體(취약·소외집단)

---

17) 그는 선전바오업집단의 주임편집자로서, 저명한 품팔이문학시인이기도 하다.
https://baike.baidu.com/item/%E5%88%98%E8%99%B9/9094445(검색일 : 2020.03.10)

시의 내용에서 보듯, 농민공은 여러 시기를 거치며 다양한 사회적 영역에서 명칭을 부여받았다. 하지만, 도시와 농촌, 지역과 지역 사이를 넘나드는 이들의 사회적 존재는 국가와 제도적 차원에서 완전한 부정도, 새로운 전환적 의미도 획득치 못한 채 모호하게 남겨져왔음을 알 수 있다. 이러한 모호함 속에서 농민공은 '도시에서 일하는 사람'(進城務工者)이자 '도시건설자'로 도시에서 더 나은 기회와 발전을 누릴 수 있었다. 하지만, 그들의 노동은 과거 국유기업 노동자와는 전혀 다른 '품팔이노동'(打工)으로 간주되었고, 불법·비법적인 '삼무인원'(三無人員), 자신의 이해만 추구하며 맹목적으로 유동하는 '맹류'(盲流), 농촌 출신으로 도시문화와는 어울리지 않는 '촌뜨기'(鄕巴佬) 등 사회적 낙인과 배제는 확산되었다. 정치·이데올로기적으로도 과거 무산계급의 동맹군이자 인민독재의 기반 중 하나였던 데 반해, 현재는 헌법상 '공민'(公民) 이지만 실제로는 '사회불안정요인'(社會不穩定因素)이자 '취약·소외집단'(弱勢群體)에 불과했다.

농민공에 대한 다양한 불평등과 차별·차등 대우는 개혁개방 및 체제전환의 '편향성' 및 장기간 고착화된 격절된 사회구조와 깊이 관련된다. 우선, 개혁개방 이후 편향적 도시화, 불균등 산업화가 공간적 불평등을 자아내는데 반해, 도시-농촌의 이원적 구조, 특히 호구제도는 이러한 격차와 차별을 오히려 조장하고 유지·강화하는 근거로 활용되었다. 그 결과, 농민공은 '거짓도시화', '토지의 도시화' 등 도시편향적인 개발과정 하에서, '半도시화', '半프롤레타리아트화'란 특징을 갖는 마치 국제이주노동자와 유사한 차등·차별적 지위에 놓여졌다.[18]

다음으로, 호구제도는 부정의(injustice), 불평등(inequality), 불합리

---

18) 王春光,「農村流動人口的"半城市化"問題研究」,『社會學研究』, 05期, 2006; 孟慶峰,「半無産階級化, 勞動力商品化與中國農民工」,『海派經濟學』, 01期, 2011.

(irrationality)로 압축될 수 있는 '중국 특색의 사회경제적 계층화'를 만들 어냈고, 중국 국민의 권리와 기회는 어느 지역 호구인가에 따라 차등화되었다.[19] 하지만 지역적 분할(division), 제도적 배제(exclusion)의 특징을 가진 채 장기간 고착화되어온, 격절된 사회구조는 도시호구가 없는 외지 (外地)출신이라는 이유로, '소질'(素質)이 부족하단 이유 등으로 수많은 농민공을 타자화하고 사회적으로 배제하는 가장 근본적인 원인이었다.

농민공은 개혁개방 이후 도시와 농촌을 오가면서 다중적인 사회경제적 역할을 수행해왔다. 그들은 토지를 보유하고 신분상 농민이자, 저렴한 임금으로 주로 체제 외(體制外)부문에 종사하는 노동자이고, 실제 도시에 거주하며 생활·소비하는 도시 주민이면서도, 자신의 임금 소득을 송금함으로써 농촌의 가족 및 고향의 생존과 발전에 기여하는 농민 가족구성원이기도 했다. 그들의 다중적인 사회경제적 역할은 한편으로 해당 지역과 국가 전반의 경제개발에 크게 이바지하는 동시에, 부문간, 도농간, 지방간, 빈부간 사회경제적 격차를 일정부분 메우는 체제 전반에 상당히 긍정적인 역할을 수행해왔다. 이런 점에서, 농민공에 대한 사회경제적 차별·차등 대우는 체제전환의 가장 모순적인 부분이었다.

농민공에 대한 사회경제적 차별·차등 대우와 사회적 배제 및 낙인 등이 어떻게 구조화되었는지에 대해서는 보다 본격적인 탐구가 필요하다. 하지만, 분명한 것은 다양한 농민공 개념이 지칭하는 만큼이나, 그들이 처한 상황이 매우 다양하고 수시로 변화되면서 누적된 결과라는 점이다.[20]

---

19) Wang, *op.cit.*; 이민자, 앞의 책, 2007, pp.22-23.

20) 초보적인 탐색은 다음 장에서 수행하겠지만, 본격적으로는 구체적 상황에 대한 탐구가 필요하다. 광둥지역 농민공에 대한 사례 연구로는 다음을 참고할 것. 윤종석. 『중국 농민공의 개발공헌 지위와 복지 수급: 광둥성 사례의 분석과 함의』, 서울대학교 사회학박사학위논문, 2019; Yoon, Jongseok, "The Local State and Nongmingong

'농민공'이 개혁개방 이후 수많은 이주자들을 통칭하는 일반적인 개념으로 등장하긴 했지만, 농민공을 단일한 또는 보다 균질적인 집단이라고 보기는 어려웠다. 농민공에 대한 초기 연구에서 이미 농민공의 계급·계층적 분화는 끊임없이 지적된 바 있었고,[21] 급속한 산업화·도시화 과정 중 농민 인구집단의 분화와 도시 인구의 증가 사이에서, "도시에 정착하지도, 농촌 고향으로 돌아가지도 못한 채 가운데서 길을 잃어버린 존재"[22]란 표현이 더 가까웠다.

그런 점에서, 농민공은 국가-사회적 차원에서뿐만 아니라 그들 스스로에게도 자신을 대표·대변하는 개념이라 보기는 어려웠다. 국가·사회적으로 '농민공'이란 표현이 2000년대 크게 증가하면서 일반화되면서, 농민공에 대한 국가적·학술적 조사, 정부 문건 및 언론 매체의 보도, 일상생활에서의 실천 과정에서 '농민공' 등 다양한 표현들이 널리 쓰이기 시작했다. 대대적인 조사와 보도가 농민공들의 다양한 실천양태와 몰인권, 저임금, 저복지 등 농민공 문제의 심각성을 밝히는데 크게 기여했지만, '농민공 문제'로 접근되는 대부분의 프레임은 '농민공'을 '문제'와 결부시키고 농민공에 대한 이미지를 고착화시키는 효과 또한 낳았다.[23]

농민공의 지위는 도시민과 농민의 이원적 지위구조 하에서 체제 외(外)에 위치해있었고, 근본적인 해결은 도농 이원구조의 해체와 호구제도의 폐지일 수밖에 없었다. 실제로 2000년대 중반 이후 호구제도는 국가와 시장, 인권 및 시민권 차원에서 많은 비판을 받으며 개혁 및 폐지의 목소리가 크게 높아졌다. 하지만, 개혁개방 이후 도농이원구조와 호구제도가 지

Citizenship: Local Welfare as Developmental Contributory Rights in Guangdong Province." Citizenship Studies, forthcoming.

21) 李强, 『農民工與中國社會分層』, 社會科學文獻出版社, 2004.

22) 려도, 앞의 책, 2017, 2018.

23) 趙淩, 앞의 책; Gleiss, 앞의 책.

속되면서 누적된 다차원적인 사회경제적 복잡성 때문에, 국가, 시장, 사회, 심지어 농민공 스스로도 호구제도 폐지란 근본적인 대안이 추진되기는 매우 어려웠다. 행정·정치·경제·사회적 차원의 수많은 제도와 절차들이 여전히 호구제도와 결부되어 있었고,[24] 본지인(本地人)과 외지인(外地人), 호적인구와 비호적인구간의 사회·문화적 구분 및 차별·차등은 각 지방 차원에서 뿌리 깊게 존재해왔다. 더욱이, 농민공 또한 자신이 처한 상황에 따라 상이한 입장을 가질 수밖에 없었는데, 농촌의 토지는 호구제도와 결부된 가장 중요하면서도 기본적인 이익이자 권리였다.[25]

결국, 가장 나쁜 사회적 결과는 개별적인 농민공 수준에서 발생했다. 농민공은 정부와 기업, 거주지역 등 대부분의 경우 관리의 대상이지 실질적인 주체로 대우받지 못했다. 자신을 대표할 정치적 자원[26]은 고향 농촌에만 존재했고, 자신을 대변하고 보호할 정치적·사회적 자원은 해당 지역에서 매우 한정적이었다. 정부의 정책적·제도적 미비와 외지 출신에 배타적인 사회적 환경 속에서 대부분의 농민공은 사회·경제적 차별·차등 대우를 감수하는 동시에, 고용 기업의 전제주의적 관리 속에 놓여져 개별적으로 많은 피눈물과 가슴 시린 기억을 안게 되었다.[27] 농민공은 과거 국유기업 노동자를 이르는 '공인'(工人)이 아니라 공돌이(打工仔), 공순이(打

---

24) 각 지방에 따라 다르지만, 적게는 20가지에서 많게는 50가지에 이르는 제도적 절차들이 호구제도와 연관되어 있다.

25) 농촌의 토지가 있기 때문에 농민공이 서구 산업사회처럼 도시 빈민으로 전락하지 않고 일정한 생존을 유지할 수 있다는 주장 또한 많은 공감을 얻고 있다. 자세한 것은 다음을 참조. 허쉐평, 앞의 책.

26) 호적소재지에서 기층 정부의 대변, 농촌 집체토지 소유권, 지역공동체의 정치적 후견인 등을 의미한다.

27) Pun, Ngai., "Becoming Dagongmei : the Politics of Identity and Difference in Reform China", *The China Quarterly*, 42, 1999.; Lee, Ching-Kwan., *Gender and the South China miracle : Two worlds of factory women*, University of California Press, 1998.; 려도, 앞의 책, 2017.

工妹) 또는 외지 출신(外來者, 外來人口)으로 불리며 타자화되었고, 농민공이 기존에 갖고 있던 농촌성은 현대적 생산장소에 맞는 새로운 정체성으로 대체되기 위해 손쉽게 부정되었다. "도시와 농촌, 남(발전 지역)과 북(저발전지역), 남성과 여성간 분업은 모두 새로운 형태의 지배와 위계를 유지하고 확장하기 위해 조작"28)되었다. 여성 농민공은 '젊고 미숙하며 무지하고 독신인 여성'으로 구조화하는 기업 내 조직관리의 이데올로기에 종속되었고, 공장에서의 노동은 매우 빈번하게 발생하는 격렬한 착취, 편견, 존엄성에 대한 상처를 의미했다.29) 농민공과 그들의 이주는 무질서, 오염, 시민성의 결핍으로 인한 사회적 비난과 유연하며 능동적인 무한한 노동력으로서의 시장 경제적 필요 사이를 오가며 변주되었지만,30) 주로 타자31)의 입장에서 다뤄질 뿐 농민공 스스로의 목소리를 낼 수 있는 공간은 매우 한정적이었다.

Ⅲ. 농민공 개념의 사회적 변용

농민공 개념은 전체적으로는 비법·불법적인 체제 외(外)적 규정으로부터 점진적으로 합법적인 제도 내로 편입되는 과정을 겪어왔지만, 시기와 장소, 상황에 따라 다양하게 변주되어왔다. 특히 2000년대 초중반 이후 농민공 문제가 주요한 국정과제로 등장하면서 농민공과 관련된 정책·제도 개혁과 더불어, 농민공과 관련된 개념들 또한 보다 능동적·주체적인

28) Pun, 앞의 책, 1999, pp.15, 18.
29) Lee, 앞의 책, 1998, pp.126-128.
30) Florence, 앞의 책, 2008, pp.106-108.
31) 대부분의 목소리는 중앙 및 지방 관료, 지역 호적주민, 학자 및 언론 기자 등으로부터 나왔다.

성격을 강조하기 시작했다.

하지만, 개혁에도 불구하고, 비(非)가시화되고 타자화 되어왔던 농민공이 담론적·이데올로기적으로 어떤 맥락에 위치 지워져 왔는지는 많은 의문을 자아낸다. 사회적 편입·통합과 사회적 낙인·배제 사이에서 농민공은 적극적인 개혁개방의 참여자로 초대받는 동시에, 여전히 다른 사회적 주체들에 비견해 '부족' 또는 '결핍'된 존재로서 고착화되는 측면도 존재한다.

본 장에서는 개혁개방 이후 농민공 담론이 사회적으로 변용되는 바를 역사적으로 탐색하면서, 농민공에 대한 인식 전환에도 불구하고 여전히 수많은 사회적 논란에 휩싸일 수밖에 없는 측면을 살펴본다.

1. 농민공 개념에 대한 인식 전환: 맹류에서 산업노동자로?

'농민공' 용어의 기원과 유래에 대해 저자가 확인한 바로는 1982년 학계의 보고서와 언론매체의 보도를 들 수 있다.[32] 우선, 학계에서는 1982년 『계획경제연구』(計劃經濟研究)[33]에 구이저우 성에서 부족한 노동력을 벌충하기 위해 농민공을 활용한 경험을 보고했다.[34] 사회학에서는 중국사회과학원의 장위린(張雨林) 교수가 1983년 『사회학통신』(社會學通訊), 『사회학연구』(社會學研究)에서 쑤난(蘇南)지역 농촌사회의 변화를 연구하며 '토지는 떠나지만 고향은 떠나지 않은'(離土不離鄕) 농민공 개념을 처음으로 제기했다[35] 다음으로, 《인민일보》 또한 1982년 처음으로 '농

---

32) 王道勇, 앞의 책, 2015; 黃典林, 앞의 책, 2015; 李培林, 「中國改革開放40年農民工流動的治理經驗」, 『社會』, 第38卷 第6期, 2018.

33) 중국계획학회와 국가계획위원회 경제연구소가 공동출판하는 학술지다.

34) 莊啓東·張曉川·李建立, 「關於貴州省盤江, 水城礦務局使用農民工的調査報告」, 『計劃經濟研究』, 01期, 1982.

민공' 용어가 포함된 기사를 내보냈다.[36]

농민공에 대한 국가적·사회적 인식은 개혁개방 초기 '낯선 존재'이자 국가의 제도·정책적인 지도를 벗어나 개인적인 이해관계만을 위해 '맹목적 유동'을 감행하는 '맹류'라는 부정적 이미지가 강했다. 특히, 1980년대 말부터 1990년대 중반까지 '치리정돈'(治理整頓)의 시기에 '맹류'라는 부정적 표현은 언론 및 사회적으로 대대적으로 출현했다.[37] 그들은 기존 도시 주류사회로부터는 침입자이자 타자로서 인식되면서, 맹목적이고, 질서도 없으며, 비이성적인 '맹류'란 이미지는 상당기간 고착되어왔다. 더구나 일부의 범죄 사례는 농민공을 고정된 주소도 없이, 유동성이 강하고, 신분이 모호한 인구집단으로 사회적 낙인을 강화하였고, 1990년대 도시 국유기업 개혁과정에서 발생한 대량의 실업은 위기담론과 농민공을 '외지인구'이자 '외래인구'로서 사회적으로 배척하는 담론을 더욱 강화하였다.

하지만, 이주자들을 바라보는 시선이 반드시 부정적인 것만은 아니었다. 대표적으로 개혁개방 초기 2000년대 초반까지 널리 사용되던 '민공'(民工)이란 표현은 과거 혁명전쟁 및 사회주의 건설 시기 국가의 필요에 의해 동원·이주되고 후방지원을 맡았던 인구를 지칭하는 개념이었다. 또한, 정책·제도적 차원에서 '도시에서 일하는 사람'(進城務工人員)이란 개념은 경제발전 및 도시건설을 위해 필요한 노동력으로서 이주자를 지칭하는 것으로, 보다 중립적인 개념이었다.

2000년대 '농민공'이란 표현이 사회적으로 일반화되면서, 관련된 정부, 학술, 사회 차원에서의 논의 또한 활발하게 진행되었다. 그들의 주요한 사회경제적 역할인 '산업노동자'를 중심으로 정부 차원에서 공식 승인되

---

35) 李培林, 앞의 책, 2018.
36) 黃典林, 앞의 책, 2015.
37) 黃典林, 앞의 책, 2013, 2015.

고, 시장과 사회 차원에서 '노동자'로서 이들을 바라보는 시선 또한 크게 증가했다. 하지만 정부 차원에서 '신시민'(新市民)으로의 편입을 추진하는 정책·제도적 개혁에도 불구하고, 교육 및 문화수준, 소질 및 역량 등 문화적 속성에 기반한 현실적인 배제 또한 지속되는 측면이 있다.

농민공에 관한 다양한 개념은 긍정적인 측면과 부정적인 측면을 오가며 다양하게 변용되어왔다. 집단적인 속성과 개별적인 실천 사이에서 농민공에 대한 인식과 담론은 과거와 달리 변화되어왔지만, 과거의 부정적인 인상과 담론이 지속 유지되면서 활용되어온 주요한 배경을 개념·담론적 차원에서 살펴보자.

개혁개방 초기 '낯선 존재'인 농민공을 이해하는 주요한 개념이었던 '민공'이 '농민공'으로 일반화되는 과정은 '농민'과 '노동자'에 대한 체제전환의 측면을 반영한다.[38]

우선, '민공'은 '농민'과 '공인'(工人)의 합성어로, 혁명전쟁 및 사회주의 국가건설 시기 공산당 및 국가에 대한 복종과 헌신, 거대한 희생과 공헌이 특징이었기 때문에 전혀 부정적인 이미지는 없었다.[39] 반면, 농민공은 보다 자발적이고 개체화된 이주로서, 개혁개방 초기 국가의 법규와 방침을 거스르면서까지 개별적인 이익을 추구하는 존재로서 인식되었다. 기존의 '민공' 개념은 농민공을 설명하는 현실적합성이 부족하고, 그들을

---

38) 《인민일보》(人民日報)의 1979-2010년간 전체 기사에서, 농민공과 관련된 문장은 1979-2001년간 184편에서 2002-2010년간 1451편으로 크게 증가했다. 또한 2003년 이후 '민공' 단어는 '농민공' 단어에 뒤처지면서 빠르게 감소되었다. 黃典林, 앞의 책, 2015, 110-116쪽.

39) 《인민일보》의 대표적인 기사는 다음과 같다. "영웅적으로 조선을 지원하는 중국 민공"(1951.04.6.), "무산계급 문화대혁명의 전면승리를 탈취하는 개선가 중에, 산둥성 광대한 민공이 혁명을 위해 수리(水利)사업에서 현저한 성적을 거두었다"(1968.06.15.), "안후이성 500만 민공이 수리사업을 흥하게 했다"(1998.11.18.). 黃典林, 앞의 책, 2015, 115쪽.

정치적·이데올로기적으로 정당화하지 못할 뿐만 아니라 농민공을 도덕적 차원에서 비난하는 담론적·이데올로기적 근거가 될 수 있다는 점에서 문제적이었다.

다음으로 중국에서 농민에 대한 이데올로기적 지위는 주체와 타자 사이에서 모순적인 두 관념이 지속되어왔다. 한편으로, 중국은 역사적으로 농민국가이자 국가와 향토사회의 근본으로 농민을 중시해왔고 특히 농촌기반의 사회주의 혁명경험은 농민에 대한 이데올로기적 중요성을 강조해왔다. 하지만, 사회주의 시기 도시편향적 발전의 지속 하에 농촌 및 농민층의 낙후가 두드러졌고 문화적으로 독특하고 생소한 '타자'인 동시에 소극적이고 시급히 개조해야할 대상으로서 인식되기도 했다.[40] 그 결과, 그들은 혁명의 주력군인 능동적인 주체와 이성적 판단이 결여된 소극적인 주체 사이에서 종종 사회불안정과 혼란 및 위험의 원천 중 하나이자, 국가권력의 엄중한 통제를 받아야 할 대상으로 인식되곤 하였다.

마지막으로, 개혁개방 이후 시장화 개혁과정에서 농민에 대한 전근대적인 낙인과 경직된 사회주의식 노동체계에 대한 시장주의적 비판은 농민공에겐 기회와 위험을 동시에 제공했다. 철밥통(鐵飯碗), 한솥밥(大鍋飯) 등으로 상징되는 국유기업 노동자에 대한 개혁으로, 농민공은 이들을 일부 대체하고 새로운 비공유부문에 종사할 대량의 산업예비군으로 인정되고 활용되기 시작했다.[41] 하지만 농민공은 '새로운 노동자'로서 기회를 얻는 동시에, 과거 국유기업 노동자와 구분되는 주변적인 지위에 처하게 되었다. 또한 도시가 물질문명의 번영과 문화적 진보의 지표로 특정화되는 반해, 농촌은 낙후되고 전근대적인 '타자'로서 자리매김 되면서 농민공은 전

40) 특히, 중국 내에서는 이러한 관점을 엘리트주의라고 많은 비판을 하기도 했다. 원톄쥔, 『백년의 급진 : 중국의 현대를 성찰하다』, 돌베게, 2013; 黃典林, 앞의 책, 2013, 2015.
41) 백승욱, 『중국의 노동자와 노동 정책 : 단위 체제의 해체』, 문학과 지성사, 2001.

근대적인 농민과 농촌의 이미지로 재구성되기 시작했다. 그 결과, 농민공은 산업노동자의 주요 구성성분이지만, 노동자 계층 또는 계급의 주체로서 인정받지 못하는 모순을 낳게 되었다. '품팔이노동'(打工)[42]이란 용어는 중국식의 '비정규 노동' 또는 '프리케리아트'(precariat)[43]와 유사한 형태로 농민공의 사회구조적 지위와 담론상 위치를 여실히 보여준다.[44]

농민공에 대한 언론보도에 대한 연구에 따르면, 농민공의 이미지는 개혁개방 이후 빠르게 변화해왔다. 〈표 5〉는 기존 연구 중 《인민일보》의 30년간 보도를 분석하여 농민공과 관련된 담론 구조 변화를 보여준다. 개혁개방 초기에 비해 농민공은 보다 능동적·주체적 성격이 강조되어왔지만, 여전히 국가-시장-사회 차원에서 많은 불평등과 불합리의 구조 하에 놓여져있음을 보여준다.

〈표 5〉 농민공에 관련된 담론 구조 변화(1980-2010년)

연도	정치적	경제적	사회·문화적
1980-1990	- 민공조 : 개혁 압력 - 치리정돈의 대상	- 염가 노동력 - 체제 외 "계약노동자"	- 교육수준 낮은 자
1991-2000	- 국유체제의 타자	- 면직노동자의 경쟁자 - 시장경제가 소환한 노동력	- 교육수준 낮은 자 - 도시인 눈의 타자
2001-2010	- 양회대표 : 정치주체신분의 건립 - 농민공 : 정부공작 서비스의 대상이자 해결해야 할 문제 - 지방정부의 정치적 업적	- 임금체불 당한 자 - 금융위기하 귀향창업자 - 양로금을 받지 못한 자 - 신세대 농민공 : 시장의 새로운 생산력	- 기능·능력 결핍자 - 농민공자녀 : 신분세습 - 문화생활의 결핍자 - 농민공형제

42) 이 표현은 동남 연해지방을 중심으로 널리 유행하였다. 원래 홍콩에서 쓰이기 시작했던 "打工仔"(공돌이), "打工妹"(공순이)란 표현은 홍콩을 경유하여 상당수의 공장들이 중국 대륙으로 진출하면서 함께 유입되고 사회적으로 활용되었다.

43) Swider, Sarah., *Building China : Informal Work and the New Precariat*, ILR Press, 2015; Lee, Chingkwan., China's precariats, *Globalization*, Vol.16, Issue 2, 2018.

44) 다만 이후 일반화되는 과정에서 젊은 청년과 연동되어 '고급공돌이'(高級打工仔), '품팔이노동황제'(打工皇帝) 등 개념으로 확장되면서 비교적 교육수준이 높은 젊은 층의 인구에게까지 확장되기도 했다.

자료출처 : 趙凌(2013), p.87에서 저자가 재정리

특히, 주목해야 할 부분은, 2000년대 이후 체제전환의 불충분한 구조 속에서 농민공 문제가 국가-시장-사회적 차원에서 주목받으면서 농민공에 대한 '가시화'가 본격화되고 있다는 점이다. 특히 2006년 국가적 차원에서 농민공의 사회경제적 활동이 국가의 개발목표 및 과정에 대한 공헌이 공식 승인되고, 농민공 문제 해결이 향후 주요한 국정과제로 설정됨에 따라 농민공에 대한 사회적 시선 또한 변화하기 시작했다.

하지만 〈표 5〉에서 드러나듯, 사회적 차원에서 농민공은 여전히 기능·능력과 문화생활이 부족한 자들로 인식되고, 더구나 농민공 자녀 등 재생산 문제가 사회계층의 고착화를 낳을 수 있다는 우려 또한 확산되고 있다.

2. 농민공 개념에 대한 사회적 논란 : 농민공 문제와 농민공에 대한 문제 사이

농민공 문제는 중국 공산당-국가 체제와 사회경제발전의 지속가능성이란 차원에서 적극적인 해법이 모색되기 시작했다. 한편으로 농민공 문제는 삼농문제의 해결이란 측면에서, 다른 한편으로는 국가적 차원의 사회경제발전과 지속가능성을 위한 측면에서 모두 국가적 목표의 일환으로 간주되었다. 농민공 문제의 핵심제도인 호구제도의 개혁이 본격 추진되었고, 2013년 신형도시화 계획은 1억 명의 인구에게 도시 호구를 부여하는 과감한 실험으로서 선전되었다.

하지만, 국가 차원의 농민공 문제 해결이 적극 추동됨과 동시에, 농민공 개념과 농민공 문제의 해법에 대한 사회적 논란은 다시 한 번 크게 확대되기 시작했다.

차이팡(蔡昉) 등 경제학자들은 현재 호구제도가 자유로운 노동력의 이동과 내수 증진을 저해하여 경제발전의 지속가능성을 위협한다는 주장을

기반으로 호구제도 폐지 또는 전면적 개혁을 주장한 반면,[45] 허쉐핑 등 일군의 학자들은 오히려 호구제도 때문에 상당수의 농민들이 토지를 잃어 버리지 않고서도 소득과 발전의 기회를 향유할 수 있었다는 중국 특색을 강조하면서[46] 농민공 문제 해법은 더욱 논쟁적이 되었다.

중국 정부는 호구제도의 폐지 등 급진적인 해법이 도시호구주민 등의 거대한 사회적 저항과 사회경제적 비용의 급상승을 불러일으킬 수 있다는 우려로 인해 도농 간 복지혜택의 축소 등 점진적이고 실질적인 해법을 모색하고 있지만, 사회적 논란은 여전히 현재진행중이다.[47]

논쟁의 배경에는 농민공의 지위와 역할에 대한 다양한 인식과 기대가 존재한다. 개혁개방 이후 농민공이 수행해왔던 다중적인 사회경제적 역할 은 저렴한 임금의 노동력, 실제 도시에 거주하며 생활·소비하는 도시주민, 농촌 및 고향의 생존과 발전에 기여하는 농민 가족구성원, 향후 중국의 사회경제발전을 위해 육성·보호·훈련받아야 할 젊은 세대 등 다양하게 존재해왔다. 또한 사회경제적 취약계층이자, 범죄의 유혹이 높은 문제인구, 계층적으로 하위를 차지하는 저층인구 등 소외집단으로 인식되기도 하고, 장차 노동계급으로서 전환·형성될 정치적 주체로서 기대를 받기도 한다.

문제는, 과거 농민공 현상이 농민공의 개별적, 자발적인 선택으로 개체 화되고 비가시화되었다면, 현재 농민공 문제는 농민공에 대한 집단적인 이미지를 창출하는 동시에 그 모호성을 자신의 시각으로 적극 활용하여 동원하는 타자적인 성격이 여전히 강하다는 점이다.

---

45) 蔡昉, 「城市化與農民工的貢獻: 後危機時期中國經濟增長潛力的思攷」, 『中國 人口科學』, 第1期, 2010; 蔡昉, 「人口轉變, 人口紅利與劉易斯轉捩點」, 『經濟研 究』, 第4期, 2010.

46) 허쉐핑, 앞의 책; 김도경, 「중국 토지 제도를 보는 두 개의 시각 : 허쉐핑(賀雪峰)과 저우치런(周其仁) 간의 논쟁을 중심으로」, 『現代中國研究』, 제16집 1호, 2014.

47) 윤종석, 앞의 책, 2019.

국정과제로서의 농민공 문제 해결이 본격화되면서 농민공은 적극적인 거버넌스 구축의 대상으로 변화하였다.[48] 농민공은 정책·제도적 차원에서 관리의 대상으로부터 서비스와 관리의 대상으로, 담론적 차원에서 침입자와 불안정의 근원이자 도전자로부터 경제적 동력이자 성과의 주요한 창조자로서 극적으로 변화해왔다. 이 과정에서 농민공의 참여와 육성은 지방 정부 차원에서 주요한 정치적 성과로도 자리매김하였다.

하지만, 농민공에 대한 제도·정책적, 담론적 편입이 정부 차원의 거버넌스 개혁 차원에서 진행되면서, 농민공의 주체적인 지위의 공백은 이데올로기·담론적 차원에서 농민공 자체가 실어증(失語症) 상태에 빠질 수밖에 없는 곤경으로 이어진다.[49] 농민공에 대한 "공평대우, 동일취급"(公平對待 一視同仁) 방침에도 불구하고 편향적 도시화의 기초 위에 설계된 제도·정책개혁과 구체적인 실천양태들은 농민공 문제의 해법을 도시정부 및 도시주민의 차원에서 접근한다는 비판에 놓여져있다. 또한, 제도·정책적 차원에서 농민공에 대한 지원과 혜택이 증가하고 농민공의 능동적 역할이 강조되면서, 해당 지역 및 도시의 기존 호적주민과의 사회경제적 불평등과 격차보다는, 일부 농민공이 도시주민 신분으로의 전환에 따른 사회경제적 혜택이 강조된다.

이런 차원에서 농민공 문제와 농민공의 문제 사이에는 거대한 모순이 존재한다.[50] 즉 농민공 문제는 국가 정책·제도적인 차원에서 농민공 자체를 사회문제로 삼고 '특수한 집단'으로 표상하는 동시에, 선험적으로 규정

---

48) 李培林, 앞의 책.

49) 陳成文·彭國勝, 「在失衡的世界十失語: 對農民工階層話語權喪失的社會學分析」, 『天府新論』, 第5期, 2006; 佘雲霞·劉晴, 「農民工話語權缺失的原因分析」, 『社會縱橫』, 2008(10); 官誌平, 「農民工話語權缺失及其保障途徑探討」, 『福建省社會主義學院學報』, 第1期, 2012; 王道勇, 앞의 책, 2015.

50) 趙淩, 앞의 책, 88-90쪽.

하여 왜 농민공 문제가 사회적 문제로 등장하는 지에 대한 맥락을 질문하지 않는다. 양회 기간 농민공 대표들이 언론 매체 앞에서 농민공 스스로의 문제에 대해서 이야기하고 구체적인 문제를 제시하는 주체적인 모습으로 공론장에 등장함에도 불구하고, 농민공 문제의 해결은 장기적인 역사적 임무라는 국가적 목표와 전략 하에서 응당 당연하게 해결해야 할 문제로 더 이상 성찰과 논의의 대상이 되지 못한다. 과연 개별적이고 구체적인 농민공의 문제가 해결이 되면 농민공 문제는 해결되는 것인가? 농민공 문제의 근원은 어디에 있는가라는 질문은 더 이상 공론장에서 지속되지 못한다.

아울러 3억에 가까운 농민공은 거대 인구집단으로서 정책·제도뿐만 아니라 언론 매체 등 공론장에서 문제에 처한 집단이자, 사회, 경제, 문화적 차원에서 낮은 지위에 처한 집단으로 가시화되어왔다. 하지만 개별적인 농민공에 대한 사회적 관심 및 언론 보도는 능동적이고 주도적인 엘리트주의적인 성격에 보다 치중되어왔다.[51] 즉, 농민공의 일반적 속성에서 벗어난 이후에야 사회적 관심과 언론의 주목을 받을 수 있고, 사회경제적으로 성공한 농민공은 더 이상 농민공이 아니게 된다. 결과적으로 남겨진 농민공은 집단적인 '저층' 이미지가 고착화될 우려가 존재한다.

더욱이, 농민공에 대한 정책·제도 개혁과 담론적 수준에서 사회통합적인 새로운 사회적 담론이 각종 지방차원에서 진행됨에도 불구하고, '신노동자', '신시민', '신○○인' 등의 담론은 농민공을 해당 지역과 결부시키고 일방향적인 편입방식으로 진행되고 있다. 농민공과 관련된 관방 및 언론 담론이 그들을 지방 사회경제발전의 '중요 역량'으로 이미지화하는 반면, 농민공은 자기 문제해결의 역량과 권리가 주어지지 않고,[52] 항상 어느 지

---

51) 趙淩, 앞의 책.
52) 鄧瑋, 「話語賦權: 新生代農民工城市融入的新路徑」, 『中國行政管理』, 第3期,

역, 국가, 사회에 기여한 후 보상받는 조건부 방식이 일반적이다.

농민공의 주체적인 지위 부족과 문제해결과정에서 주체화의 결핍은 곧 농민공에 대한 집단적 이미지의 고착화와 더불어, 농민공 스스로 본인은 농민공이라 생각하지 않는다는 저항적 결과를 낳기도 한다. 일부 조사[53]에 따르면, 조사대상 중 32.6%의 농민공은 자신을 농민공 집단에 속해있지 않다고 응답했고, 농민공에 속한다는 대답의 대부분은 자신의 일자리 성격이나 문화적 소질이 아니라 단지 호구가 농촌에 있기 때문일 뿐이라고 응답했다.

더욱이 농민공은 약자가 되고, 사회적 문제가 되어야 전사회적인 관심을 받고 가시화되는 곤경도 존재한다. 농민공은 '약자의 무기'란 방식으로 합법과 불법, 적극과 소극적 대응 방식을 오가면서 각종 창의적인 실천방식을 통해 자신의 처지를 가시화해왔다.[54] 일부 학술계 및 온라인 네트워크는 이들에 대한 사회적 지지를 표명하고 널리 확산하는 주요한 측면이 존재하지만, 사회적으로 일종의 '농민공다움'으로 전형화되는 우려 또한 존재한다.

Ⅳ. 농민공은 농민공 담론의 주체가 될 수 있을까?

농민공 개념은 다양한 제도적·사회적 기원을 가진 채 담론적으로도 크게 변화되어왔다. 특히 2000년대 초중반 이래, 농민공은 개체화된 비가시화된 상태로부터 집단적으로 가시화된 상태로 극적으로 변화되어왔다. 하

2016.

53) 趙淩, 앞의 책.

54) 高洪貴, 「作為弱者的武器: 農民工利益表達的底層方式及生成邏輯」, 『中國青年研究』, 第2期, 2013.

지만, 그 과정에서 농민공은 다시 한 번 집단적으로 문제화되고, 주체적인 지위의 결핍과 문제화된 집단 이미지로의 고착화 속에서 다시 한 번 타자화되어왔다.

농민공 개념은 곧 중국 체제전환의 과도기적 특징과 그 사회적 모순을 여실히 보여준다. 중국 공산당-국가 체제의 지속과 이를 정당화하기 위한 개발주의적 국가 목표는, 다차원적으로 농민공 개념을 파악하고 이를 통해 농민공을 그들의 공론장 내로 편입하고 포섭해내고자 한다. 농민공 문제의 담론적·이데올로기적 질서 속에서 농민공은 일상적인 저항과 동시에 때때로 이에 참여하고 활용하기도 한다.

개혁개방 이후 체제전환 과정에서 제도·정책적인 미비와 이로 인한 국가·사회적 담론의 다원적인 사회적 구성 하에서, 농민공에 대한 이미지는 끊임없이 재구성되어왔다. 학계와 언론, 사회뿐만 아니라 농민공 스스로도 이러한 공백과 빈틈 속에서 자신을 재발견하고 자신의 목소리를 내고자 노력해왔다. 최근 중국의 인구이동에 대해서 '신이민' 등 새로운 관점에서 접근이 시도되는 한편, 농민공에 대한 담론 또한 '신이민자', '신노동자', '노동자친구'(工友) 등 다양한 표현들이 등장하고 있다.

하지만 이러한 사회적 표현이 과거로부터 고착화된 농민공 개념과 그 이미지를 부식시키고 새로운 주체적 지위로 등장시킬 수 있을 지는 여전히 의문이다. 왕후이가 지적했듯, 농민공의 계급의식은 결핍된 것이 아니라 계급의식이 발생하는 정치적 과정이 종결되어 미비한 것이기도 하다 (려도, 2017a: 26). 직접적인 정치화의 과정에서 배제되거나, 초대된다 하더라도 이미 짜여진 공론장으로만 제한된다는 점에서, 국가로부터의 권리·권익 및 서비스·혜택의 부여가 농민공의 주체화로 연결되기는 당분간 어려워보인다. 사회적 차원에서 농민공 집단 내의 다양한 이질성과 상이한 상황은 그들이 계급, 시민, 주민, 국민 등 또다른 주체적인 담론적 지위를 통해서 극복될 수 있을 것이다.

그럼에도, 농민공이라 불리는 수많은 인구들에 대한 문제가 점점 사회적으로 주요한 이슈로 된다는 점에서, 향후 농민공 개념이 어떠한 형태로 사회·정치적인 의미를 획득할 지는 주목할 필요가 있다. 사회문제에 대한 담론에서 농민공은 '약방의 감초'처럼 상시적으로 등장하며 담론적 지위를 안정적으로 보장받았지만, 이들은 때로는 '서민'이고, 때로는 '노동자'이며, 어떤 경우는 '주민'이지만, 여전히 '농민'이기도 하다. 가장 문제가 되는 것은, 2세대 농민공, 3세대 농민공이라 칭해질 때 세대를 거듭하여 전달되는 농민공 개념 및 담론이다. 다른 용어보다 '농민공'으로 지칭하는 것이 보다 많은 사람들에게 쉽게 받아들여지고 즉각적인 인식과 이해에는 도움이 될지 모르지만, 생각을 거듭하여 곱씹어볼수록, 시간이 지나며 논의가 확산될수록, 이러한 용어와 개념에 대한 논란은 더욱 거세질 수밖에 없을 것이다.

매우 실용주의적인 중국의 정치·사회적 환경에서 농민공 개념과 담론은 적어도 당분간 사라지는 일은 없을 것 같다. 하지만, 농민공 개념 속에 차등적·차별적인 사회적 성격이 내재하며 그들의 존재가 끊임없이 타자화되는 한, 농민공 개념에 대한 사회적 논란과 정치화의 가능성 또한 지속될 것이다. 자기 목소리를 내지 못하던 농민공이 뉴미디어를 통해 보다 광범위하게 소통할수록, 품팔이 문학(打工文学)을 포함하여 농민공에 대한 자기담론이 생산과 재생산을 거듭할수록, 보다 젊은 세대에게 농민공 개념과 담론에 점차 편입되기 어려워질수록, 농민공 개념과 담론에 대한 새로운 상상과 전유는 더욱 활발해질 것이다. 보다 구체적이고 세밀한 논의는 후속 연구로 남겨둔다.

| 참고문헌 |

려도 저, 정규식·연광석·정성조·박다짐 역,『중국 신노동자의 미래 : 변화하
　　　는 농민공의 문화와 운명』, 서울: 나름북스, 2017.

＿＿＿, 정규식·연광석·정성조·박다짐 역,『중국 신노동자의 형성 : 도시와
　　　농촌 사이에서 길을 찾는 사람들』, 서울: 나름북스, 2017.

루이룽 저, 김승일 역,『최강 농민중국』, 서울: 경지출판사, 2017.

백승욱,『중국의 노동자와 노동 정책 : 단위 체제의 해체』, 서울: 문학과 지성사,
　　　2001.

원톄쥔,『백년의 급진 : 중국의 현대를 성찰하다』, 서울: 돌베게, 2013.

윤종석,『중국 농민공의 개발공헌 지위와 복지 수급: 광동성 사례의 분석과
　　　함의』, 서울대학교 사회학박사학위논문, 2019.

이민자,『중국 농민공과 국가 - 사회관계』, 서울: 나남, 2001.

＿＿＿,『중국 호구제도와 인구이동』, 서울: 폴리테이아, 2007.

한남운,『중국의 개혁체제와 도시 유동인구』, 서울대학교 사회학과 박사논문,
　　　2000.

허쉐펑 저, 김도경 역,『탈향과 귀향 사이에서 : 농민공 문제와 중국 사회』, 서울:
　　　돌베게, 2017.

김도경,「중국 토지 제도를 보는 두 개의 시각 : 허쉐펑(賀雪峰)과 저우치런(周
　　　其仁) 간의 논쟁을 중심으로」,『現代中國研究』, 제16집 1호, 2014.

윤종석,「이민도시 선전의 도시발전과 농민공의 사회경제적 권리에 관한 연
　　　구 : 호구제도와 사회보험제도를 중심으로」,『도시연구 : 역사·사회·
　　　문화』, 제4호, 2010.

＿＿＿,「선전의 꿈과 발전담론의 전환: 2000년대 사회적 논쟁을 통해 본 선전
　　　경제특구의 새로운 위상정립」,『현대중국연구』, 제17집 제1호, 2015.

정종호,「중국 농민공 문제의 변화와 지속」, 이현정 편,『개혁 중국 : 변화와
　　　지속』, 서울: 한울, 2019.

江臘生, 『新世紀農民工書寫研究』, 人民出版社, 2016.

公安部治安管理局編, 『2000年全國暫住人口統計資料匯編』, 北京: 群衆出版社, 2000.

＿＿＿＿＿＿＿＿＿＿, 『2005年全國暫住人口統計資料匯編』, 北京: 群衆出版社, 2005.

國家人口和計劃生育委員會流動人口服務管理司編, 2010, 『流動人口理論與政策綜述報告』, 北京: 人口出版社.

國務院研究室課題組 編, 『中國農民工調研報告』, 北京: 中國言實出版社, 2006.

黃典林, 『公民權的話語建構: 轉型中國的新聞話語與農民工』, 北京: 中國傳媒大學出版社, 2015.

黃小玉, 『改革開放以來"農民工"媒介形象流變研究』, 北京: 人民出版社, 2014.

江臘生, 『新世紀农民工书写研究』, 北京: 人民出版社, 2016.

李强, 『農民工與中國社會分層』, 北京: 社會科學文獻出版社, 2004.

王道勇, 『集體失語的背後: 農民工主體缺位與社會合作應對』, 北京: 人民出版社, 2015.

王小章, 『走嚮承認: 浙江省城市農民工公民權發展的社會學研究』, 浙江: 浙江大學出版社, 2010.

張璦, 『底層現實的守望與期盼: 社會轉型時期"民生問題"報告文學研究』, 北京: 中國社會科學出版社, 2016.

趙凌, 『媒介·話語·權力·身分: "農民工"話語攷古與身分生産研究: 話語攷古與身份生産研究』, 浙江: 浙江大學 博士學位論文, 2013.

蔡昉, 「城市化與農民工的貢獻: 後危機時期中國經濟增長潛力的思攷」, 『中國人口科學』, 第1期, 2010.

＿＿, 「人口轉變, 人口紅利與劉易斯轉摺點」, 『經濟研究』, 第4期, 2010.

陳成文·彭國勝, 「在失衡的世界十失語: 對農民工階層話語權喪失的社會學分析」, 『天府新論』, 第5期, 2006.

鄧瑋, 「話語賦權: 新生代農民工城市融入的新路徑」, 『中國行政管理』, 第3期, 2016.

高洪貴,「作爲弱者的武器: 農民工利益表達的底層方式及生成邏輯」,『中國靑年硏究』, 第2期, 2013.

高舒,「我們, 在城市歌唱: 從新工人藝術團《紅五月》新專輯首唱會談起」,『人民音樂』, 第12期, 2017.

官誌平,「農民工話語權缺失及其保障途徑探討」,『福建省社會主義學院學報』, 第1期, 2012.

黃典林,「從"盲流"到"新工人階級": 近三十年《人民日報》新聞話語對農民工群體的意識形態重構」,『現代傳播』, 第9期(總第206期), 2013.

李培林,「中國改革開放40年農民工流動的治理經驗」,『社會』, 第38卷 第6期, 2018.

孟慶峰,「半無産階級化, 勞動力商品化與中國農民工」,『海派經濟學』, 01期, 2011.

潘毅·盧暉臨·嚴海蓉·陳珮華·蕭裕均·蔡禾,「農民工: 未完成的無産階級化」,『開放時代』, 第6期, 2009.

潘毅·盧暉臨·張慧鵬,「階級的形成:建築工地上的勞動控製與建築工人的集體抗爭」,『開放時代』, 第5期, 2010.

佘雲霞·劉晴,「農民工話語權缺失的原因分析」,『社會縱橫』, 第10期, 2008.

王春光,「農村流動人口的"半城市化"問題研究」,『社會學研究』, 05期, 2006.

王道勇,「農民工研究範式: 主體地位與發展趨嚮」,『社會學評論』, 第2卷 第4期, 2014.

王德·葉暉,「1990年以後的中國人口遷移研究綜述」,『人口學刊』, 1期, 2004.

王錫苓·汪舒·苑婧,「農民工的自我賦權與影響」,『現代傳播』, 第10期, 2011.

王小章,「從"生存"到"承認": 公民權視野下的農民工問題」,『社會學研究』, 01期, 2009.

莊啓東·張曉川·李建立,「關於貴州省盤江,水城礦務局使用農民工的調查報告」,『計劃經濟研究』, 01期, 1982.

Florence, Eric, *Struggling Around "dagong" : Discourses about and by Migrant Workers in the Pearl River Delta*, Ph.D Thesis, Institut des sciences humaines et sociales, Université de Liège, 2008.

Lee, Ching-Kwan, *Gender and the South China miracle : Two worlds of factory women*, Berkeley and Los Angeles: University of California Press, 1998.

_____, *Against the Law : Labor Protests in China's Rustbelt and Sunbelt*, Berkeley : University of California Press, 2007.

Solinger, Dorothy J., *Contesting Citizenship in Urban China : Peasant Migrants, the State, and the Logic of the Market*, Berkeley : University of California Press, 1999.

Sun, Wanning, *Subaltern China : Rural migrants, media, and cultural practices*, New York: Rowman & Littlefield, 2014.

Swider, Sarah, *Building China : Informal Work and the New Precariat*, Ithaca and London : ILR Press, 2015.

Wang, Fei-ling, *Organizing through Division and Exclusion : China's Hukou System*, Stanford: Stanford Univ. Press, 2005.

Zhang, Li, *Strangers in the City : Reconfigurations of Space, Power, and Social Networks Within China's Floating Population*, Stanford: Stanford Univ. Press, 2001.

Chan, Chris King-chi, and Pun Ngai, "The Making of a New Working Class? A Study of Collective Actions of Migrant Workers in South China", *The China Quarterly*, 198, 2009.

Gleiss., Marielle Stigum, "From Being a Problem to Having Problems : Discourse, Governmentality and Chinese Migrant Workers", *Journal of Chinese Political Science*, 21(1), 2016.

Lee, Ching-Kwan, "China's precariats," *Globalization* 16(2), 2018.

Pun, Ngai, and Chan, Jenny, "The Spatial Politics of Labor in China : Life, Labor, and a New Generation of Migrant Workers". *The South Atlantic Quarterly*, 112(1), 2013.

Pun, Ngai, "Becoming Dagongmei : the Politics of Identity and Difference in Reform China", *The China Quarterly*, 42, 1999.

Yoon, Jongseok, *forthcoming*, "The Local State and *Nongmingong* Citizenship: Local Welfare as Developmental Contributory Rights in *Guangdong* Province," Citizenship Studies.

"國務院關於解決農民工問題的若幹意見",《中華人民共和國中央人民政府》홈페이지. http://www.gov.cn/gongbao/content/2006/content_244909.htm

"劉虹(深圳報業集團主任編輯)",《百度百科》https://baike.baidu.com/item/%E5%88%98%E8%99%B9/9094445(검색일: 2020.03.10)

「사상정치공작 연구회」와 개혁기 노동자 교육

● 박철현 ●

Ⅰ. 서론

중국은 1980년대 개혁기 들어서서 이전 시기 '사회주의 노동자'를 '포스트사회주의 노동자'로 재창출할 필요에 직면했다. 국유기업 개혁으로 대표되는, 기업 공장 노동의 포스트사회주의 전환은 산업구조 조정과 소유권 개혁과 같은 제도적 물질적 측면만이 아니라 노동자 '의식'을 바꾸는 이데올로기적 측면이 매우 중요했다. 과거 1949년 10월 중화인민공화국 건국을 전후하여 공산당이 기존 자본주의 사회의 노동자를 새로운 사회주의 노동자로 전환하기 위해서 단위체제, 복지제도, 노동제도 등의 제도적 측면만이 아니라 이데올로기적 측면에서의 노동자 교육을 통해서 '공장의 주인은 노동자'이며, 이러한 노동자를 대표하는 정당이 바로 중국공산당이라는 의식을 노동자에게 심어주기 위해서 노력했듯이, 이제는 사회주의 노동자를 경제적 효율과 이윤동기에 충실한 시장경제 시대의 노동자로

* 이 글은 「개혁기 중국의 국가와 노동자 교육 : 1980년대 「사상정치공작 연구회」의 설립과 활동을 중심으로」, 『도시연구 : 역사·사회·문화』, 제23호, 서울 : 도시사학회, 2020을 수정 보완한 것이다.
** 국민대학교 중국인문사회연구소 HK연구교수.

전환하기 위한 이데올로기적 작업이 필요하게 된 것이다.

본 연구의 분석대상인 「중국 직공사상정치공작 연구회(中國職工思想政治工作研究會 Chinese Society of Ideological and Political Work 이하, 사상정치공작 연구회)」는 개혁기 초기인 1980년대의 이러한 필요에 대응하기 위해서 국가 주도로 건설된 연구회이다.[1]

본 연구는 개혁기에 막 들어선 1980년대 기존 사회주의와 결별하면서 중국의 국가가 기업의 노동자 '의식'을 바꾸기 위해서 진행했던 '노동자 교육'의 문제를 「사상정치공작 연구회」의 형성과 활동을 통해서 분석하는 것을 목적으로 한다. 기존 사회주의 시기 국가가 단위(單位) 내부에 설치된 당 조직을 통해서 노동자 교육을 시행하던 방식은 개혁기 들어서 더이상 유효하지 않게 되었다. 과거 사회주의 시기 도시 노동자에게 있어서 단위 밖의 삶은 상상하기 힘들 정도로 단위는 노동자의 사회경제적 삶에 있어서 절대적인 존재였고, 국가는 단위를 통해서 사회경제적 자원(주택, 의료, 교육, 문화, 임금 등)을 노동자에게 제공하면서 동시에 단위 내부의 당 조직을 통해서 노동자에 대한 정치적 조직과 동원을 실현했다. 하지만 이러한 사회주의 시기와 비교되는 개혁기의 차별성은, 시장경제 확산과 국유기업 개혁으로 단위체제가 점차 약화 해체되면서 단위의 사회경제적 자원 제공 기능은 쇠퇴하는 대신, 노동자는 새로이 탄생한 '시장'에서 화폐를 매개로 이러한 자원을 구매할 수 있게 되었다는 점이다. 따라서 개혁기 국가는 기존에 단위 내부의 각종 기제(당 조직, 노조, 학교 등)를 통한 것과는 다른 방식을 통해서, 포스트사회주의로의 체제전환에 적합하도록 노동자 '의식'을 변화시키는 노동자 교육을 추진한다. 1980년대 초반 「사

---

1) 1983년 설립 당시 「중국 직공사상정치공작 연구회(中國職工思想政治工作研究會)」란 명칭이었으나, 2003년 「중국 사상정치공작 연구회」로 개명한다. 설립과정에 대한 구체적인 내용은 III장을 참고.

상정치공작 연구회」는 이러한 시대적 요구를 배경으로 해서 등장했다. 이 연구회는 개혁기 노동자 교육을 위한 연구단체로서 국가 주도로 형성되었고, 그 장정(章程), 주요 인물, 조직구성, 활동 등의 측면에서도 포스트사회주의 시장경제 시기에 적합한 노동자 교육을 위한 국가의 의지가 매우 강하게 드러난다.

중국 국유기업 개혁에 대한 선행연구는 주로 소유권(産權), 정기분리 (政企分離 정치와 기업의 분리), 국유자산(國有資産) 관리체제 개혁, 자본구조 재조정(資産重組), 기업지배구조(公司治理結構) 등에 관한 것들이다.[2] 기존 사회주의 체제에서 포스트사회주의로 이행과정에서 국유기업의 시장경제 기업으로의 전환과 관련하여 다양한 관점에서의 제도적 분석에 연구가 집중되어있는 것이다. 하지만 앞서 밝혔듯이 사회주의 기업에서 시장경제 기업으로 전환시키는 것은 실제 생산의 주체인 노동자의 의식을 어떻게 시장경제에 적합하도록 변화시킬 것인가 하는 문제와 불가분의 관계이다. 즉 과거 "공장의 주인은 노동자"에서 노동계약에 기초한 임금노동자 지위로의 제도적 변화만이 아니라, 효율과 이윤동기를 시장경제 기업의 가장 중요한 원리로 수용하도록 노동자의 의식을 변화시키는 것이 필요한데 이를 위해서는 노동자 교육이 중요하다는 것이다. 「사상정

---

2) 국유기업 개혁에 관한 중국 측 선행연구는 매우 많은데, 그 중 기존 연구동향을 분석한 대표적인 연구를 살펴보면 다음과 같다. 賈婧, 「國企改革的文獻綜述」, 『管理觀察』, 31期, 中國科學技術信息研究所, 2017; 張婧 吳麒麟, 「國企改革觀點綜述」, 『技術與市場』, 8期, 四川省科技信息研究所, 2012; 曾衛平, 「關於國企改革研究的綜述」, 『商』, 21期, 科幻世界雜誌社, 2012; 邢淼, 「進一步深化國企改革理論觀點綜述」, 『中國工商管理研究』, 3期, 中國工商行政管理學會, 2005; 劉萍, 「國企改革分論壇綜述」, 『中國改革』, 11期, 中國經濟體制改革研究會, 2003; 唐杰 劉魯魚 劉占軍 楊修友, 「"經濟轉軌與國企改革" 國際研討會綜述」, 『經濟學動態』, 1期, 中國社會科學院經濟研究所, 1998; 楊兵, 「國企改革理論觀點綜述」, 『價格與市場』, 7期, 陝西省物價局, 1998.

치공작 연구회」는 개혁기 기존과 달라진 정치적 사회경제적 지형에서 이러한 노동자 교육을 실현시키기 위해서 국가가 설립한 연구기관이다. 국가는 「사상정치공작 연구회」를 통해서 개혁기 시장경제에 적합한 기업, 공장, 노동조합 등에서의 노동자 교육을 위한 연구를 진행한다. 본 연구는 「사상정치공작 연구회」의 설립과 활동에 초점을 맞춰, 개혁기 초기인 1980년대 중국의 국가가 기획했던 '노동자 교육'을 분석하고자 한다.

본 연구는 다음과 같이 구성된다. 서론에 이어서 II장에서는 건국 이후 중국의 노동자 교육을 사상정치교육(思想政治敎育)의 문제를 중심으로 살펴본다. 기존 제국주의, 봉건주의, 자본주의의 극복을 목표로 한 건국 초기와 사회주의 건설 시기 국가가 기획했던 노동자 교육의 실제를 사상정치교육을 중심으로 분석하여, 개혁기 사상정치공작의 전사(前史)를 밝힌다. III장에서는 개혁기 국유기업 개혁을 살펴본 후, 개혁기 노동자 교육을 위해 국가가 설립한 「사상정치공작 연구회」를 장정, 주요 인물, 조직구성, 학술지 『사상정치공작연구(思想政治工作研究)』의 내용 등을 중심으로 분석한다. IV장에서는 기존 만주국(滿洲國)의 기관차 생산공장이었다가 건국 이후 사회주의적 개조를 통해서 국유기업으로 전환되었고 개혁기 들어서 국유기업 개혁을 통해서 주식제 국유기업으로 다시 전환된 중국 동북지역의 대표적인 대형 국유기업 '다롄기차차량창(大連機車車輛廠)'의 사례를 통해서, 개혁기 국가가 「사상정치공작 연구회」를 통해서 기획한 노동자 교육이 실제 기업층위에서 어떻게 이뤄졌는지를 분석한다. V장 결론에서는 본 연구의 발견을 정리하고 개혁기 노동자 교육에 대한 보다 심화된 연구의 필요성을 제기한다.

Ⅱ. 사회주의 시기 노동자 교육

본 장에서는 건국 이후 국가가 기획한 노동자 교육의 실체를 '사상정치
교육'의 문제를 중심으로 살펴본다.[3] 중국공산당은 1949년 10월 새로운
국가를 건국했지만, 그들이 실제로 맞닥뜨린 현실은 과거 봉건제의 강고
한 유산, 제국주의 침략으로 피폐해진 사회와 경제, 정치적으로 분열된
국토였다. 거대한 국가의 안정적 통치라는 과제에 직면했지만 사실상 도
시, 공장, 기업, 행정에 관한 제대로 된 경험을 보유하지 못한 중국공산당
은 건국 직전인 1949년 3월 '시바이포 회의(西柏坡會議)'에서 과거 혁명
기간 내내 유지했던 농촌중심 노선을 도시중심 노선으로 전환하는 결정을
내리고, 건국 이후에는 도시 노동자 계급을 자신의 정치적 기반으로 창출
하기 위한 작업에 착수한다. 노동자 계급의 창출은 단위체제를 중심으로

---

3) '사상정치공작'이란 표현은 건국 이전에도 사용되었으나, '사상정치교육'이란 표현은
건국 이후인 1950년 2월 중화전국학생연합회(中華全國學生聯合會) 회의에서 최초
로 등장했다. 이후 1951년 5월 류샤오치(劉少奇)가 제1차 전국선전공작회의(全國宣
傳工作會議)에서 사상정치공작이란 표현을 사용한다. 두 표현은 이후 혼용되었으나,
개념적으로 볼 때 사상정치교육이 '교육'에 강조점을 두어 주로 각급 학교에서의 사상
정치 관련 교육을 가리킨다면 사상정치공작은 이러한 학교에서의 교육은 물론, 그
외 기업, 군대, 사구(社區 지역 공동체) 등 다양한 공간에서의 당 건설, 선전, 조직,
유지 등에 관련된 사회적 '활동(工作)'을 포함하는 개념이다. 따라서 사상정치공작은
사상정치교육보다 광의의 의미를 가지는 개념이라고 볼 수 있다. 하지만 사회주의
시기 사상정치교육은 사실상 당시 사상정치공작과 혼용되는 개념이었다. 또한 개혁기
도시에는 사회주의 시기와 달리 단위만이 아니라 매우 다양한 '사회집단'이 등장하였
고, 국가의 입장에서 보면 노동자 교육이 단위 내부에서만이 아니라 개혁기 등장한
이러한 다양한 사회집단에서도 진행되는 것이 필요하므로, 사상정치교육이 아니라
사상정치공작을 연구회를 지칭하는 보다 적실한 표현으로 채택하여 개혁기 변화된
현실에 대응하려고 한 것으로 판단된다. 다음을 참고: 馮剛·曾永平,「"思想政治工
作"與"思想政治敎育"槪念辯析」,『思想政治敎育硏究』, 1期, 中國思想政治工
作硏究會, 2018.

하는 사회경제적 자원의 배분과 정치적 동원 및 조직의 실현을 통해서 그 제도적인 측면이 갖춰지지만, 동시에 기존 자본주의적 생산관계 속에 예속되었던 노동자를 공산당에 충성하는 "공장의 주인"으로 만들기 위해서는 제도만이 아니라 의식의 변화가 필수적이며, 이를 위해서는 사상정치교육이 매우 시급한 과제였다.

1949~56년 시기 직공사상정치교육의 내용은 주로 계급관계, 노동관념, 시사정치, 생산정책과 관련된 것들이 주를 이뤘다. 계급관계는 건국 이전 제국주의나 국민당과 협력한 매국노(漢奸)에 대한 적대감이나 혁명의 지도계급으로서의 노동자라는 의식을 교육하는 것이었다. 또한 노동관념은 노동자 내부의 단결, 생산관념, 노동기율을 확보하는 데 초점이 맞춰졌다. 아울러 시사정치와 생산정책에 있어서는 국내외 정세 및 경제, 공산당의 노선, "공장의 주인은 노동자" 의식을 교육하는 것이 중요했다. 따라서 사상정치교육은 주로 '정권안정', '국가보위', '생산회복'에 강조점을 두고 있었다. 1950년 10월 중국공산당은 「전국적인 시사선전에 관한 중공중앙의 지시(中共中央關於在全國進行時事宣傳的指示)」를 선포하여 "미제국주의의 북한 침략"에 반대하고 북한을 지지하는 애국주의 반제국주의 관련된 사상정치교육을 전국적인 범위에서 시행했다.[4] 또한 삼반운동(三反運動)과 오반운동(五反運動) 과정에서 독직(瀆職), 낭비, 관료주의, 부패 등의 이유로 정부기구와 사(私)기업 내부의 관료와 자본가에 대한 투쟁을 전개하면서, 이와 관련된 반(反)관료주의 반(反)부패 관련 사상정치교육을 시행한다. 당시 중국은 광대한 지역이 여전히 중국공산당의 미점령 상태였으며, 타이완으로 옮겨간 국민당과의 전쟁은 계속되고 있었고, 최대의 경제도시 상하이는 국민당군 폭격기의 공습을 받고 있었다. 중국은 1950년에는 한국전쟁에 참전하여 미국이 이끄는 국제연합(UN)군

---

4) http://www.china.com.cn/ch-America/Wenxian/zhong.htm(검색일 : 2020.2.10)

과 싸웠는데, 국내적으로는 국민당 잔존세력, 소수민족집단, 종교결사체, 지주세력 등이 사적인 무장력을 갖추고 공산당의 통치에 반기를 들 기회를 노리고 있었던 것이다.[5]

중요한 것은 이런 국내외적 적대세력에 맞서서 오랜 전쟁과 분열로 황폐해진 경제를 복구하는 것이 지상과제였던 공산당으로서는 "계급의 적"에 대한 투쟁이 필요하지만 그러한 투쟁이 지나쳐서 '안정적인 생산'을 저해할 정도가 되면 안 된다고 판단하고, 공장 내부의 계급투쟁을 적절한 수준으로 관리하고 생산에 강조점을 두는 사상정치교육을 진행했다는 점이다.[6] 1953~57년 시기는 '제1차 5년 계획(第一個五年計劃)'에 의해 산업의 사회주의적 개조가 본격화됨에 따라서 자본주의 비판과 사회주의 지향을 내용으로 하는 노동자 사상정치교육이 확산된다.[7]

1956~66년의 10년은 반우파투쟁(反右派鬪爭), 대약진(大躍進), 사회주의 교육운동의 시기로서 노동자만이 아니라 사회 구성원 모두에 대한 사상정치교육이 전면적으로 시작되었다. 1960년 3월 마오쩌둥은 「공업 전선에서의 기술혁신과 기술혁명 운동의 전개 상황에 대한 안산시위원회의 보고(鞍山市委關於工業戰線上的技術革新和技術革命運動開展情況的報告)」를 통해서 '양참일개삼결합(兩參一個三結合)'을 지시한다. '양참일개삼결합'은 간부는 노동에 참가하며 노동자는 관리에 참가하고

---

5) 중국 건국 초기 정치적 경제적 사회적 상황에 대한 전반적인 설명은 다음을 참고 : 로드릭 맥파커 엮음, 김재관 정해용 옮김, 『중국 현대정치사』, 푸른길, 2012, 20-67쪽.

6) 실제로 공산당은 하얼빈을 "해방"하고 통치할 때, 기존 만주국과 일본인 소유 기업 및 공장에 대한 '청산투쟁(淸算鬪爭)'과 자본가에게 경영 수익배분을 요구하는 '분홍투쟁(分紅鬪爭)'이 과열되어 안정적인 생산을 해치는 것을 우려하여, 상공업을 보호하는 정책을 취했다. 관련 내용은 다음 연구를 참고 : 이원준, 「중국공산당의 도시접관 정책과 하얼빈 통치방침의 변화」, 『도시연구』, 13호, 2015.

7) 이하 사회주의 시기 노동자 사상정치교육의 연대기적 분석은 다음을 참고 : 曾志偉, 「國有企業思想政治工作創新硏究」(中共中央黨校博士學位論文), 2010, 33-39쪽.

(兩參), 불합리한 규정을 개조하며(一個), 노동자 간부 기술자 삼자가 결합하는(三結合) 것을 가리킨다.[8] 이 보고는 국유기업 내부의 관료주의 타파와 생산성 제고를 위해서 기업 경영과 관리에 대한 노동자의 적극적 참여를 요구하는 것으로, 사상정치교육에 있어서는 "공장의 주인은 노동자"가 특히 강조되었다. 또한 1960년 다칭(大慶) 유전 개발을 계기로 국가적 범위의 중대한 일을 위해서 사적인 이해관계를 버리고 분투하는 '모범 노동자(勞動模範)'가 '철인정신(鐵人精神)'이란 상징으로 개념화된다.[9] 아울러 이러한 모범노동자를 따라 배우기 위한 경쟁이 강조되고 생산량 증대, 선진기술 개발, 품질개선 등을 둘러싼 노동경쟁 캠페인이 전국적인 범위의 모든 생산부문으로 확대되었다.[10] 이에 따라 이러한 모범 노동자가 사상정치교육의 핵심내용이 된다.

1966~1976년 시기는 문화대혁명 시기로 노동자 사상정치교육의 내용은 '계급투쟁'을 중심으로 구성된다. 1967년 10월 중공중앙과 중앙문혁소조(中央文革小組)는 「혁명위원회가 이미 성립된 단위에서 당의 조직생활 회복에 관한 지시(關於已經成立了革命委員會的單位恢復黨的組織生活的批示)」를 발표하여 '계급투쟁'을 중심으로 당을 건설하고 '주자파(走資派)'에 대한 비판을 진행할 것을 요구한다.[11] 이로써, 이전 시기 노동자 사상정치교육이 계급투쟁만이 아니라 기업 내부의 '생산과 관리'

---

8) 이 제도는 랴오닝성(遼寧省) 안산제철소(鞍山鋼鐵)의 기업관리 경험에서 비롯되었다고 해서 '안강헌법(鞍鋼憲法)'이라고 불린다.
9) 다칭 유전 개발에서 철인정신의 상징으로 부각된 인물은 왕진시(王進喜)이다.
10) 이 시기 선양(瀋陽)의 노동경쟁 캠페인에 관한 연구는 다음을 참고 : 한지현, 「새로운 중국의 새로운 노동자 만들기 : 선양시 노동경쟁 캠페인과 공인촌」, 박철현 편 『도시로 읽는 현대중국 1』, 역사비평사, 2017.
11) 이후 이 지시는 주로 '오십자 건당 방침(五十字建黨方針)'으로 불리고, 이후 1969년 중국공산당 제9차 전국대표대회를 통해서 당장에 삽입된다.
https://www.pmume.com/o/n5arb.shtml(검색일 : 2020.02.12)

에도 일정한 강조점이 주어진 것과 달리, 문화대혁명 시기 사상정치교육
은 철저히 계급투쟁을 통한 주자파 비판에 강조점이 주어진다. 그 결과
노동자는 작업현장을 떠나서 주자파를 비판하는 정치활동에 동원되어 기
업은 조업정지 생산량감소 품질저하 등 생산과 경영에서 심각한 타격을
받는다.

　이러한 사회주의 시기 노동자 사상정치교육은 주로 다음과 같은 형식
을 통해서 이뤄졌다.[12] 첫째 '일과 후 보습반(業餘補習班)'으로, 주로 중
대형 기업의 야간학교(夜校), 식자반(識字班), 신문읽기반(讀報班), 문
화클럽(文化俱樂部), 정치반(政治班) 등이다. 주목할 것은 건국 초기 중
국은 문맹률이 매우 높았기 때문에, 식자반과 신문읽기반 같이 글자를 익
히고 신문을 읽게 하는 보습반이 사상정치교육의 매우 중요한 형식이었다
는 점이다. 둘째, 정규 노동자학교(工人學校)로, 일정기간 생산에 종사한
노동자가 생산현장에서 벗어나서 노동자 정치학교 등에서 학습하는 형식
이었다. 이 형식의 사상정치교육의 효과는 높았지만, 생산현장을 일정기
간 떠나서 학습에 전념할 수 있는 노동자는 실제로는 고급기술자, 간부,
모범 노동자 등으로 제한되어있어서 전체 노동자 사상정치교육에서 차지
하는 비중은 별로 크지 않았다. 셋째 노조 자체교육으로, 노조가 노동자
사상정치교육의 주체로 해당 기업 및 공장 소속 노동자를 대상으로 노조
가 주도하는 내용과 방법으로 교육을 진행하는 것이다. 이것은 사실상 단
위(=기업) 내부의 당 조직이 노조에 직접적으로 개입하여 노동자 사상정
치교육을 주도하는 것으로, 각 시기 상층 당 조직에서 제기된 정치적 경제
적 요구에 부합되는 내용으로 이뤄지기 때문에, 노조 자체 교육은 사회주
의 시기 각종 정치운동에 의해 크게 영향 받았다. 넷째, 앞서 언급한 생산
경쟁 캠페인으로 '모범 노동자'의 선전과 그에 대한 학습이 곧 사상정치교

---

12) 趙秋靜, 『東北解放區思想政治敎育硏究』, 中國社會科學出版社, 2013, 159-164쪽.

육의 내용이었다. '모범 노동자'는 시기별 분야별로 창출되어서 노동자 교육의 중요한 내용이 되었다.

Ⅲ. 1980년대 「사상정치공작 연구회」의 설립과 활동

Ⅱ장에서 건국 이후 공산당의 정치적 기반이 되는 노동자를 창출하기 위한 사상정치교육의 전사를 살펴본 것을 기초로 해서, 본 장에서는 개혁기 들어서 다시 사회주의에서 포스트사회주의로 체제전환하는 과정에서 공산당이 노동자의 의식변화를 위해서 설립한 「사상정치공작 연구회」와 노동자 교육의 문제를 분석한다.

1. 1980년대 노동자 교육의 문제와 「사상정치공작 연구회」 설립의 배경

1983년 1월 중국공산당 선전부(宣傳部)는 건국 이후 최초의 「전국 직공 사상정치공작 회의(全國職工思想政治工作會議), 이하 회의」를 개최하고, 7월에는 「국영기업 직공 사상정치공작 강요(國營企業職工思想政治工作綱要), 이하 강요」를 발표하여 개혁기 "새로운 역사 조건"에서 기업 직공의 사상정치공작의 방침, 내용, 방법과 사상정치공작 간부대오의 건설 및 공산당의 지도적 역할을 강조한다. 「회의」에서는 과거 대약진과 문화대혁명의 사상정치공작에 있어서 '당의 지도' 원칙이 관철되지 못해서 나타난 폐단을 지적하면서, '당의 지도'는 새로운 "사회주의 현대화 건설(社會主義現代化建設)" 시기 사상정치공작에서 철저히 관철되어야 할 가장 중요한 원칙이라고 강조한다.[13]

---

13) 陳進玉, 『企業職工思想政治教育槪要』, 企業管理出版社, 1984, 20-23쪽.

중국 개혁기 사상정치공작과 관련해서 최초로 나온 중요 문건인 「강요」의 핵심적인 내용은 다음과 같다. 첫째, 사회주의 건설의 주요 세력은 노동자 계급이며, 신시대 사회주의는 '중국 특색의 사회주의'인데, 과거 '계급투쟁'을 중심으로 하는 사상정치공작의 '좌경 오류'는 반드시 수정되어야 하며, 사상정치공작에 있어서 당의 지도 원칙이 철저히 지켜야 한다. 둘째, 신시대 사상정치공작은, 중국근대사, 중국혁명사, 중국공산당 당사(黨史), 과학사회주의, 중국노동자계급의 역사, 맑스레닌주의 마오쩌둥 사상, 사회주의 민주와 사회주의 법제, 공산주의 도덕, 맑스주의 심미관, 세계 속의 중화인민공화국, 당대 과학기술 성취 등의 교육으로 구성되어야 한다.[14)]

중국의 당-국가는 기존 마오쩌둥 시기 문화대혁명의 '계급투쟁' 일변도로 진행된 사상정치공작이 현실에서 노동자에 의한 관료기구 파괴, 생산현장에서의 노동자 이탈, 사회적 분열과 대립의 심화를 초래한 것에 주목하고, 이를 극복하기 위해서는 무엇보다도 공산당이 사상정치공작의 주도권을 장악하여 관료기구의 정상적 작동, 생산의 복구, 사회적 통합을 통해 새로운 "사회주의 현대화 건설"로 나아가야 한다고 보았던 것이다. 이를 위해서는 1980년대 국가는 생산의 주체인 노동자가 시장경제 건설에 진력할 수 있도록 사상정치공작을 진행하고자 했다.[15)]

개혁기 초기인 1980년대 산업, 노동 분야에서 중요한 의제로 부상한 것은 바로 '공장장 책임제(廠長負責制)'였다. 공장장 책임제는 기업의 효율을 증대시키기 위해서 공장장이 기업의 생산과 경영관리를 책임지는 제도로서, 1984년 5월 발표된 「국영공업기업 지도체제 개혁 시점 공작에

14) http://www.ce.cn/xwzx/gnsz/szyw/200706/07/t20070607_11633643.shtml(검색일 : 2020.02.11)

15) 이후 시장경제 건설은 1992년부터 '사회주의 시장경제 건설'로 정식화되면서 공식 국정목표가 된다.

관한 중앙판공청 국무원판공청의 통지(中央辦公廳國務院辦公廳關於認眞搞好國營工業企業領導體制改革試點工作的通知), 이하 「통지」를 통해서 국가가 공장장 책임제의 시점(試點)을 설치할 것을 요구함으로써 본격화되었다. 즉 공장장 책임제의 목적은 당 조직이나 관련 정부부문의 간섭을 최소화하여, 기업의 생산과 경영관리의 효율을 증대시켜서 시장경제 건설의 토대를 구축하기 위한 것이다. 문제는 이러한 제도의 도입으로 기존의 '계급투쟁'과는 정반대되는 효율과 이윤동기가 기업과 공장을 운영 관리하는 핵심적인 원리가 되었기 때문에, 이 과정에서 생산의 주체인 노동자들에게 효율과 이윤동기의 필요성을 설득하는 교육을 전개하면서 동시에 이러한 교육의 주체로서의 국가의 절대적 지위를 수립할 필요가 있었다. 따라서 「통지」에서는 공장장 책임제의 전면적 도입을 맞아 공장장과 부(副)공장장(일반적으로 당위원회 서기)에게 사상정치공작의 지도부로서 적극적인 역할이 요구되었다.[16]

「사상정치공작 연구회」는 사회주의 시기와 달리 '계급투쟁'을 통한 사회주의 건설이 아니라 '효율과 이윤동기'를 통한 '시장경제' 건설이라는 시대적 요구를 배경으로 해서 등장한 것이다.

2. 「사상정치공작 연구회」의 설립, 장정, 주요 인물, 조직

「사상정치공작 연구회」는 1983년 1월 18일 베이징(北京)에서 설립되었다. 「사상정치공작 연구회」는 '비영리성 사단법인'이며, 설립시 이사회를 통해 「중국 직공사상정치공작 연구회 장정(中國職工思想政治工作

---

16) 1989년 3월31일~4월3일 난징(南京)에서 개최된 「사상정치공작 연구회」 제5회 연회(年會)에서 이뤄진 공장장 책임제를 둘러싼 논의는 다음을 참고: 趙新源, 「在探索中運轉 在運轉中完善 : 中國職工思想政治工作硏究會第五屆年會側記」, 『思想政治工作硏究』, 5期, 中國思想政治工作硏究會, 1989.

研究會章程), 이하 장정」을 통과시켰다. 중공중앙 선전부(宣傳部), 중공중앙 서기처(書記處) 연구실, 국가경제무역위원회, 중화전국총공회(中華全國總工會)가 공동으로 발기하여 「사상정치공작 연구회」를 설립했다.

「장정」은 연구회와 국가의 관계, 노동자 교육에 있어서 연구회의 역할, 조직 등의 내용에 대해서 총칙, 주요임무, 주요활동, 회원, 조직기구, 경비 등의 항목으로 구성되어있다. 총칙에서 명시적으로 "중국공산당의 지도를 받아서 새로운 시기 직공사상정치공작의 이론연구를 하는 연구단체"라고 밝히고 있다. 주요임무와 활동에서 「사상정치공작 연구회」는 공산당의 노선, 방침, 정책을 관철시키되, 특히 '경제건설'과 '경제체제 개혁'을 위해서 사상정치공작 연구를 한다고 규정함으로써, 「사상정치공작 연구회」가 포스트사회주의로의 체제전환 과정에서 노동자 의식 변화를 위한 연구를 수행한다는, 국가기구의 부속단체라는 점이 선명히 나타난다. 아울러 학술활동을 위한 학술지 『사상정치공작연구』, 『직공사상정치공작브리핑(職工思想政治工作簡訊)』을 발간한다. 조직구성에 있어서, 1급 행정구(성, 자치구, 직할시)와 중앙정부 각 부문, 대도시, 사회과학 관련 연구단체, 당교(黨校)와 대학, 주요 기업(骨幹企業) 등의 사상정치공작 연구단체를 회원으로 한다. 조직기구는 명예회장과 고문은 중앙정부 관련 부문의 고위인물이 담당하고, 회장, 부회장, 비서장, 부비서장을 두고, 이사회를 설치한다. 연구회 운영과 관련된 경비는 정부가 지출하고 단체회원 및 관련 부문에서도 보조한다.

설립 이후 「사상정치공작 연구회」는 1984년 12월 5일 제1차 연회(年會) 공작보고를 제출한다. 이 보고의 제목은 '도시 경제체제 개혁의 새로운 형세에 적응하여, 직공 사상정치공작 연구의 새로운 국면을 열자(適應城市經濟體制改革的新形勢 開創職工思想政治工作研究的新局面)'로, 설립 이후 약 2년간의 연구의 주요 업무와 그에 대한 평가, 미래의 임무 등으로 이뤄져 있다.

이 보고에서 특히 주목할 것은 두 가지이다. 첫째, 「사상정치공작 연구회」는 설립 이후 다양한 연구과제를 수행하여, 『기업 사상정치공작 수첩(企業思想政治工作手冊)』, 『정치사상공작 간부 필수(政工幹部必備)』, 『사상정치공작에 관한 맑스주의 논술 전집(馬克思主義關於思想政治工作的論述專輯)』, 『좋은 기업 당위원회 서기가 되는 법(怎樣做好企業黨委書記)』 등의 도서를 출간했다는 점이다.17) 이렇게 「사상정치공작 연구회」는 단지 이론적 조사연구에 집중하는 학술단체가 아니라 기업과 당정기관 현장의 사상정치공작에 긴요한 실질적 지침을 도서의 형태로 제공하는 역할을 함으로써, 현장의 사상정치공작 문제에 구체적으로 개입했다. 둘째, 1984년 10월 중국공산당 제12차 중앙위원회 제3차 전체회의에서 통과된 「경제체제 개혁에 관한 중공중앙의 결정(中共中央關於經濟體制改革的決定)」을 통해서 향후 체제전환의 주요목표로 선언된, 합리적 가격체계 수립, 정기분리, 다양한 경제 책임제의 수립, 다양한 경제 형식의 발전 등을 「사상정치공작 연구회」의 지도사상으로 명확히 해야 한다고 강조한다. 「사상정치공작 연구회」는 중공중앙의 결정한 이러한 체제전환의 구체적인 목표들을 사상정치공작의 내용으로 개념화하여 기업의 당위원회 선전부와 소속 '정공간부(政工幹部 정치사상공작 간부)'에게 전달하여 현장에서 노동자 교육의 가이드라인으로 사용하게 하는 역할을 한 것이다.

---

17) 본래 '사상정치공작'의 문제는 1924년 중공중앙 선전부가 성립되면서 선전부가 줄곧 전담해온 분야였다. 선전부는 중국의 당(黨), 정(政), 군(軍) 등 국가기구와 도시의 단위와 농촌의 인민공사에 설치된 당 조직에 사상정치공작을 담당하는 정공간부를 두고 해당 조직의 이데올로기 문제를 담당해왔다. 이들 정공간부 중에서도 특히 기업에 설치된 정공간부를 '정공사(政工師)'라고 하는데, 당 총지부(黨總支部) 서기나 당 지부(黨支部) 서기 등의 일정한 자격을 갖춘 당원을 대상으로 시험을 거쳐서 선발했다.

이후 「사상정치공작 연구회」는 1988년까지 8회의 '정보교류회(信息交流會)'와 1989년까지 5회의 연회를 개최하면서 해당 시기 제기된 직공 사상정치공작에 필요한 연구를 지속한다.[18]

「사상정치공작 연구회」와 국가의 관계를 가장 명징하게 보여주는 인물은 그 설립을 주도하면서 고문을 역임한 덩리췬(鄧力群)이다. 「사상정치공작 연구회」 설립 당시 선전부 부장(部長)이었던 그는 이미 건국 이전부터 당교 교무비서장, 옌안(延安) '맑스 레닌주의 학원' 교무처 처장, 중공중앙 조사연구국 정치연구실 조장 등을 역임했고, 건국 이후에는 잡지 『홍기(紅旗)』 편집인을 지냈고 중공중앙의 주요 문건의 기초(起草) 작업에 참여했으며, 개혁기에는 사회과학원 부원장과 부(副)서기 등을 역임하면서, 1982년 『건국 이후 당의 약간의 역사문제에 관한 결의(關於建國以來黨的若干歷史問題的決議)』의 기초에도 참여했다. 이런 이력을 가진 덩리췬은 당내 사상, 이론, 선전을 책임지는 선전부 부장으로서 사상정치공작 관련 글들을 발표한다.

덩리췬은 「방직직공(紡織職工) 사상정치공작 연구회」가 정공간부를 위한 '일과 후 연수원(業余進修學院)'을 운영하는 것을 칭찬하면서, 사회주의 시기에 중요한 역할을 한 것처럼 개혁기 '사회주의 현대화 건설'에 있어서도 사상정치공작이 방직직공 정공간부의 정치적 자질을 제고하는데 중요한 역할을 해야 한다고 강조한다. 정공간부의 노동자 교육은 맑스 레닌주의, 마오쩌둥 사상뿐만 아니라, 새로운 시대 덩샤오핑의 「중국 특색의 사회주의를 건설하자(建設有中國特色的社會主義)」와 같은 교재에 기초해야 한다고 지적한다.[19] 또한 그는 중앙중앙 서기처 서기와 선전부

---

18) 정보교류회는 주로 야금(冶金), 석탄(煤炭), 기계, 항공, 수전(水電), 방직 등 국무원 각종 부처의 사상정치공작 담당 부문이 참가하는 실무회의였다.

19) 이것은 1982년부터 덩샤오핑(鄧小平) 주장해온 개혁기 중국 사회주의 길에 관한 글과 발언을 '중공중앙 문헌연구실(文獻研究室)'에서 편집한 책이다.

부장의 명의로, 각급 당위원회는 사상정치공작을 중시하여 특히 각종 경로와 방식에 의해 전해지는, 사회주의를 저해하는 "정신오염"에 대해서 비판, 저지, 제거에 적극 나서야 하고, 애국주의와 공산주의 사상의 교육을 견지해야 한다고 경고한다.[20] 덩리췬은 현직 선전부 부장이자 서기처 서기라는 국가기구의 핵심인물의 자격으로 개혁기 사상정치공작의 역할과 내용을 규정하고 노동자 교육의 방향을 제시한 것이다.

한편 앞서 「장정」에서 살펴본 것처럼 「사상정치공작 연구회」는 부문별, 지역별 조직으로 구성되었다. 설립 2년이 못되는 1985년 10월말을 기준으로 보면, 전국적으로 119개 단체회원이 가입해있는데, 그 중 10개 대도시, 6개 중등도시, 45개 중대형 기업, 27개 성, 자치구, 직할시, 22개 중앙정부 부처와 총공사(總公司), 중국과학원(中國科學院)이 포함되어있다. 2010년 12월 23일 현재 전국 32개 성, 자치구, 직할시에 지역별 「사상정치공작 연구회」가 설치되었다.[21]

부문별로 보면 2010년 12월 23일 현재 거의 모든 중화학공업과 경공업 부문은 물론, '중앙기업'에도 「사상정치공작연구회」가 설치되어 노동자 교육을 위한 업무를 담당했다.[22]

---

20) 鄧力群, 「思想政治工作的生命力在於創造」, 『思想政治工作研究』, 5期, 中國 思想政治工作研究會, 1985; 鄧力群, 「中央宣傳部部長鄧力群指出 : 各級單位 都要重視思想政治工作, 要清除來自各種渠道的精神汚染」, 『思想政治工作研 究』, 5期, 中國思想政治工作研究會, 1983.

21) 홍콩, 마카오, 타이완 제외. 2010년 12월 23일 현재 지역별 「사상정치공작연구회」 설치 현황에 대해서는 다음을 참고. http://siyanhui.wenming.cn/xb2015/hydw/1/(검색일 : 2020.02.12)

22) http://siyanhui.wenming.cn/xb2015/hydw/2/(검색일 : 2020.02.11)

〈표 1〉 부문별 「사상정치공작연구회」

부문별			
신장생산건설병단 (新疆生産建設兵團)	재정부 (財政部)	중국야금직공 (中國冶金職工)	중국화공직공 (中國化工職工)
중국건설직공 (中國建設職工)	중국철로직공 (中國鐵路職工)	중국경공업직공 (中國輕工業職工)	중국방직직공 (中國紡織職工)
중국교통직공 (中國交通職工)	중국우전직공 (中國郵電職工)	중국건재직공 (中國建材職工)	중국의약직공 (中國醫藥職工)
중국전자공업직공 (中國電子工業職工)	중국수리직공 (中國水利職工)	중국핵공업직공 (中國核工業職工)	중국항천과기집단공사 (中國航天科技集團)
중국위생 (中國衛生)	전국인구통계통직공 (全國人口統計系統職工)	중국항천과공집단공사당건 (中國航天科工集團公司黨建)	중국항공공업 (中國航空工業)
중앙기업당건 (中央企業黨建)	중국금융직공 (中國金融職工)	중국선박공업직공 (中國船舶工業職工)	중국병기공업집단공사 (中國兵器工業集團公司)
중국민항직공 (中國民航職工)	중국임업직공 (中國林業職工)	중국병기장비집단공사 (中國兵器裝備集團公司)	중국석유당 건(中國石油黨建)
전국식품약품감독관리계통 (全國食品藥品監督管理系統)	중국과학원 (中國科學院)	중국석유화공집단공사 (中國石油化工集團公司)	중국해양석유총공사 (中國海洋石油總公司)
중국연초직공 (中國煙草職工)	중국측회직공 (中國測繪職工)	중국건축공정 (中國建築工程)	전군장비보장기업 (全軍裝備保障企業)
중국우정직공 (中國郵政職工)	중국유통행업 (中國流通行業)	중국황금직공 (中國黃金職工)	중국공정물리연구원 (中國工程物理研究院)
중국매탄직공 (中國煤炭職工)	중국기계공업 (中國機械工業)	중국농업과연원 (中國農業科硏院)	

여기서 주목할 것은 〈표 1〉에 나와 있듯이 2010년은 물론, 과거 1985년에도 주요 총공사, 중대형 기업, 중앙기업이 모두 포함되어있다는 사실이다. 앞서 밝힌 것처럼 중앙기업은 국무원 산하 '국유자산 감독관리 위원회(國有資産監督管理委員會)'가 소유권을 행사하는 주로 에너지, 교통, 기계, 병기, 건설, 화학, 금속, 금융 등 분야의 대형기업들로서 국가는 이들 기업들을 통해서 국민경제를 관리한다. 따라서 이들 기업 소속 노동자 교육을 지휘하는 사상정치공작은 국가가 국민경제에 막대한 영향을 미치는 중앙기업들 소속 노동자를 자신이 원하는 내용으로 의식 교육을 진행하고 이를 통해 개혁기 사회와 경제를 관리하겠다는 것을 의미한다.

이상과 같이 「사상정치공작 연구회」는 설립 주체, 장정, 핵심 인물, 조직에 이르기까지 모두 국가기구와 불가분의 관계를 가졌고, 개혁기 초기 중국이 맞닥뜨린 새로운 정치적 경제적 지형 속에서 노동자 교육에 관한 이데올로기 생산기구로 역할 했다.

3. 『사상정치공작연구』의 주요 내용과 발행

「사상정치공작연구회」는 1983년 설립당시부터 학술지 『사상정치공작연구, 이하 연구』를 발행하고 있다. 중공중앙 선전부가 주관하는 이 학술지는 창간호 발간사(發刊詞)에서 학술지의 위상과 역할을 통해 국가와의 관계를 명확히 하고 있다.[23]

「연구」는 발간사에서 이 학술지의 창립 취지는 1982년 9월 중국공산당 제12차 전국대표대회 정신을 관철시키는 것이라고 명시한다. 구체적인 목표는 사상정치공작에서 '당의 지도' 원칙을 계승하여 노동자 교육과 관련된 정보를 제공하여, 광범위한 정공간부의 정치적 소양과 업무 능력을 제고하는 것이다. 이것은 다음과 같은 의미를 가진 것으로 분석된다. 첫째, 기존 마오쩌둥 시대 공산당이 사상정치공작을 지도하는 것이 아니라 특정 "반당집단(反黨集團)"이 사상정치공작을 지도하여 "좌경오류"를 범함으로써 국가와 인민에게 큰 폐해를 초래했다는 지적이다. 즉 '사인방(四人幇)'이 계급투쟁 일변도의 사상정치공작을 주도한 결과, 노동자에 의한 관료기구 파괴, 생산현장에서의 노동자 이탈, 사회적 분열과 대립이라는 폐해가 발생했기 때문에, 개혁기에는 공산당이 사상정치공작을 통제하여 과거와 같은 폐해가 재발하지 않도록 하겠다는 것이다. 둘째, 이러한 '구

---

23) 本刊編輯部,「發刊詞」,『思想政治工作研究』, 1期, 中國思想政治工作研究會, 1983.「연구」는 1983년 3기를 발행했고, 1984년 6기와 연회 특집을 발행한 후, 1985년부터 매년 12기를 발행하고 있다.

악의 재연'을 방지하는 것과 함께, 앞서 언급한 1983년 7월의 「강요」에 따라 새로운 '사회주의 현대화 건설'에서 기업 노동자들이 공산당이 원하는 방향으로 노력하게 만들기 위한 노동자 교육을 진행하는데 필요한 학술정보를 제공하겠다는 것이다. 즉 기존 사회주의 시기 "공장의 주인"인 노동자를 포스트사회주의 시기 '임금노동자'로 전환하고, 공장장 책임제로 대표되는 1980년대 국유기업 개혁을 정당화해서, 효율과 이윤동기에 기초한 시장경제 건설을 위한 노동자 교육 이데올로기를 제공하는 역할을 자임한 것이다.

다음 장에서는 다롄기차차량창의 사례를 통해서 「사상정치공작연구회」가 실제로 기층 기업과 공장에서 수행한 역할을 분석하도록 한다.

IV. 다롄기차차량창의 사례

1. 「사상정치공작연구회」의 설립과 조직

다롄기차차량창은 1899년 제정 러시아에 의해 설립된 '동청철도 기차 제조소(東淸鐵道 機車 製造所)'가 그 원형으로 러일전쟁 후 남만주철도 주식회사(南滿洲鐵道株式會社)가 접수하고, 2차 대전 종전 이후 소련군의 일시적 관리를 거쳐, 1953년 '다롄기차차량공창(大連機車車輛工廠)'으로 개명한 후, 개혁기인 1994년 다시 다롄기차차량창으로 개명한다.

다롄기차차량창은 중국 최대의 내연기관차(內燃機關車) 제작 공장으로 100년이 넘는 역사를 가진 대형 국유기업이다. 다롄기차차량창은 다롄에 소재하고 있는 기업이지만 중앙정부 철도부 직속 '중앙기업'으로 '행정급별(行政級別)'이 상당히 높은 대형 중공업 기업이고 국민경제에 미치는 영향이 매우 크기 때문에, 개혁기 국가 입장에서 볼 때 이러한 중대형

중앙기업 소속 노동자 교육에 대한 사상정치공작은 매우 중요하다고 할 수 있다.[24]

다롄기차차량창은 1985년 8월16일 「사상정치공작연구회」가 설립된다.[25] 1986년 4월, 5월에는 연구회 장정, 지휘계통, 지도부, 연구조(研究組), 회지(會刊), 활동경비 등의 항목에 대한 논의를 거쳐서, 상무이사회(常務理事會) 구성원과 연구조 당 지부(黨支部) 서기, 연구조의 조장(組長) 등으로 이사회를 구성하였다. 아울러 회장, 부회장, 비서장, 부비서장으로 상무이사회를 구성하였다. 이사회 산하에 간부, 정공간부, 직공으로 구성된 11개 연구조를 설치하고, 각 작업장(車間)에도 연구조를 설치했다.

「사상정치공작연구회」의 회지는 『깨우침(啓迪)』으로, 매년 4기 발행했으며, '들어가는 말(開篇之聲)', '중요 발언 요약(要言摘錄)', '정치사상공작 논단(政工論壇)' '이론학습(理論學習)', '당 건설(黨的建設)', '청년 공작(靑年工作)', '공작연구(工作硏究)', '경험교류(經驗交流)' '정치사상공작 실제 사례(政工實例)', '사상만담(思想漫談)', '사지일엽(史志一頁)', '깨우침의 말(啓迪絮語)', '정치사상공작 브리핑(政工簡訊)' 등의 항목으로 구성되었다.

1986년 「사상정치공작연구회」는 『기업관리 중 사상정치공작 역할에 대

24) 철도부는 전국인민대표대회 심의를 거쳐서 2013년 3월 10일 정기분리를 단행하여, '국가철로국'과 '중국철로총공사(中國鐵路總公司)'로 분리되었다. 이후 다롄기차차량창도 '중국중차집단 다롄기차차량유한공사(中國中車集團 大連機車車輛有限公司)'가 되었다. 다롄기차차량창에 대한 보다 자세한 연구는 다음을 참고: 박철현, 「사회주의 시기 중국 동북지역의 국가와 기업: 대련기차차량창의 전형단위제를 중심으로」, 『만주연구』, 20집, 2015.

25) 이하, 다롄기차차량창의 「사상정치공작연구회」에 대한 구체적인 내용은 다음을 참고: 大連機車車輛工廠廠志編輯委員會 編, 『鐵道部大連機車車輛廠工廠志 1899-1987』, 大連出版社, 1987, 584-586쪽.

한 재인식(對企業管理中思想政治工作作用的再認識)」, 『사상정치공
작이 새로운 필요에 적응하여 새로운 길을 개척하는 것에 관한 워크샵(思
想政治工作適應新需要開創新路子的研討)」, 『맑스주의 이론 학습에
집중하자(要注重學習馬克思主義理論)」 등의 도서를 편찬하여, 상급단
위로부터 높은 평가를 받았다. 1987년에는 랴오닝성 「사상정치공작 연구
회」에 단체회원으로 편입되었고, 공장 당위원회와 행정 부문 지도간부 회
의에 「사상 통일, 행동 통일, 정식교육 심화, 기업개혁 심화(統一思想,
統一行動, 深入正面敎育, 深化企業改革)」라는 연구자료도 제출한다.

2. 「사상정치공작연구회」의 주요 활동[26]

1985년 설립 이후 다롄기차차량창의 「사상정치공작연구회」의 활동은
다음과 같은 문제들에 집중되었다.

첫째, '공장장 책임제'의 문제다. 1986년 「전민소유제 공업기업 공장장
공작조례(全民所有制工業企業廠長工作條例)」, 「중국공산당 전민소
유제 공업기업 기층조직 공작조례(中國共産黨全民所有制工業企業基
層組織工作條例)」, 「전민소유제 공업기업 직공대표대회 조례(全民所
有制工業企業職工代表大會條例)」의 국유기업 개혁 관련 3개 조례가
발표되었다. 다롄기차차량창 「사상정치공작연구회」는 이 조례들의 핵심
내용인 '공장장 책임제'를 다롄기차차량창의 실제에 적용하여, 생산지휘
와 경영관리에 있어서 공장장의 중심적 지위를 강조하는 문건인 「공장
지도층과 노동자가 시급히 학습하고 연구 토론할 필요가 있는 이론과제에
관한 건의(關於當前廠級領導層和全廠職工中急需進行學習和研討

---

26) 工廠簡史編委會編, 『大連機車車輛廠簡史 1899-1999』, 中國鐵道出版社, 1999,
295-302쪽.

的理論課題的建議)」를 제출했다. 국가는 1984년 5월부터 제기한 '공장장 책임제'를 1987년경에는 전면적으로 확대하여, 기존 '당위원회 지도하의 공장장 책임제'와는 달리 공장장이 생산지휘와 경영관리의 최종적인 결정권을 가지게 하여, 공장장 책임제를 토대로 하는 국유기업 개혁을 당시 점차 부상하고 있었던 도시 중심의 경제체제 개혁의 핵심고리로 만들려고 한 것이다.

문제는 공장장 책임제는 공산당 내 일부 세력들에 의해서, 기업에 대한 당의 지도원칙을 위협하고 기업이 '자본주의적 영리 추구'에 매몰될 가능성을 증가시킨다는 이유로 비판의 대상이 되고 있었다는 사실이다. 중공 중앙 지도부 입장에서는 이러한 비판이 현장 기업과 노동자에게 미칠 "악영향"을 제거할 필요가 있었기 때문에 사상정치공작의 필요성이 대두되었고, 다롄기차차량창 「사상정치공작연구회」는 '공장장 책임제'의 전면적 확대를 위한 사상정치공작에 나선 것이다. 아울러 「사상정치공작연구회」는 1987년 10월 중국공산당 제13차 전국대표대회에서 정식화시킨 「사회주의 초급단계론(社會主義初級段階論)」을 선전하기 위해서 관련 자료를 제작하여 노동자 교육에 사용한다.

둘째, 1983년 10월 중국공산당 제12차 중앙위원회 제2차 전체회의에서 「정당(整黨)에 관한 중공중앙의 결정(中共中央關於整黨的決定), 이하 결정」이 통과된다. 「결정」은 "10년 동란(動亂)" 문화대혁명이 종결되었음에 불구하고 여전히 공산당 내부에 남아있는 작풍(作風)과 조직에 있어서의 문제점을 해결하기 위해서, 중공중앙이 '사상 통일(좌경 오류 반대, 중국공산당 제11차 중앙위원회 제3차 전체회의 결정 견지)', '작풍 정돈(관료주의 반대, 인민에 대한 복무)', '기율 강화(무정부주의 자유주의 반대, 민주집중제 견지)', '조직 정돈(반당 해당 인물 제거)'을 요구한 것이다. 이에 부응하여, 1985년 8월-1986년 2월 기간 다롄기차차량창 「사상정치공작연구회」는 정당작업을 개시하여, 「지도부의 당풍 정돈에 관한 약간의 규정(領導班子端正黨風的若干規定)」,「각급 지도간부의 당풍 장악 책임제(各級領導幹部抓黨風責任制)」,「공장 당위원회 지도부의 사상 작풍 건설 강화에 관한 규정(關於加强工廠黨委領導班子思想作風建設的規定)」 등의 공문을 작성 소속 당 지부에 발송하여 이에 기초한 노동자와 간부 교육을 요구한다. 1986년에는 사상정치공작의 대상을 50세 이하 간부들로 확대하여, 이들을 대상으로 『중국혁명과 건설의 기본문제(中國革命與建設的基本問題)』, 『철학(哲學)』, 『정치경제학(政治經濟學)』, 『과학사회주의(科學社會主義)』 교재로 이론학습을 전개한다.

셋째, 1989년 6월의 '톈안먼(天安門) 사건'을 전후로 한 정치적 격동기에도 다롄기차차량창 「사상정치공작연구회」는 매우 중요한 역할을 한다. 동년 4월 16일 인민일보(人民日報) 사설 「동란에 반대하는 기치를 선명히 해야 한다(必須旗幟鮮明地反對動亂)」에 적극 호응하여, 다롄기차차량창 「사상정치공작연구회」는 「동란 제지 중 당 조직과 공산당원이 전투보루 역할과 선봉모범 역할을 발휘하는 것에 관한 통지(關於黨組織和共産黨員在制止動亂中發揮戰鬪堡壘作用和先鋒模範作用的通知)」[27]를 발표하고, 5월 30일에는 공장 전체 노동자들이 조직기율과 작업현장을 지킬 것을 요구하고, 시위 참여를 엄격히 금지한다. 6월 상순에는 공장 전체 130개 당 지부에게 중공중앙과 국무원의 중대 결정사항을 견결히 준수하다는 결의서를 제출하도록 했다. 뿐만 아니라, 신문, 방송, 대자보, 플래카드 등을 사용하여 결정사항을 홍보하는 한편, 각급 간부들은 사상정치공작 책임제를 실시하여 자신의 관할범위 내에서 노동자들이 "동란"에 대한 정확한 입장과 행동을 취하게 하는 교육을 담당하게 되었다. 아울러 '3가지 기억, 3가지 교육, 2가지 제고(三憶三敎育兩提高)' 활동을 전개하는데, 이것은 당사(黨史) 문화대혁명 동란사(動亂史) 공장역

---

27) http://news.ifeng.com/history/today/detail_2010_04/26/1089387_0.shtml (검색일 : 2020.02.11)

사(廠史)를 기억하고, 공장사랑 증산 절약을 교육하며, 중공중앙에 대한 노동자의 정치적 동일시와 공장에 대한 노동자의 책임감을 제고하는 것을 가리킨다.

이상과 같이 다롄기차차량창은 「사상정치공작연구회」를 설립하여 개별 시기 제기된 중앙정부와 당 조직의 사상정치공작 요구에 적극 부응하는 활동을 벌였다.

Ⅴ. 결론

개혁기 초기인 1980년대는 기존 마오쩌둥 시대 문화대혁명이 막 끝나고 시작된 시대이기 때문에 과거 유산의 제거와 극복에 국가적 역량이 집중되어있었지만, 기존과 달리 시장경제를 핵심내용으로 하는 사회주의를 건설해야 한다는 합의만 있었을 뿐 건설내용과 이행경로 등에 대해서는 중국공산당 지도부도 명확한 입장을 가지고 있지 못했다. 이러한 상황에서 1980년대 특히 도시지역을 중심으로 하는 시장경제의 출현과 이에 따른 기존 사회주의 이데올로기 약화가 도시사회의 가장 많은 인구를 차지하고 공산당의 정치적 기반이기도 한 노동자들에게 미칠 "악영향"에 대해서 공산당은 경계하지 않을 수 없었다.

게다가 사회주의 시기 단위를 통해서 노동자에게 사회경제적 복지를 제공하고 동시에 정치적 조직과 동원을 투사할 수 있었던 것과는 달리, 개혁기는 시장경제의 확산으로 이러한 단위체제가 점점 약화 해체되는 상황에서, 국가는 단위에 전적으로 의존하지는 않는 노동자 교육의 문제를 구상한다. 또한 1980년대 국유기업 개혁이 시작되면서 산업구조 조정과 소유권 개혁과 같은 제도적 변화만이 아니라 노동자 의식의 변화도 동시에 진행되어야 포스트사회주의로의 체제전환이 순조롭게 진행될 수 있기 때문에, 국가는 국가적인 차원에서 이러한 '사상정치공작'에 관한 연구를 수행할 주체인 「사상정치공작연구회」를 설립한다.

본 연구에서 살펴보았듯이, 「사상정치공작연구회」의 형성은 철저히 국가 주도하에 이뤄졌으며, 주요 인물과 조직은 물론 경비까지 모두 국가와 불가분의 관계에 있었다.

또한 다롄기차차량창의 사례분석에서도 보이는 것처럼, 「사상정치공작연구회」는 지방소재 기업에도 설립되어서 1980년대 내내 제기되었던 공장장 책임제, 당정 공작, 톈안먼 사건과 같은 중요한 정치적 사회경제적 문제들에 대해서 기층 기업과 공장 차원의 사상정치공작을 주도하였다.

본 연구는 기존 문화대혁명의 "혼란"이 끝나고, 과거의 혼란을 극복하고자 하는 노력과 체제전환의 기초적인 문제들이 부상하던 1980년대를 분석대상으로 삼았기 때문에, 1990년대 들어서 본격화된 국유기업 개혁에 의한 노동자 해고, 조업정지, 해고, 파산, 파업, 시위 등 1980년대 보다 훨씬 첨예한 정치적 사회경제적 문제들에 대한 「사상정치공작 연구회」의 활동에 대해서 다루지는 못했다. 1990년대 도시개혁을 통한 본격적인 국유기업 개혁, 2001년 세계무역기구(WTO) 가입을 통한 글로벌 자본주의 규범의 본격적인 수용, 2000년대 중반 글로벌 자본주의의 불안정성과 지속가능한 성장에 인식 확대 등 이후 시기별 「사상정치공작 연구회」의 활동들에 대해서 향후 심화된 연구를 통해서 분석하고자 한다.

| 참고문헌 |

로드릭 맥파커 엮음, 김재관 정해용 옮김, 『중국 현대정치사』, 푸른길, 2012.
박철현, 「사회주의 시기 중국 동북지역의 국가와 기업 : 대련기차차량창의 전형 단위제를 중심으로」, 『만주연구』, 20집, 2015.

이원준, 「중국공산당의 도시접관 정책과 하얼빈 통치방침의 변화」, 『도시연구』, 13, 2015.

한지현, 「새로운 중국의 새로운 노동자 만들기 : 선양시 노동경쟁 캠페인과 공인촌」, 박철현 편 『도시로 읽는 현대중국 1』, 역사비평사, 2017.

陳進玉, 『企業職工思想政治敎育槪要』, 企業管理出版社, 1984.

大連機車車輛工廠廠志編輯委員會 編, 『鐵道部大連機車車輛廠工廠志 1899-1987』, 1987.

鄧力群, 「思想政治工作的生命力在於創造」, 『思想政治工作硏究』, 第5期, 1985.

_____, 「中央宣傳部部長鄧力群指出 : 各級單位都要重視思想政治工作, 要淸除來自各種渠道的精神汚染」, 『思想政治工作硏究』, 第5期, 1983.

工廠簡史編委會編, 『大連機車車輛廠簡史 1899-1999』, 中國鐵道出版社, 1999.

賈婧, 「國企改革的文獻綜述」, 『管理觀察』, 第31期, 2017.

唐杰‧劉魯魚‧劉占軍‧楊修友, 「"經濟轉軌與國企改革" 國際硏討會綜述」, 『經濟學動態』, 第1期, 1998.

曾志偉, 「國有企業思想政治工作創新硏究」(中共中央黨校博士學位論文), 2010.

趙秋靜, 『東北解放區思想政治敎育硏究』, 中國社會科學出版社, 2013.

本刊編輯部, 「發刊詞」, 『思想政治工作硏究』, 第1期, 1983.

馮剛‧曾永平, 「"思想政治工作"與"思想政治敎育"槪念辯析」, 『思想政治敎育硏究』, 第1期, 2018.

劉萍, 「國企改革分論壇綜述」, 『中國改革』, 第11期, 2003.

邢淼, 「進一步深化國企改革理論觀點綜述」, 『中國工商管理硏究』, 第3期, 2005.

楊兵, 「國企改革理論觀點綜述」, 『價格與市場』, 第7期, 1998.

曾衛平, 「關於國企改革硏究的綜述」, 『商』, 第21期, 2012.

張婧‧吳麒麟, 「國企改革觀點綜述」, 『技術與市場』, 第8期, 2012.

趙新源, 「在探索中運轉 在運轉中完善 : 中國職工思想政治工作硏究會第五屆年會側記」, 『思想政治工作硏究』, 第5期, 1989.

http://www.china.com.cn/ch-America/Wenxian/zhong.htm(검색일 : 2020.02.10)

http://siyanhui.wenming.cn/xb2015/hydw/1/(검색일 : 2020.02.12)

https://www.pmume.com/o/n5arb.shtml(검색일 : 2020.02.12)

http://siyanhui.wenming.cn/xb2015/hydw/2/(검색일 : 2020.02.11)

http://news.ifeng.com/history/today/detail_2010_04/26/1089387_0.shtml(검색일 :
    2020.02.11)

http://www.ce.cn/xwzx/gnsz/szyw/200706/07/t20070607_11633643.shtml(검색일 :
    2020.02.11)

시진핑 집권 1기 "인류운명공동체" 관련 연설문의 텍스트분석을 통한 정치적 함의 고찰

● 서상민 ●

I. 문제제기

언어는 특정한 구조를 갖춘 힘의 발현 행위이다[1]. 비판적 담론분석 이론을 연구한 언어학자 노만 페어클러프의 이러한 주장에 근거해 볼 때, 언어를 통해서 이루어지는 지식(knowledge), 행위(behavior), 권력(power)의 관계를 규명하고 분석하기 위한 대상은 역시 '담론'(discourse)이라는 개념이다[2]. '언어'와 '언어를 둘러싼 다양한 관계'를 분석하는 담론분석은 행위자들이 맺고 있는 지식 – 행위 – 권력 간의 상호작용을 파악하는 것이며, 담론의 생산자가 언어과정을 통해 자신의 '의도'와 '목표'를 추구하는 과정을 관찰하고 그 요소들을 분별해 내는 과정이라고 할 수 있다. 많은 경우 언어를 통해서 확산되는 '지식' 역시 권력과 밀접한 관계를 가진다. 보편적 지식이란 존재하지 않을 수 있다. 세상의 모든 지식은 특정한 집단

---

* 국민대학교 중국인문사회연구소 HK연구교수

1) Fairclough Norman, *Language and Power*, Pearson Education, 2001. p.2.
2) 서덕희, 「담론분석방법과 연구사례」, 『대한질적연구학회 학술발표논문집』, 제10호, 2011, 28-43쪽.

이나 세력의 가치관을 담지하고 있으며, '힘'을 반영하고 있기 때문이다. 그렇기 때문에 담론분석이 필연코 '비판성'을 담지할 수밖에 없는 이유는 바로 이러한 담론생산자와 담론소비자간 권력관계 속에서 권력의 실체적 의도와 본질을 파악해 내는 것이기 때문이다.

오늘날 중국의 시진핑는 과거 어느 정권보다 많은 거대담론을 제시하고 있다. 일찍이 "신형대국관계론", "중국의 꿈", "중화민족의 위대한 부흥", "인류공동운명체" 등과 같은 담론을 생산했고, 앞으로 어떤 담론을 생산해낼지 모른다. 이러한 시진핑 정권의 담론 속에는 목하 진행되고 있는 권력관계를 담지하고 있다는 점은 분명해 보인다. 담론의 직접적인 소비자인 중국인들은 이러한 것들이 정치적, 사회적으로 어떤 의미가 있으며, 지배세력인 중국공산당이 이러한 언어를 통한 정치적 행위하려 하고, 어떤 목표를 달성하려고 하는지를 직감적으로 문화적으로 파악할 수 있다. 그러나 중국인이 아닌 '외부자'는 중국에서 제시되고 있는 이러한 담론들이 그들에 어떤 의미를 지니고 있고, 담론의 생산자들의 의도하는 바를 잘 알지 못할 수도 있다. 특히 중국어가 아닌 타 언어로 번역되어 발화하고 있는 '텍스트' 속에서 중국이 국제사회에 어떤 메시지를 전달하고자 하는지를 곧바로 체득하는데 더 많은 어려움이 있다. 따라서 '외부자'가 이를 이해하기 위해서는 중국이 어떤 의도와 맥락 속에서 각각의 개별 담론들을 창출해내고 있는지에 대해 '맥락전체', 또는 '전체적 맥락'을 재구성할 필요가 있다.

본 연구의 대상이기도 한 시진핑 정권의 '인류운명공동체론'(人類命運共同體論, a Communiy of Common Destiny; a Community of Shared Future for Mankind)은 중국한 일종의 인류미래의 청사진이라고 할 수 있다. 강대국으로 부상하고 있는 중국이 수퍼 강대국인 미국의 대안세력으로 자신만의 향후 국제질서의 청사진을 내놓은 것인데 그렇기 때문에 이 담론 속에는 현존하는 국제질서에 대한 중국의 인식을 포함하고 있을 뿐만 아니라 국제질서의 역학관계 그리고 중국이 지향하는 향후 국제사회의 모형들이 잘 드러나 있다. 즉 현존 국제질서에 대한 비판, 권력관계, 중국의 의도와 목표 등을 잘 파악할 수 있는 담론이라 하겠다. 국가최고지도자의 연설문이나 국가와 국가가 맺는 조약이나 협정 등 문건 속 외교담론은 특정시기 해당국가가 인식하고 있는 국제정세 뿐만 아니라 그 국가의 외교전략과 정책을 담지하고 있다. 그렇기 때문에 특정시기 최우선으로 하는 국가이익의 내용과 그것을 지키기 위한 방법이 제시되어 있으며, 자국의 국제적 위상을 제고하고, 현존하는 세력관계 하에서의 자국의 세력을 확대하기 전략이 내포되어 있다.[3] '인류운명공동체'는 주변국과의 관계에 주목하는 것으로부터 시작하여[4] 점차 글로벌 차원의 담론으로 확대된 대표적인 중국의 외교담론이라고 할 수 있을 것이다.[5]

본 연구는 시진핑 정권의 '인류운명공동체론' 속의 중국의 국제질서에 대한 인식과 중국외교의 목표를 시진핑의 관련 연설문에 대한 텍스트분석 방법을 통해 밝히는 것을 목표로 삼았다. 텍스트분석방법을 통한 담론분석으로 중국의 담론 연구한 이유는 '언어'가 특정 내용을 있는 그대로 전달하지 않을 것이라는 가정 하에서이다. 담론의 의미와 의도는 그 말의

---

3) 偉男, 「試論中國國際氣候話語權的建構」, 『中國社會科學院研究生院學報』, 1 期, 北京: 中國社會科學院研究生院, 2011.

4) Godbole Avinash, "China's Asia strategy under president Xi Jinping." *Strategic Analysis* 39.3, 2015, pp.298-302.; Callahan, William A. "China's 'Asia Dream' The Belt Road Initiative and the new regional order." *Asian Journal of Comparative Politics* 1.3, 2016, pp.226-243.

5) Lingliang, Zeng, "Conceptual analysis of China's belt and road initiative : A road towards a regional community of common destiny." *Chinese Journal of International Law* 15.3, 2016, pp.517-541.; Chang-Liao, Nien-chung, "China's new foreign policy under Xi Jinping." *Asian Security* 12.2, 2016, pp.82-91.; Michael D. Swaine, "Chinese views and commentary on the 'One Belt, One Road'initiative." *China Leadership Monitor* 47.2, 2015, p.3-8.

전체적 맥락 하에서 그리고 그 말이 사용되는 체계 속에서 파악될 필요가 있다. 따라서 현실을 언어 속에서 구성하는 것이 아니라 언어를 통해 구성하고자 하는 '구성된 현실'을 밝혀낼 수 있을 것이라는 가정에 근거한다. 이러한 구성된 현실은 물론 이데올로기를 반영하고 있으며, 현실을 있는 그대로는 아니라 할지라도 부분적으로 반영하고 있다. 그렇지만 담론 속에서의 현실은 가공된 현실이며, 의도되어 구성된 현실이라고 본다. 따라서 '인류운명공동체론' 담론분석은 중국이 구성하고자 하는 현실이 무엇을 담지하고 있고, 그런 현실 속에서 중국이 '꿈꾸는' 미래를 간취할 수 있다. 여기에서는 이를 분석하고자 한다.

II. "인류운명공동체론"의 담론생산과 확산

1. "인류운명공동체론"의 등장 배경과 의미

　"운명공동체"(命運共同體; Community of common destiny) 담론은 일체성이 강조되는 용어이다. 서양의 국제관계학계에서는 공동체라는 용어는 자주 등장하지만[6] '운명'과 '공동체'를 묶어 사용하는 경우가 매우 적다. 운명과 공동체를 결합시키는 연구사례는 '정체성' 인식과 관련되어 있는 경우가 많다. 이는 서양이나 동양의 사용용례를 보면, 서양에서는 19세기 프랑스 철학자인 에르네스트 르낭(Joseph Ernest Rena)가 국가의

---

6) 대표적으로 피터 하스(Peter Haas)의 "인식공동체"(a epistemic community)를 들 수 있다. Haas, Peter M. "Introduction : Epistemic Communities and International Policy Coordination." *International organization* 46.1, 1992, pp.1-35. 하스의 "인식공동체"는 국제적 문제에 대한 국가가 정책적 협력을 확대하기 위한 특정 지식을 가진 전문가들의 네트워크라는 의미로 이 용어를 사용하고 있다.

기원에 대한 연구인 "국가란 무엇인가?"(What is a nation?)에서 국가라는 것을 '공동의 운명'을 나눈 공동체 인식에 기초한다 한 바 있다.[7] 반면 중국에서의 "명운"(命運)이라는 용어는 "宿命和運氣"를 결합한 것으로 "하늘로부터" 주어진 변하지 않는 命과 시간과 공간에 따라서 변화하는 '運'이 합쳐져 "하늘로부터 부여한 명이 시공간에 따라 변화하는 과정"이라는 의미를 갖게 되었다.[8] 공동체와 운명을 결합하고 이러한 인식은 공동체 구성원들의 일체감을 '구성'하는 이른바 '상상의 공동체'를 형성하고 있다. 시진핑은 이를 국제적인 맥락에서 제시하고 있다.

중국공산당의 공식문건 중 "인류운명공동체"라는 용어가 처음 출현한 것은 제18차 당대회 공작보고에서 있다. 이 당대회 보고서에서 "'인류운명공동체' 의식을 제창함으로써 자국이익을 추구할 때 타국의 타당한 우려에 동시에 고려하고, 자국의 발전을 도모하는데 있어 국가 간의 공동발전을 촉진한다"(要倡導人類命運共同體意識, 在追求本國利益時兼顧他國合理關切, 在謀求本國發展中促進各國共同發展)라고 내용이 있다.[9] 그러나 여기에서 '인류공동운명체'라는 용어는 대체로 서술적인 의미로 사용된 것이지 지금 우리가 분석하고자 하는 '인류공동운명체' 담론까지 가지 못한 초보적인 형태의 제안이라고 할 수 있다. 그렇지만 이 용어가 등장하게 된 배경이 있는데, 미중관계과 긴밀하게 연관되어 있는 동아시아 정세이다. 즉 중국공산당의 '운명공동체론'은 미국의 '아시아 재균형전략'의 대응이라는 피동적이며 방어적인 입장을 보여준다. 미국의 중국에 대한 견제와 공세를 방어하기 위해 주변국가들과의 관

7) Renan Ernest. "What is a nation?" Geoff Eley and Ronald Grigor Suny, ed. *Becoming National : A Reader*. New York and Oxford : Oxford University Press, 1996, pp.41-55.
8) 「命運」, 百度百科(https://baike.baidu.com/item/%E5%91%BD%E8%BF%90/32763)
9) 「中共首提"人類命運共同體"倡導和平發展共同發展」http://cpc.people.com.cn/18/n/2012/1111/c350825-19539441.html(검색일 : 2019.11.03)

계를 지역공동체 인식의 확산하려는 의도로 제시된 것이라 할 수 있다.

2012년의 이러한 주변국외교에 대한 담론은 2014년에 시진핑 주석이 외교 관련 중앙공작회의에서 "중국외교 목표는 중국의 주변지역을 운명 공동체로 바꾸는 것"이라고 명확히 제시하면서 구체화되었다.[10] 이로써 방어적이며 수세적인 담론이 아닌 공세적 담론으로 전환되었으며,[11] 미국 중심의 세계질서에 대한 중국적 대안을 제시하고, 중국의 시각에서 국제 질서의 새로운 '구성'을 시도하고 있다. "공영과 협력을 통한 새로운 국제 관계의 구축"(構建以合作共贏為核心的新型國際關係)이라는 시진핑 의 요구는 미국중심의 국제질서가 이미 "구시대적"이라는 것이라고 규정 하고, 국제관계의 "새로운" 접근방식이 필요하다고 하는 바를 주장하고 있는데, 갈등과 대결의 국제관계를 넘어서 인류가 공동운명이라는 인식 하의 상호협력과 공동발전을 도모하는 국제관계로 전환해야 함으로 국제 사회에 제안하고 있는 것이다.

그러면 어떤 공동체인가? 중국외교부장 왕이(王毅)에 따르면, '인류운 명공동체'는 "이익공동체" → "책임공동체" → "운명공동체"의 3단계를 거쳐 발전하게 될 것이며, 국제관계의 발전과정은 "정의성, 평등성, 포용 성, 종합성, 과학성" 5가지의 요소를 확보하는 과정이라고 설명한다.[12] 즉 공동의 이익 단계를 거쳐 책임을 나누는 단계 그리고 운명을 같이 하는

---

10) 이 회의에서 시진핑은 "強調要切實抓好週邊外交工作, 打造週邊命運共同體" 이라고 한 바 있다. 관련하여 「習近平出席中央外事工作會議並發表重要講話」 http://www.xinhuanet.com/politics/2014-11/29/c_1113457723.htm (검색일: 2019.11.03) 를 참조.

11) Xiaochun Zhao, "In Pursuit of a Community of Shared Future : China's Global Activism in Perspective," *China Quarterly of International Strategic Studies*, Vol. 04, No. 01, pp.23-37.

12) 「外交部部長王毅: 携手打造人類命運共同體」 http://theory.people.com.cn/n1/ 2016/0531/c40531-28394378.html(검색일 : 2019.11.10)

단계에 이르게 되는 과정이면서, 과거 부정의하고 불평등하며 폐쇄적이고 편파적이며 이념지향적이었던 국제관계가 부정되는 새로운 형태의 국제 관계가 형성될 것이라고 주장한다. 이렇게 글로벌 차원으로 확대된 '인류 운명공동체론'은 국제관계의 새로운 모델로서 미국과 서양 세력의 "제로 섬적 사고"와 "냉전적 사고"에 기초한 "구식 모델"에 대항하는 것으로 국제관계의 '윈 - 윈'(win-win) 관계를 전제로 하고 있다.13)

2. 중국학계의 "인류운명공동체론"의 연구동향

중국의 정치학계에서는 '일대일로'(一帶一路)와 함께 '인류운명공동체 론'에 대한 연구가 활발하게 진행되고 있다. 시진핑이 제시한 이 담론의 출현배경, 의미, 내용, 전략 등을 주로 다루고 있는데, 이러한 연구들은 중국내부에서 '인류공동운명체론'을 어떻게 이해하고 있는지를 잘 알 수 있다. 본 연구가 대상으로 하고 있는 시진핑 정권 1기와 같은 시기 '인류 공동운명체'라는 주제로 발표한 논문관련 CNKI의 통계에 따르면 '인류운 명공동체'를 주제로 하여 학술저널에 발표된 연구는 2011~2018 초까지 총 2,595편이었다. 논문발표 수 추이를 보면, 2015년 본격적으로 시작되었 고, 2016년 이후 폭발적으로 진행되고 있다. 2018년의 경우 1,591 편의 연구논문이 발표되고 있음을 알 수 있다.

한편 동 주제에 대한 키워드 분포를 통해 연구주제의 대체적인 내용을 보면, '인류운명공동체' 키워드가 40.5%로 압도적으로 많았고, '시진핑'이 라는 키워드가 8.45%, '일대일로'가 8.06% 순이었다. 그런데 동시출현 키

---

13) Mardell, Jacob, "The Community of Common Destiny in Xi Jinping's New Era."*The Diplomat*, https://thediplomat.com/2017/10/the-community-of-common-destiny-in-xi-jinpings-new-era/(검색일 : 2019.10.25)

워드들 간 관계를 표시한 키워드 네트워크 연구결과에 대한 다른 시각을 전해주는데, 키워드 간 네트워크에서 중심성이 가장 강하게 드러난 키워드는 '시진핑' 키워드였다. '시진핑'이라는 키워든 '치국리정'(治國理政), '신시대', '신시대중국특색사회주의' 등의 키워드와 강하게 묶여 있는데, 전체적으로 '시진핑'을 중심으로 한 '인류운명공동체론'에 관한 연구가 진행되고 있음을 알 수 있다. 그리고 연구키워드는 3개의 주요 그룹으로 분산되어 연구되고 있는데, 첫째 그룹은 '시진핑'과 '全球治理'(global governance) 등이 묶여 있는 그룹으로 '인류운명공동체론'이 시진핑에 의한 새로운 시기의 글로벌 차원의 거버넌스를 구축을 도모하고 있음을 파악하고 있다. 두 번째, 그룹은 '일대일로' 키워드 그룹인데 현재 중국 내에서 진행되고 있는 일대일로 연구가 '인류운명공동체론'과 연관되어 진행되고 있음을 알 수 있는 대목이다. 세 번째 그룹은 '맑스주의'와 '공동체'가 동시에 출현하고 있는데 '인류운명공동체론'이 이념적으로 맑스주의 사상에 기반한 공동체주의 연구경향이 한편이 존재하고 있음을 단편적으로 알 수 있다. 이와 관련된 구체적인 분석과 분류는 좀더 깊이 있는 연구가 필요하다 하겠다.

'인류운명공동체' 연구는 주로 중국공산당중앙당교와 중국인민대학을 중심으로 하여 이루어지고 있는데, 중앙당교 소속 학자들이 발표한 논문은 총 139편, 중국인민대학 소속 학자가 발표한 116편이었다. 이러한 추세는 청화대학(58편), 무한대학(56편), 남개대학(52), 복단대학(43편, 북경대학(39) 등에 비해 월등이 많은 수치를 보여주고 있다. 학자 중 가장 많은 논문과 관련 글을 발표한 사람은 현재 중국인민대학 국제관계학원 교수인 왕이웨이(王義桅)인데 총 27편을 글을 발표하였고 그 중 학술논문은 13편이었다. 1971년생인 왕이웨이는 상하이 복단대학에서 국제관계학 학위를 받았고 중국에 공공외교를 처음으로 소개하여 공공외교 연구를 본격화시킨 인물이기도 하다. 2016년 5월 17일에는 시진핑 주석이 주최하고 류

원산도 참석한 '哲學社會科學工作座談會'에 참석하여 시진핑의 외교
정책을 자문한 바 있다.[14) 다음으로 관련논문을 많이 발표한 학자는 예사
오원(葉小文)으로 총 13편의 '인류운명공동체'를 주제로 한 논문과 문장
을 발표했고 그 중 6편이 학술논문이었다. 1950년생인 예사오원은 현재
정치협상회의 위원이며 문사와 학습위원회 부주임이며, 제17기 중앙위원
회 후보위원을 지냈다. 중앙사회주의학원 당조서기를 역임한 바 있는 사
회주의 이론가인 "학술권위"라 할 수 있다. 짜오커진(趙可金) 청화대 국
제관계학과 교수가 12편의 논문과 문장(논문 9편), 중앙당교의 류젠페이
(劉建飛), 인민해방군국방대학의 천신(陳鑫), 중공중앙대외연락부의 지
쓰(季思) 등이 9편 이상의 논문을 발표한 학자들이다.

    중국내 연구동향을 종합해 볼 때, 특정 기관을 중심으로 하여 연구가 진
행되고 있고, 특정 학자를 중심으로 하여 최근 1~2년 사이에 집중적으로
생산되고 있다. 예를 들어 왕이웨이의 논문 13편은 모두 2017~2018년에 생
산된 것인데, 이 중 '일대일로'와 직접적으로 관련된 논문은 6편이었고, 나
머지 논문 역시 인류운명공동체론 구체적인 실현방안보다는 등장배경과 주
요 논리 그리고 시진핑 사상과의 관련된 연구를 진행하고 있다. 이는 '인류
운명공동체론'이 실질적인 국제질서 변환구상이기 보다는 시진핑 정권의
국정방향에 맞춰 국제질서의 현실을 재구성하는 '구성된 공동체론'을 제안
하고 있으며, 그러한 논리를 확산하고 있다고 분석된다. 이를 다시 말하면
담론의 형성이 현실을 중심으로 한 현실의 반영이기 보다는 권력을 중심하
여 의도적으로 권력관계 하에서 형성되고 확산되어지고 있음을 알 수 있다.

---

14) 「習近平主持召開哲學社會科學工作座談會強調: 結合中國特色社會主義偉大
    實踐 加快構建中國特色哲學社會科學」 http://cpc.people.com.cn/n1/2016/0518/
    c64094-28358457.html

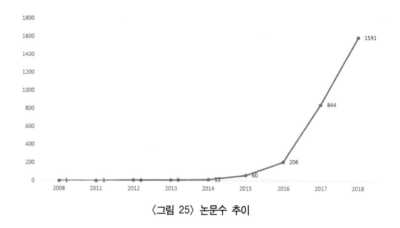

〈그림 25〉 논문수 추이

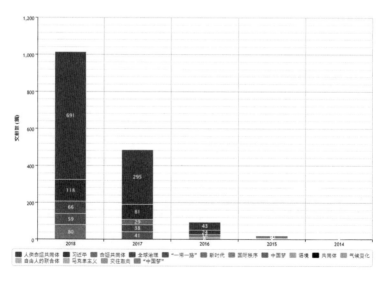

〈그림 26〉 키워드 분포

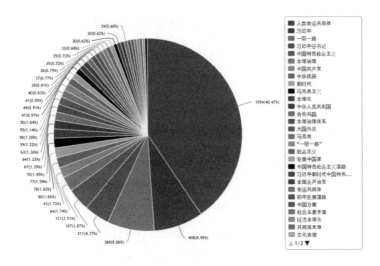

〈그림 27〉 키워드 출현빈도

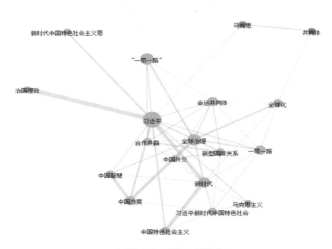

〈그림 28〉 키워드 연결망

출처 : CNKI(그림 7~10)

Ⅲ. "인류운명공동체론" 담론의 텍스트 네트워크 분석

1. 비판적 담론분석(CDA)과 텍스트분석의 함의

비판적 담론분석(CDA : Critical Discourse Analysis)은 지배와 피지배관계에서 담론의 기능과 역할을 분석하는 것을 목적으로 한다.[15] 이 분석이론은 다양한 텍스트에 포함되어 있는 권력의 문제, 이데올로기의 문제를 파악할 수 있는 장점이 있는데, 특히 기든스의 구조화(structuration) 이론에서 주장하는 '행위자'와 '구조'와 관계를 파악할 수 있다.[16] 담론분석에서 기든스의 구조화이론은 행위자의 의식적 담론과 무의식적 담론을 구별해주고, 인간은 반성적 개체로서 구조를 이해하고 구조를 자신의 목적에 맞게 재구성이 가능하다는 본다. 따라서 담론에 의한 '현실의 재구성'이라는 측면을 분석하고자 할 때, 기든스의 이러한 구조화이론은 구조적 요소와 행위자적 요소를 구별하는데 있어 시사점을 준다고 할 수 있을 것이다.

대부분의 정치적 행위는 언어를 통해 이루어진다. 정치적 언어를 분석하다는 것은 정치적 의도와 목표 그리고 그 정치적 행위의 구조적 맥락을 파악할 수 있다는 것이며, 이러한 정치적 언어를 통해 권력관계를 드러낼 수 있다. 최근 텍스트를 분석하는 컴퓨팅의 발달로 인해 정치적 텍스트를 분석하는 양적 연구방법론에 큰 진전이 있었다. 텍스트 분석 방법론 중에서도 사회연결망분석을 통한 방법론의 발전은 텍스트 속에 담겨져 있는 의미와 내용을 과학적 엄밀성을 활용하여 분석하는 것을 가능하게 한다.[17]

---

15) Fairclough Norman, *Critical Discourse Analysis*. London : Sage, 2013.; Weiss, Gilbert, and Ruth Wodak. "Introduction : Theory, Interdisciplinarity and Critical Discourse Analysis." *Critical Discourse Analysis*. London : Palgrave Macmillan, 2003. pp.1-32.

16) 조종혁, 「비판적 담론분석(CDA) 방법의 탐구 : 기든스, 부르드외, 하버마스의 분석모형」, 『커뮤니케이션학연구』, 19 : 1, 2011, 157-158쪽.

17) 박치성·정지원, 「텍스트 네트워크 분석」, 『한국행정학회 학술발표논문집』, 828-849쪽.

텍스트분석과 관련해 본 연구에서 다루고자하는 대상은 정책행위자들의 '인식지도'(cognitive map)을 밝혀내고 하는 것이다. 특정 정책과 관련된 정책행위자의 사고를 포괄적인 개념지도를 통하여 밝혀내고, 그렇게 드러나 개념을 정책행위자와 인식과 동기 그리고 권력관계에서 의도하는 목표를 분석자가 재해석함으로써 텍스트의 이해를 제고하고자 하는 방법이라고 할 수 있다.

2. 연구 대상과 결과

본 연구가 분석의 대상은 삼은 텍스트는 "인류운명공동체론"과 관련한 대표적인 연설문이며, '인류운명공동체론'을 종합적으로 정리한 시진핑 주석의 2017년 1월 18일 제네바에서 「共同構建人類命運共同體 : 在聯合國日內瓦總部的演講」(Work Together to Build a Community of Shared Future for Mankind) 연설문 영문본이다. 이 연설문은 다보스 포럼에 참석한 시진핑 주석이 제네바 유엔본부에서의 연설로써 2015년 유엔에서의 연설문 보다 '인류운명공동체론'을 내용을 풍부화한 것이며, 비교적 최근의 텍스트로써 현재 중국의 시진핑 정권이 '인류운명공동체'를 어떻게 인식하고 있으며, 이를 통해 무엇을 의도하고 무엇을 실현하고자 하는지에 대한 포괄적인 '인식지도'를 구성할 수 있기 때문이다.

본 연구의 대상텍스트 언어는 중국어가 아닌 영어 텍스트인데 이는 중국외교부가 국제사회를 위해 번역하여 배포한 자료로 공식적 자료라고 할 수 있다. 영어텍스트를 대상으로 한 이유는 중국의 담론의 보편화를 위해 중국이 추진하고 있는 중국담론의 확산과정에서 가장 널리 쓰이는 언어이기 때문이며, 국제사회가 중국어 개념과 용어 그리고 논리구조를 영어라는 언어를 통해 파악할 수 있기 때문이다.

분석의 내용은 첫째, 본 연설문에서 사용된 '명사'들만의 네트워크를 구성, 둘째, 본 연설문이 담고 있는 주제분류와 각 주제들의 핵심내용, 셋째, 전체 연설문에서 중심용어인 "인류공동운명체"가 어떤 맥락에서 구사되어 있으며, 직접적으로 어떤 내포를 띠고 있는지 등이다. 위의 내용을 간단히 그래픽으로 정리하면 아래의 그림과 같다.

〈그림 29〉 text 분포

〈그림 30 〉 토픽 구분과 연결구조

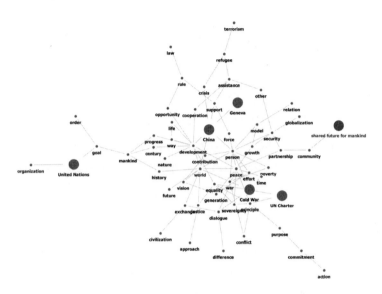

〈그림 31〉 text 전체 네트워크

〈그림 32〉 인류운명공동체 관련 네트워크

출처 : Netminer를 활용해 저자 직접 작성(그림 11~14)

본 연구의 분석결과에 따른 결론으로, 첫째, 시진핑 주석이 분석 대상이 된 연설문을 통해 국제사회에 전달하고자 한 담론은 세 가지 주제로 이루어져 있음을 발견할 수 있었는데, 제1주제는 "갈등과 전쟁의 국제질서를 극복하기 위한 인류공동운명체 인식 필요"와 관련된 주제로 냉전체제와 테러리즘을 언급하면서 새로운 비전을 창출하자는 것, 제2주제는 "세계화 과정에서의 인류가 당면한 제반문제 해결을 위한 협력체제 구축"이라는 주제를 담고 있는데, 이는 중국이 제시하고 있는 인류공동운명체 실현의 첫 번째 방법이며, 제3주제는 "정의, 평화, 성장이라는 인류 공동의 목표 실현을 위한 화합의 미래 문명창출"을 담고 있다. 이러한 주제들을 놓고 봤을 때, 중국의 '인류운명공동체' 담론은 미중간의 권력관계 하에서 중국이 국제사회 영향력 확대를 위한 미래가치를 제시하고 이를 위한 상호협력과 호혜적 관계 유지를 주장하고 있음을 알 수 있다. 즉 "인류운명공동체론"은 과거 냉전시대와 탈냉전기 테러리즘으로 인한 인류의 위기를 극복하기 위한 대안임을 주장하고 있다는 점에서 미국중심의 국제질서에 대한 비판을 담고 있으며, 새로운 질서는 인류공동의 목표인 평화와 정의 그리고 공동발전을 실현하기 위해 새로운 문명의 출현이 필요하다는 논리를 전개하고 있음 알 수 있다.

둘째, 연설문에서 제기한 "인류공동운명"(Shared future for mankind)라는 개념이 갖는 담론상의 구조를 살펴보면, 지구차원에서의 '공동체' (community) 실현이 인류의 목표가 되어야 한다는 점으로 인한 인류공동운명과 공동체간의 직접적 네트워크 연결되어 있고, '공동체'라는 단어는 '동반자'(partnership), 안보(security) - 평화(peace)로 연결되어 있다. 이를 통해 알 수 있는 바는 '인류공동운명체'는 안보나 평화와 관련된 상호협력을 위한 개념이라는 점이다. 경제적 측면보다는 인류의 생존과 관련된 안보의 측면을 강조한 시각에서 출현한 개념임을 알 수 있다.

Ⅳ. 결론에 대신하여

이상에서와 같이 중국 시진핑 정권 하에서 제시된 국제질서와 관련된 주요 담론인 "인류운명공동체론"은 강대국화 과정의 중국이 향후 국제질서의 청사진을 잘 보여주고 있고, 미국과의 경쟁 속에서 어떤 요소를 중심으로 국제사회에 자신의 의도를 전달하고 있는지를 파악할 수 있다. 시진핑 시기 중국은 "신형대국관계론", "중국의 꿈", "중화민족의 위대한 부흥", "인류공동운명체" 등 담론의 직접적인 소비자인 중국인들이 이러한 슬로건 또는 거대담론들이 국제사회에 어떤 메시지를 전달하고자 하는지, 중국 외부자가 각각의 개별 담론들을 창출해내고 있는지에 대해 '전체 맥락적' 재구성은 이러한 텍스트 분석을 통해 가능하다. 특히 시진핑 정권이 제시하고 있는 많은 거대담론 중 '인류운명공동체론'은 중국이 제안하고 있는 일종의 인류미래의 청사진이라고 할 수 있는데, 강대국으로 부상하고 있는 중국이 인류의 공동운명이라는 화두 속에는 중국적 사회주의적 가치가 포함되어 있으며, 사회주의 전통적 대외전략 중 하나인 국제적 '連帶'를 강화하고자 하는 언술로 이해될 수 있다. 특히 자유주의 국가인 수퍼 강대국 미국의 대안세력으로써 중국 자신만의 향후 국제질서의 청사진을 내놓은 것이라 할 수 있다.

그렇기 때문에 이 담론 속에는 현존하는 국제질서에 대한 중국의 인식을 포함하고 있을 뿐만 아니라 국제질서의 역학관계 그리고 중국이 지향하는 향후 국제사회의 모형들이 잘 드러나 있다. 즉 현존 국제질서에 대한 비판, 권력관계, 중국의 의도와 목표 등을 잘 파악할 수 있는 담론이라 하겠다. 본 연구는 특별히 중국 시진핑 정권 하에서 제시된 국제질서와 관련된 주요 담론인 "인류운명공동체론"이 중국의 강대국화 과정의 중국이 향후 국제질서의 청사진을 분석하고자 하였다. 미국과의 경쟁 속에서 어떤 요소를 중심으로 국제사회에 자신의 의도를 전달하고 있는지를 파악

하고자 했다. 시진핑 시기 외교담론의 분석을 통해 중국이 강대국화 목표
를 실현하기 위해 가장 중시하는 행위는 무엇인지를 제시하고 있는지를
시진핑 연설문을 통해 파악할 수 있었다. 그러나 본 연구는 단지 텍스트를
대상으로 한 연구이기 때문에 특정 시점의 담론만을 반영한 분석이라는
한계가 있다. 따라서 관련 데이터를 종합한 "인류운명공동체" 담론 등을
비롯한 외교담론들을 시계열적 분석과 함께 특정 시점에서 이 담론의 강
조점의 차이와 그 원인을 분석하는 연구로 진전되어야 할 것이다.

| 참고문헌 |

김도희, 「마르크스주의 중국화에 대한 고찰」, 『韓中社會科學硏究』, 제12권 제
      3호, 2014.

김소중, 「마르크스주의의 중국화」, 『서석사회과학농촌』, 제2집 2호, 2007.

서덕희, 「담론분석방법과 연구사례」, 『대한질적연구학회 학술발표논문집』,
      10, 2011

조종혁, 「비판적 담론분석(CDA) 방법의 탐구 : 기딘스, 부르드외, 하버마스의
      분석모형」, 『커뮤니케이션학연구』, 19:1, 2011

偉男, 「試論中國國際氣候話語權的建構」, 『中國社會科學院硏究生院學報』, 1
      期, 北京: 中國社會科學院硏究生院, 2011.

劉建濤·閆博榮, 「習近平新時代中國特色社會主義思想的人民性特質」, 『蘇州
      科技大學學報』, 第35卷 第1期, 社會科學版, 2018.

王逸舟, 「中國外交影響因子探析」, 『世界經濟與政治』, 第9期, 2009.

楊潔勉, 「新時期中國外交和安全理論的互動與創新」, 『國際展望』, 第3期, 2017.

Cook, Linda J., Postcommunist Welfare States : Reform Politics in Russia and

Eastern Europe, Cornell University Press. 2007.

Fairclough, Norman, *Critical Discourse Analysis.* London : Sage, 2013.

_____, *Language and Power.* Pearson Education, 2001.

Kornai, Janos, *From Socialism to Capitalism,* Central European University Press. 2015.

Callahan, William A., "China's 'Asia Dream' The Belt Road Initiative and the new regional order." *Asian Journal of Comparative Politics* 1.3, 2016.

Chang-Liao, Nien-chung, "China's new foreign policy under Xi Jinping." *Asian Security* 12.2, 2016,

Erwin Marquit, "Dictatorship of the Proletariat and Vanguard Party in Historical Context," *Nature, Society, and Thought,* 18 : 4, 2005.

Godbole, Avinash, "China's Asia strategy under president Xi Jinping." *Strategic Analysis* 39.3, 2015,

Gunter Schubert, "One-Party Rule and the Question of Legitimacy in Contemporary China : preliminary thoughts on setting up a new research agenda", *Journal of Contemporary China,* 17 : 54, 2008.

Haas, Peter M., "Introduction : Epistemic Communities and International Policy Coordination." *International organization* 46.1, 1992,

John Baylis, Steve Smith, Patricia Owens, *The Globalization of World Politics,* Oxford : Oxford University Press. 2014.

Josef Gregory Mahoney, "Ideology, Telos, and the "Communist Vanguard" from Mao Zedong to Hu Jintao," *Journal of Chinese Political Science,* 14, 2009.

Lingliang, Zeng, "Conceptual analysis of China's belt and road initiative : A road towards a regional community of common destiny." *Chinese Journal of International Law* 15.3, 2016.

Michael D. Swaine, "Chinese Views of Foreign Policy in the 19 th Party Congress," *China Leadership Monitor,* No.55. 2017.

Renan, Ernest, "What is a nation?" Geoff Eley and Ronald Grigor Suny, ed.

Becoming National : A Reader. New York and Oxford : Oxford University Press, 1996,

Swaine, Michael D., "Chinese views and commentary on the 'One Belt, One Road'initiative." *China Leadership Monitor* 47.2, 2015.

Wang, Hui, "The Crisis of Representativeness and Post-Party Politics", Modern China, Vol. 40(2), 2014.

Weiss, Gilbert, and Ruth Wodak, "Introduction : Theory, Interdisciplinarity and Critical Discourse Analysis." *Critical Discourse Analysis.* London : Palgrave Macmillan, 2003

Xiaochun Zhao, "In Pursuit of a Community of Shared Future : China's Global Activism in Perspective," *China Quarterly of International Strategic Studies,* 4 : 1, 2018.

「習近平主持召開哲學社會科學工作座談會強調: 結合中國特色社會主義偉大 實踐 加快構建中國特色哲學社會科學」http://cpc.people.com.cn/n1/ 2016/0518/c64094-28358457.html (검색일: 2019.11.10)

「外交部部長王毅: 携手打造人類命運共同體」http://theory.people.com.cn/n1/ 2016/0531/c40531-28394378.html (검색일: 2019.10.06)

「中共首提"人類命運共同體" 倡導和平發展共同發展」http://cpc.people.com.cn/ 18/n/2012/1111/c350825-19539441.html (검색일: 2019.10.03)

Emily Feng, "Economist Regrets Push To Make China's Economy More Capitalistic", https://www.npr.org/2019/08/26/754266259(검색일 : 2019.10.6)

Mardell, Jacob, "The Community of Common Destiny in Xi Jinping's New Era." *The Diplomat,* https://thediplomat.com/217/10/the-community-of-common-destiny-in-xi-jinpings-new-era/(검색일 : 2019.10.25)

시진핑 집권 전후 중국 지정학 지식의 생산과 확산

● 모준영 ●

I. 서론

영국과 미국의 대표적인 지정학자인 매킨더와 스파이크먼은 공히 중국에 대한 지정학적 경고를 한 바 있다. 매킨더(Halford Mackinder)는 1904년 런던왕립지리학회에서 발표한 그의 논문 끝부분에서 대양과 접하고 있는 중국이 러시아가 자리 잡고 있는 유라시아 중추지대를 차지하게 되면 "세계의 자유에 대한 황화(yellow peril)를 초래할 수 있다"고 경고한 바 있다. 또한 스파이크먼(Nicholas J. Spykman)은 제2차 세계대전이 종결되기 전 전후 극동지역에서 중국이 지배적인 국가로 부상할 것이라고 예측한 바 있다.[1] 서구의 학자들이 이처럼 오래 전부터 중국을 지정학적

---

* 이 글은 「시진핑 집권 전후 중국 지정학 지식의 생산과 확산」, 『중국지식네트워크』, 제15호, 2020을 수정·보완한 것이다.

** 고려대 아세아문제연구원 중국연구센터 연구원

1) Halford Mackinder, "The geographical pivot of history(1904)," *The Geographical Journal*, Vol.170, No.4, December 2004, pp. 298-321.; Nicholas J. Spykman, *The Geography of the Peace*, Archon Books, 1969; 니콜라스 존 스파이크먼, 김연지 외 옮김 및 해제, 『평화의 지정학』, 섬앤섬, 2019.

관심을 갖고 이론적·실제적인 대상으로 접근해 왔던 것과 달리 중국에서
는 지정학 연구가 그리 오래되지 않았다.

본 연구는 시진핑(習近平) 집권 전후 중국 내에서 발표된 지정학 관련
논문들을 분석함으로써 중국 내 지정학 지식의 생산과 확산 추이, 지정학
연구자들의 범주와 대상, 그리고 주로 사용되는 개념을 파악하고자 했다.
하지만 중국 내에서 나온 논문을 모두 확인할 수 있는 방법이 없기 때문
에, 2000년부터 2019년까지 CNKI에 등록된 논문들 중 '지정학'(地緣政
治)이라는 키워드로 검색된 논문들을 분석 대상으로 삼았다. 특히 2010년
부터 2019년까지에 게재된 논문들을 대상으로 연구를 진행했다. 이 시기
를 선택한 것은 시진핑 집권 전후로 지정학이 대내외적으로 많이 언급되
었기 때문이다. 우선 이 시기에 미국의 오바마 행정부는 '아시아의 회
귀'(pivot to Asia)라고 불리는 아시아 재균형 정책을 취했고, 중국에 대한
견제를 보여주면서 '지정학의 귀환'(Return of Geopolitics)이라는 말이 널
리 사용될 정도로 지정학 연구가 증대되었다. 또한 중국 내에서도 시진핑
정부가 일대일로(一帶一路), 해양강국, 강군몽 추진 등 지정학으로 이해
할 수 있는 일련의 정책들이 쏟아 냈기 때문에 시진핑 집권 전후를 비교해
보면 중국 내 지정학 경향을 파악할 수 있을 것으로 판단했다.

아울러 본 논문이 중국 내 지정학의 생산과 확산을 다루는데 있어 일정
한 한계가 있음을 미리 밝혀 둔다. 우선 CNKI에 등록된 지정학 관련 논문
들이 중국 내 모든 논문을 반영한 것은 아닐 것이라는 점이다. 본 논문은
우선 2000년부터 2019년까지 CNKI에 저널 게재로 등록된 5,129편(2019
년 말 기준)의 자료를 추출하고 그 중 단순한 권두언이나 서평, 경제 변동,
인터뷰 등을 제외한 4,675편의 논문을 검토했다.[2] '지정학'(地緣政治)이

---

2) 연구자가 이러한 문건들을 배제하고자 노력했으나 미처 확인되지 못한 문건들도 있을
수 있기 때문이다.

라는 용어가 단순하게 언급된 것들도 포함시킬 경우 본 논문의 목적의
하나인 연구 추세를 보여주지 못할 것으로 판단했기 때문이다.

또한 키워드로 논문을 추출했지만, 논문들이 제시한 주제어만으로는 본
문의 내용이 지정학과의 관련성을 드러내지 못하는 경우가 존재했기 때문
에, 몇 가지 지정학 관련 요소 개념들, 즉 정치경제적 요인, 문화지리적
요인, 자연지리적 요인 등을 기준으로 논문들을 분류했다는 것이다. 이는
임의의 기준이라는 비판을 받을 수도 있음을 인정한다. 하지만 논문이 의
도한 바대로 지정학 연구 추세를 파악하기 위해서는 단순히 지리적 요인
을 반영한 논문들과 구분할 필요가 있었다. 즉 논문의 주제어로만 분류했
을 때에는 지정학 논문이라 할 수 없는 논문들이 많이 포함되어 있었기
때문에 지정학 생산과 확산이라는 추세를 보여주는 데 있어 발생할 수
있는 한계를 극복하기 위해 그와 같은 작업을 추가할 수밖에 없었다.

이 논문은 다음과 같이 구성된다. 다음 절에서는 중국 지정학 연구의
생산 추세를 보여주고, 연구 주제별로 분류한 결과를 토대로 시진핑 집권
이전과 이후의 변화를 보여준다. 3절에서는 시진핑 집권 이전부터 현재까
지 연속성을 갖고 작업을 하고 있는 연구자들의 논문을 중심으로 내용을
분석한다. 4절에서는 중국 정부의 전략적 정책과 지정학 연구와의 연계
여부를 확인하고, 지식 생산의 동인으로서 정부의 역할을 추론해 본다.
마지막 절에서는 내용을 정리한다.

II. 연구의 생산 추이

지정학(Geopolitics)은 '국가가 공간에 대해 미치는 힘'과 '지리적 요인
이 국가의 행위에 미치는 영향'을 연구하는 학문이라고 할 수 있다. 즉
국가와 공간의 상호작용이 가져온 정치적 결과를 연구하는 학문이라고

할 수 있다. 이는 유리한 지리가 반드시 정치적 우위로 연결될 것이라는 지리결정론은 아니라는 점을 보여주는 것이다. 정책 입안자들은 이러한 측면에서 지리적 구성을 유리하게 확장하는 데 관심을 갖고 있을 것이다. 그러한 측면에서 코언(Saul Bernard Cohen)은 정책입안자들이 지정학적 변화를 가져올 가능성이 있는 조건에 관심을 갖도록 하는 것이 지정학적 분석이 할 수 있는 일이라고 하기도 했다.[3]

중국에서도 마찬가지이다. 중국의 정책입안자들 역시 경제적·정치적 부상과 함께 자국의 지리적 조건을 새롭게 인식하고 강대국화에 부합하는 지정학적 인식과 전략을 수립하고 있으며, 이러한 중국의 新지정학 전략 은 과거 중국의 전통적 지정학 인식에 대한 성찰에서 출발하고 있다. 그렇 기에 중국의 학자들 중에는 중국의 지정학 역사를 과거의 사례들을 분석 하면서 제시하는 경우도 있다. 하지만 중국 내에서 지정학이 하나의 학문 틀 내에서 다뤄진 것은 그리 오래 되지 않았고, 그 내용도 다양하지 않았 다. 실제로 중국 내에서 2000년부터 생산된 논문수를 보아도 2009년까지 는 2008년의 207편이 최다였는데, 2010년 이후부터는 꾸준히 증가했다. 2011년에 225편을 시작으로 2014년과 2015년에는 각각 474편, 467편의 논문이 생산되기에 이른다. 그리고 약간 감소세를 보이다가 최근 다시 증 가세를 보이고 있다.(다음의 〈그림 1〉 참조).

이러한 양상은 피인용 논문 수(2019년 12월 31일 기준)에 있어 상위에 자리 잡고 있는 논문들이 이 시기(2010-2019년)에 생산된 것들이 많다는 점에서도 드러난다.(다음의 〈표 1〉 참조)

3) Saul Bernard Cohen, *Geopolitics : The Geogrpahy of International Relation*, New York : Rowman & Littlefield, 2015, p 1.

〈그림 1〉 CNKI 논문 게재 추이(2000-2019)

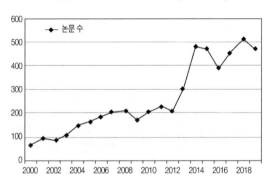

〈표 1〉 피인용수 순위

저자	제목	년도	인용
劉衛東	"一帶一路"戰略的科學內涵與科學問題	2015	881
李曉 등	"一帶一路"與中國地緣政治經濟戰略的重構雙語出版	2015	349
王海運 등	"絲綢之路經濟帶"構想的背景, 潛在挑戰和未來走勢	2014	170
陸大道 등	關於加強地緣政治地緣經濟研究的思攷	2013	167
邵永靈 등	近代歐洲陸海復合國像的命運與僣當代中國的選擇	2000	135
毛漢英	中國週邊地緣政治與地緣經濟格局和對策	2014	111
李義虎	從海陸二分到海陸統籌──對中國海陸關係的再審視	2007	88
時慇弘 등	21世紀前期中國國際態度, 外交哲學和根本戰略思攷	2001	85
王衛星	全球視野下的"一帶一路":風險與挑戰	2015	83
杜德斌 등	中國崛起的國際地緣戰略研究	2012	79

아울러 2010년 이후 지정학 발전 과정 추이를 확인해 보기 위해 논문들을 2000-2009년과 2010-2019년의 기간으로 나누어서 주제별 논문수를 살펴보았는데, 결과는 〈그림 2〉와 같다.4)

---

4) 구체적으로 경제 259, 국제협력 36, 대외관계 89, 대외정책 265, 국가전략 135, 국제정치분석 181, 지정학일반 188, 지정현황 116, 한반도 18, 기타 88편이었음.

〈그림 2〉 논문 주제별 분류(2000-2009)

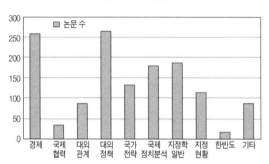

이를 보면 2009년까지는 논문들이 국가전략보다는 대외정책에 더 관심을 두고 작성되었음을 알 수 있다. 또한 후술하겠지만 대상국가도 주로 미국과 러시아, 일본, 인도 등이었고, 기타 지역에 대해서는 거의 다루지 않았다. 다음으로 많이 작성된 분야는 경제 관련 논문인데 주로 에너지자원 개발과 가격변동 전망 등이 주를 이루었다. 1993년 이후 석유자원 순수입국이 된 중국으로서는 이러한 부분에 대한 관심이 높을 수밖에 없다하겠다. 그 다음으로 지정학일반과 국제정치분석으로 분류된 논문이 많이 작성되었음을 알 수 있다. 여기에서 지정학일반이란 학문으로서 지정학을 소개하는 논문들을 가리킨다. 국제정치분석은 국제구조의 변화라든가 그로 인한 정세 변화를 소개하는 논문들을 포함하고 있다. 지정현황에는 전쟁이나 분쟁, 혹은 경쟁으로 인해 지정학적 변화가 생긴 각 지역의 상황에 대해 다룬 논문들이 분류되어 있다.

위의 〈그림 3〉은 2010년부터 생산된 지정학 연구 결과들을 정리한 것이다. 2009년까지의 논문과 다르게 국가전략에 관한 논문들이 많이 생산되어서 700편에 달하고 있다. 이는 시진핑 집권 이후 '중화민족의 부흥'이라는 슬로건 하에 일대일로, 해양강국, 강군몽 등 다양한 정책들이 수립되었던 것들과 무관하지 않다고 할 것이다.

〈그림 3〉 논문 주제별 분류(2010-2019)

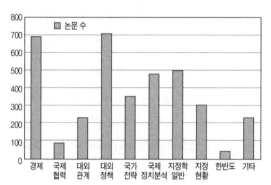

이는 실제로 국가전략으로 분류된 논문들을 하부 주제로 재분류해 보면 분명하게 드러난다. 아래의 〈그림 4〉가 제시하고 있듯이 일대일로를 다룬 논문들이 280여 편으로 압도적 다수를 차지하고 있음을 알 수 있다. 그 외에도 대국굴기, 실크로드, 해양, 그리고 인도 – 태평양 전략 등 국가 정책과 직접적 관련이 있는 주제들을 다룬 논문들이 많이 포함되어 있음을 알 수 있다.

〈그림 4〉 국가전략 하부주제별 재분류

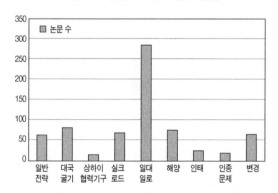

특히 시진핑이 집권한 이후 수립된 국가정책들의 상당수를 반영하고 있음을 보여주고 있다. 이에 2010년 이후 중국 내 지정학은 정부의 정책이 추동력이 된 측면도 있다고 할 것이다. 실제로 그러한 지는 구체적으로 다음 절에서 주제별 추이를 살펴보면서 다루겠다.

Ⅲ. 연구의 주제(subject)별 추이

이 절은 중국 지정학 연구의 경향 및 추이를 연구 주제에 초점을 두고 분석한다. 우선 2000-2009년 사이의 논문을 국가전략, 대외정책, 지정학일반, 한반도 등을 중심으로 살펴보겠다. 경제 분야는 상당히 많은 논문이 생산되기는 했지만 대다수가 에너지자원과 관련된 내용이고, 에너지자원과 관련된 내용도 대부분이 국가 간의 관계나 국내정책보다는 유가 전망이나 경제 전망을 다루고 있기 때문에 별도로 다루지 않았다.[5]

1. 2000-2009년 논문

(1) 국가전략

국가전략이란 국가의 모든 정책을 이끌어가는 최상위의 전략으로, 정치 지도자가 규정하는 국가목적 달성을 위해 국가의 수단을 어떻게 동원하고 사용할 것인가를 가리킨다. 이 시기에 국가전략과 관련해서 다뤄진 논문 주제는 대국굴기(화평발전), 서부개발, 상하이협력기구, 육해복합국가 지향 정도이다.

---

5) 에너지자원 관련해서 국가 간 협력이나 지역 협력을 다룬 논문이 전혀 없다는 의미는 아님. 앞서 언급한 바와 같이 1993년부터 석유 순수입국이기 때문에 석유 자원 확보에 관심이 많음. 다만 상대적으로 많지 않기 때문에 다른 주제에 초점을 맞춘 것임.

우선 중국굴기, 화해세계(和諧世界), 화평발전(和平發展) 등 중국의 부상에 대해 논문을 쓴 학자들로는 쑹웨이(宋偉, 2002), 장원무(張文木, 2002, 2007), 황런웨이(黃仁偉, 2003), 천링(陳凌, 2004), 저우샤오홍(週曉紅, 2005), 샤오지·청쉐펑(肖裵·程雪峰, 2005), 장지엔징(張劍荊, 2005), 펑용핑(封永平, 2006), 스동밍(石鏊明, 2006), 왕카이밍(王開明, 2006), 메이란(梅然, 2007), 양루훼이(楊魯慧, 2007), 리우쉐리앤·장웨이웨이(劉雪蓮·張微微, 2007), 정용니엔(鄭永年, 2008), 후얼지에(鬍二傑, 2009), 저우홍보·량통펑(週洪波·樑統鋒, 2009) 등이 있다.

아울러 중국은 1999년 서부대개발 전략을 시작으로 지역발전전략의 변화가 있었는데, 그것은 동부지역 이외의 발전 필요성을 인식하고, 각 지역 거점들을 중심으로 지역균형개발을 본격적으로 추진한 것이었다. 서부지구는 중국 전체의 71%가 넘는 면적에 해당하는 광대한 지역으로, 천연광물자원이 풍부해 개발잠재력이 높은데다가 중국과 유럽을 연결하는 주요 통로로서 관심이 지속되어온 지역이기도 하고, 이후 일대일로 구상과도 관련된 지역으로서 지정학적으로 유의미한 지역이라 할 수 있다.

이 서부개발과 관련해서는 양판·주닝(楊帆·硃寧, 2000), 정쉐이페이(鄭雪飛, 2001), 딩즈강(丁誌剛, 2001), 마만리·펑루이(馬曼麗·馮瑞, 2002), 리샤오화(李小華, 2002), 리링친·마하이저우(玲琴·馬海州, 2003), 장휘(張輝, 2009) 등이 글을 발표했다.

또한 상하이협력기구(SCO, Shanghai Cooperation Organization, 이하 SCO)는 1996년 중국과 러시아 양국과 중앙아시아의 5개국(카자흐스탄, 타지키스탄, 키르기스스탄 등)이 출범시킨 '상하이 5국'에 그 연원을 두고 있다.[6] 2001년 6월 우즈베키스탄이 가입하면서 SCO로 전환되었고, 이후

---

6) 王曉玉·許濤, 「論上海合作進程中的綜合安全理唸」, 『俄羅斯中亞東歐研究』, 第5期, 2003年, 52쪽.

이 지역에서 고조된 여러 위협요소들에 대해 공동 대응하는 틀을 갖추게 되었다. 특히 중국에게 있어서는 중장기적으로 유라시아대륙의 배후를 유지·관리하고 안정화시키는 데 있어 중요하기 때문에, SCO의 안보적 역할을 강조하고 있다.[7]

이에 SCO에 대한 지정학 연구들도 진행 되었는데, 류카이·가오바오친(劉凱·高寶琴, 2003), 리리판(李立凡, 2004), 장더광(張德廣, 2006), 장신웨이(蔣新衛, 2006), 쉬타오(許濤, 2006), 양루훼이(楊魯慧, 2007), 자오화성(趙華勝, 2007), 한리화(韓立華, 2007) 왕신위에(王訢月, 2008), 왕천훼이·리홍메이(王岑卉·李紅梅, 2008), 등이 있다.

또한 해양강국 논의가 본격화되기 전이던 후진타오 집권 시기에도 육해복합국가 구상에 대한 논의가 이뤄지고 있었다. 샤오용링·스인훙(邵永靈·時慇弘, 2000), 양용(楊勇, 2004), 후루이타오(胡瑞濤, 2004), 리이후(李義虎, 2006, 2007), 리우신화·친이(劉新華·秦儀, 2006), 콩샤오훼이(孔小惠, 2008), 완니엔칭·왕이민(萬年慶·王義民, 2009) 등의 연구들이 있다.

샤오용링과 스인훙은 중국이 유럽의 육상과 해안을 가진 대표적인 국가라면서 중국이 강대국이 되는 길은 육해 복합국가의 지정학적 약점을 극복하고 안정된 대륙 배후지를 바탕으로 개혁개방을 중심으로 해양개발 전략을 추진하는 것이라고 주장한다.[8] 또한 완니엔칭과 왕이민은 중국이 복합 국가의 지리적 딜레마를 극복하는 데 있어, 역사로부터 교훈을 얻어 올바른 지정학 전략을 수립해야 한다고 주장한다. 특히 그는 육지와 바다

---

7) 潘光·戴軼塵·張屹峰·趙國軍,「上海作合組織的機遇與挑戰──第十一屆中亞與上海合作組織國際學術硏討會綜述」,『新疆師範大學學報哲學社會科學版』, 35卷 第1期, 2014年 2月, 62쪽.

8) 邵永靈·時慇弘,「近代歐洲陸海復合國家的命運與當代中國的選擇」,『世界經濟與政治』, 第10期, 2000.

를 균등하게 고려할 수 없는 만큼 국익에 맞게 유연하고 실용적으로 운용
해야 함을 강조한다.[9]

(2) 대외정책

10년 사이에 생산된 대외정책에 관련 논문은 상대적으로 많은데, 대체
로 일부 국가에 편중되어 있었다. 대외정책 관련 논문 265편 중 대부분이
중국 자국의 대외정책에 대한 것이었고, 다음으로 미국과 러시아에 대한
대외정책 연구가 각각 60편, 53편으로 43% 정도를 차지하고 있었다. 이는
미러, 미일, 미중 등의 조합까지 헤아리면 더욱 많을 것으로 판단된다. 이
는 안보 상 이들 국가에 관심이 집중된 것이기도 하고, 아직 지정학에
대한 연구가 학문적으로 자리 잡기 전 대외정책 연구에 지정학(地緣政
治)이라는 단어를 붙임으로써 계상된 측면도 있다고 보인다. 그 외의 대
상국가로는 일본, 인도 등에 대한 연구도 이뤄졌다. 이는 후술하는
2010-2019년의 논문들과 비교해 보면 그 차이가 분명해진다.

(3) 지정학일반

앞서 대외정책 분야를 다루면서 언급한 바와 같이 이 시기에는 지정학
이라는 학문 분과가 새롭게 부상하고 있었던 시기에 해당하기 때문에 지
정학을 소개하는 논문들이 많이 생산되었다. 마한(Alfred Thayer Mahan)
으로부터 스파이크먼에 이르는 고전 지정학으로부터 비판 지정학까지 아
우르는 지정학자들과 그 이론을 소개하고 분석하는 논문이 많이 생산되었
고, 그에 따른 각 지역별 지정학적 상황을 분석하는 연구가 진행되기 시작

---

9) 萬年慶·王義民, 「中國陸海復合地緣環境的形成及其戰略選擇」, 『河南大學
學報(自然科學版)』, 第39卷 第4期, 2009.

하고 있었다. 특히 루쥔위앤(陸俊元, 2005~2008)과 리우종민(劉中民, 2006~2009)은 고전 지정학 연구자들의 개념이나 이론을 소개하는 논문들을 많이 작성했고, 위궈정(於國政, 2005)과 리화펑(李華鋒, 2006)은 비판 지정학에 대한 소개를 했다. 이를 보면 지정학에 관한 논문들도 2005년 이후에 비로소 나오기 시작했음을 알 수 있다. 특기할 만한 것은 독일지정학의 생존공간 개념을 연구한 논문(張才聖, 2006)이 있었다는 것이다. 이는 독일을 중국과 같은 육해복합형 국가로 보고 그로부터 교훈을 얻으려고 하고 있는 것이다.

또한 이 시기에 역사적 사례를 통해 지정학을 설명하고 있는 연구들도 많이 생산되었다. 59편의 논문이 지정학 관련 역사 연구였다. 이들은 중국의 역사에서부터 독일, 프랑스, 영국의 역사, 그리고 한국전쟁 참전 등 다양한 사례들을 제시하고 있다.

(4) 한반도

많은 논문이 다뤄진 것은 아니지만 지정학 연구자들이 한반도와 관련된 몇 가지 이슈들을 지정학과 연계지어서 설명하고 있다. 대체로 한반도의 지정학 위치가 중요하다고 얘기하고 있는데, 가령 리우훼이칭(劉會清)은 한반도가 북태평양에서 가장 전략적 가치가 있는 지역 중 하나라면서, 미국이 지정학적 이익을 갖고 있는 상황에서 중국, 러시아, 일본의 영향도 받고 있는 독특한 지정학적 속성을 갖고 있다고 한다.[10] 또한 진징이와 진창이(金景一·金强一)는 한반도에서 충돌이 일어나는 경우 중국에 부정적인 영향을 미쳤다면서, 한반도 내 충돌을 방지한 상태에서 지정학적 의미가 부각되어야 중국에 이익이 된다고 주장한다.[11]

---

10) 劉會清,「朝鮮半島問題硏究的地緣價値取向因素」,『內蒙古民族大學學報(社會科學版)』, 第35卷 第3期, 2009.

2. 2010-2019년 논문

(1) 국가전략

앞서 〈그림 3〉을 통해 보았듯이 이 기간 중에 국가전략과 관련된 논문들은 700편에 이른다. 이는 기간 중 발표된 논문의 19%에 해당하는 것이다. 구체적으로 세부 내용을 들여다보면, 대국굴기, 상하이협력기구, 실크로드, 일대일로, 인도태평양전략, 변경 등이 주제로 다뤄졌다. 이 절에서는 이들에 대해 살펴본다.

우선 대국굴기와 관련해서는 두더빈·펑춘핑(杜德斌·馮春萍, 2011), 두더빈·마야화(杜德斌·馬亞華, 2012), 자오커진(趙可金, 2012), 링성리·취보(凌勝利·麴博, 2015), 순더강(孫德剛, 2015), 다이웨이라이(戴維來, 2016), 송타오·루다다오·량이(宋濤·陸大道·樊宜, 2017), 송더성(宋德星, 2018), 장원무(張文木, 2018), 톈원린(田文林, 2019), 후즈딩·왕쉐원(鬍誌丁·王學文, 2019) 등 상당수의 학자들이 대국굴기와 관련된 연구결과를 발표했다.

앞서 살펴본 바와 같이 SCO는 1996년 발족해 추진되어 온 지정학적 전략 사업이다. 이전 시기에 이어 계속해서 논문들이 작성되었다. 장야오(張耀, 2012), 양루훼이(楊魯慧, 2013), 양슈·왕얜(楊恕·王琰, 2013), 링성리(凌勝利, 2015), 쉬타오·왕밍창(許濤·王明昌, 2016), 순좡즈(孫壯誌, 2018), 저우신(鄒鑫, 2019) 등이 있다.

가령 양루훼이는 SCO에 대해 새로운 지정학적 현실에서 새로운 안보 관점을 통합하고 상호 신뢰, 평등, 협상을 통해 공동 안보와 공동 개발을

---

11) 金景一·金強 一,「朝鮮半島的地緣政治意義及其對我國的影響研究」,『延邊大學學報(社會科學版)』, 第41卷 第4期, 2008.

모색했다고 평가하고, 다자간 협력 메커니즘이 확립되어야 함을 강조한 다.[12] 순좡즈 역시 중앙아시아 안보상황에 있어 SCO의 확장된 역할을 제 시하는데, 그는 SCO가 다자간 협력을 이끌어 지역운명공동체와 이해공동 체를 만드는 새로운 안보 메커니즘으로 작동해야 한다고 주장한다.[13]

국가전략으로 추진하는 일대일로와 연계된 新실크로드와 관련해서 적지 않은 논문들이 작성되었다. 대표적으로 레이모(雷墨, 2015), 리지 엔민(李建民, 2014, 2016), 쉬샤오지에(徐小傑, 2014), 순싱지에(孫興傑, 2014), 쉬타오(許濤, 2016), 판즈핑(潘誌平, 2016), 장장허(張江河, 2017), 펑추안뤼(馮傳祿, 2019) 등이 이에 대한 연구 결과를 발표했다.

장장허(張江河, 2017)는 현대 해상 실크로드 건설이 교통 흐름, 지리적 목표, 접속 거점(節點重點) 및 생산 능력 협력과 같은 지리적 의도로 인 해 지정학적 안전에 대한 복잡한 인식과 도전을 가져 왔다고 한다.[14] 실크 로드 건설에 있어 이러한 문제를 적절하게 다루기 위해서는 지정학적 조 건과 힘을 정확하게 평가하고, 시간의 변화에 따라 지리적 법칙에 맞게 해상 및 공간 네트워크를 운영해야 한다고 주장한다.

펑추안뤼(馮傳祿, 2019)는 "해상 실크로드"의 관점에서, 인도양이 양 질의, 다양한 천연 자원을 제공하고 세계 해상 교통의 허브 지위를 갖고자 하는 주요 국가를 유치하여 지정학적 전략을 경쟁할 수 있는 내재적 조건 을 갖고 있지만, 인도양 해상 권리를 무리하게 추구하는 것은 오히려 인도 양으로부터 위협 요소를 허용할 수 있다고 주장한다.[15] 아울러 그는 인도 양으로부터 얻을 수 있는 경제적, 정치적 의미가 작다면서 세계 지정학적

---

12) 楊魯慧,「"上海精神"與上合組織的開放包容性」,『理論視野』, 第1期, 2013.
13) 孫壯志,「中亞安全形勢及上合組織的重要作用[J]」,『俄羅斯學刊』, 第2期, 2018.
14) 張江河,「對現代海上絲路建設的地緣安全認知」,『東南亞研究』, 第6期, 2017.
15) 馮傳祿,「"海上絲路"視野下的印度洋地區地緣環境與地緣風險」,『印度洋經濟 體研究』, 第2期, 2019.

경제의 중심을 이루는 '중심의 무대'도 아니고, 세계 주요 강국의 '지형적 전략 중심'도 아니라고 주장한다. 오히려 "인도"가 부상함에 따라 중국의 영향력이 억제되는 상황이라면서 이 지역의 지정학적 위험을 간과해서는 안 된다고 주장한다.

널리 알려져 있듯이 일대일로 구상은 시진핑 주석이 2013년 9월과 10월 카자흐스탄과 인도네시아에서 실크로드 경제벨트 구상과 21세기 해상실크로드를 각각 제안함으로써 시작되었다. 이후 2015년 2월 '일대일로 영도소조'가 출범했고, 3월에 〈일대일로 공동건설 추진을 위한 비전과 행동〉 문건이 발표되었으며, 당헌에 '일대일로' 구상이 삽입되는 등 정부의 중요 정책으로 강조되고 있다. 그처럼 일대일로 구상은 현재도 진행 중이기 때문에 관련 논문들이 계속 나오고 있다.

루다다오(陸大道)는 중국의 부상에 대한 의미를 요약 기술하고, 일대일로 구상이 갖는 오늘날의 글로벌 지정학적 기본 구도, 주요 국가의 지정학적 경향을 분석해 중국과의 경제무역 및 생산 협력을 강화할 수 있는 비전을 제시했다.[16] 링셩리(凌勝利)는 주변 지정 환경을 살펴보았다. 그는 일대일로 전략은 국가전략의 집약체라고하면서 전략의 실행과정에서 발생할 수 있는 문제를 지적한다. 특히 주변 국가들의 경계심을 고려해서 긍정적 반응을 끌어낼 수 있는 지정학적 재구성을 위한 노력을 해야 한다고 한다.[17] 왕쥔(王軍)은 중국 성립 이래, 특히 개혁 개방으로부터 40여 년 동안, 현대화를 핵심으로 지향하는 항구적인 대전략을 갖고 있다면서, 일대일로 구상은 21세기 중국의 최우선 목표인 사회주의 현대화 강국의 전면적 건설, 중화민족의 위대한 부흥, 인류운명공동체의 구축을 추진하는 데 있어 중요한 전략이라고 주장한다.[18] 리지엔민(李建民)은 일대일

16) 陸大道,「當代中國的全球觀念與全球戰略」,『地理科學』, 第36卷 第4期, 2016.
17) 凌勝利,「"一帶一路"戰略與週邊地緣重塑」,『國際關係研究』, 第1期, 2016.

로 구상이 현재의 지정학적, 정치적, 안보적, 경제적 하향적, 투자환경적인 위험 과제에 대해 위험평가를 마치고, 효과적인 위험회피 대응 메커니즘을 수립하는 데 필요한 초기 진전을 이루었다고 평가했다.[19]

그 외에도 거한원(葛漢文, 2015), 차이펑홍(蔡鵬鴻, 2015), 리샤오시엔(李紹先, 2016), 펑추안뤼(馮傳祿, 2016), 리시훼이(李晞輝, 2017), 장커성(張剋成, 2017), 장건하이(張根海, 2019), 장원무(2015, 2017), 종페이텅(鐘飛騰, 2019), 후지엔(鬍鍵, 2016, 2017), 순더강·저우즈칭(孫德剛·鄒誌強, 2018), 황펑즈·웨이용이앤(黃鳳誌·魏永艷, 2019), 리우원거·푸스윈·황위(劉文革·傅詩雲·黃玉, 2019) 등 대표적인 지정학 연구자들이 한두 편씩 논문을 발표했다.

아울러 인류운명공동체 건설과 관련해서도 다수의 논문이 작성되었는데, 이에 대해서는 딩공(丁工, 2017), 허야페이(何亞非, 2018), 우카이즈·장비아오(吳凱之·張彪, 2019), 황펑즈·순쉐이송(黃鳳誌·孫雪鬆, 2019) 등의 연구 결과가 있다. 우선 딩공은 중국의 전략적 기회는 전 세계가 서로 잘 통하고 운명이 서로 맞물리는 정도가 깊어지면서 가능할 것이라고 본다. 그는 중국이 인류 공동의 이익 증진에 기여하는 특수한 단계에 있다면서 중국이 전략적 기회를 잘 살리고, 인류운명공동체의 새로운 시각과 협력이 함께하는 새로운 발상으로 위기에 대처하며, 도전을 풀어나가야 한다고 주장하고, 인류운명공동체와 중국의 전략적 기회가 잘 맞아떨어질 수 있도록 노력해야 한다고 한다.[20] 황펑즈와 순쉐이송(黃鳳志·孫雪松)은 인류운명공동체사상이 전통적 지정학적 사고를 초월한다면

18) 王軍,「新時代大棋局—21世紀中國的首要目標與地緣政治戰略」,『聊城大學學報(社會科學版)』, 第5期, 2019.
19) 李建民,「"一帶一路"建設的新挑戰與對策」,『董事會』, 第5期, 2016.
20) 丁工,「人類命運共同體的構建與中國戰略機遇期的存續」,『國際經濟評論』, 第6期, 2017.

서, 우수한 중화문화에 뿌리를 두고 있으며, 정체성, 융합적 사고와 다차
원적 지연이념의 새로운 사상이라고 한다. 아울러 중국이 새로운 시대를
구축하는 지정학적 전략에 중요한 시사점을 갖는 새로운 지정학적 이념이
라고 한다.[21)]

지난 시기에도 육해복합국가에 대한 연구가 없었던 것은 아니다. 그것
은 후진타오 시기에 해양강국 건설 구상이 나오면서부터 진행된 결과라고
생각된다. 아마도 이러한 상황에서 더욱 더 박차를 가하게 한 것은 시진핑
주석이 "육해통합을 견지하여 해양강국 건설을 가속화하자"고 강조했던
2017년 19차 당대회 보고였다.

구체적으로 발표된 연구들을 보면, 19차 당대회 이전에 생산된 논문들
도 많이 있다. 리우쉐린(劉雪蓮)이 왕용(王勇, 2011), 장웨이웨이(張微
微, 2011), 싱슈쥔(邢樹君, 2013) 등과 함께 연구한 결과들, 그리고 정이
웨이(鄭義煒, 2013, 2017, 2018), 정이웨이·장지엔홍(鄭義煒·張建宏,
2013), 리위앤(李源, 2014), 천차이윈·수하오(陳綵雲·蘇浩, 2014), 장펑
(薑鵬, 2016), 창스공(强世功, 2018) 등의 연구들이 있다.

그런데 이들 학자들 간에 의견 차이가 존재한다. 2013년 정이웨이(鄭義
煒)는 장지엔홍(張建宏)과 함께 쓴 논문에서 한 나라가 번영과 성공의
열쇠로 바다를 통제하면서 육지와 바다에서의 힘을 동시에 발전시킬 수는
없었다면서 유럽의 사례를 제시했다.[22)] 그는 2018년에도 2012년 제18차
전국대표대회와 2019년 제19차 전국대표대회에서 각각 '해양강국' 건설
공식화와 '해양강국 건설 가속화'를 강조한 것을 육상복합형 중국 지정전
략을 해양으로 전환한 것이라고 강조하면서, 해양복합강국은 권력을 행사

---

21) 黃鳳志·孫雪松, 「人類命運共同體思想對傳統地緣政治思維的超越」, 『社會主
義研究』, 第1期(總第243期), 2019.

22) 鄭義煒·張建宏, 「論陸海複合型國家發展海權的兩難困境: 歐洲經驗對中國海
權發展的啟示」, 『太平洋學報』, 第3期, 2013.

할 때마다 전략적 딜레마에 직면할 것이라고 주장했다.[23]

또한 2014년에 리위엔(李源)은 프랑스와 독일을 사례를 들어 육해복합형 딜레마를 지혜롭게 해결한 것에 대해 제시했다.[24] 그는 육해복합형 대국이지만, 무작정 바다로의 확장으로 고통을 겪은 후 오늘날에는 EU의 공동 방위를 주도하고 있고 NATO와 적극적으로 협력하는 "다자 외교"를 통해 전 세계 여러 지역에서 해상 세력을 활성화하고 있음을 제시한다. 그는 "통합"과 "다자 외교"를 통해 복합대국의 딜레마를 잘 극복했다면서 참고할 것을 제안했다.

한편 장원무(張文木)는 2013년에 시리즈 연재를 통해 중국의 지리적 위치가 글로벌 지정학적 비교에서 '아시아 중심'과 해경을 겸비해 큰 우위를 점하고 있다면서 중국은 오늘날 해양 및 육상 복합 국가로서 국방이 안전할 수 있도록 통합이 필요하다고 주장했다.[25]

이와 더불어 해군력 육성을 강조한 논문도 있다. 양전(楊震)과 차이량(蔡亮)은 2016년 논문에서 중국 특색의 대국 해군 외교를 주장한다.[26] 그들은 냉전 종식 이후 안보, 경제 및 기타 요인의 변화로 인해 세계 최대의 육상 복합 국가인 해양력의 군사적, 경제적, 외교적 기능을 인식하고

23) 鄭義煒, 「陸海複合型大國海洋轉型的"危險地帶"假說: 曆史敍說與現實超越」, 『國際觀察』, 第5期, 2018; 鄭義煒, 「陸海複合型中國"海洋强國"戰略分析」, 『東北亞論壇』, 第2期, 2018.
24) 李源, 「法德重啓海洋戰略的邏輯─化解"陸海復合型"困局」, 『歐洲研究』, 第2期, 2014.
25) 張文木, 「中國地緣政治的特點及其變動規律(上)」, 『太平洋學報』, 第1期, 2013年; 張文木, 「中國地緣政治的特點及其變動規律(中)──中國內陸地緣政治的區域比較」, 『太平洋學報』, 第2期, 2013年; 張文木, 「中國地緣政治的特點及其變動規律(下)──中國長江流域地緣政治的功能和意義」, 『太平洋學報』, 第3期, 2013.
26) 楊震·蔡亮, 「中國特色的大國海軍外交──基於當代海權思想的視角」, 『社會科學』, 第12期, 2016.

해양 강국으로의 전략적 목표를 발전시키기 시작했다고 한다.

아울러 양전(楊震)과 정하이치(鄭海琦)는 2017년 논문에서 중국의 해권 우선전략과 해군 변혁을 주장했다.[27] 그들은 냉전 종식 이후 중국은 과거와는 다른 지정학적 상황에 직면 해 있다면서, 미국이 중국을 전략적 상대로 간주하고 대만해협에서 상황 악화 가능성이 높아지면서 중국의 지정학적 중심이 육지에서 해양으로 이동하고 있다고 주장한다. 그들은 중국 해군의 전략적 변화가 중국의 해양안보환경을 개선하는 동시에 아시아태평양지역의 해권 전략 구도에 영향을 미칠 것이라고 한다.

자다산(賈大山, 2016)은 해양운영이 중국 경제사회발전의 중요한 기초산업이라면서 국가안보를 유지하고 경제·무역발전을 촉진하는 이중적 역할을 한다고 주장한다.[28] 아울러 현재의 지정학적 발전상황은 해양개발에 새로운 요구를 제시하고, 해양의 지속가능하고 발전에 도전을 맞이하고 있다면서 잘 극복해야 한다고 주장한다.

또한 다이웨이라이(戴維來, 2015)는 중국은 지정학적 경제와 정치적 전략적 이점을 가지고 있으며, 주변 해상 지형의 복잡한 상황에 직면해 있다면서, 해양강국 건설을 위해서는 "21세기 해상 실크로드"의 개발에 초점을 맞춰서, 주변국과의 관계를 다루며, 안정된 주변 환경을 조성해야 한다고 주장한다.[29]

이 외에도 해양경제 및 해양강국을 추구하는 데 대한 논문들도 생산되고 있다. 장원무(張文木, 2015), 후즈용(胡志勇, 2015), 다이웨이라이(戴維來, 2015), 링성리(凌勝利, 2015), 양전·저우윈헝·주이(楊震·週雲亨

---

27) 楊震·王森,「論美國"印太戰略"面臨的障礙與困境」,『國際觀察』, 第3期, 2019.

28) 賈大山,「地緣政治形勢對我國海運發展的挑戰」,『中國遠洋航務』, 第12期, 2016.

29) 戴維來,「中國建設海洋強國面臨的挑戰與方略」,『理論視野』, 第3期, 2015.

·쭈의(瀦漪, 2015), 마지엔광·순치엔지에(馬建光·孫遷傑, 2015), 리쩐푸·
허훙이(李振福·何弘毅, 2016), 자다산(賈大山, 2016, 2017), 양전·차이
량(楊震·蔡亮, 2016, 2017), 리우신화(劉新華, 2017) 등의 논문이 있다.

아울러 중국 연구자들은 미국의 인도 – 태평양 전략에 대한 연구도 많
이 했다. 지난해 6월 미국은 인도 – 태평양 전략 보고서를 발표했는데, 대
체로 미국의 중국에 대한 견제로 이해하고 있다. 일부 학자들은 인도태평
양 전략 자체를 미국 주도의 것 외에 인도가 주도하는 인도태평양 전략을
소개하고 있기도 하다.

우선 양전과 왕선(楊震·王森)은 미국의 인도 – 태평양 전략이 갖고 있
는 장애물과 딜레마에 대해 분석했다.[30] 그는 냉전 이후 미국의 지정학적
목표는 유라시아의 경계를 통제하고 이 지역에 미국 헤게모니를 위협하는
국가나 국가 집단이 생기는 것을 막는 것이라면서 미국이 새롭게 해양강
국으로 발전하려는 중국을 억제하려는 '인태 전략'을 내놓았다고 분석했
다. 아울러 그 전략은 헤게모니 비용 상승, 군사력 사용의 지정학적 한계,
그리고 동맹체제로 인해 소기의 목표를 달성할 수 없을 것이라고 본다.

한편 리수자오(李秀蛟)는 트럼프 행정부가 '자유롭고 개방된 인도태평
양' 건설을 미국 외교정책의 우선 목표로 선언한 데 대해서 미국의 '인태
전략'의 출구가 중국 주변의 안보환경 및 글로벌 지정학적 구도에 큰 영향
을 미칠 것이라는 관측을 제시하고, 러시아의 인태전략에 대한 대응을 분
석하고 있다.[31]

리보(李渤)는 인도의 인도 – 태평양 전략을 제시했다.[32] 그는 21세기

---

30) 楊震·王森,「論美國"印太戰略"面臨的障礙與困境」,『國際觀察』, 第3期, 2019.
31) 李秀蛟,「俄羅斯對美國"印太戰略"的基本判斷及可能應對」,『俄羅斯東歐中
亞研究』, 第2期, 2019.
32) 李渤,「印度"印太戰略"認知的影響因素:安全理念與安全問題」,『新疆社會科
學』, 第2期, 2019.

들어와 인도가 부상하면서 외교공간을 확장해 가고자 하면서 유리한 지정학적 환경을 조성하고자 했다고 한다. 인도는 '동진'전략과 더불어 '인도 – 태평양' 전략을 제시했다고 분석한다. 그러나 일본이 제안하고, 미국이 전략화한 것과는 다른 내용을 담고 있다면서 중국과의 협력 가능성을 열어 놓았다. 이외에도 후즈용(胡志勇, 2016), 주췌이핑(朱翠萍, 2018), 정이웨이(鄭義煒, 2018), 후보(胡波, 2019), 자오화성(趙華勝, 2019) 등 많은 학자들이 연구 결과를 발표했다.

이 시기에는 국경지역에 대한 논문도 많이 작성되었다. 국경선은 법적 체계 사이의 구분선임과 동시에 영토적 세력들의 접촉점인데 수많은 국가와 접하고 있는 중국에게 있어서 국경지역이 지정학적으로 간과될 수는 없을 것이다. 웨이쥔지에(魏俊傑, 2013), 저우핑(周平, 2013, 2015), 위앤지엔(袁劍, 2014), 순용(孫勇, 2015), 주비보(朱碧波, 2015), 장지엔(張健, 2016), 송타오·류웨이동·리러(宋濤·劉衛東·李玏, 2016), 자이궈장(翟國強, 2016), 거추안성·허판닝·류하오롱(葛全勝·何凡能·劉浩龍, 2017), 런홍성(任洪生, 2017), 저우쥔화·리위만(周俊華·李玉曼, 2017), 루오종슈(羅中樞, 2018), 송치엔치엔(宋倩倩, 2018), 송타오(宋濤, 2018), 장원무(張文木, 2018), 팡티에(方鐵, 2019), 칭자오·주야펑(青覺·朱亞峰, 2019) 등이 이에 대해 다뤘다.

지난 시기와 변화가 있는 부분이 에너지자원 관련 연구이다. 지난 시기에 주로 유가 전망이나 분석 위주였다면, 이 시기에는 에너지자원에 대한 지역협력이나 지정학적 분석 내용이 많이 다뤄졌다. 특히 2014년 8월 13일, 시진핑 중국 국가주석이 중앙재경영도소조(中央財經領導小組) 제6차 회의를 주재해 에너지 안보의 중요성을 강조하면서 연구들이 증가하고 있는 것으로 보인다. 일부 소개하면, 허우밍양(侯明揚, 2013, 2014), 다이잉홍·친용홍(戴永紅·秦永紅, 2015), 리신(李昕, 2018), 푸징윈(富景筠, 2019) 등은 중동, 아프리카 등지에 대한 에너지 관련 지정학 분석 연구를 제시하고 있다.

우선 마오한잉(毛漢英)은 중국이 미국에서 두 번째로 큰 에너지 소비국이자 수입국이며, 에너지 공급 안보는 중국의 국가 안보와 근대화 과정에 직접적으로 영향을 미친다는 점을 지적하고, 러시아와 중앙아시아 5개국과의 협력의 전략적 맥락, 자원보유량, 개발 현황 등에 대한 심층 분석을 제시한다.[33] 그는 향후 2030년까지 다양한 시점에서 에너지 협력의 잠재력과 규모를 예측한다.

양위, 류이, 진펑쥔(楊宇·劉毅·金鳳君) 등은 2015년 석유 및 가스 자원이 풍부한 중앙아시아에서의 에너지 자원을 확보하기 위해 중앙아시아와의 협력을 모색해 볼 수 있다고 주장한다.[34] 이들은 중국과 중앙아시아 국가 간의 에너지 협력은 원활하게 진행되고 다원화 추세를 보이며 에너지 협력의 위험을 최대한 낮추기 위해서 중-아시아 에너지 협력에서 만날 수 있는 대국적 지정학적 게임, 러시아의 정책 불확실성, 중앙아시아 각국의 국지적 충돌, 그리고 가능한 자원 국유화와 국제 석유회사로부터의 치열한 경쟁을 염두에 두고, 미래의 중국이 차관과 자원 교환의 협력을 취할 수 있는 모델을 제시한다.

또한 푸징원(富景筠, 2019)은 셰일 혁명 이후 에너지 시장에서 미국의 역할의 변화는 세계 에너지 시장과 지정학적 "시스템 효과"를 촉발시킬 것이라고 예측한다.[35] 그는 셰일 혁명을 통해 미국이 세계 최대의 석유 및 가스 생산국이 될 뿐만 아니라 에너지의 새로운 권력을 사용하여 석유 및 가스 시장의 규칙을 변경하여 세계 에너지 지정학적 패턴을 재구성할

---

33) 毛漢英,「中國與俄羅斯及中亞五國能源合作前景展望」,『地理科學進展』, 第32卷 第10期, 2013.

34) 楊宇·劉毅·金鳳君,「能源地緣政治視角下中國與中亞─俄儸斯國際能源合作模式」,『地理研究』, 第34卷 第2期, 2015.

35) 富景筠,「頁巖革命與美國的能源新權力」,『東北亞論壇』, 第2期 總第142期, 2019.

것이라고 한다. 중국의 에너지 안보 전략에 있어서 미국을 포함한 세계 주요 석유 및 가스 생산자와의 새로운 파트너십을 구축하는 것이 필요하다고 주장한다.

또한 위홍위앤(於宏源, 2019)은 에너지가 모든 국가의 번영과 안보의 근본적인 요소 중 하나이며 현대 경제 및 사회 발전의 중요한 물질적 기초이기에, 에너지 안보를 보장하는 것이 중국의 지속적인 산업화 발전에 있어 중요한 과제라고 한다.[36] 이를 위해 중국은 에너지 지정학적 안보 문제를 중시하고, 러시아, 중동지역 국가들 간의 에너지 협력을 강화하고, 중국의 에너지 기업들이 해외 시장을 확장하고, 석유 생산국들과 실용적인 협력을 적극적으로 추진해야 한다고 주장한다. 동시에 중국은 청정에너지 기술혁신과 다양한 에너지 공급에 역점을 두어 세계 에너지 거버넌스에서 제도적 영향력을 강화해야 한다고 주장한다.

(2) 대외정책

중국은 '일대일로' 이니셔티브 발표 이후 경제력을 바탕으로 세계로 영향력을 확장해 가고 있다. 대륙과 해양을 통한 주변국가로의 연결하는 '일대일로'는 구체적으로 시안(西安)을 거점으로 서부 내륙지역을 통해 중앙아시아와 유럽으로 철도와 도로의 연결과 해상으로 중국의 남해안에서 동남아시아-지중해로 뻗어 나가고자 한다. 중국은 2010년대 이후 해상실 크로드의 거점 지역에 있는 해외 항만에 대한 투자를 본격화했다. 중국은 자국의 해양력 증진을 통해 전 세계로 힘을 투사해 나가기 위해 해외 거점

---

36) 於宏源,「全球能源治理: 變化趨勢、地緣博弈及應對」,『當代世界』, 第4期, 2019; 於宏源,「地緣安全中的體系均衡: 新時期中國能源安全的挑戰與應對」,『西亞非洲』, 第4期, 2019.

항만을 필요로 하고 있다.

이에 연구 대상도 다양해지고 있다. 이전 시기에 미국과 러시아에 편중되던 것이 각 지역으로 배분되고 있다. 미얀마의 연구(林開彬, 2011; 駱樂, 2014; 李燦鬆·駱華鬆·胡志丁·付磊·熊理然, 2015; 楊芳芳, 2016; 劉稚·黃德凱, 2016)에서부터 인도-파키스탄 간의 연구(陳吉祥 2014), 태국(廖小霞, 2016), 라오스(孔小力·李昕·趙霞, 2017), 네팔의 연구(黃正多, 2019) 아프리카(孫德剛·鄒誌強, 2018), 그리고 유럽의 덴마크, 그린란드에 대한 연구(張樂磊, 2016)에 이르기까지 연구가 진행되어 그 대상이 광범위해졌다. 대체로 일대일로를 진행하는 과정에서 필요한 연구들이라고 볼 수 있다.

일례로 순더강(孫德剛)과 저우즈칭(鄒志強)은 동아프리카 국가들이 직면한 가장 긴급한 과제는 개발이지만, 지정학적 경쟁이 전개되면서 군사력 배치가 일어나는 부분에 초점을 맞춘 연구를 제시했다. 그러면서 중국이 들어간 지부티(Djibouti) 지역에 대한 문제를 지적하고 있다. 즉 외부 강대국의 군사 배치는 동아프리카 국가들 간의 안보 딜레마를 악화시켜 동아프리카 지역의 "군사화"와 갈등의 "대리인화"를 초래했다는 것이다.

(3) 지정학일반

지난 시기에 생존공간(Lebensraum)에 대한 논문이 있었던 것의 연장에서 이 시기에는 상당수의 학자들이 독일지정학에 대한 연구결과를 제시했다. 리자성(李家成, 2010), 거한원(葛漢文, 2011), 한즈쥔·류지엔종·장징·리우뤼이(韓志軍·劉建忠·張晶·劉綠怡, 2015), 팡수(方旭, 2018, 2019), 허우뤼뤼·류윈강(侯璐璐·劉雲剛, 2019) 등이 이들인데, 거한원은 냉전 종식 이후 독일의 일부 지정학 학자들이 독일의 전통 지정학 문헌을 재검토해 '독일 지정학'과 나치 이데올로기의 근본적 차이를 입증하고 독일의 전통적인 지정학 문헌을 회람시켰다고 한다. 하지만 여전히 독일의 지정학적 사상은 독일의 전통 지정학적 연구 방법과 결함을 극복하지 못했고, 독일의 외교정책 수립에 영향을 미치는 것도 제한적이라고 한다.[37]

아울러 러시아의 지정학 연구도 보이는데, 두긴(Alexander Dugin)의 연구들을 많이 소개하고 있다. 두긴은 지정학에 관한 20세기의 광범위한 문헌, 칼 하우스호퍼(Karl Haushofer)와 매킨더 등의 지정학에 근거한 주장을 제시했다. 그는 신 유라시아주의 주제와 관련하여 가장 잘 알려져 있으며 왕성한 집필활동을 하고 있는데, 그의 유라시아 개념은 특별한 지리적 공간으로, 러시아 제국과 소비에트 국가의 유산을 대표하는 문명 공간으로 받아들이고 있으며, '대서양주의'(미국과 영국 등 해상 국가와 문명)와 '유라시아주의'(유라시아 - 러시아와 같은 육지 기반 국가와 문명) 사이의 갈등 문제를 제기한다.[38] 마하오위앤·리슈광(馬浩原·李樹廣, 2011), 리즈웨이(李誌偉, 2011), 순위엔(孔元, 2015), 이 역시 팽창적인 성격을 갖고 있기 때문에 지정학 연구 전반에 균형이 필요할 듯하다. 또한 일본의 지정학 연구도 진행되고 있는데, 청밍(程銘, 2011, 2012), 거한원(葛漢文, 2012, 2014), 리우단(劉丹, 2017), 쉬이앤(徐衍, 2019) 등이 그에 대한 연구를 발표했다.

독일, 일본 모두 팽창적인 성격의 지정학을 구사했던 국가들인 만큼 이러한 연구들은 눈여겨 볼 부분이라고 할 수 있다.

한편 중국에서 독특한 점은 오웬 라티모어(Owen Lattimore)의 지정학이 언급되는 점이다. 다른 지정학 서적에서 발견하기 쉽지 않지만 중국의 국경이 길고, 국경과 관련해서 많은 연구를 했던 인물이기 때문에 자주 거

---

37) 葛漢文,「"退向未來": 冷戰後德國地緣政治思想芻議」,『歐洲研究』, 第4期, 2011.
38) Alexander Dugin, *Last War of the World-Island*, Arktos, 2015.

론되는 것으로 이해된다. 쉬지엔잉(許建英, 2011), 위엔지엔(袁劍, 2013, 2014, 2015), 차이메이쥐앤(蔡美娟, 2013), 차이메이홍(蔡鵬鴻, 2015), 차이펑홍(蔡鵬鴻, 2015), 가오야빈(高亞濱, 2017), 자오즈훼이·비징(趙誌輝·畢敬, 2017) 등이 그 예이다.

아울러 지난 시기에 소수의 학자가 제시했던 비판지정학에 대한 연구들도 함께 진행되었다. 거한원(葛漢文, 2010, 2017), 천위강·저우차오·친칭(陳玉剛·週超·秦倩, 2012), 장쥐엔(張娟, 2013), 후즈딩·루다다오(鬍誌丁·陸大道, 2015) 등이 있다.

이상에서 살펴보았을 때, 2000년부터 2009년까지의 논문들이 대체로 대외정책과 지정학 일반을 소개하는 연구들이었다면, 2010년부터 2019년까지의 논문들은 일대일로 구상이나 新실크로드 등 국가전략과 관련된 주제들을 다루는 연구들이 증가했음을 알 수 있다. 이에 중국 내 지정학 연구의 초기 동인은 정부의 정책, 특히 시진핑 정부의 정책과 무관하지 않다고 할 수 있을 것이다. 다음 절에서는 중국의 지정학 연구에서 드러나는 시진핑 정부 정책을 살펴본다.

IV. 시진핑 정부 정책과 지정학 연구

중국은 14개 나라와 국경을 함께 하고 있고, 분쟁을 치른 경험이 있는 국가들과 여전히 마주하고 있는, 세계에서 주변부 안보정세가 가장 복잡한 국가 중 하나라고 할 수 있다. 중국은 지속 가능한 발전을 위한 환경조성 차원에서 주변 지역의 안정을 위해 자국 외교정책의 주요 부분으로 인식하고 있다. 중국이 국력에 상응하는 대국의 지위를 얻고 아울러 안정되고 평화로운 발전환경을 만들기 위해서는, 우선 주변국의 협조와 지지에 근거하지 않으면 안 된다고 판단한 것이다. 이에 1992년 제7기 전국인

대 제5차 회의의 정부공작보고(政府工作報告)에서 '주변국가와의 선린
우호관계(善隣友好關係)를 지속적으로 발전시키는 것을 중국 외교정책
의 중요한 구상 부분으로 한다'고 천명한 바 있고, 이후 2002년 중국공산
당 제16차 당대회 정치보고에서 '이웃에 선하게 대하고 이웃을 동반자로
삼는다(與隣爲善, 與隣爲伴)'고 표명했으며, 2003년 10월 7일 원자바오
총리는 "중국의 발전과 아시아의 진흥"을 주제로 한 연설에서 '삼린'정책,
즉 '화목한 이웃(睦隣), 안정된 이웃(安隣), 부유한 이웃(富隣)'을 제시한
바 있다.

　그리고 시진핑 시기에 와서 주변국의 협조와 지지를 끌어내기 위한 대
표적인 움직임은 '친(親)·성(誠)·혜(惠)·용(容)'으로 표현된 것이다. 즉
주변국들과 "친하게 지내고, 성의를 다하며, 포용하고, 베풀며 지낸다."는
뜻이다. 이러한 외교전략 기조하에 나온 것이 2013년 9월과 10월에 나와
일대일로 구상이라는 틀로 나온 것이다. 더 나아가 "운명공동체(命運共
同體)"라는 용어를 그 관계를 표현했고, 2기 출범시에는 그 담론을 세계
로 확대해서 "인류 운명 공동체(人類運命共同體)"라는 확대된 개념을
제시했다. 이는 용어가 조금씩 달리 사용되었을 뿐이지 결국 일대일로로
집중되는 것들일 수 있다.

　이에 시진핑 정부 시기 지정학 연구들과의 연관성을 검토해 보는 차원
에서 나눠서 살펴보겠다.

1. 일대일로 연선국가에 대한 연구 증가

　중국의 서부지역은 정치·군사적인 면에서 중국의 강대국화 전략을 수
행하는데 중요한 지역일 뿐만 아니라 풍부한 에너지 자원을 보유하고 있
기 때문에 중국이 필요로 하는 지역이다. 중국에 있어서 이 지역은 여전히
정치·안보·경제적으로 상당히 취약한 지역으로 남아있다.

이에 수많은 지정학자들이 이 지역들에 대한 연구를 집중하고 있다. 이는 2000년부터 2009년까지의 연구와 다르게 일대일로 연선 국가라고 할 수 있는 국가들에 대한 연구들이 증가한 것에서도 분명하게 드러난다. 가령 뤄위에(駱樂)나 리우즈와 황더카이(劉稚·黃德凱) 인도와 미얀마 간의 전통적인 우호관계를 언급하면서, 미얀마 독립 이후 인도와의 관계를 전략적으로 판단하며 양국 간의 갈등을 완화하는 역할을 하면서 중국이 이익을 증진시키도록 해야 한다는 분석 결과를 제시했다.[39]

앞 절에서 살펴보았듯이 이 외에도 인도 – 파키스탄 간, 태국, 라오스, 네팔의 연구, 그리고 아프리카, 유럽의 덴마크, 그린란드에 대한 연구에 이르기까지 연구가 진행되어 그 대상이 광범위해졌다. 베트남, 미얀마, 싱가포르, 태국, 몽골, 인도, 파키스탄, 네팔, 스리랑카 등 중앙아시아 국가들을 제외한 나머지 국가들에 대한 연구는 이전 시기에 거의 찾아 볼 수 없었다.

2. 중앙아시아에 대한 연구 증가

2014년 9월 20일 중국 왕이(王毅) 외교부장은 시진핑 주석의 2014년 9월 타지키스탄(Tajikistan) 수도 두샨베(Dushanbe)에서 열린 제14차 SCO 정상회의와 중앙·남아시아 4개국 방문에 대해, "안보와 경제라는 두 바퀴가 굴러가게 됐다"고 평가했다. 이는 향후 중국의 대(對)중앙아시아 전략이 안보와 경제, 즉 SCO와 2013년 9월 시진핑 주석에 의해 제기된 신실크로드 구상을 축으로 전개될 것임을 시사한 것이다. 이러한 중앙아시

---

39) 駱樂,「近年來印緬關係升溫析評」,『長春教育學院學報』, 第30卷 第14期, 2014; 劉稚·黃德凱,「近年印緬關係的新發展及動因和影響」,『南亞研究季刊』, 第3期 總第166期, 2016.

아에 대한 중국의 공세적 진출은 중앙아시아 국제정치 지형에 새로운 변화를 야기할 것으로 예상된다.

이는 에너지 자원 확보 문제를 해결하는 수단이기도 했다. 중국은 중앙아시아국가들과의 경제협력을 포함한 전방위적인 협력 강화가 이들이 가진 방대한 자원의 확보뿐만 아니라 중·장기적인 측면에서 미국을 견제하고 러시아와의 주도권 경쟁에서 우위를 차지하면서 신장 지역의 소수민족 분리 독립문제도 자연스럽게 해결할 수 있는 중요한 기반이 될 수 있을 것이라 믿고 있다. 실제로 중앙아시아에 대한 연구는 이전 시기에도 존재했지만, 시진핑 집권 이후에 내용과 범위에 있어 더 증가하고 있다.

또한 해상을 통한 에너지 수송의 위험 요인을 제거하기 위한 방안일 수도 있다. 이는 중국이 자원 수송 루트 다변화를 비롯해 중국 미래 국익의 사활적 문제로 인식하고 북극항로를 적극적으로 개척하는 것도 이러한 흐름과 맥을 같이한다고 볼 수 있다[40] 실제 리전푸와 펑옌(李振福·彭琰)은 빙상 실크로드, 즉 북극항로를 강조한다. 그들은 북극항로의 건설과 구현이 중국의 발전에 필요한 국가의 통행권리를 실현하는 실천방안이라고 주장한다. 아울러 그들은 그러한 통행권리를 확보하는 과정에서 정책 대화를 강화하거나, 교통체계를 통합할 수 있고, 금융협력 플랫폼을 구축할 수도 있다고 한다. 그러한 방식으로 지정학적 확장을 이룰 필요가 있다고 강조한다.[41] 특히 샤오양(肖洋)은 아시아태평양의 지정학적 환경 변화를 지적하면서, 중국은 전략적 기회의 지속과 연장을 위해 노력해야하며,

---

40) 김석환, 『유라시아와 한반도 2030』, 한국외국어대학교출판부, 2014, 183-190쪽.

41) 李振福·彭琰, 「"通權論"與"冰上絲綢之路"建設研究」, 『東北師大學報(哲學社會科學版)』, 4期, 2019年; 肖洋, 「格陵蘭: 丹麥北極戰略轉型中的錨點?」, 『太平洋學報』, 第6期, 2018年; 張俠·楊惠根·王洛, 「我國北極航道開拓的戰略選擇初探」, 『極地研究』, 第2期, 2016年; 肖洋, 「北冰洋航運權益博弈:中國的戰略定位與應對」, 『和平與發展』, 第3期, 2012.

주변을 안정적으로 유지하기 위해서는 대국관계를 잘 유지하고, 주변 지정전략을 구축하고 해외의 합법적인 권익을 지키는 등 3가지 요소에 주목해야 한다면서 빙상 실크로드의 추진을 계속 강조해 오고 있다.[42]

3. 해양 및 육해복합국가 연구 증가

시진핑 정부는 2012년 '해양강국' 건설을 제안하면서 '중국의 꿈'을 실현하는 중요한 국가 목표중의 하나임을 분명히 했다. 즉 "해양 경제를 발전시키고, 해양자원 개발능력을 제고하며, 해양생태환경을 보호하고, 국가 해양 권익을 확고히 수호하여 해양강국을 건설하자."고 역설했다. 그리고 2014년 9월에는 시진핑 주석이 중국 최고지도자로서는 각각 42년, 28년 만에 처음으로 인도양의 몰디브와 스리랑카를 방문하여 관계 개선을 모색한 것도 이러한 노력의 일환이었다.[43] 결과적으로 중국은 파키스탄 과다르항의 장기운영권과 스리랑카 콜롬보항 개발사업을 재개하고 함반토타항의 운영권을 획득했다.

실제 해양에 관한 지정학 논문들도 2015년 이후에 집중적으로 나오고 있는데, 특히 연구의 확대를 가져온 것은 2017년 19차 당대회 보고에서 시진핑 주석이 "육해통합을 견지하여 해양강국 건설을 가속화하자(堅持陆海统筹, 加快建设 海洋强国)"던 강조였다고 할 수 있다. 이 해양강국 건설 사상은 시진핑 신시대 중국특색사회주의 사상의 중요한 부분으로, 19차 당 대회에서 제기된 내용에 따르면 중국은 대륙 편향에서 벗어나 해양에 보다 많은 관심을 갖고, 신시대 해양강국건설의 중대 사명을 추진

42) 肖洋,「競爭性抵製: 美國對"冰上絲綢之路"的拒阻思維與戰略構建」,『國際觀察』, 第1期, 2011.

43) 이동률,「시진핑정부의 '해양강국' 구상의 지경제학적 접근과 지정학적 딜레마」,『국제정치논총』, 제57집 2호, 2017, 383쪽.

해가야 한다는 것이다. 시진핑은 특히 해양이 민족생존번영, 국가안위와 흥망성쇠를 가르는 요소라고 강조했다. 해양강국 건설은 중화민족의 위대한 부흥이라는 중국몽을 실현하는 데 중요한 의미가 있다는 것이다.

4. 일대일로 연구 지속

〈당헌(黨章)〉에 삽입된 일대일로에 대한 연구는 현재도 계속되고 있다. 주지하듯이 시진핑 주석이 2013년 제안함으로써 시작된 일대일로 구상은 이후 2015년 2월 '일대일로 영도소조' 출범과, 3월 〈일대일로 공동건설 추진을 위한 비전과 행동〉 문건이 나온 이후 본격화되었다. 이후에도 2017년 5월 14일 일대일로(一帶一路) 국제협력 정상포럼과 10월 18일 제19차 당 전국대표대회 업무보고 및 11월 10일 APEC 정상회의 연설 등에서 시진핑은 "중국은 상호 존중과 평등, 정의, 상생협력에 기초하고 냉전시대의 사고방식과 강권정치를 버리고 대립보다는 대화를 통해 문제를 해결하는 신형국제관계 건설을 추진하고 이를 통해 인류운명공동체를 건설하는 새로운 여정을 열어 나갈 것이며 인류운명공동체건설이라는 이념을 가지고 글로벌 거버넌스 체제 개혁을 이끌어 낼 것"이라고 선언하기도 했다. 19차 당대회 때에도 시진핑 주석은 5년의 외교성과를 설명하면서 일대일로를 가장 먼저 언급했었는데, 이미 앞 절에서 살펴본 바와 같이 지정학 연구 분야에서도 다양한 주제로 가장 많은 논문들이 생산되고 있다. 또한 앞에서 언급한 연선국가나 중앙아시아에 대한 연구가 증가한 것도 이와 무관하지 않다. 이와 동시에 일대일로 구상이 갖는 종합적인 국가 전략적, 안보적, 경제적 측면에서의 논문들도 증가하는 추세이다.

V. 결론

논문이 생산된 것으로 판단했을 때, 중국 학자들이 지정학 연구에 집중한 기간은 10년에서 길게 보아도 15년을 넘지 않는 것으로 보인다. 이는 개혁·개방 이후 경제적으로 부상한 이후 소위 제4세대 지도자, 제5세대 지도자들이 외부로 시선을 돌리기 시작하면서 집중된 것으로 보인다. 이는 수많은 국가들과 접경하고 있는 중국의 환경 자체를 원인(underlying cause)이라고 본다면, 시진핑 시기의 지정학적 함의를 갖는 정책들이 하나의 근인(precipitating cause)으로서 작용했다고 할 수 있을 것이다. 실제 이 기간 동안 지정학에 대한 논문을 생산해 낸 학자들이 다수를 이루고 있다. 가령, 거한원, 공한빙, 탕즈차오, 리우쉐리앤, 리우신화, 리우종민, 루쥔위앤, 리전푸, 린리민, 판즈핑, 팡티에, 송더성, 우훙위엔, 위엔지엔, 장장허, 장지엔, 장원무, 티엔춘롱, 청스, 정용니엔, 정이웨이, 자오화성, 주췌이핑, 처린, 차이펑훙, 샤오양, 핑샤오레이, 핑위쥔, 비훙예, 한리화, 쉬타오, 후즈딩, 황펑즈 등의 연구자들이 그들이다.44) 루쥔위엔의 경우 지정학 일반 이론을 소개하는 글을 많이 작성했고, 처린은 지정학을 역사적 사실에 접목한 논문을 많이 작성했다. 또한 장원무의 경우 2000년부터 현재까지 매년 지정학 논문을 생산해 왔고, 거한원의 경우 2010년부터 지정학 논문을 생산했는데 최근까지 꾸준히 활동하고 있다. 아울러 시진핑 정부의 정책이 지정학 연구의 초기 동인이기는 했지만, 연구의 동향은 정부 정책에 국한되지 않고 다양한 방향으로 진행되고 있음을 알 수 있다. 가령 탕즈차오는 중동, 리우종민은 해양국가, 리전푸는 북극, 티엔충롱은 에너

---

44) 논문수로 헤아렸기 때문에 한계가 존재할 수밖에 없음. 하지만 논문의 목적이 추세를 보여주는 데 있기 때문에 논문을 많이 생산할 학자들을 통해서도 그 목적을 달성할 수 있을 것으로 판단했음.

지, 청스는 금융, 정용니엔은 주변국가, 정이웨이는 육해복합국가, 자오화셩은 중앙아시아와 러시아, 주췌이핑은 인도, 차이펑홍은 아태, 사요양은 빙상실크로드, 핑위쥔은 우크라이나, 러시아, 에너지, 비홍예는 유라시아, 러시아, 한리화는 에너지 등 특화된 분야가 있다.

그동안 중국 지정학 연구 분야에서 달성한 진전을 언급한다는 것이 주제넘지만, 그럼에도 요약을 해본다면 첫째, 고전지정학으로부터 비판지정학에 이르는 지정학 이론의 전반적인 추세를 소개하고 그것을 적용하고 분석하는 수준을 넘어서기 위한 노력을 하고 있음을 알 수 있다. 가령 거한원(2015, 2017)의 경우 중국 지정학 이론 체계의 구축을 언급하면서 중국 문제를 해결하고 중국의 국익에 봉사하는 것을 목표로 고대 전통사상의 우수한 성과에 서양 지정학 이론의 정수를 흡수할 필요가 있다고 주장한다. 또한 중국 지정학적 전통이 주는 시사점으로 국내 질서의 안정, 균형 잡힌 주변 안보 환경 구축, 그리고 중국의 가치 문화가 고양되는 유리한 국제환경 조성 등을 제시했다. 둘째, 이론적 경로에 있어서 중국학자들은 정부 정책에 반영될 수 있는 연구를 하는 경향이 있다고 판단된다. 물론 3장의 육해복합국가에 대한 학자들 간의 견해 차이에서 드러나듯이, 학자들 모두가 정부 정책의 입장과 일치되는 의견을 제시하는 것은 아니다. 정부 정책과 반대되는 의견을 내는 학자도 있고, 앞서 언급했듯이 자신의 분야를 계속 연구하는 학자도 분명 존재한다. 또한 정부 정책 방향을 제시하는 학자들도 존재한다. 지정학이라는 학문의 특성상 그것도 기여할 수 있는 부분이 있다고 본다. 그런 측면에서 셋째, 점차 지정학의 세부 영역이 형성되고 있는 것으로 보인다. 지역별, 주제별로 분야들이 세분화되는 듯 하고 있다는 것이다. 즉 중동의 지정학을 연구하는 학자, 국경지역(邊疆)을 연구하는 학자, 해양을 전문적으로 연구하는 학자 등 고유의 영역을 가진 지정학자들이 형성되고 있는 것으로 보인다. 지역별, 주제별로 분야들이 다양하게 분기되고 있는 것이다. 과거 미국, 러시아, 일본,

334 중국 지식지형의 형성과 변용

인도, 그리고 당시 현안 지역에 국한되어 있던 대상이 이제는 남극, 북극에 이르기까지 전 세계의 국가들과 지역이 모두 포함되고 있다. 또한 분야의 폭도 넓어졌다. 과거에는 육상과 해상에 머물러 있던 시선이 이제 우주까지 확장되고 있고, 인터넷과 미디어 등에도 주목하고 있다. 이것은 정부에서 할당된 것인지 아니면 자발적으로 형성된 것인지는 알 수 없지만, 그런 양상이 드러나고 있다. 넷째, 상당수의 논문들이 여전히 정부에서 제시한 정책과 보조를 맞춰서 생산된 경향을 보인다는 것이다. 분야의 성장 때문일 수도 있지만, 10년 전과 비교해서 이후 10년 동안 이뤄진 연구논문들은 전략적인 부분에 치우쳐 보인다. 이전 10년에는 지정학적 시각에서 국제정치를 분석하는 일이 많았던 데 비해, 이후 10년에는 상당수가 정부 정책과 관련된 논문들이 생산되었다. 가령 일대일로, 실크로드, 육해복합국가 전략 등은 이후 10년 기간에 많이 생산된 것이다. 물론 중국의 현실에서 정부와 무관하게 중국 특색의 지정학을 만든다는 것은 쉬운 일이 아닐 것이다. 중국 정부에서 요구하는 것이 있다면 반영하지 않기란 쉬운 일이 아닐 것이기 때문이다. 또 그것이 중국 현실에 맞는 것일 수도 있다. 하지만 비판적인 논리 개발이 쉽지 않다는 것은 학문적 발전에 있어한계가 될 수 있다.

끝으로 그럼에도 불구하고 중국 내에서 지정학 분야가 쇠퇴하지 않고 계속 성장세를 유지하고 있는 것으로 보인다. 잠깐 주춤한 듯했지만 재작년과 작년의 논문 편수는 500편에 가까웠다. 중국은 육지도 넓고 해안선도 길다는 점에서 어떤 국가보다 지정학이 필요한 국가라고 할 수 있다. 실제로 중국은 역사적, 현실적 측면에서 복잡한 지정학적 환경에 직면해왔고, 중국의 지정학적 환경에 대한 현재의 연구 패러다임과 연구방법 개발이 필요하다. 그것이 서구의 것이든 고유의 것이든 설명력이 높은 것을 활용하면 된다. 그 과정 속에서 학문도 발전할 수 있을 것이다. 사회과학은 현상해석, 가치판단, 정책연구를 중심으로 한 규범적 연구와 자료분석

을 바탕으로 한 실증적 연구가 잘 어우러져야 한다. 그러나 지정학적 환경
의 불확실성에 직면하여 기존의 단순화 이론, 예측 분석 및 정량 분석은
매우 어려워 보이며, 이는 우리가 문제를 해결하기 위해 새로운 방법을
사용하는 과정 속에서 시행착오는 불가피하다. 그런 점에서 다양한 분야
에서 많은 지역과 국가에 대한 지정학적 연구가 이뤄진다면, 그 연구 결과
는 중국에게도 다른 국가에게도 쓸모가 있을 수 있을 것이다.

| 참고문헌 |

김석환, 『유라시아와 한반도 2030』, 한국외국어대학교출판부, 2014.

니콜라스 존 스파이크먼, 김연지 외 옮김 및 해제, 『평화의 지정학』, 섬앤섬,
　　　2019.

이동률, 「시진핑정부의 '해양강국' 구상의 지경제학적 접근과 지정학적 딜레
　　　마」, 『국제정치논총』, 제57집 2호, 2017.

王曉玉·許濤, 「論上海合作進程中的綜合安全理念」, 『俄羅斯中亞東歐研究』,
　　　第5期, 2003.

潘光·戴軼塵·張屹峰·趙國軍, 「上海合作組織的機遇與挑戰――第十一屆中
　　　亞與上海合作組織國際學術研討會綜述」, 『新疆師範大學學報(哲學
　　　社會科學版)』, 35卷 第1期, 2014.

邵永靈·時殷弘, 「近代歐洲陸海複合國家的命運與當代中國的選擇」, 『世界經
　　　濟與政治』, 第10期, 2000.

萬年慶·王義民, 「中國陸海複合地緣環境的形成及其戰略選擇」, 『河南大學學
　　　報(自然科學版)』, 第39卷 第4期, 2009.

劉會清, 「朝鮮半島問題研究的地緣價值取向因素」, 『內蒙古民族大學學報(社
　　　會科學版)』, 第35卷 第3期, 2009.

金景一·金強一,「朝鮮半島的地緣政治意義及其對我國的影響研究」,『延邊大學學報(社會科學版)』, 第41卷 第4期, 2008.

陸大道,「當代中國的全球觀念與全球戰略」,『地理科學』, 第36卷 第4期, 2016.

凌勝利,「"一帶一路"戰略與週邊地緣重塑」,『國際關係研究』, 第1期, 2016.

王軍,「新時代大棋局—21世紀中國的首要目標與地緣政治戰略」,『聊城大學學報(社會科學版)』, 第5期, 2019.

李建民,「"一帶一路"建設的新挑戰與對策」,『董事會』, 第5期, 2016.

丁工,「人類命運共同體的構建與中國戰略機遇期的存續」,『國際經濟評論』, 第6期, 2017.

黃鳳志·孫雪松,「人類命運共同體思想對傳統地緣政治思維的超越」,『社會主義研究』, 第1期(總第243期), 2019.

李源,「法德重啓海洋戰略的邏輯—化解"陸海複合型"困局」,『歐洲研究』, 第2期, 2014.

張文木,「中國地緣政治的特點及其變動規律(上)」,『太平洋學報』, 第1期, 2013.

_____,「中國地緣政治的特點及其變動規律(中)——中國內陸地緣政治的區域比較」,『太平洋學報』, 第2期, 2013.

_____,「中國地緣政治的特點及其變動規律(下)——中國長江流域地緣政治的功能和意義」,『太平洋學報』, 第3期, 2013.

楊震·蔡亮,「中國特色的大國海軍外交——基於當代海權思想的視角」,『社會科學』, 第12期, 2016.

楊震·鄭海琦,「中國海權優先戰略與海軍轉型」,『理論視野』, 第8期, 2017.

大山,「地緣政治形勢對我國海運發展的挑戰」,『中國遠洋航務』, 第12期, 2016.

戴維來,「中國建設海洋強國面臨的挑戰與方略」,『理論視野』, 第3期, 2015.

楊震·王森,「論美國"印太戰略"面臨的障礙與困境」,『國際觀察』, 第3期, 2019.

李秀蛟,「俄羅斯對美國"印太戰略"的基本判斷及可能應對」,『俄羅斯東歐中亞研究』, 第2期, 2019.

李渤,「印度"印太戰略"認知的影響因素: 安全理念與安全問題」,『新疆社會科學』, 第2期, 2019.

毛漢英,「中國與俄羅斯及中亞五國能源合作前景展望」,『地理科學進展』, 第
　　32卷 第10期, 2013.

楊宇·劉毅·金鳳君,「能源地緣政治視角下中國與中亞─俄羅斯國際能源合作
　　模式」,『地理研究』, 第34卷 第2期, 2015.

富景筠,「頁巖革命與美國的能源新權力」,『東北亞論壇』, 第2期 總第142期,
　　2019.

駱樂,「近年來印緬關係升溫析評」,『長春敎育學院學報』, 第30卷 第14期, 2014.

劉稚·黃德凱,「近年印緬關係的新發展及動因和影響」,『南亞研究季刊』, 第3
　　期 總第166期, 2016.

李振福·彭琰,「"通權論"與"冰上絲綢之路"建設研究」,『東北師大學報(哲學
　　社會科學版)』, 4期, 2019.

張俠·楊惠根·王洛,「我國北極航道開拓的戰略選擇初探」,『極地研究』, 第2
　　期, 2016.

肖洋,「格陵蘭: 丹麥北極戰略轉型中的錨點?」,『太平洋學報』, 第6期, 2018.

＿＿＿,「北冰洋航運權益博弈:中國的戰略定位與應對」,『和平與發展』, 第3期,
　　2012.

＿＿＿,「競爭性抵制: 美國對"冰上絲綢之路"的拒阻思維與戰略構建」,『國際觀
　　察』, 第1期, 2011.

Alexander Dugin, *Last War of the World-Island: The Geopolitics of contemporary
　　Russia*, Arktos, 2015.

Halford J. Mackinder, *Democratic Ideals and Reality*, W.W. Norton & Company,
　　1962.

Nicholas J. Spykman, *The Geography of the Peace*, Archon Books, 1969.

Saul Bernard Cohen, *Geopolitics : The Geography of International Relation*, Rowman
　　& Littlefield, 2015.

양안 문화교육교류의 특징과 영향

● 이광수 ●

I. 서론

중국과 대만은 1949년 이후 70년의 분단 역사 속에서 정치·군사·외교 분야에서는 서로 한 치의 양보도 없는 대치와 긴장상태를 유지하면서도, 민간인의 왕래와 경제, 교육, 문화, 관광 등 비정치 분야에서는 교류와 협력을 진행해오고 있는 특수한 분단 관계에 있다. 한편으로는 분단 상태이지만 다른 한편으로는 분단되어 있지 않은 듯이 보이는 양안관계는 상호주의(互惠) 원칙에 의거하여 포용적, 실용주의적 교류형태를 보이고 있기 때문이다.[1]

이는 양안 통일을 지향하는 중국은 대만의 분리주의 기도를 봉쇄하면서

이 글은 「양안 문화교육교류의 특징과 양안관계에 미치는 영향」, 『통일문제연구』, 제32권 1호, 2020을 보충·수정한 것이다.
** 국민대학교 중국인문사회연구소 HK연구교수.
1) 포용적이고 실용주의적 양안교류의 특징을 다음 네 가지 방침으로 설명하기도 한다. 선이후난(先易後難 : 쉬운 것 먼저하고 어려운 것은 나중에 하기), 선경후정(先經後政 : 경제교역을 먼저하고 정치교류는 나중에 하기), 선민후관(先民後官 : 민간교류를 먼저하고 관방교류는 나중에 하기), 선공후득(先供後得 : 먼저 제공하고 나중에 얻기)이 그것이다.

통일 조건을 형성하기 위하여 압박과 회유를 적절하게 혼용한 대(對)대만 정책을 실행하는 차원이고, 반면에 대만은 평화보장과 경제적 실리 획득을 위해서 대항과 협력을 교차로 사용하는 대(對)중국 정책의 특징이 반영되어 있다. 이러한 양안교류 모델은 교류의 지속성과 확산성의 이점을 강조하는 기능주의적 통합이론으로 그 적실성과 효율성이 설명될 수 있다.

1970년대 후반 개혁개방정책을 표명한 중국은 경제발전을 실현하기 위해 대내외 평화적 환경 조성의 필요성과 조국통일을 실현하기 위해 양안관계 개선의 필요성을 인식하면서 대만과의 교류를 적극 추진하는 입장을 공식적으로 표명했다. 1979년 1월 전국인민대표대회 명의로 '대만동포에게 보내는 글'을 통해, 먼저 양안 대화와 협상을 제안하고, 1984년에는 덩샤오핑(鄧小平)이 '일국양제(一國兩制)' 방식의 평화통일 방안을 발표함으로써 단절된 양안관계를 복구하려는 분위기를 조성하고자 했다.2) 그러나 1971년 중국이 유엔에 가입하면서 '하나의 중국' 원칙에 따라 대만은 반강제적인 탈퇴와 1979년 미중 국교수립 등의 국제환경 변화에 따라 국제적 발언권이 약해진 대만의 장징궈(蔣經國) 총통은 중국과는 어떠한 접촉, 대화, 합의를 하지 않는다(三不政策)는 관계 거부 입장으로 대응하면서, 양안교류 역시 완전한 단절상태에 이르렀다. 하지만 1980년대 중반 이후 대만에서 민주적 개혁조치가 진행되면서 대륙 출신 민중들의 가족 상봉 및 고향 방문 요구가 분출되었다. 분단 이후 40년 가까이 억눌러왔던 국민당 내부와 대륙 출신 민중들의 요구에 화답하기 위해서 결국 장징궈

2) 일국양제는 '하나의 국가, 두 가지 제도' 방식을 통해 평화통일을 이루자는 방안으로, 1997년 홍콩과 1999년 마카오의 중국 반환과 대만과의 통일방안으로 제안되어 현재까지 유지하고 있으며, 일국양제 통일방안의 실현이 쉽지 않다고 생각하는 중국은 대만과의 관계에서 하나의 중국을 인정하는 '92컨센서스' 개념의 승인을 공식적인 관계 형성의 전제조건으로 내세우고 있다. 일국양제와 관련한 구체적인 내용은 김윤실·김형실, 「중국의 일국양제(一國兩制) 통일방안이 한반도에 주는 시사점」, 『인문과학연구논총』, 39, 2014, 247-275쪽.

총통은 1987년 인도주의적 목적으로 대만인의 중국 고향 방문을 허용하게
되면서 양안의 인적왕래 및 교류가 본격적으로 시작되었다. 이러한 배경
을 볼 때, 양안 민중의 상호 왕래 및 교류는 양안 관방의 정치적 필요성에
대한 정책적 선택이라는 측면과 함께 교류의 필요성을 주장하는 민간의
요구가 함께 분출하면서 시작했다고 할 수 있다.

　1987년 이래 30년간의 인적왕래 및 교류 현황은 양안 민간교류의 성과
이자, 문화교육교류(이하 문교교류로 약칭)의 인적 교류 상황을 추정해
볼 수 있다는 점에서 중요한 지표이다. 1987년 4만 6천여 명의 대만인이
중국을 처음 방문하면서 시작된 양안의 인적왕래는 2017년도 기준으로
방중(訪中) 대만인이 580만 명이고, 방대(訪臺) 중국인은 290만 명으로
한해에만 900만 명에 이르는 수준까지 증가했다.[3] 이 기간 양안의 경제교
역은 정치적 변수에 따른 굴곡에도 불구하고 비약적으로 성장했다.[4] 2017
년 기준으로 양안의 무역액은 1993.75억 불로 중국 대외무역액의 4.86%이
다. 이 중에서 대륙의 대만 수출액이 439.9억 불, 대만으로부터 수입액은
1553.86억 불로써 대만이 대략 세 배 정도의 무역흑자 상태이다. 현재 경
제교역 분야에서 양안관계를 보면 중국이 대만의 가장 큰 무역파트너이
고, 대만은 중국의 7대 무역파트너이자, 5위의 수입국이다.[5] 한편 양안
인적교류는 초기의 고향 및 친척 방문과 경제활동 목적의 교류에서 점차
문교교류와 관광 목적의 교류까지로 확대되었다.[6] 게다가 양안교류의 양

---

3) 중국의 대만사무부서인 [국무원대만판공실(약칭 국대판)]의 자료에 의하면, 양안 인적
　왕래는 1987~2017 30년 동안 누적 방중 대만인은 1억 명에 이르고, 누적 방대 중국인도
　3천만 명으로 양적으로 엄청난 성장세를 보였다. http://www.gwytb.gov.cn/lajlwl/rywltj/
　201805/t20180524_11958157.htm(검색일 : 2019.03.19)
4) 마잉주 정부 시기의 양안 경제교류에 대한 자세한 내용은 박정수(2010), 「마잉지우(馬
　英九)정부 출범이후 양안 경제교류의 현황과 전망」, 『중국연구』, 49권 0호, 399-415쪽.
5) 중국 상무부, 「중국대만」 보고서, http://www.mofcom.gov.cn/dl/gbdqzn/upload/zhongg
　uotaiwan.pdf(검색일 : 2019.05.06)

적 성장과 질적 발전 추세에 따라 이제는 사업, 결혼, 학업 목적으로 상대
방 지역에 장기간 거주하고 정착하는 현상까지 출현하고 있다.7) 양안 교
류의 양적 증가와 질적 수준의 향상은 문화교육교류의 내용과 형식을 새
롭게 변화시키는 데까지 작용한 것이다.

양안교류와 관련하여 국내에서 진행된 선행연구는 문화교육, 학술, 종
교 등 세부 분야별 교류에 대한 연구보다는 포괄적이고 종합적 범위에서
다루고 있다. 그리고 양안교류가 양안관계에 미치는 영향을 분석하거나,
분단국가의 상호 협력 사례로 연구되어왔다. 선행연구를 크게 세 가지로
분류해 보았다. 첫 번째 연구는 많은 연구가 통일정책과 관련한 교류협력
을 다루고 있는데, 양안의 교류는 국내정치적으로 탈이데올로기화 되어가
면서 양안관계 역시 탈이데올로기화되어 갔다고 보았다. 즉 인적·물적
교류의 확대와 제도화와 같은 비정치적 영역은 괄목할 만한 발전을 이룩
했으나, 정치외교군사 부분에서는 대립과 긴장관계를 형성해 왔다는 특징
을 지적한 연구다.(한종수·주유진, 2005)8) 두 번째 연구 경향은 양안의
전략적 유연성에 주목한 연구이다. 문흥호(2010)는 양안 협상 사례연구에
서 비정치 분야의 협상 통로에 대한 연구에서 제한적인 범위에서 반관반
민(半官半民) 성격의 교류형태를 이용하려는 특징을 보이고 있다고 강조

---

6) 대만의 내정부 통계에 의하면 방문목적에 의거해 대만을 방문한 중국인의 수치를
보면, 관광 목적이 72%로 가장 많고, 두 번째가 소삼통 목적이 12%, 다음으로 문화교육
교류가 4%, 상무교류가 3%를 차지하고 있다고 발표했다.
https://www.immigration.gov.tw/5385/7344/70395/143269/(검색일 : 2019.03.19)

7) 사업목적으로 장기 거주하는 민중을 일컬어 타이상(台商), 루상(陸商), 결혼 이주민의
경우에는 루페이(陸配), 학업목적으로 거주하는 경우는 루셩(陸生), 타이셩(臺生)
등 양안 인적교류의 변화에 따라 새로운 용어가 사용되고 있다.

8) 관련 연구로는 다음 논문을 참조할 것. 전병곤, 「양안 교류협력이 남북관계에 주는
함의」, 『한중사회과학연구』, 11권 0호, 2008; 신종호, 「양안(兩岸) 교류협력의 특징과
남북한관계에 대한 시사점」, 『제주평화연구원(Jpi) 정책포럼』, 91권 0호, 2011.

했다. 이는 문화교육교류에서도 유사하게 나타나는 것을 추론해 볼 수 있다. 즉 상호접촉자체가 불가능한 상황에서 양안은 해협회와 해기회라는 민간법인을 설립하여 협상을 전담시키는 전략적 지혜를 발휘했다는 것인데, 저자는 이를 양안이 '전략적 유연성'을 발휘했다고 표현했다. 이 글에서 주로 연구대상으로 삼은 문화교육교류도 이와 마찬가지로 양안 협상대화의 채널 역할을 하고 있는 측면이 많이 나타나고 있다. 세 번째 연구는 양안경제교류와 관련한 연구로서 양안교류에서 가시적인 성과가 보이는 것에 주목한 것이다. 이 가운데 경제교류의 활성화 배경과 현황에 대한 연구를 통해 이 글의 연구대상인 문화교육교류의 양적 성장의 배경과 질적 변화의 원인을 추론해 보았다. 선행연구는 리덩후이, 천수이볜 정부 시기에는 대만 의식 고취와 대만 독립 추진에 의해 양안관계가 경색국면에 처했고, 경제 역시 침체를 벗어날 수 없었다고 평가했다. 반면에 경제 부흥과 양안관계 개선을 표방했던 마잉주 시기에는 중국과의 직항, 관광, 환전을 허용하는 대삼통 실현을 통한 경제우선정책에 따라 양안관계의 평화와 번영, 협력과 교류를 중시하는 정책기조로 변화하였음을 지적하면서 양안의 인적, 물적 교류가 더욱 확대된 요인이 되었다고 설명하고 있다(박정수, 2010).9) 대만 내부의 정치지형의 변동에 의해 영향받는 경제교류의 특징은 문화교육교류에서도 유사하게 찾아볼 수 있었다. 그러나 앞선 선행연구에 대한 간략한 검토에서도 살펴보았듯이 양안의 문화교육분야에서의 교류에 대한 연구결과는 많다고 할 수 없다.10) 이런 점에서 이

---

9) 양안의 경제교류와 관련한 연구는 다음 논문을 참조할 것. 조준현, 「중국 – 대만간 양안교류의 동향과 WTO 가입 이후의 전망」, 『국제지역연구』, 8권 1호, 2004; 양효령, 「중국과 대만 양안(兩岸) 간의 경제교류 협력을 위한 투자분쟁해결 제도와 남북경협에 있어서의 시사점」, 『법학연구』, 27권 4호, 2017.
10) 양안의 인적교류측면을 다룬 논문이 있는데, 푸젠성의 양안인재교류협력지구를 연구대상으로 하여, 양안간의 비정치적 민간 인적자원교류의 성공사례로 평가했다. 강일규 외, 「중국 양안간 인적자원 분야의 교류·협력 현황과 성과 연구」, 『중국종합연구 협동

344 중국 지식지형의 형성과 변용

연구는 선행연구의 부족한 부분을 일정정도 보충할 수 있다는 점에서 형식상의 연구 의의가 있다. 또한 이 연구는 양안의 통합 방안에 있어서 문화교육 교류가 보여주는 특징을 정리하고, 양안관계에 미치는 영향을 분석했다는 점에서 내용면에서도 연구 의의가 있다고 할 수 있다.

이 글에서 다루는 양안의 문교교류는 양안의 정부 혹은 반(半)정부 차원의 정치, 경제, 관광 교류를 제외한 문화교육 분야의 교류이다.[11] 일반적으로 "공공외교(public diplomacy)를 자국에 유리하게 상대국 국민의 인식을 변화시키는 정부 또는 비정부행위자의 의도적 노력"이라고 정의한다. 의도적 노력에 포함되는 영역으로 역사, 전통, 문화, 예술, 가치, 정책, 비전 등에 대한 공감대를 확산하고 신뢰를 확보함으로써 외교관계를 증진시키고, 국가이미지를 높여 영향력을 확대하려는 외교활동이라고 한다. 그리고 21세기 공공외교의 대상은 상대국 정부, 대중 그리고 자국민도 포함된다.[12] 양안의 문교교류는 비정치적 성격을 지닌 민간교류이지만, 정치교류를 진행시키기 위한 매개역할을 하는 중간 단계로 인식된다. 따라서 이 연구는 양안의 관방이 주로 민간차원에서 진행되는 문화교육교류를 통해 정치적 목적과 의도를 충분히 투영하여 상대방의 인식을 변화시키려 할 수 있다는 점에서 공공외교의 한 측면으로서 현 시기 양안 문화교육교류의 특징과 영향력을 이해할 수 있는 지표가 될 것이다.

연구총서』, 14권 39호, 대외경제정책연구원, 2014.

11) 대륙위원회의 기준에 의하면 문화교육교류는 문교, 대중전파, 학술과기, 학술과기연구, 민족예술 및 민속기예 전승실습, 종교, 위생, 법률, 지정(地政), 공공프로젝트, 소방, 체육, 사회복리, 문교행사, 화교업무, 불교전파, 경찰정무, 핵에너지과기학술 등 총 18개 분야로 세분하고, 상세분야별 입경자 통계를 발표한다. https://www.mac.gov.tw/cn/News.aspx?n=4892E8B8F5C0E174&sms=AF44BFB2584887A0&_CSN=7DEC7150E6 BAD606(검색일 : 2019.03.22)

12) 한인택, 한국형 공공외교 모델의 모색, 2015.01, 외교부 공공외교 소개, http://www.publicdiplomacy.go.kr/introduce/public.jsp(검색일 : 2019.05.18)

따라서 이 글의 구성순서는 다음과 같다. 먼저 30년 동안 유지해 온 양안 문교교류의 특징을 수량적 변화와 질적인 변화로 구분하여 살펴보고, 다음으로 문교교류에서 나타난 변화의 특징이 양안 관계에 어떻게 작용하는가를 긍정적, 부정적 두 측면으로 나누어 분석했다. 결론에서는 양안 문교교류가 주는 시사점을 정리해 보았다.

Ⅱ. 양안 문화교육교류의 특징

1. 양안 문화교육교류의 양적 변화의 특징

양안 문교교류의 양적 성장은 양안 인적교류의 증가 추세와 유사한 형태로 진행되고 있다. 즉 30년에 걸친 인적 교류 기간 점진적이지만 지속적으로 증가하는 추세를 보여준다. 그리고 대만의 정치변동 상황, 즉 민진당(民進黨)의 집권 시기에는 대만독립 정책 추진에 따라 영향을 받는 상황을 보여준다. 그러나 전체적인 교류량은 민진당 집권시기에도 계속 증가 추세에 있다. 이는 양안문교교류에 있어서 봉쇄와 단절과 같은 강경책보다는 교류와 협력을 통한 온건노선을 기본적인 대만정책으로 설정하고 있는 중국의 입장과 대만 역시 비록 양안관계에서 비타협적인 민진당의 태도에도 불구하고, 경제, 문화, 교육, 종교, 체육 등 다양한 동기를 지닌 아래로부터의 민간교류 요구가 커지고 국민당(國民黨)의 대중(對中)협력 노선이 서로 어우러져 나타난 결과이다. 따라서 국민당 집권시기에는 양안 문교교류가 양적 성장세는 크고 질적인 측면도 풍부하고 분명하게 드러나는 특징을 보여준다.

〈그림 1〉은 대만의 중국사무 관련 부서인 대륙위원회에서 발표한 문화교육분야에 한정하여 중국을 방문한 대만인의 통계이다. 〈그림 1〉에서

2005~2008년 전반까지는 민진당 천수이볜(陳水扁) 정부 시기였는데, 이 때도 매년 1~2만 명의 대만의 문화교육계 인사들이 문화교류목적으로 중국을 방문하였다. 이후 2008년 5월 취임한 마잉주 정부의 양안협력정책이 본격화된 2009년부터는 성장추세가 비약적으로 확대되었고, 2009년부터 2012년까지 매년 1~2만 명씩의 증가 추세를 보이고 있다.

〈그림 1〉 문화교육분야 중국 방문 대만인 (단위 : 명)

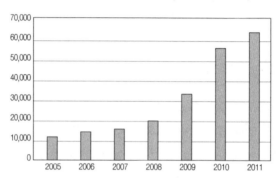

자료출처 : 柯采熙, 兩岸交流與臺灣民眾認同之變遷——2008年以來的分析 p.65 인용.

아래 〈표 1〉은 대만을 방문한 중국인의 구체적인 교류 분야와 방문자 숫자를 보여주는데, 우선 교사교류, 학술연구교류, 언론교류, 학생교류 등 4개 분야 통계 조사표이다. 특히 마잉주(馬英九) 정부 2기와 현재 집권하고 있는 차이잉원(蔡英文) 정부시기를 대상으로 조사한 결과이다. 우선 2014~2016년 기간 중국과의 관계 강화 입장을 표명했던 마잉주 정부 때는 2만여 명에서 3만여 명 수준으로 계속 증가하는 추세를 보이다가, 중국과는 비교적 대립적 태도를 유지하고 있는 민진당 차이잉원 정부가 2016년 5월 다시 집권하면서, 92컨센서스의 인정을 거부하면서 중국과 대립하는 노선을 채택하자, 2017~2018년의 문교 교류가 다시 2만여 명 수준으로 감소하는 현상을 확인할 수 있다. 문교교류가 정치적 영향으로부터 자유

롭지 못하다는 사실을 확인할 수 있다.

〈표 1〉 문교교류로 대만을 방문한 중국인 종사자 통계(단위 : 명)

연도	교수교류	학술연구교류	언론교류	학생교류	합계
2014	60	369	176	25,790	26,395
2015	66	395	188	33,174	33,823
2016	58	415	187	32,648	33,308
2017	35	436	189	25,824	26,484
2018	38	344	179	20,597	21,158

자료출처 : 대만 대륙위원회 홈페이지

2. 양안 문화교육교류의 질적 변화의 특징

1990년대 이래 양안 문교교류는 일상적, 정기적으로 진행되어감에 따라 포괄적이면서 다양성을 반영하는 형태로 변화해가는 이른바 양적 성장뿐만 아니라 질적인 변화도 동시에 진행되고 있다. 여기서는 질적 변화의 특징을 교류 방식, 교류 범위, 교류 통로 세 가지 측면으로 분류하여 분석했다.

(1) 교류방식의 변화

기존의 양안 교류가 인도주의적 목적의 인적 왕래와 경제적 호혜를 의미하는 경제교역을 통하여 양안 상호 이해를 높이고 공동의 시장 형성을 목적으로 이루어졌다면 새로운 교류방식은 문화적 공감대를 넓히고 혈연, 역사 분야에 걸친 공통 인식(정체성)을 축적하는 방향으로 문교교류를 확대·강화하고 있다.

이러한 형태로의 문교교류 방식의 변화는 1990년대 중반 이후와 2000년대 초반, 리덩후이(李登輝) 정부와 천수이볜 정부의 대만주체의식의 강화 노선으로 대만의 탈(脫)중국화 현상이 나타나자, 이에 대한 대응책

이라는 성격을 지닌다. 중국은 교류 초기 일국양제 방식에 입각하여 평화
통일을 추진한다는 목표를 정하고, 대만에 양보를 통해 경제적으로 더 큰
이익을 제공하고, 동포로서 대륙인과 동일하게 대우한다는 대만우대정책
(惠臺政策)에 따라 양안 문교교류를 진행해 왔다. 그러나 일국양제 통일
방안을 거부하고 탈중국화를 지향하는 민진당 정부의 집권은 그동안 진행
됐던 인도주의적·경제적 이익 제공을 핵심으로 하는 단순한 문교교류는
양안교류의 궁극적인 목표실현에 제한적이라는 점이다. 때문에 중국의 입
장에서는 문화적 수단과 통로를 보다 적극적으로 확대하고 활용하는 방식
으로 대만과의 문교교류방식을 확대하고, 이를 통해 대만 내부에 좀더 적
극적으로 침투해야 한다는 전방위적 교류방식을 채택하는 형태로 전환했
다. 한편 대만의 국민당 역시 중화민국의 법적 정통성을 수호하고 중국과
의 교류협력을 기반으로 평화유지와 경제발전이라는 정치적 이익을 획득
하기 위해서 양안의 역사, 혈연, 문화의 공통점을 인정하는 방향으로 문교
교류 분야에서의 교류 방식을 선호했다. 마잉주 정부 이후 역사교과서 재
편과 같은 정책이 이러한 요인에 기인한 것 이라 할 수 있다.

　2002년 민진당의 천수이볜 정부가 양안은 대만해협을 사이에 둔 각각
의 국가라는 의미로 '일변일국론(一邊一國論)'을 주장하면서 대만의 독
립 분위기가 고양되자, 중국은 2005년 '반(反)국가분열법'을 제정하여, 대
만이 독립을 공식 선언하면 무력 개입을 통해 분열을 방지한다는 의사를
분명히 표명했다. 그리고 양안교류를 경제적 이익 제공에만 국한하지 않
고 양안의 문화적 정체성을 하나로 통합시키기 위해 문교교류를 중시하는
정책을 채택했다.

　문교교류 방식의 전환은 중국 지도자의 언설에서 보다 분명히 나타났
다. 2004년 중국공산당 후진타오(胡錦濤)총서기는 양안 문교교류의 방향
은 '대만으로, 가정으로, 머릿속으로, 마음으로' 들어가야 한다는 소위 4입
(入島, 入戶, 入腦, 入心)을 핵심구호로 내건 새로운 대만 정책을 공표했

다. 이러한 정책전환은 대만과의 교류를 담당하고 있는 모든 분야 특히 문교교류분야에서 적극적으로 문화적 공감대를 형성하기 위한 실천을 해야 한다는 의미를 담고 있다.[13]

　2012년 총서기에 올라선 시진핑(習近平) 국가주석도 양안의 정서적 일체감을 강조하는 발언을 자주 하면서, 이러한 정서적, 문화적 유대를 중심으로 양안교류를 강조하는 입장을 보인다. 시진핑은 대만 관련 회의나 대만인사와의 접견에서 "피는 물보다 진하다(兩岸是血濃於水一家人)", "양안은 운명공동체(命運共同體)", "양안은 한 가족(兩岸一家親)" 등의 표현을 반복적으로 사용하는데, 이는 양안의 혈연적 유대와 문화적 정체성의 일체화를 강조하기 위한 것으로 해석할 수 있다. 이에 따라 2018년 2월 중국 국대판은 그동안의 대만우대조치보다 더욱 광범위한 교류와 실질적인 이익을 제공하는 내용을 담은 31개 우대조치를 발표하기도 했다.[14] 이 중에는 대만교수의 대륙학교 강의 허용, 국가기술자격시험 응시 허용, 인재육성프로그램(千人計劃, 萬人計劃) 신청 허용, 영화산업, 도서출판 진입 허용 등의 문교교류의 방식을 더욱 적극적으로 포용하려는 내용을 담고 있다.

　한편 이러한 교류방식의 변화에 따른 문교교류의 확대 움직임에 대해

---

13) 후진타오는 특히 신문, 방송 등 언론기관이 공산당의 선전 창구 역할을 해야 된다는 지시를 내렸는데, 국대판 부주임 왕자이시(王在希)가 국영라디오방송인 중앙인민방송국(中央人民廣播電台, 인광)개국 50주년 기념식에서 "인광의 대만 대상 방송 채널은 양안의 소통을 위한 다리 역할을 해야 하며, 중공 중앙의 대만정책을 방송하는 직접적이고 가장 효과적인 통로"라고 의미를 부여하고, 구체적으로 '평화통일, 일국양제'에 대한 선전을 강화해야 한다고 강조한 부분에서 이를 확인할 수 있다. 胡錦濤批示對臺廣播"入島入戶入腦", 2004.08.14, 萬維讀者網. http://news.creaders.net/china/2004/08/14/490448.html(검색일 : 2019.03.06)

14) 大陸國台辦31條惠台措施全文, https://news.cnyes.com/news/id/4051032(검색일 : 2019.03.06)

서, 대만은 점진적·단계적·부분적 교류 허용은 피할 수 없다는 데 동의
하지만, 정파적 이해와 입장에 따라 상이한 대응 태도를 보인다. 우선 국
민당은 문교교류 확대에 비교적 긍정적인 입장을 표명하고 있다. 반면에
민진당은 양안 문교교류는 중국에 의한 문화선전이며 결국 중국공산당,
중국 사회주의 체제에 대한 비판의식을 상실할 수 있다는 점에서 대만에
위험하다는 시각을 갖고 있다. 즉 민진당이 보는 양안 문교교류는 중국의
'문화통일전선(文化統戰)'의 일환이라고 평가하기 때문에 국민당과 달리
냉소적, 적대적 자세를 취한다. 실제로 민진당은 마잉주 정부가 2010년부
터 실시한 중국유학생의 대만 대학 입학 허용 조치도 강력히 반대했다.
또 2013년 중국 호남(湖南)TV가 제작한 중국판 [나는 가수다(我是歌
手)] 프로그램이 친국민당 성격의 동삼(東森)TV, 중천(中天)TV 방송사
에 의해 대만에서 생방송으로 방송된 사례가 있다.15) 이에 대해 민진당은
중국TV 프로그램의 대만 생중계방송은 대만에 대한 중국의 문화공격(和
平演變)이며, 세뇌공작이라고까지 비판하는 입장을 보였다. 이는 양안 문
교교류는 양안 관계뿐만 아니라 대만 내부에 있어서도 복잡한 정치적 함
의를 지닌 사례로써 문교교류 방식의 변화가 야기한 현상이다.

(2) 교류범위의 확대

양안 문교교류 범위의 확대는 중국이 효과적인 대만 정책을 수행하기
위해 양안교류의 범위를 삼중일청(三中一青)이라는 4가지 특정 대상을
중심으로 한 교류를 해왔다면, 2014년 이후에는 계층과 세대를 망라하는
일대일선(一代一線)이라는 포괄적인 범위로의 교류로 범위를 확대한 특
징을 의미한다.16)

---

15) 中共對臺洗腦 蘇貞昌 : 到"入島入戶入腦"地步, 2013-04-14. https://www.tuidang.org
/2013/04/14/(검색일 : 2019.03.06)

2000년대 천수이볜 민진당 정부 등장 이후 나타났던 중소기업 종사자, 중남부 지역, 중저소득계층 및 청년세대를 중점 교류범로 한 기존의 인식이 2014년 대만에서 발생한 해바라기 학생운동으로 인해 특히 세대와 계층을 모두 포괄하는 교류정책으로 전환이 필요하다고 인식한 결과이다. 즉 교류 범위를 확대하여 좀더 적극적이고 전방위로 양안 문교교류를 추진하겠다는 중국의 입장을 반영하고 있다.

중국은 대만에 대해 경제적 이익을 보장해주는 일방적인 양보 정책(讓利)과 대만 주민을 대상으로 제공하는 우대 정책(惠臺)을 장기간 실시했음에도 불구하고, 양안교류를 반대하는 사회운동이 발생하고, 양안교류를 찬성하는 국민당이 선거에서 패배한 배경에는 교류의 중점대상을 잘못 선택한 것에 원인이 있다고 보았다. 다시 말해서 대만의 중소기업 경영자, 대만 남부 지역 주민과 중저소득 계층, 청년세대 즉 삼중일청을 대상으로 한 교류범위를 보다 확대할 필요가 있다고 판단했다. 따라서 '일대일선' 즉 지역적 구분 없이 대만의 청년 세대와 기층 계층을 대상으로 하는 양안 문교교류에서도 수혜 대상 범위를 확대한다는 입장을 세웠다. 여기에는 차이잉원 민진당 정부가 집권하게 되면서 정치적 대립 관계가 지속되자, 양안관계의 경색 분위기를 해소하기 위해, 문교교류의 중점대상을 젊은 세대 및 기층 민중이라는 한층 더 폭넓은 범위로 확대하여 교류를 진행하겠다는 것이다.[17]

중국 상해 대만연구소의 얼용제(倪永杰)상무부소장은 "기존에는 양안 문교교류의 주요 교류범위에 속하는 대상을 중소기업 종사자, 중저소득계

---

16) 삼중일청은 중국의 대만정책의 주요 대상을 대만의 중소기업 종사자, 중남부 지역 주민, 중저소득계층과 청년세대를 의미하고, 일대일선은 청년세대와 기층 일선 즉 민중 계층을 의미한다.

17) 余元傑, 「三中一靑」到「一代一線」之統戰分析, www.tpd.moj.gov.tw/HitCounter.asp?xItem=493312(검색일 : 2019.03.22)

층, 중남부 지역민 그리고 대만 청년으로 하였지만, 현재는 중남부 지역 이외에 대팽금마(台澎金馬 : 대만, 팽호, 금문, 마조) 즉 대만 전 지역을 대상으로 확대하고, 교류범위의 주요 계층도 일부 산업, 특정 소득계층이 아닌 농림어업목축 등의 1차산업과 하층 노동자 계층이 대륙의 양안 문교 교류의 주요 대상이 되었다고 설명하고 있다. 이는 대만의 하층 민중의 생활에 밀착하여 이들의 지지를 획득하려는 의도가 반영되었다고 볼 수 있다.

양안 문교교류에 있어서 교류범위의 확대는 2014년 대만에서 발생한 해바라기 학생운동 이후 중국의 대만정책이 과거의 일부 지역, 계층을 특정한 양안 문교교류 정책이 한계를 갖고 있다고 평가하면서, 정치적 영향을 가급적 덜 받고 지속적이면서 핵심적 성과를 얻을 수 있도록 세대와 계층을 중심으로 대만민중을 아우르는 형태로 교류범위를 보다 포괄적으로 확대한다는 특징을 보인다.

양안 문교교류 범위의 확대는 중국이 효과적인 대만 정책을 수행하기 위해 양안교류의 범위를 삼중일청에서 계층과 세대를 구분 없이 모두 다 포괄하는 범위로 능동적인 형태로 확대했다면, 대만은 상대적으로 수동적으로 접근하는 방향으로 변화했다고 볼 수 있다. 특히 2010년 이후 본격적으로 개방하기 시작한 중국의 젊은 학생의 대만 학위과정 입학생을 대상으로 하고 있다.

마잉주정부는 침체기에 빠진 대만 대학의 발전이라는 실리적 목적과 중국과의 평화분위기를 고취하기 위해서 중국과의 교육교류 수준을 향상시키는 정책을 채택했다. 소위 대륙유학생(陸生) 유치정책은 대만의 대학에서 2015년에 928명에 이르는 대륙학생들이 졸업하는 가시적인 성과가 나온 이래 매년 많은 수의 대륙학생들이 대만대학에서 학업을 수행하고 있다. 양안 언론은 교육교류가 양안의 대학 교육 욕구와 문제의 해결에서부터 양안 정치적 화해와 평화 분위기 조성 역할을 하는 것으로 긍정적인 평가를 하고 있다.[18] 물론 여기에는 단기적으로 중국 학생들의 대만학습 욕구에 부응하며, 장기적으로 탈중국화 추세로 가고 있는 대만을 혈연과 문화적 정체성을 공유하는 기회로 삼기 위하여 교육교류를 활용하려는 중국의 정치적 의도도 내포되어 있다. 최근 대만에서는 대만에서 장기간 공부한 대륙유학생 리자바오(李家寶)가 대만체제를 옹호하고 대륙 체제를 비판하면서 대만으로 망명을 신청하겠다는 사례가 발생했다.[19] 중국의 정치체제가 경직되어 있고, 상대적으로 대만은 자유로운 체제임을 보여주는 예시로 설명될 수 있을 것이다.

(3) 교류통로의 확대

양안 문교교류에 있어서 교류방식의 변화와 교류 범위의 확대는 다양하고 특색 있는 교류통로가 나타나는 요인으로 작용했다. 이는 양안 문교교류의 지속발전을 통해 대만의 안보위협을 완화시키려는 대만 국민당과 문교교류를 확대·심화를 통해 양안통일 분위기를 조성하려는 중국 공산당의 이해가 상호 일치하면서 시작되었다. 즉 국민당은 대만 민중에게 양안의 군사적 긴장관계를 해소시키는 평화조성자(peacemaker) 역할을 통해, 다시 정권획득의 기회를 가질 수 있고, 공산당은 문교교류의 지속과 확대를 통해, 중국에 대한 이질감 내지는 거부감을 일정정도 불식시킬 수 있다는 점에서 양안 두 정치세력의 협력으로 인해 문교교류의 통로가 확대될 수 있었다.

---

18) 이광수·서상민, 「대만 '중국 유학생 유치정책'의 특징과 영향 – 마잉주 정부 시기를 중심으로」, 『한중사회과학연구』, 제14권 제2호(통권 39호), 2016.

19) 李家寶事件讓臺灣政治庇護相關法規再成焦點, BBC 中文, 2019.4.1(검색일 : 2019.05.20)https://www.bbc.com/zhongwen/trad/chinese-news-47743161
「台灣女孩」與「中國男孩」之我見 : 品格的正直或卑劣, 與出生地無關 https://crossing.cw.com.tw/blogTopic.action?id=1225&nid=11470(검색일 : 2019.05.20)

2005년 대만독립노선을 강력하게 지향하면서 미국에게서조차 문제야
기자(trouble maker) 취급을 받는 천수이볜 정부를 둘러싸고 양안교류에
미치는 영향변수를 바꾸기 위하여, 국공(國共) 두 정치세력의 협력관계가
형성되기 시작했다. 대만의 롄잔(連戰)은 2005년 국민당 주석 신분으로는
분단 이후 처음으로 중국을 방문하여 후진타오와 접견하고 양안 사이의
경제무역과 문화 분야의 교류를 통해 양안 평화 유지와 교류발전을 진행
한다는 내용에 합의했다.[20] 이후 양안 사이에는 국공대화통로 '양안경제
무역문화논단(兩岸經貿文化論壇)' 이외에 양안 경제인들의 소통과 협
력 모임인 '양안기업가정상회의(兩岸企業家峰會)', 양안 민간차원의 문
교교류 통로인 '해협논단(海峽論壇)', 중국의 역사유적지를 중심으로 조
성된 '양안교류기지(兩岸交流基地)' 등의 양안문교교류통로가 새로이
신설되어 진행되고 있다.

네 종류의 교류통로는 양안의 경제무역의 통합발전, 민간문화교류의 협
력 강화와 발전을 촉진하기 위한 것을 목적으로 하고 있다. 대만 국민당은
양안의 정치경제관계의 긴밀한 협력을 위한 통로 역할을 하는 수단으로
보며, 중국 정부는 자신들이 의제설정과 참여과정을 관할하면서 적극적으
로 문교교류를 활성화하려는 입장을 보인다. 이에 대해 대만의 민진당은
네 가지 교류 통로 모두 '하나의 중국'을 전제로 하여, 즉 92컨센서스를
승인한다는 전제에서 구성되고 운영되기 때문에 비판적으로 바라보고 일
부 행사는 참여를 제한하고 있다. 때문에 국공논단의 성격을 지닌 양안경

---

20) 2005년 국공 양당이 체결한 5가지 합의사항으로는 ① 양안은 92공식의 기초위에서
평등 협상의 추진을 위해 노력. ② 양안 적대 상태를 종식하기 위하여 평화협정을
체결한다. ③ 대삼통 등 경제협력관계를 수립하고, 양안 공동시장문제를 토론한다.
④ 세계보건기구등 국제활동참여문제를 논의한다. ⑤ 국공은 향후 정기적인 소통창구
를 수립하여 국공타협을 실현한다. 이 합의에 따라, 국민당은 대만의 야당 자격으로
중국과의 민간교류에 나서고, 마잉주 정부 시기에는 중국유학생 입학 허용 등 본격적
으로 문교교류가 시작되었다.

제무역문화논단의 경우에는 2016년 차이잉원 정부 등장 이후에는 개최되지 않고 있다.[21]

〈표 2〉의 양안 경제무역문화교류 통로는 양안관계를 연결시켜주는 교류통로이지만 국공협력을 기반으로 하면서 민진당을 고립시키는 작용을 하기 때문에 민진당 집권시기에는 정치적 영향을 받기도 한다.

<표2> 양안 경제. 무역, 문화 교류통로

명칭	양안경제무역문화논단	해협논단	해협양안교류기지
의미	국공 대화 창구	민간 교류 창구	중화 문화 계승
설립	2005년 4월 29일	2009년 5월 15일	2009년12월17일
개최	10회	10회 2018 개최	22개 성 71개소
비고	2016년 이후 중단		매년 추가 신설

첫 번째 교류통로 '양안경제무역문화논단'은 경제무역문화논단이라는 명칭에 나타나듯이 경제무역 이외에 문화교류도 진행한다. 따라서 국민당 싱크탱크인 국가정책연구기금회(國家政策硏究基金會) 소속 전문가와 학자들이 참여하여 양안 사이의 이슈와 통일, 정체성, 민족문화, 풍습, 역사 등의 주제를 놓고 토론을 벌인다. 또한 국공대화채널의 성격을 지니고 있기 때문에 국공 양당 지도자 만남, 양당 대화사무 부서의 교류, 기층 당조직 인사의 교류 등을 포함하고 있다.

한편 민진당 등 대만의 독립파 세력에 의해 중국의 통일전선도구로 비판받고 있다. 2006년부터 2015년까지 10년간 매년 개최되었으나, 2016년 집권한 차이잉원 민진당 정부는 국공논단이 국가기밀을 외국에 누설하는 것을 처벌할 수 있는 '국가기밀누설법'에 저촉된다는 이유로 국민당의 참

21) 許家睿, 兩岸關係的典範轉移與新挑戰, 2015.09.22, 想想論壇, https://www.thinkingtaiwan.com/content/4627(검색일 : 2019.03.22)

여를 제한하여 2016년부터는 개최되지 않고 있다. 2019년 개최와 관련해서 국민당의 우둔이 주석은 올해는 법적 제약 등의 원인으로 아직 결정하지 못했다고 발표한 것을 보면 문교교류가 정치적 영향 하에 있음을 확인할 수 있다.[22)

두 번째 교류통로인 '해협논단'은 양안 민간교류의 실질적 진전을 위하여 문화교육분야를 중심으로 2009년부터 중국이 주도하여 진행하고 있는 민간차원의 대규모 문교교류 통로이다. 해협논단은 '양안은 하나의 가족(兩岸一家親)'이라는 이념을 유지하면서, 보다 긴밀하게 대만 기층 민중과의 교류를 활성화하기 위한 목적으로 진행되고 있다. 따라서 중국은 해협논단의 성격을 민간성, 기층성, 포괄성으로 정리하는데, 해협논단을 통하여 양안이 각 영역에서의 교류협력, 우의와 애향심을 공유, 공동의 경제이익 추구, 민생복지 등의 제반 문제를 포괄하여 접근한다는 입장을 나타내고 있다.

따라서 해협논단이 개최되는 시기에 중국의 대만문제 관련한 고위직 정책결정자인 전국 정협 주석, 국대판 주임이 참석하여 정책방침이나 '혜대'조치를 발표하거나 대만의 국민당 인사들과 대화를 하기도 한다. 2009년부터 2018년까지 10회에 걸쳐 개최된 해협논단은 주로 대만과 근접한 위치에 있는 하문, 복주, 천주, 포천 등 주로 복건성 지역에서 개최되고 있다는 점이 특징이다.[23) 이밖에 해협논단은 30~40여 종류에 이르는 다양

---

22) 芋傳媒, 國共論壇是否復辦 國民黨：謹慎考量, 2019.03.06, 中央社.
   https://taronews.tw/2019/03/06/272910/(검색일 : 2019.03.22)

23) 2016년에 개최된 제8기 해협논단은 이러한 특징이 명확하게 나타났다. 행사는 논단대회, 청년교류, 기층교류, 경제무역교류 4대 주제로 구성되고, 19개의 본 행사와 34개의 하부 행사로 나뉘어 실시했다. 행사장소는 하문, 복주, 천주, 장주 등 복건성에서 주로 진행된다. 대만민중이 13,000여 명 정도 참가한 대규모 양안 문교교류 행사다. 중국은 전국정협주석 위정성(俞正聲), 국대판 주임 장즈쥔(張志軍)등이 출석하고, 대만에서는 국민당 부주석 후즈창(胡志強), 신당(新黨) 주석 위마오밍(郁慕明) 등이 참석했다.

한 프로그램과 일만 명 이상의 대만 민중의 참여가 이루어지고 있다는 점이다.[24]

세 번째 교류 통로인 '해협양안교류기지'는 양안의 민중 교류와 협력의 플랫폼으로 조국 통일을 촉진하기 위한 것을 목적으로 중국에 설립된 양안 민간교류의 활동공간으로서의 성격을 지니고 있다. 주로 중국 역사와 중화 문화 속의 대만인의 정서적 유대를 인식할 수 있는 역사적 유적지를 중심으로 2009년 12월 산동성 좌장시 타이얼장을 시작으로 2018년 말 현재 전국 22개 성시지역에 분포된 71곳의 교류기지가 선정되어 있다.[25]

양안교류기지는 중국 국대판이 비준하고 설립한 양안협력교류를 위한 통로로, 양안교류의 지방특색과 경제무역문화교류협력을 강화하기 위한 목적을 지니고 있다. 또한 양안교류기지의 증설은 시진핑의 대만교류 강화 원칙에 부합한다고 평가한다. 국대판의 대변인 마샤오광은 "양안교류기지의 설립은 현지 문화자원의 특징, 대만교류 상황을 고려하고, 양안동포의 '역사 회고, 문화 향유, 동포애의 교류, 공동발전의 추구'의 공간이 될 것이며, 양안동포가 같은 뿌리 같은 근원이라는 혈통과 정서적 일체화

俞正聲出席"樂業兩岸 創享未來"靑創先鋒彙交流活動, 2016年06月11日, 新华社. http://www.xinhuanet.com//politics/2016-06/11/c_1119021919.htm(검색일 : 2019.04.02)

24) 양안교류로 인한 양안의 사회경제환경의 변화에 부응하기 위해서 해협논단은 최근 청년, 네티즌, 대만경제인 2세 집단, 양안결혼가정 등 네 종류의 집단을 교류 중심으로 한 프로그램을 진행했다. 프로그램들은 양안 민중간의 정서적 유대감 향상과 문화적 일체성의 고취를 통해 양안관계를 개선하고 궁극적으로 양안 통일에 긍정적인분위기 형성을 목적으로 하고 있다.
劉結一為塗鴉大賽點讚 用創意打破兩岸界限 2018/6/8, 中時電子報. https://campus.chinatimes.com/20180608002156-262304(검색일 : 2019.04.02)

25) 타이얼장고성(台兒莊古城)은 1938년 국민당군이 일본군을 격퇴한 승전 유적지이다. 국민당군대의 승전지를 제1호 양안교류기지로 선정하여, 항일전쟁 역사적 경험과 정체성을 공유하려는 의도가 깔려 있다.

를 보여주는 것이라고 말했다. 다시 말해 양안교류기지를 통해 정서, 경제, 사회, 문화 네 가지 측면에서 교류기지 활용효과를 얻고자 하는 의도가 있음을 보여준다.[26)]

Ⅳ. 양안 문화교육교류의 영향

양안 문교교류는 양안 관계에 미치는 영향에 있어서 긍정적인 효과로 작용할 것이라는 '가능성' 과 양안 관계에 미치는 영향이 제한적이라는 '한계점'도 동시에 노출하고 있다.

1. 문화교육교류의 가능성

기능주의적 통합이론에 의하면 비정치적 분야에서의 교류와 협력이 통합에 긍정적으로 작용할 것이라고 보는 점에서 양안 문교교류의 긍정적인 요소를 평가할 수 있다. 첫째, 양안 문교교류가 양안간의 정서적 차이를 감소시키는 요인으로 작용할 것이다. 최근 진행되는 문교교류의 특징은 양안 민중 특히 기층과 청년을 대상으로 하는 교류 프로그램이 집중적으로 구성되어 있는데, 취업, 창업 등 실제적인 문제해결을 교류 주제로 하고 있다. 예를 들어 [해협논단] 프로그램에는 양안청년대화, 양안저명기업가초청대화, 양안청년창업기지 행사, 양안청년농민교류, 양안여자대학생들의 창업협동조합활동등 취업, 창업 관련 활동 이외에 양안청년마이크로

---

26) 시진핑 2기 시대가 시작된 2017년 19차 당대회 이후 발표한 교류기지를 분석하면 교류기지의 선정 목적과 활용 의도가 대만인과의 공통 역사 경험과 혈연적 일체감을 공유하는 데 있음을 알 수 있다.

영화제, 청년과학기술전문가논단, 양안 청년다(茶)문화교류 등 공익논단
성격 등의 교류 프로그램도 진행했다. 양안 민간 계층의 공동활동을 통해
상호 이해를 넓히는 계기가 되었다는 평가가 나왔다.[27] 또한 양안 학자와
연구 기구 사이의 교류는 양안이 서로를 이해할 수 있도록 하고, 정서적
친밀감을 증진시키고, 더 나아가서는 상대방의 정치입장과 사고방식을 이
해하도록 하여, 상호간의 오해 해소와 입장을 이해하도록 하는데 도움이
된다. 대만학자 천더셩(陳德昇)과 천친춘(陳欽春)의 공동연구에 의하면
양안 문교교류가 상대방의 사상관념의 소통, 상대의 정치발전과 생태변천
에 대한 체험고찰, 상호간의 정책 마지노선에 대한 이해를 할 수 있는
통로이며, 이는 실질적인 완충(interface)작용을 발생시킨다고 평가하고 있
다.[28]

둘째, 양안 문교교류의 지속 및 확대가 평화적 양안관계를 형성시키는
요인으로 작용할 것이라는 측면이다. 앞서 언급했듯이 정치적 대립이 장
기간 지속되고 있는 관계에서 문교교류가 지속적으로 유지·확대하는 경
우 정치군사적 충돌 가능성을 감소시킨다는 기능주의적 통합이론의 가설
에도 부합한 것이다. 중국에 거주하며 생활하는 100만 명에 이른다는 대
만 출신 경제인, 학생, 가족의 존재와 양안의 수 만 명에 이르는 문교교류
는 그 자체 정치적 대립으로 인한 갈등을 극복할 수 있는 완충재 역할을
하고, 종국적으로 양안 평화관계를 형성시키는 토대로 작용할 수 있다는
측면이다. 중국 뿐만 아니라 대만학자들의 경우에도 양안 문교교류를 긍
정적으로 평가하고 있다.

중국 천진 남개대학 대만경제연구소의 차오샤오헝(曹小衡)소장은 현

---

27) 魏艾, 「2018年第十屆海峽論壇評述」, https://www.mjib.gov.tw/.../da341363a574480
    fafbbb376f5fcb86(검색일 : 2019.04.14)
28) 陳德昇·陳欽春, 「兩岸學術交流之發展與評價—臺灣地區學者觀點的調查研
    究」, 『遠景季刊』, 第2卷 第2期, 2001.

재 민진당의 집권으로 인해 관방차원의 교류는 어렵지만, 양안 민중교류 특히 청년교류와 산업융합 분야는 여전히 지속적으로 심화 발전할 수 있다고 본다. 또한 중국사회과학원 대만연구소의 왕젠민(王建民)연구원도 미래 양안관계발전은 더욱 민간 그리고 기층의 교류로 확대되어야 한다고 주장한다. 이는 양안 문교교류의 필요성을 긍정적으로 평가하기 때문이라고 해석할 수 있다.[29]

셋째, 중국에 대한 부정적 태도를 감소시키는 요인으로 작용할 것이라는 측면이다. 대만에는 양안 문교교류 자체가 중화문화를 통해 양안 연결의 기초로 삼기를 희망하는 중국의 통일전선 도구라는 인식이 강하다. 즉 양안경제무역문화교육논단, 기업가고위급회의, 해협논단, 양안교류기지 모두 대만의 모든 계층을 대상으로 전면적으로 진행되는 통전공작의 도구이며, 단지 통로와 기지의 성격에 따라 통전의 대상이 다르다는 인식이다. 따라서 민진당은 의심하고 조심하는 시각으로 관찰하고 신중하게 접수해야 한다는 점을 강조한다. 그러나 국민당은 보다 포용적인 입장에서 대응해야 한다는 시각이다. 가오슝시장 한궈위(韓國瑜)는 양안관계에서 중국대륙은 과거부터 현재까지 언제나 통일전선적 입장으로 양안관계를 유지해왔다면서, 대만 역시 대만의 자유민주적 제도와 사상으로 중국에 대처하고 있다는 점에서 동일하다고 주장해왔다. 그는 이념적 접근법보다는 실용적, 경제적 접근법을 강조하는 입장을 채택하였고 2018년 지방선거에서 국민당 후보로는 처음으로 민진당의 지지기반인 남부 까오슝에서 시장에 당선되었다. 그의 선거 승리 요인에는 양안교류로 인하여 중국과의 관계에서 경제적 이익을 기대하려는 측면 이외에도 문교교류를 통해 가오슝 시민들의 중국에 대한 부정적 인식이 감소한 것이 요인으로 작용했다고 본다.

---

29) 「兩岸民間交流路越走越寬一解讀海峽論壇『新信號』」, 2016年6月15日, 新華網. http://news.xinhuanet.com/tw/2016-06/14/c_129061334.htm.(검색일 : 2019.04.14)

2. 문화교육교류의 한계점

양안 문교교류가 양안관계에 미치는 영향에 있어서 제한적으로 작용할 것이라는 요소도 여전히 존재한다.

첫째, 양안 문교교류는 본질적으로 정치적 변수에 좌우되는 요소가 강하기 때문에 양안관계에 미치는 영향이 제한적이라는 한계점을 지니고 있다. 문교교류는 양안의 관계개선이나 평화환경 조성에 기여하는 수단에 불과하며, 언제든지 정치변수에 의해 쉽게 영향 받는다.

대만 민진당 정부는 중국의 안보 위협에 대항하여 방어하기 위해 법적으로는 [양안인민관계조례]와 [국가안전법]을 통해 대만 내부에 대한 통제와 단합을 유도한다. 1991년 양안교류가 본격 시작되면서 1992년 7월 31일 정식 공포된 [대만지구와 대륙지구 인민관계조례][30] 는 양안 인민의 경제, 무역, 문화 등의 왕래와 파생되는 법률 및 사건을 처리하기 위해 제정한 법률이다. 이 법률은 양안교류의 구체적인 실행 방식을 규정하는 중요한 법률 중의 하나이다. 그러나 법의 33조는 "대만 인민이 대륙지구의 당무, 군사, 행정 혹은 정치성 기관, 단체의 직무를 수행하는 것을 금지한다"[31]고 되어 있으며, 위반자는 처벌받는다. 이 법규를 통하여 무분별한 양안교류를 금지하여 대만의 안보를 지키고자 한다. 이밖에 [국가안전법]을 통하여 보다 구체적이고 강력한 처벌조항을 두고 있다. "대륙을 위하려는 목적으로 행정, 군사, 당무 혹은 공적 기구에서 일하던 대만인이 취

---

30) 全國法規資料庫 https://law.moj.gov.tw/LawClass/LawAll.aspx?PCode=Q0010001
(검색일 : 2019.03.21)

31) 양안인민관계조례 제33조 위반자의 처벌은 일반 민중인 경우 10만 위안 이상 50만 위안 이하의 벌금을 부과하며, 현직 공무원, 기밀부서 종사자, 퇴직 후 3년 미만인 공무원은 유기징역, 구류, 30만 위안 이하 벌금을 부과받는다고 되어 있다. 週衛, 中國兩會上神祕的"台灣省代表團", BBC中文, 2018年 3月 14日 https://www.bbc.com/zhongwen/simp/chinese-news-43385480(검색일 : 2019.03.21)

득한 비밀문서, 문헌, 정보, 물품을 염탐, 수집, 전달하는 행위를 하는 경우 처벌한다"고 명문화되어 있으며,(제2-1조) 위 조항을 위반하면 국가안전 과 사회안정을 위해했다는 이유로 5년 이하의 형벌과 100만 원 이하의 벌금을 부과한다고 되어 있다.[32] 국민당이 2016년 이후 양안경제무역문화 논단을 참여하지 못하는 이유가 바로 양안인민관계조례와 국가안보법의 처벌조항 때문이다.

2019년 1월에 중앙대만공작회의에서 나온 시진핑의 발언 이후의 양안교 류에 대해 차이잉원 정부가 더욱 경각심을 보이는 것도 정치적 변수에 취 약한 문교교류의 한계점을 보여준다. 차이잉원 정부는 발언 이후 즉각적으 로 '국가안전회의'를 개최하여 중국의 일국양제 통일방안에 대한 거부 의 사를 표명하면서, 양안교류도 통일전선전술의 하나로 될 가능성이 있으며, 문교 교류를 '문화통전'의 수단으로 간주하면서 대책을 내놓았다. 즉 7개 분야 즉 양안, 민주법제, 경제, 외교, 안전, 국방, 사회 등 분야에서 국가안 전부서와 행정부문의 행동 준칙으로 삼아, 국가안보를 강화하여 국가경제 사회의 정상적인 활동에 영향을 주는 행위에 대비하라고 지시했다.[33]

둘째, 문교교류에 대한 민중의 우려와 부담 증가로 인해 통일 의식 고취 에 있어서 제한적이라는 측면이 한계점으로 존재한다. 앞서 살펴보았듯이 양안 문교교류는 정치적 변수에 따라 크게 좌우된다. 때로는 문교교류의 구체적인 사례에서 정치적 영향으로 인해 왜곡되거나 피해를 당하면서 문교교류에 나서는 개인, 단체들의 문교교류 추진에 적극적인 의욕을 감 소시키는 요인으로 작용한다.

정치적 영향을 받는 대표적인 문교교류 사례는 간혹 발생하는 간첩 사

---

32) 國家安全法 https://law.moj.gov.tw/LawClass/LawAll.aspx?pcode=A0030028(검색일 : 2019.03.21)

33) 蔡召開國安會議反製習一國兩製-中時電子報-中時電子報 https://www.chinatimes. com/cn/.../20190312000088-260309(검색일 : 2019.03.24)

건이다. 양안 민중이 상대방 지역에 거주하면서 발생한 사건인데 해당국의 국가안보를 위협하거나 중요 기밀을 정탐했다는 혐의로 인신구속되고 사법절차로 넘겨지는 경우이다. 예를 들어 2017년 3월 중국에서 국가정권전복선동죄를 범했다는 혐의로 구속된 대만인 리밍저사건(李明哲事件)의 경우와 비슷한 시기에 대만에서 국가안전법을 위반했다는 혐의로 구속된 중국유학생 저우훙쉬사건(周泓旭)[34]이 비교적 전형적인 사례로써 두 사건 모두 문교교류 범위에서 교류를 하다가 정치적 요인에 의해 인신구속되고 사법처벌을 받은 사례이다. 이외에 대만에서는 류샤오보 병사(劉曉波 病逝), 캠브리지대학출판사 사건(劍橋大學出版社事件),[35] 등을 사례를 열거하면서, 문교교류에 대한 중국의 대응이 반체제 입장을 지닌 문교 분야 인사들에 대해서 특정 절기나 기념일에 활동을 감시하거나, 격리, 구속 등의 방식으로 개인의 활동 자유를 제한한다고 비판한다. 이밖에 인터넷을 통한 감시시스템이 문교교류를 하는 사람들의 통신자유를 제한하고, 의견 발표의 자유를 통제한다는 내용도 발표되고 있다.[36] 이러한

---

34) 리밍저 사건은 2017년 대만의 시민단체인사 리밍저가 중국에서 '국가정권전복 선동죄'로 5년형을 선고받은 사건이다. 리밍저는 민진당원인데 대만에서는 인권침해사건으로 간주하면서 구속을 비난하고 석방을 요구했다. 한편 대만에서도 2017년 중국유학생 저우훙쉬사건(周泓旭)가 국가안전법을 위반했다는 죄목으로 역시 5년형을 선고받았다. 이 두 사건은 양안교류의 정치적 민감성에 좌지우지되는 상황을 극명하게 보여주고 있다. https://www.bbc.com/zhongwen/simp/chinese-news-41217181(검색일 : 2019.04.02)

35) 영국 캠브리지대학 출판사가 중국의 압력을 받아 온라인공간의 민감한 내용을 삭제한 사건을 의미한다. China Quartely 학술잡지에서 1989 천안문사건, 티벳, 신장, 홍콩, 문혁 관련 300여편의 논문을 심사하여 삭제하도록 했다는 내용이다.
張彦, 迫於審查壓力, 劍橋大學出版社在華刪除敏感内容, 2017年8月21日.
https://cn.nytimes.com/china/20170821/cambridge-university-press-academic-freedom/zh-hant/(검색일 : 2019.04.02)

36) 문교교류에 대한 대만 민진당의 시각은 중국에 의해 진행되는 문교교류 인사에 대한 감시가 집회 결사의 자유를 억제하도록 작용한다는 것이다. 과거에 중공 정권을 비판

사례들은 결국 문교교류 분야에서 사람들로 하여금 자기검증(自我審查)을 하도록 강제함으로써 소극적으로 참여하거나 더 나아가 문교교류를 회피하도록 하는 요인으로 작용한다.

또한 문교교류가 빈번하게 발생하는 지방의 농촌단위에서 문교교류의 범위를 넘어서 정치적 교류 성격으로 해석될 수 있는 상황까지 발생하고 있다. 최근 양안 민간 차원에서 문교교류가 비교적 활성화되고 있는 중국 복건성의 농촌 마을에서는 마을 기층자치조직인 '사구(社區)' 혹은 '촌민위원회(村民委員會)'의 책임자에 대만주민이 임명되는 사례가 확산되고 있다. 대만 주민들이 복건성 평담(平潭)현 지역의 촌민위원회, 거민위원회 9곳에서 주임(촌장, 반장) 직위를 맡고 있으며, 이중 타이베이시 원산구 총순리의 리장 정닝치(曾宁旖)는 복건성 농촌마을의 촌장을 맡은 공로를 인정받아 복건성 부녀연합회로부터 '38붉은기수(三八红旗手)'라는 영예 칭호를 받기도 했다. 이러한 사례에 대해 대만의 내정부, 대륙위원회는 '양안인민관계조례'를 위반하는 행위로 처벌받을 것이라며 경고하는 경우가 나타나고 있다.[37]

양안 문교교류에서 나타난 사례는 결국 양안 민중에게는 문교교류에 대해 경계심과 소극적 태도를 불러일으키도록 작용한다는 점에서 문교교류의 한계점을 보여주고 있다.

셋째, 대만의 국제적 지위의 이중성 문제로 인해 중미 관계 변수에 좌우되기 때문에 양안 문교교류에 부정적인 영향을 미칠 수 있다.

중국과 미국 사이의 대만의 지위는 '하나의 중국'으로 중화인민공화국을 인정한다는 원칙과 대만에의 무기 판매 감소 및 중단, 대만해협의 평

한 기록이 있는 경우에는 일단 대륙에 들어가면 국가정권전복죄 명의로 체포와 재판할 수 있다고 주장한다.

37) 大陸聘臺灣里長任村委主任臺當局揚言"要罰"_手機新浪網 mil.sina.cn/.../detail -ihrfqzkc3005642.d.html?..(검색일 : 2019.03.24)

화 보장 등의 내용으로 중국측의 입장을 반영한 입장과 반면에 미국이
대만에 대한 안전보장 혹은 전략적 지원을 보장하는 대만관계법과 6항
보장 조치 등의 내용이 있다. 미국은 대만문제에 있어서 기본적으로 '전
략적 모호성(Strategic Ambiguity)'에 기반한 입장을 취하고 있다.[38] 거대
시장이자 국제적 영향력을 확장하고 있는 중국과의 관계 유지와 중국의
영향력을 억제하려는 의도가 동시에 존재하기 때문에 대만에 대한 입장
에는 항상 불가근불가원(不可近不可遠)이라는 자세를 취한다. 2016년
트럼프 행정부가 들어선 이후 미국은 태평양 미군 사령부를 인도 - 태평
양 사령부로 확장하는 것을 통해 일대일로 등의 적극적 해외 개발 및
협력을 시도하는 중국을 억제하는 적극적인 방위 전략을 수행하려는 의
도를 드러내고 있다.[39] 이밖에 미중 양국 사이의 무역전쟁, 북한 비핵화
문제 등 중미 간의 여러 충돌 가능성이 있는 상태에서 대만의 전략적
중요성은 더욱 커지면서 이에 대해 중국의 반발 기조 역시 점증한다. 이
는 결국 양안문교교류가 확대발전하는 방향에 있어서는 부정적으로 작용
할 것이다.

V. 결론

양안의 문교교류는 학자 상호 이해와 정서적 친밀감을 증진시키고, 더

---

38) Pan Zhonqi, "*US Taiwan Policy of Strategic Ambiguity : a dilemma of deterrence*", *Journal of Contemporary China*, 12(35), 2003, pp. 288-389. http://citeseerx.ist.psu.edu/viewdoc/download?doi=10.1.1.127.2481&rep=rep1&type=pdf(검색일 : 2019.05.02)

39) Jonathan W. Greenert, Strengthening *U.S.-Taiwan Defense Relations, Political and Security Affairs*, National Bureau of Asian Research. https://www.nbr.org/wp-content/uploads/pdfs/us-taiwan_defense_relations_roundtable_may2018.pdf(검색일 : 2019.05.02)

나아가서는 상대방의 정치입장과 사고방식을 이해하도록 하여, 상호간의 일체감의 진작과 통합에 대한 긍정적인 사고를 확산시키도록 작용하는 역할을 한다. 그러나 분단국가로서 특수한 관계에 있는 양안의 교류는 정치의 영향을 벗어나 진행하기도 쉽지 않다는 점 또한 공공연히 나타나고 있다.

지난 30년간 진행되어 온 양안 간의 인적 왕래 및 교류는 양적, 질적으로 비약적인 증가추세를 보이고 있다. 1987년 4만 6천여 명의 대만인이 중국을 처음 방문한 이래 2017년에는 방중(訪中) 대만인이 580만 명이고, 방대(訪臺) 중국인이 290만 명으로 양안 인적왕래가 900만 명에 이르는 수준까지 증가했다. 또한 양안의 인적교류는 사업, 결혼, 학업 등의 목적으로 상대방 지역에 장기간 거주하고 생활하는 집단까지 형성되는 수준이다. 그런 점에서 양안 교류의 수치가 지속적으로 증가하고 있다는 점은 양안사이의 정치군사적 긴장관계의 수준을 떨어뜨리거나 해소하는데 있어서 중요 요소로 작용할 것이다.

2000년대 이후 대만에서 수차례의 정권교체 과정을 경험하면서 양안의 문교교류는 과거와는 다른 내용과 형태를 지닌 새로운 모델양식을 보이는데, 대략 교류 방식, 교류 범위, 교류 통로 세 가지 측면에서 특별한 변화가 나타나고 있다. 첫째, 교류방식에 있어서, 경제적 이익 중심에서 문화적, 정서적 유대 중심으로 변화가 보이고 있다. 둘째, 교류범위에 있어서는 특정 대상 교류에서 포괄적 범위의 교류로 확대되는 양상이 보인다. 셋째, 교류통로에 있어서 국공협력 기반의 교류에서 다양한 민간교류통로를 개척하는 변화가 보이고 있다.

양안 학자들은 이러한 양안교류에 대해서 비교적 냉정하고 현실적인 접근자세를 보인다. 즉 비록 양안 문교교류는 서로가 인식 차이가 존재하나, 상대방의 입장 변화를 과도하게 기대할 필요는 없고, 엄숙한 정치적 의제에 대한 심각한 논쟁을 할 필요도 없다고 보고 있다. 교류를 많이

하면 양안이 서로에 대한 감성적 이해와 이성적 인지도 고양될 것이며, 교류의 확대발전에도 유리하다고 평가한다. 결론적으로 실제로 분단 이후 인식 차이가 존재하는 양안의 문교교류와 상호접촉은 중단되는 것보다 계속 유지하는 것이 상호간에 유리하다고 보고 있다.

분단국가의 근본문제인 분단을 해결하기 위해서는 정치군사적 대치와 긴장을 해소하기 위한 정치교류가 가장 효과적이면서도 빠른 대화통로다. 하지만 정치대화로 진행되기 위해서는 상호 신뢰 구축이 우선적으로 필요하다. 적어도 상대방을 무력으로 침범하지 않는다는 전제와 하나의 민족이라는 공감대 인식을 가져야 한다. 따라서 양안관계는 양안 국력의 현격한 상이성과 대만의 정치적 다양성과 국제환경의 복잡성으로 인해 미래 전망이 쉽지 않지만, 양안 문화교육교류는 비정치적 교류로써 양안 관계를 유지, 지속, 강화시킬 수 있는 양안관계 개선의 기초이다. "교류하는 것이 교류하지 않는 것보다 낫고, 어떤 것이라도 하는 것이 아무 것도 안 하는 것보다 낫다."는 표현은 기능주의적 통합이론에서 통합으로 나아가기 위한 필수단계로 주장하는 대전제이다. 물론 문화교육교류를 통해 상호간에 적대감이 해소되고 공통의 정체성이 형성된다고 보는 시각도 양안의 복잡한 상황을 과도하게 단순하게 보는 비판도 있을 수 있다. 그러나 접촉하지 않고서 상대방을 이해할 수 없으며, 교류하지 않고서 상대방에게 자신을 이해시킬 수 없다는 사실은 자명하다. 따라서 양안 문화교육교류에 대한 연구는 여전히 분단 상태에 있으면서 일정정도 관계개선의 여지가 보이는 현재의 한반도 남북관계에도 시사하는 바가 적지 않다.

| 참고문헌 |

김윤실·김형실, 「중국의 일국양제(一國兩制) 통일방안이 한반도에 주는 시사점」, 『인문과학연구논총』, 39, 2014.

문흥호, 「중국과 대만의 협상제도와 운영 사례 연구－해협양안관계협회(海峽兩岸關係協會)와 해협교류기금회(海峽交流基金會)를 중심으로」, 『중국연구』, 48권 0호, 2010.

박정수, 「마잉지우(馬英九)정부 출범이후 양안 경제교류의 현황과 전망」, 『중국연구』, 49권 0호, 2010.

신종호, 「양안(兩岸) 교류협력의 특징과 남북한관계에 대한 시사점」, 『제주평화연구원(Jpi) 정책포럼』, 91권 0호, 2011.

이광수·서상민, 「대만 '중국 유학생 유치정책'의 특징과 영향－마잉주 정부 시기를 중심으로」, 『한중사회과학연구』, 제14권 제2호(통권 39호), 2016.

전병곤, 「양안 교류협력이 남북관계에 주는 함의」, 『한중사회과학연구』, 11권 0호, 2008,

한종수·주유진, 「중국과 대만의 통일정책과 양안간 교류협력」, 『역사와 사회』, 35권 0호, 2005.

홍순권, 「남북 화해시대의 남북 역사교류」, 북한연구학회 추계학술발표논문집, 2018권 0호, 2018.

陳德昇·陳欽春, 「兩岸學術交流之發展與評價－臺灣地區學者觀點的調查研究」, 『遠景季刊』, 第2卷, 第2期, 2001.

法務部調査局, 「兩岸交流30 年－ '三中一青'到'一代一線'之統戰分析」, 『清流雙月刊』, 2106年 9月號, 2017.

黃奕維, 「2016年 第8屆'海峽論壇'評析」, 2016.

魏艾, 「2018年 第十屆海峽論壇評述」, 2018.

許家睿,「兩岸關係的典範轉移與新挑戰」,『想想論壇』, 2015.

Pan Zhonqi, "US Taiwan Policy of Strategic Ambiguity : a dilemma of deterrence", *Journal of Contemporary China*, 12(35), 2003.

"胡錦濤批示對臺廣播'入島入戶入腦'", 2004.08.14, 萬維讀者網(검색일 : 2019.
    03.06)
"中共對臺洗腦 蘇貞昌 : 到'入島入戶入腦'地步", 2013-04-14
    https://www.tuidang.org/2013/04/14/(검색일 : 2019.03.06)
"為什麼大陸越讓利台灣人就越不想統一", 2017.04.06
    http://wenhuashijiao.blogspot.com/p/rangli.html(검색일 : 2019.03.22)
余元傑, "「三中一青」到「一代一線」之統戰分析", 2019
    www.tpd.moj.gov.tw/HitCounter.asp?xItem=493312(검색일 : 2019.03.22)
芋傳媒,"國共論壇是否復辦國民黨 : 謹慎考量", 2019.03.06, 中央社
    https://taronews.tw/2019/03/06/272910/(검색일 : 2019.03.22)
"俞正聲出席'樂業兩岸創享未來'青創先鋒匯交流活動", 2016.06.11, 新華社
    http://www.xinhuanet.com//politics/2016-06/11/c_1119021919.htm(검
    색일 : 2019.04.02)
"劉結一為塗鴉大賽點讚 用創意打破兩岸界限", 2018.06.08, 中時電子報
    https://campus.chinatimes.com/20180608002156-262304(검색일 : 2019.04.02)
"習近平 : 在《告台灣同胞書》發表40周年紀念會上的講話", 2019年01月02日
    http://cpc.people.com.cn/n1/2019/0102/c64094-30499664.html(검색일 :
    2019.3.21)
Jonathan W. Greenert, "Strengthening U.S.-Taiwan Defense Relations", *Political and Security Affairs*, National Bureau of Asian Research.
    https://www.nbr.org/wp-content/uploads/pdfs/us-taiwan_defense
    _relations_roundtable_may2018.pdf(검색일 : 2019.05.02)

중국 국무원 대만판공실(www.gwytb.gov.cn)
중국 상무부 (http://www.mofcom.gov.cn)
대만 행정원 대륙위원회(www.mac.gov.tw)
대만 내정부(https://www.immigration.gov.tw)

저자소개

김승욱

충북대학교 역사교육과에 부교수로 재직 중이다. 중국 근현대사를 전공했고, 최근에는 중국의 국민국가 이행 과정에서 지식 체계의 변화가 어떻게 전개되었는지에 관심을 갖고 연구를 진행하고 있다. 지역사적 관점에서 상하이 등 도시사 연구도 수행하고 있다. 도시사학회, 한국중국학회 회장 등을 역임했다. 주요 논문 「중국 근대 초기 역사학에서 민족 개념의 수용과 과학관-량치차오의 경우」, 「1990년대 중국 상해의 역사경관 소비와 기억의 굴절」, 「중국의 역사강역과 제국 전통」, 「사회주의 시기 상하이 도시 개조와 공인신촌 차오양신촌을 중심으로」, 「上海時期(1840~1862)王韜的世界認識」 등과, 저서 『도시로 읽는 현대중국 1』, 『트랜스내셔널 노동이주와 한국』, 『도시는 역사다』, 『경계 초월자와 도시연구』 등이 있다.

김주아

전북대학교 중어중문학과와 한국외국어대학교 통번역대학원을 졸업하고, 북경어언대학에서 『漢語"來/去"和韓國語"ota/kada"的句法, 語義對比研究(중국어 '來·去'와 한국어 '오다·가다'의 통사 및 의미론적 비교연구)』로 언어학 박사학위를 받았다. 현재 국민대학교 중국인문사회연구소 HK연구교수로 재직 중이다. 연구 관심 분야는 중국어학과 중국문화 및 화교·화인 사회이다. 주요 논문으로는 「漢韓"來/去"的對比研究-通過韓國語看漢語」(2011), 「漢韓"來/去"的視點差異」(2013), 「通過韓國語補助動詞"juda2"看漢語的陰性特質」(2015), 「화교·화인 디아스포라와 신이민」(2018), 「화인 민족공동체의 형성과 발전-동남아시아 화인사단(社團)을 중심으로」(2018), 「동남아 화인(華人)의 화문(華文)교육」(2018), 「화인기업의 세계화상대회에 대한 인식과 태도 조사」(2019), 「말레이시아 화인기업(華商)의 네트워크 활용 실태조사」(2019), 「싱가포르 화인의 다문화 수용성 조사」(2019) 등이 있다. 역서로는 『바다에서 배우는 경영이야기-지혜』가 있다.

모준영

고려대학교 독어독문학과를 졸업하고, 고려대 대학원 정치외교학과에서 석·박사학위를 취득하였다. 현재 고려대학교 아세아문제연구소 중국연구센터 연구원으로 재직중이다. 주로 미국과 중국의 국가전략 및 외교/안보, 지정학 등에 관해 연구를 해 왔고, 최근에는 국가대전략과 지정학에 관심을 두고 연구하고 있다. 주요 논문으로 「중국의 부상에 따른 한-미-중 외교관계 변화와 한국의 대응」, 「한반도 내 THAAD 배치와 미국의 전략」, 「중국이 해양을 통해 추구하는 강대국 상(像)」 등이 있다. 역서로는 『평화의 지정학(공역)』이 있다.

박영순

국민대 중어중문학과를 졸업하고 중국 푸단(復旦)대학 중국어문학연구소에서 석사 · 박사학위를 받았다. 현재 국민대학교 중국인문사회연구소 HK교수로 재직하고 있다. 주로 중국 문인집단과 문학유파, 문인결사와 문화기제, 유민문학과 문학사단, 동서문학과 지식교류, 문학지리와 지식생산 등에 관심을 두고 있다. 주요 논문으로 「청초 동북지역의 유배문인과 시 창작: 오조건(吳兆騫)의 영고탑(寧古塔)에서의 시 창작을 중심으로」(2020), 「원대 유민시사와 시창작활동: 월천음사를 중심으로」(2018), 「서학의 수용과 '격치'에 대한 인식: 상하이격치서원의 고과(考課)를 중심으로」(2018), 「청초 강남지역의 유민결사: 驚隱詩社를 중심으로」(2017) 등이 있다. 역서로는 『중국 고대문인집단과 문학풍모』(학고방), 『현대 중국의 문화현상과 문학이슈』(학고방), 『현대중국의 학술운동사』(도서출판 길), 『호상학파와 악록서원』(학고방) 등이 있다.

박철현

서울대학교 동양사학과를 졸업하고, 서울대학교 국제대학원에서 중국지역연구로 문학석사학위를 받고, 중국 선양(瀋陽) 톄시구(鐵西區) 공간변화와 노동자 계급의식의 관계에 대한 연구로 중국 런민(人民)대학 사회학과에서 박사학위를 받았다. 현재 국민대학교 중국인문사회연구소 HK연구교수로 재직 중이다. 관심분야는 중국 동베이(東北) 지역의 공간생산과 지방정부의 역할, 국유기업 노동자, 도시, 동베이 지역의 "역사적 사회주의", 만주국, 동아시아 근대국가 등이다. 논문으로는 「關於改革期階級意識與空間 - 文化硏究: 瀋陽市鐵西區國有企業勞動者的事例」(박사학위 논문, 2012), 「중국 개혁기 공간생산 지식의 내용과 지형: 선양시(瀋陽市) 톄시구(鐵西區) 노후공업기지의 개조를 중심으로」(중소연구, 2013), 「중국 사구모델의 비교분석: 상하이와 선양의 사례 - 사회정치적 조건과 국가 기획을 중심으로」(중국학연구, 2014), 「중국 개혁기 공장체제 연구를 위한 시론(試論): 동북 선양(瀋陽)과 동남 선전(深圳)의 역사적 비교」(한국학연구, 2015) 등이 있고, 역서로는 『중국 정책변화와 전문가 참여(공역)』(학고방, 2014), 공저로 『다롄연구: 초국적 이동과 지배, 교류의 유산을 찾아서』(진인진, 2016), 『특구: 국가의 영토성과 동아시아의 예외공간』(알트, 2017), 편저서로 『도시로 읽는 현대중국 1, 2』(역사비평사, 2017)이 있다.

서상민

고려대학교 정치외교학과를 졸업하고 고려대학교 대학원에서 중국정치로 석 · 박사학위를 취득하였다. 동아시아연구원(EAI) 중국연구센타 부소장을 거쳐 현재 국민대학교 중국인문사회연구소 HK연구교수로 재직 중이다. 주요 관심 연구영역은 중국정치과정 중 권력관계, 정치엘리트, 관료제와 관료정치 그리고 외교안보 분야 정책결정과정 분석 등과 관련된 주제들이며, 최근에는 사회연결망분석(SNA) 방법을 활용한 중국의 정책지식과 정책행위자 네트워크 분석하고 관련 데이터를 구축하여 중국의 정치사회 구조와 행위자 간 다양한 다이나믹스를 추적하고 분석하고 있다. 주요 논문으로는 「중국 외교엘리트 네트워크 분석: 후진타오와 시진핑 시기 비교」(2017), 「"발전국가" 성립과정에서 중국의 산업정책결정과정 분석」(2016), 「시진핑 시기 중앙영도소조의 연결망분석과 집단지도체제」(2015), 「상하이지역 경제엘리트 연결망분석」(2014) 등이 있으며, 저서로는 『얘들아 이젠 중국이야』(2016, 공저), 『동아시아공동체 논의 현황과 전망』(2009, 공저) 등이 있다

윤종석

서울대학교 동양사학과를 졸업하고, 서울대학교 사회학과 대학원에서 석, 박사를 마치고, 현재 서울대 아시아연구소 선임연구원으로 재직 중이다. 관심분야는 중국 농민공, 이주와 시민권, 산업과 노동, 도시와 복지, 개발의 정치경제 등이다. 논문으로는 「중국 농민공의 개발공헌 지위와 복지 수급: 광동성 사례의 분석과 함의」(박사학위논문, 2019), 「'선전의 꿈'과 발전담론의 전환: 2000년대 사회적 논쟁을 통해 본 선전 경제특구의 새로운 위상정립」(현대중국연구, 2015), 「현대성과 모델의 지식정치: 중국 선양(瀋陽) 톄시구(鐵西區) 개조의 공간적 재현과 기억의 재구성」(공저), 현대중국연구, 2014, 「중국 사회 거버넌스(治理) 확산 속 동북지역 사구건설의 진화: 노후사구(老舊社區)의 모범화」(공저, 중소연구, 2017), 「중국 전기자동차 산업발전과 전망: 중국 정부의 산업육성정책 평가를 중심으로」(공저, 현대중국연구, 2017), "The Local State and Mingong Citizenship: Local Welfare as Developmental Contributory Rights"(forthcoming, Citizenship Studies) 등이 있고, 공저로 『특구: 국가의 영토성과 동아시아의 예외공간』(알트, 2017)가 있다.

이광수

중국인민대학에서 중국정치 전공으로 박사학위를 취득한 이후, 숭실대, 국민대에서 동아시아 관계와 중국정치에 대해서 강의해오고 있다. 국민대학교 중국인문사회연구소에서 HK연구교수로 재직하면서 중국과 대만의 지식네트워크와 정치체제에 대해서 연구하고 있으며, 근래에는 양안관계와 통일모델에 대해 주로 관심을 갖고 있다. 연구 성과로 「중국정치학자의 지식네트워크 분석」(2013), 「중국 공공지식인의 활동과 영향력」(2013), 「중국공산당의 정치선전과 홍색문화열」(2013), 「대만 사회운동에 관

한 연구」(2015),「대만의 '중국유학생 유치정책'의 특징과 영향」(2016),「2016년 대만 선거와 양안관계」(2016),「대만의 탈중국화 배경과 특징」(2016),「한·중 신문 보도 프레임 연구」(2016),「양안의 민족주의 정서 고양과 양안관계」(2017),「대만의 인정투쟁 연구: 정당의 통독 입장 변화를 중심으로」(2017) 등이 있으며, 역서로는『중국 정책결정과정과 전문가 참여』(2013)가 있다.

조성찬

서울시립대학교 도시공학과를 졸업하고 서울대학교 환경대학원에서 도시및지역계획학 석사학위를 취득했다. 중국인민대학교 토지관리학과에서 "中國城市土地年租制及其對朝鮮經濟特區的適用模型研究(「중국 도시 토지연조제의 북한 경제특구 적용모델 연구」)"로 박사학위를 취득했다. 토지+자유연구소에서 북중연구센터장 등으로 9년 동안 연구했다. 지금은 통일부 등록 (사)하나누리가 동북아 연구를 위해 새롭게 출범한 '하나누리 동북아연구원'에서 원장으로 일하고 있다. 서울대학교 아시아도시사회센터 공동연구원으로도 참여하고 있다. 사회연대경제라는 큰 틀에서, 공공토지임대제, 체제 전환국 중국과 북한의 토지정책, 북한 지역발전 전략을 연구하고 있다. 주요 연구로「중국의 토지개혁 경험」(공저),「상생도시」,「북한 토지개혁을 위한 공공토지임대론」등이 있다. 2017년 제2회 김기원 학술상을 수상했다.

최은진

이화여대에서 역사학으로 박사학위를 받았으며, 현재 국민대학교 중국인문사회연구소 HK교수로 재직하고 있다. 전공분야는 중국현대사이며 현재는 중국 지식인의 사상지형, 담론 및 네트워크를 구체적인 교육, 사회활동에서 역사적으로 고찰하는데 관심을 갖고 연구하고 있다. 주요 논문으로는「중국국립중앙연구원 역사어언연구소(1928~49)와 근대역사학의 제도화」(2010),「중국 역사지리학 지적구조와 연구자 네트워크」(2012),「2012년 '韓寒 - 方舟子 論爭'을 통해 본 중국 매체의 네트워크 작용과 함의」(2013),「언론매체를 통해 형성된 공자학원(Confucius Institutes) 이미지와 중국의 소프트 파워 확산」(2015),「중국의 '중국학'연구의 지적구조와 네트워크: 텍스트 마이닝 기법을 활용한 새로운 분석방법의 모색」(2016),「중국 푸쓰녠(傅斯年)연구의 지적 네트워크와 그 함의」(2017),「중화민국시기『교육잡지(教育雜誌)』와 서구 교육지식의 수용과 확산」(2019),「중국 향촌건설운동의 확산과정과 향촌교육의 함의」(2020)등과 역서로『중국 학술의 사승(師承)과 가파(家派)』(왕샤오칭(王曉淸)저, 최은진·유현정 옮김, 학고방, 2015),『현대 중국의 8종 사회사조』(마리청(馬立誠) 지음, 박영순·최은진 옮김, 학고방, 2015) 등이 있다.

국민대학교 중국인문사회연구소 총서 • 10권

중국 지식지형의 형성과 변용

초판 인쇄 2020년 6월 15일
초판 발행 2020년 6월 25일

공 저 자ㅣ김승욱·김주아·모준영·박영순·박철현
        서상민·윤종석·이광수·조성찬·최은진
펴 낸 이ㅣ하운근
펴 낸 곳ㅣ**學古房**

주   소ㅣ경기도 고양시 덕양구 통일로 140 삼송테크노밸리 A동 B224
전   화ㅣ(02)353 -9908 편집부(02)356-9903
팩   스ㅣ(02)6959-8234
홈페이지ㅣwww.hakgobang.co.kr
전자우편ㅣhakgobang@naver.com, hakgobang@chol.com
등록번호ㅣ제311-1994-000001호

ISBN 979-11-6586-082-0 94300
     978-89-6071-406-9 (세트)

값 : 30,000원

이 도서의 국립중앙도서관 출판예정도서목록(CIP)은 서지정보유통지원시스템 홈페이
지(http://seoji.nl.go.kr)와 국가자료종합목록 구축시스템(http://kolis-net.nl.go.kr)에서
이용하실 수 있습니다. (CIP제어번호 : CIP2020025443)

■ 파본은 교환해 드립니다.